D1752228

Sozialpädagogisches Institut im SOS-Kinderdorf e.V. (Hg.)
Die Rückkehr des Lebens in die Öffentlichkeit

Sozialpädagogisches Institut
im SOS-Kinderdorf e.V. (Hg.)

Die Rückkehr des Lebens in die Öffentlichkeit

Zur Aktualität von Mütterzentren

Mit Beiträgen von Heike Brümmer, Warnfried Dettling,
Gisela Anna Erler, Monika Jaeckel, Heiner Keupp, Georg Klaus,
Patrick M. Liedtke, Wolfgang Mahlke, Gerd Mutz, Reinhard Rudeck,
Norman van Scherpenberg, Hildegard Schooß, Christian Schrapper,
Irene Stoehr, Hannelore Weskamp, Brigitte Wießmeier und
Reinhart Wolff

Luchterhand

Die Deutsche Bibliothek – CIP-Einheitsaufnahme
Die Rückkehr des Lebens in die Öffentlichkeit : zur Aktualität von
Mütterzentren / Sozialpädagogisches Institut im SOS-Kinderdorf e.V.
(Hrsg.). Mit Beitr. von Heike Brümmer ... –
Neuwied ; Kriftel : Luchterhand, 2000
ISBN 3-472-04026-2

Herausgeber: *Sozialpädagogisches Institut im SOS-Kinderdorf e.v.,*
Renatastraße 77, 80639 München, Telefon 0 89/1 26 06-4 32,
Fax 0 89/1 26 06-4 17, E-Mail: info@spi.sos-kinderdorf.de
Internet: http://spi.sos-kinderdorf.de

Alle Rechte vorbehalten
© 2000 by Hermann Luchterhand Verlag GmbH Neuwied, Kriftel, Berlin
Das Werk, einschließlich seiner Teile, ist urheberrechtlich geschützt. Jede
Verwertung außerhalb der engen Grenzen des Urhebergesetzes ist ohne
Zustimmung des Verlages unzulässig und strafbar. Das gilt insbesondere für
Vervielfältigungen, Übersetzungen, Mikroverfilmungen und die Einspeicherung und Verarbeitung in elektronischen Systemen.
Redaktion: Bernhard Schön, Idstein;
Reinhard Rudeck, Gabriele Vierzigmann, München
Illustrationen: Gabi Hilgert, Hamburg
Einbandgestaltung: UNDER/COVER Hamburg
Satz: UNDER/COVER Hamburg
Gesamtherstellung: H. Heenemann GmbH & Co, Berlin
Printed in Germany, Mai 2000

∞ Gedruckt auf säurefreiem, alterungsbeständigem und chlorfreiem Papier

Inhalt

Vorwort 9

Kapitel 1
Mütterzentren: Öffentlich privat leben

Der erste Eindruck 15

Biographie
Jede in ihrem Tempo 16

Brigitte Wießmeier
Mit einem fremden Blick 19

Einschub
Offener Treff für Jung und Alt im Mütterzentrum 26

Kapitel 2
Spiel-Räume für Mütter und Kinder

Kinderzimmer 29

Biographie
Verantwortung teilen 30

Wolfgang Mahlke
Über die Wirkung von Räumen 35

Einschub
Das offene Kinderzimmer 41

Kapitel 3
Demokratie von unten

Raucherecke 43

Biographie
Angenommen sein 44

Praxisgeschichte
Mitmischen 47

Hannelore Weskamp
Warum arbeitet das Mütterzentrum nicht basisdemokratisch? 49

Heike Brümmer
Jenseits einer Kultur der Abgrenzung.
Beobachtungen innerhalb und außerhalb des Mütterzentrums 54

Kapitel 4
Reflexions-Räume

Horizonterweiterung 61
Biographie
Entwicklungsspiralen 63
Hannelore Weskamp
Stärkung der Eigenkompetenz statt Bildungsangebot –
lernen im Mütterzentrum 67
Einschub
Anleitung, Fortbildung, Weiterbildung 74
Einschub
Die Leadership-Support-Methode 74

Kapitel 5
Die Zukunft der Arbeit ist weiblich

Arbeitsplätze im Mütterzentrum 79
Biographie
Windeln und Werkbank 81
Biographie
Sylvias Wäscheservice 85
Praxisgeschichte
Unterstützung im Examensstreß 88
Patrick M. Liedtke
Feminisierung der Arbeit in der neuen Dienstleistungsgesellschaft 90
Gisela Anna Erler
Auf dem Weg zur digitalen Stammesgesellschaft oder: Die Rückkehr
gesellschaftlicher Funktionen in Familie und Nachbarschaft 100
Einschub
Mütterfreundliche Arbeitsplätze 110
Einschub
Gemeinsam selbständig sein 111
Einschub
Stadtteilservice: Für alle, die Service brauchen 113

Kapitel 6
Laien und Profis – Partnerschaft oder Machtverhältnis?

Beratung 117

Biographie
Krisenintervention 118

Hannelore Weskamp
»Bunte Teams« im Mütterzentrum 123

Reinhard Rudeck
Beratung im öffentlichen Raum. Zwischen sozialer
Unterstützung und lebensweltorientierter Beratung 136

Einschub
Beratung und Information im Mütterzentrum 152

Kapitel 7
Mütterzentren – der andere Teil der Frauenbewegung

Einen ganzen Tag und einen ganzen Abend im Mütterzentrum 155

Biographie
Frauennetzwerke im Alltag 156

Biographie
Meine Sorte Frauenbewegung 160

Monika Jaeckel
Mütterzentren als dritter Weg 163

Irene Stoehr
Bewegung zur Mütterlichkeit? Die Frauenbewegung und
die Mütterfrage seit hundert Jahren 171

Kapitel 8
**Orte zum Leben: Die Rückkehr von Kindern und
alten Menschen in die Öffentlichkeit**

Generationsübergreifende Begegnungen 187

Biographie
Bürgerschaftliches Engagement 188

Hildegard Schooß
Alles unter einem Dach 190

Georg Klaus
Der Neubau und die Expo – auf dem Weg zu einem lebendigen Stadtteil 195

Hildegard Schooß und Monika Jaeckel
Wie Mütterzentren Institutionen verändern könnten 201

Einschub
Altenservice, Altentagesbetreuung und -pflege im Mütterzentrum, ambulante Betreuung und Pflege zu Hause 207

Einschub
Kinderhaus und Schülerinnencafé 208

Kapitel 9
Mütterzentren im Kontext gesellschaftlicher Debatten und der Fachwelt

Der Sprung ins nächste Jahrtausend 211

Biographie
Rückzüge und Quantensprünge 212

Irene Stoehr
Außenblicke und Innensichten. Expertinnen reflektieren ihre Praxis 224

Warnfried Dettling
Familie, Selbsthilfe und die Landschaft des Sozialen
im einundzwanzigsten Jahrhundert 235

Heiner Keupp
Selbstsorge und solidarisches Handeln:
Die Zukunftsfähigkeit kommunitärer Projekte 243

Reinhart Wolff
Im Spannungsfeld von Selbsthilfe und Gemeinwesenarbeit:
Was Soziale Arbeit von Mütterzentren lernen kann 253

Christian Schrapper
Wann arbeitet ein Mütterzentrum gut? Überlegungen zur
Qualität von Laienarbeit zwischen Selbsthilfe und Sozialleistung 261

Norman van Scherpenberg
Gesellschaftliche Finanzierungsmodelle 278

Gerd Mutz
Mütterzentren und die neue Arbeitsgesellschaft 289

Anhang

Literaturverzeichnis 298
Die Autorinnen und Autoren 305
Informationen im Überblick 309

Vorwort

An diesem Buch waren viele Frauen beteiligt. Ich erinnere mich noch gut an unseren ersten Workshop im November 1997, bei dem eine Gruppe von Frauen einmal mehr die schon lange gehegte Idee diskutierte, ein Buch über das SOS-Mütterzentrum Salzgitter herauszubringen. Dabei haben wir beschlossen, diesmal Nägel mit Köpfen zu machen.

Im Jahr 1997 wurde mit dem Bau des neuen Hauses begonnen, dessen Bauweise und Raumgestaltung die Erfahrungen aus mehr als siebzehn Jahren Mütterzentrumsarbeit umsetzen. In diesem multifunktionalen Generationenhaus möchten die Mütterzentrumsfrauen ihre Vorstellungen von menschengerechten, zukunftsfähigen Lebens- und Arbeitsformen weiterentwickeln und verwirklichen. Ihr Vorhaben erschien den Verantwortlichen der Weltausstellung Expo 2000 so wegweisend, daß sie das Mütterzentrum 2000 als regionales Exponat registriert haben. Das gab für uns den letzten Anstoß zur Verwirklichung des Buchprojektes.

Ein weiterer Faktor hat zur Realisierung beigetragen: Das Sozialpädagogische Institut im SOS-Kinderdorf e.V. expandierte unter neuer Leitung und begann, den Arbeitsbereich »Fachpublikationen« aufzubauen. Die Idee der Mütterzentrumsfrauen traf sich mit unserem Konzept, die Schätze der Praxis zu heben und in unseren Veröffentlichungen innovative Einrichtungen und Angebote fachlich versiert vorzustellen.

Schon damals hatten die Frauen ein genaues Bild davon, wie ihr Buch aussehen sollte: Bunt in jeder Hinsicht sollte es sein, konkret und zum Anfassen, Lust machen sollte es, anregen zum Lesen und zum Nachahmen, keinesfalls zu trocken oder zu kopforientiert. Das generationen- und familienübergreifende Zusammenleben im Mütterzentrum sollte anschaulich dargestellt, das Lebensgefühl der Mütterzentrumsfrauen, wie sie autonom und doch in der Gemeinschaft leben und arbeiten, sollte begreifbar werden. Bei den Leserinnen und Lesern sollte ein Eindruck davon entstehen, wie soziale Lebensräume gestaltet werden und welche Wirkung sie entfalten können, wenn das Konzept an Alltagskompetenzen anknüpft, Gemeinsinn und Individualität zuläßt und im Alltag gelebt wird. Im Mittelpunkt sollte stehen, wie Frauen mutig und selbstbewußt werden, Autorität gewinnen, Führungskräfte entwickeln und die Fäden selbst in die Hand nehmen. Viel Information über konkrete Tätigkeiten im Mütterzentrum sollte also rüberkommen, aber auch die aktuellen Fachdebatten sollten einbezogen werden, so daß sichtbar wird, wie die Arbeit des Mütterzentrums mit den diskutierten Fragen verwoben ist und wie sich das Mütterzentrum den Anforderungen Sozialer Arbeit in besonderer Art und Weise stellt.

Viele der Ideen, die wir später verwirklicht haben, wurden in den gemeinsamen Workshops geboren. So ist ein Buch entstanden, das sich ebenso an potentielle neue Besucherinnen und Besucher wie an interessierte Laien und an ein aufgeschlossenes Fachpublikum wendet.

Das Konzept des Buches ist so komplex und vielfältig geworden wie das Leben im Mütterzentrum auch. Es war uns sehr wichtig, daß sich dessen komplexer Ansatz in Aufbau und inhaltlicher Vielfalt widerspiegelt, wie auch Form und Inhalt des Buches sich entsprechen sollten. Wir haben eine Ich-Erzählerin eingeführt, die als neue Besucherin in das Mütterzentrum kommt, ihre fiktiven Erlebnisse und Begegnungen schildert und von ihren Eindrücken, Gefühlen und Gedanken erzählt. Auf ihrem Weg durch das alte Haus – der Neubau wurde erst 1999 fertiggestellt und bezogen – lernt sie die Arbeitsbereiche im Mütterzentrum kennen und erfährt so einiges über die Frauen dort und über die Mütterzentrumskultur. Die Kapitel des Buches sind thematisch gegliedert und beleuchten jeweils eine andere Facette dieser Kultur. Jedes Kapitel beginnt mit einem Teilstück der Ich-Erzählung, die hintereinander gelesen die Geschichte der Annäherung der Ich-Erzählerin an die Mütterzentrumskultur erzählt. Im Anschluß daran finden sich in jedem Kapitel Biographien, Ausschnitte aus den Lebensgeschichten von Mütterzentrumsfrauen, und Fachartikel, die aus unterschiedlicher Perspektive zu dem jeweiligen Themenschwerpunkt beitragen.

In *Kapitel 1* kommt die Erzählerin in die Caféstube, den offenen Treffpunkt und das Herzstück des Mütterzentrums. Das herzliche und zugewandte Verhalten der Caféstubefrauen ihr gegenüber sagt viel über Menschenbild und Werthaltungen im Mütterzentrum aus.

In *Kapitel 2* lernt die Erzählerin das offene Kinderzimmer und seine kindgerecht gestaltete Einrichtung und Pädagogik kennen. Die besondere Qualität von Dienstleistungen, die in Selbsthilfe und im Nachbarschaftskontext erbracht werden, wird hervorgehoben.

Erstaunt stellt die Erzählerin in *Kapitel 3* fest, daß es im Mütterzentrum eine Raucherecke gibt. Es geht um wichtige Aspekte der Mütterkultur und um die Frage, warum das Mütterzentrum nicht basisdemokratisch arbeitet.

In *Kapitel 4* erfährt die Erzählerin so manches über das hauseigene Konzept für Praxisanleitung und Praxisberatung. Der Alltag im Mütterzentrum bietet vielfältige Möglichkeiten, sich gemeinsam und auf ganzheitliche Art und Weise weiterzuentwickeln und dazuzulernen.

Kapitel 5 stellt Frauen vor, die einen mütterfreundlichen Arbeitsplatz im Mütterzentrum gefunden beziehungsweise ihn sich geschaffen haben und so Familie und Beruf verbinden können.

In *Kapitel 6* kommt die Erzählerin am Kaffeetisch auf ein Problem mit ihrer Tochter zu sprechen und holt sich den Rat erfahrener Mütter. Formen der Zusammenarbeit zwischen Praxisexpertinnen und Profifrauen im Mütterzentrum werden dargestellt.

Unter Frauen sein macht Spaß! In *Kapitel 7* verdonnert die Erzählerin ihren Mann zur Kinderbetreuung und feiert im Mütterzentrum. Es erfolgt ein Blick in die Geschichte, und die Mütterzentrumsbewegung wird in den Kontext der Frauenbewegung eingeordnet.

In *Kapitel 8* wird deutlich, wie Mütterzentren Institutionen verändern könnten. Menschenfreundliche Lebensorte entstehen, wenn die Selbsthilfekräfte und die Stärken der Menschen aktiviert werden und den Bedürfnissen von Menschen mehr Gewicht beigemessen wird als den Erfordernissen von Organisationen.

In *Kapitel 9,* am Ende des Buches, hat die Ich-Erzählerin einen Traum. Sie beginnt, sich die Idee eines sozialen Ortes zu eigen zu machen, an dem Privatleben und öffentliches Leben nicht scharf voneinander abgegrenzt sind und an dem Menschen um ihrer selbst willen geschätzt werden. Geschichte und Entwicklung, Arbeit und Ansatz des Mütterzentrums werden resümiert und in den aktuellen gesellschaftlichen und fachlichen Debatten verortet: Was die Frauen hier leisten, ist in vielen Fällen die Praxis zur Theorie.

Im Kern der Mütterzentrumskultur steht ein Selbsthilfe- und Laienansatz, der auf die Kräfte von Müttern baut: Die Frauen sorgen für sich und ihre Kinder und schaffen sich Lebensbedingungen, die ihnen und den Kindern guttun. Jede Weiterentwicklung, jedes neue Projekt im Mütterzentrum beginnt letztlich auf die gleiche Art und Weise: Eine oder mehrere Frauen haben ein Problem, tun sich zusammen mit anderen, denen es genauso geht, vertrauen auf die eigenen Kräfte, unterstützen sich im Netz und entwickeln eigene Lösungen. Aus vielen dieser Lösungen sind mittlerweile professionelle Angebote geworden, die eine große Anzahl von Menschen erreichen und unterstützen. Zusammen mit ihrem Träger, dem SOS-Kinderdorf e.V., haben die Mütterzentrumsfrauen ein Haus gebaut, in dem sie zukunftsfähige Formen des Zusammenlebens und Zusammenarbeitens erproben und verwirklichen.

Das Vertrauen in die Alltagskompetenzen von Frauen hat im SOS-Kinderdorf e.V. Tradition. Den Verantwortlichen fiel es daher nicht schwer, die Grundpfeiler des Mütterzentrumskonzeptes zu akzeptieren, als sie Mitte der siebziger Jahre begannen, sich für die gerade entstehenden Mütterzentren zu interessieren. Im SOS-Kinderdorf e.v. wurde schnell erkannt, daß sich hier alternative Formen der Unterstützung für sozial benachteiligte Kinder und Familien entwickeln, die eine echte Entlastung bieten und präventiv wirksam sein können. Aufbauend auf einem Konzept, das auf Forschungsarbeiten des Deutschen Jugendinstituts (DJI) basierte, wurden damals drei Modellprojekte des Bundesfamilienministeriums aus der Taufe gehoben (eines davon war das Mütterzentrum Salzgitter) und von einer Projektgruppe des DJI wissenschaftlich begleitet. Schon in dieser Phase hat der SOS-Kinderdorf e.v. die Trägerschaft für eines dieser Zentren übernommen, später kamen zwei weitere hinzu. Die Zeit dafür war günstig, denn in der Fachdiskussion war die klassische Beratungsarbeit zunehmend in Kritik geraten. Es wurde vielerorts nach Wegen gesucht, Zugangsbarrieren abzuschaffen und zielgruppen- und brennpunktbezogene Arbeit zu machen. Der SOS-Kinderdorf e.v. hat sich damals für ambulante und präventive Hilfen geöffnet und eine entsprechende Aufgabenerweiterung angezielt – die Mütterzentren mit ihrem Gemeinwesenansatz und ihrer Wirkung in den Stadtteil hinein waren in dieser Situation hochwillkommen. Mütterzentren heute haben sich längst als Bestandteil psychosozialer Versorgung bewährt, und immer wieder haben die Frauen die Nase vorne, wenn es um die Auseinandersetzung mit den brennenden Fragen Sozialer Arbeit geht: Im Mütterzentrum wird an den realen Lebensbedingungen angesetzt, entwickeln Betroffene ihre eigenen Angebote. Hier geht es um neue Formen der Zusammenarbeit von Selbsthilfeprojekten und professionellen Institutionen, hier wird bürgerschaftliches Engagement praktiziert.

Wie oft bin ich zu einer Redaktionssitzung von München nach Salzgitter gefahren und wälzte während der Fahrt einen großen Problemberg. Würden wir die passenden Autorinnen und Autoren für die Fachartikel finden? Wie können wir es schaffen, daß die einzelnen Textteile zusammen ein Buch aus einem Guß ausmachen? Würden unsere eigenen Texte und die der externen Autorinnen und Autoren zusammenpassen? Würde sich ein Verlag auf unser Konzept und unsere Gestaltungswünsche einlassen? In Salzgitter angekommen, hievte ich dann den schweren Brocken auf den Tisch der Redaktionsgruppe, auf dem bereits weitere Problemberge lagen, sank erschöpft in einen Stuhl und nahm dankbar die dampfende Tasse Kaffee in Empfang. Dann passierte eigentlich immer das gleiche. Die Frauen nippten an ihren Tassen, plauderten fröhlich über Alltägliches und Persönliches und schauten sich hin und wieder die Brocken neugierig an. Allmählich begannen sie, diese mit Worten und Gedanken zu umkreisen, dann fing eine nach der anderen an, kleine, handliche Stücke aus ihnen herauszuhauen: Ach, da habe ich Lust, mich darum zu kümmern – ich hab' eine Idee – wir könnten doch Michaela fragen – ich kenne da jemanden – versuchen wir das doch so – laß mich mal machen. Am Ende der Sitzung waren alle Brocken zerlegt, und wir begannen, uns über die kulinarischen Genüsse für den Abend Gedanken zu machen. Und am nächsten Tag nahm jede von uns nur so viele kleine Bröckchen mit nach Hause, wie sie bequem tragen konnte. Auf diese Art und Weise haben wir unser Buchprojekt vorangebracht, wir haben gestritten, gelacht, Klippen umschifft, dazugelernt, nachgedacht, Widersprüche ausgehalten, gesponnen, gelesen und ganz viel miteinander geredet – und plötzlich war das Buch so weit gediehen, daß wir es an Lektor und Verlag übergeben konnten, die so aufgeschlossene und kundige Buchmacher sind, wie sie das Projekt verdient hat. So ist dieses Buch entstanden. Lesen Sie es mit Genuß!

Gabriele Vierzigmann
Sozialpädagogisches Institut im SOS-Kinderdorf e.V.

Zur Redaktionsgruppe gehörten Hildegard Schooß, Hannelore Weskamp, Heike Brümmer (SOS-Mütterzentrum Salzgitter), Gabriele Vierzigmann (Sozialpädagogisches Institut im SOS-Kinderdorf e.V., München) und Monika Jaeckel (Deutsches Jugendinstitut, München).
An den Workshops teilgenommen haben Barbara Albrecht, Angelika Blut, Heike Brümmer, Silke Düerkop, Dagmar Frommelt, Sabine Genther, Angelika Märtens, Dorothee Maria Schooß, Hildegard Schooß, Adele Turk, Gabriele Vierzigmann und Hannelore Weskamp.
Die Ich-Erzählung hat sich Heike Brümmer ausgedacht; die Biographien wurden aufgeschrieben von Hannelore Weskamp (Kapitel 1 bis 8) und von Monika Jaeckel (Kapitel 9); die Praxisgeschichte in Kapitel 3 stammt von Hannelore Weskamp, die Praxisgeschichte in Kapitel 5 von Dorothee Maria Schooß.
Die Einschübe und der Anhang wurden von Hildegard Schooß zusammen mit den Frauen des SOS-Mütterzentrums Salzgitter erarbeitet.

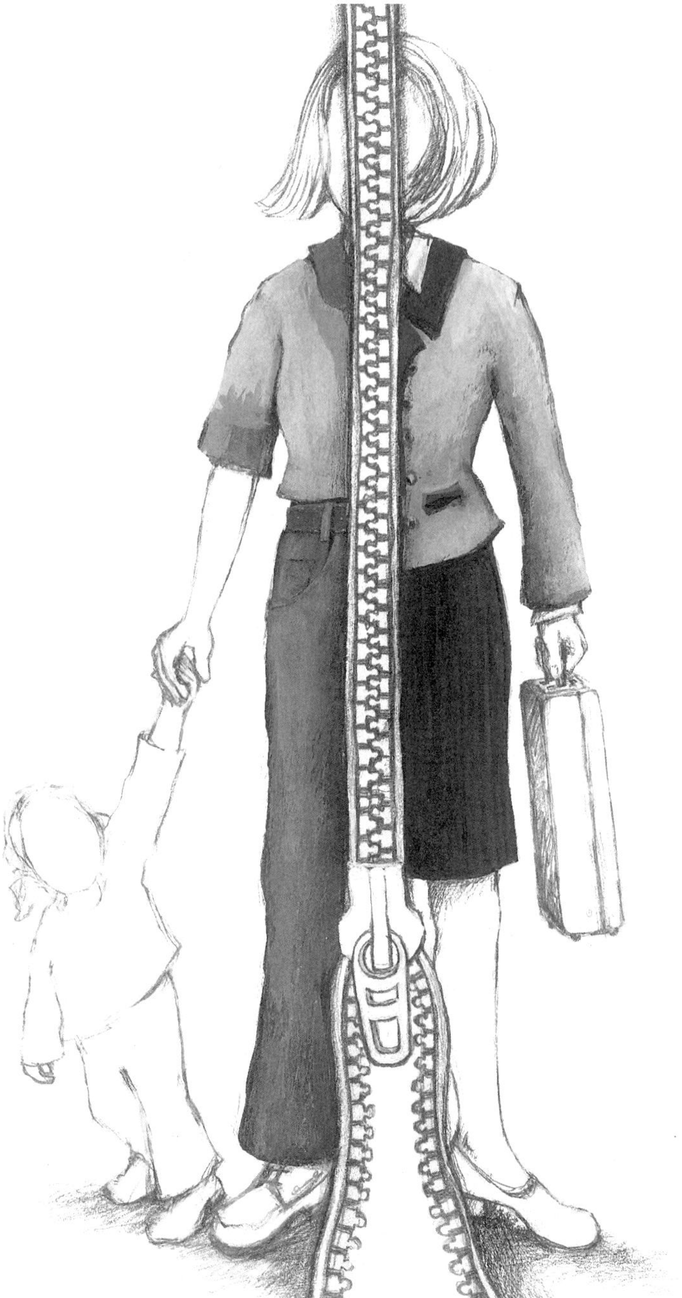

Kapitel 1
Mütterzentren: Öffentlich privat leben

Der erste Eindruck

Der Tag hatte wieder chaotisch angefangen. Lars hatte die ganze Nacht gehustet, und Charlotte war davon wach geworden. Das bedeutete zwei Stunden harte Arbeit mit Trösten, Wiegen, Schlaflied singen ... Danach war mein Kreislauf so runter, daß ich bibbernd im Bett lag. Michael war zwischendurch nur kurz ins Bad geschlurft und schlief längst wieder. Als ich endlich zur Ruhe kam, klingelte der Wecker. Nun saß ich mit Michael beim Frühstück und schmierte mir eine Extratrostportion Nutella auf den Toast.

Wieder so ein Tag, der mich mit seiner Banalität das Fürchten lehrt. Ich bin neu in Salzgitter. Ich hasse diese Anfänge in einer neuen Umgebung. Alles muß erst wieder vertraut werden: Nachbarn, Wege, die Organisation des Alltags. Das Leben ist angefüllt mit Neuigkeiten, aber innere Zufriedenheit stellt sich nicht ein. Meine Kinder haben es da einfacher. Neue Freunde waren schnell gewonnen und werden schon in »beste« und »zweitbeste« Freunde eingeteilt. Ich werde eher müde, wenn ich daran denke, wieder eine Freundschaft langsam aufzubauen, mich für neue Menschen zu öffnen. Gestern habe ich in der Zeitung vom Mütterzentrum hier in Salzgitter gelesen und mir vorgenommen, heute einmal vorbeizugehen. Tonpapierarbeiten gibt es heute als Angebot in der Caféstube. Basteln ist zwar nicht mein Ding, aber neugierig hat mich der Artikel schon gemacht. Ladenzeile, Caféstube, Kinderzimmer, wie das alles zusammenhängt, kann ich mir nicht recht vorstellen ...

Die Schwingtür läßt sich mit Charlottes Buggy nur mühsam aufstoßen. Lars hilft wie ein Gentleman, und ich muß über meinen vierjährigen Sohn schmunzeln, der nun vom Garderobenraum des Mütterzentrums aus neugierig in die Caféstube linst. Himmel, was für ein Betrieb! Vielleicht doch wieder gehen, ein Brötchen an der Ecke kaufen und ein zweites Frühstück lieber zu Hause? Da hat Charlotte den Puppenwagen unter einem der Tische entdeckt, ruft ihr lautes Da!, und mir bleibt nichts anderes übrig, als hinterherzugehen. Mich treffen freundliche Blicke – sofort hat man uns drei wahrgenommen. Lars versteckt sich hinter meinen Beinen, hat aber danach gleich das Frühstücksbüffet entdeckt und zieht mich dorthin. Ich habe zunächst alle Hände voll zu tun, um mich zu orientieren. Ganz viel scheint hier in diesem Raum zur gleichen Zeit zu passieren. Hinten ein Tisch mit vorwiegend älteren Menschen, die Karten spielen. Vorne an einer großen runden Tischplatte viele Frauen, viele Kaffeetassen, viel Gelächter. Hinter einer Art Tresen Küchengeräusche. Zwei junge Frauen begrüßen sich lauthals. Zwei Kinder laufen lärmend durch den Raum. Ein kleiner Junge weint und wird von einem älteren Herrn aufgenommen und getröstet. Auf den ersten Blick ein ganz wuseliger Eindruck. Gleichzeitig habe ich das Gefühl, daß hier jeder seinen Platz hat, daß kein Weg umsonst gegangen wird. Auf den Kiefernschränken einige Grünpflanzen. Ein Barockrahmen mit Blumenbild etwas schief an der Wand, daneben gerahmte Landschaftsmotive. Ach ja, da hängen auch einige Fensterbilder aus Tonpapier. Eine heitere, für mich etwas zu bunte, aber auch freundliche Atmosphäre. Ist das die Caféstube, von der in der Zeitung die Rede war? Jetzt erst sehe ich, daß sich eine Tischrunde zu mir geöffnet hat und mir einen Platz anbietet. Charlotte untersucht in der unmittelbaren Nähe den Puppenwagen, und so setze ich mich mit Lars zu den Frauen. »Einen Kaffee?« »Ja, gern!« Ich höre ein bißchen zu, erfahre vom letzten Urlaub meiner Nachbarin, daß es beim Aldi wieder Kinderklamotten gibt und ein paar Alltagsgeschichten aus dem Stadtteil. Gar nicht so übel, hier zu sitzen. Und das als Fremde! Meine Nachbarin spricht mich an und fragt mich, ob ich schon einmal hier gewesen sei. Als ich das verneine, bietet sie mir an, mich gleich einmal durchs Haus zu führen. Sie ist eine sogenannte Caféstubefrau, die hier für den Ablauf zuständig ist. Da sie mir gleich sympathisch ist, erzähle ich ihr ein bißchen von mir als Neubürgerin.

Biographie
Jede in ihrem Tempo

Als ich nach einer längeren Krankheit das erste Mal wieder ins Mütterzentrum kam, haben mich alle freundlich begrüßt, sich erkundigt, wo ich denn war. Mich hat das richtig erstaunt, wie meine Abwesenheit bemerkt worden ist, daß ich wahrgenommen und vermißt worden bin. Das war schon ganz anders als in der Krabbelstube, bei der ich vorher war. Da haben sich Frauen einmal die Woche mit ihren kleinen Kindern für eine Stunde getroffen. Jede hat sich ihren Kaffee mitgebracht. Während die Kinder gekrabbelt sind, haben wir uns über sie unterhalten. Nach einer Stunde sind wir auseinandergegangen, jede ihren eigenen Weg. Über die Stunde hinaus sind keine weiteren Gemeinsamkeiten zustande gekommen.

Jede in ihrem Tempo

Das erste Jahr im Mütterzentrum war ich nur mit Martin im Kinderzimmer, er hat mich nicht losgelassen, ich konnte kaum einen Schritt ohne ihn machen. Die anderen Mütter haben viel mehr draußen in der Kaffeestube gesessen, bei mir ging es eben nicht. Aber ich hatte immer das Gefühl, daß es so akzeptiert wird. Bestimmt gab es auch andere Mütter, die meinten, ich müßte mich mehr von meinem Sohn trennen. Aber beides hat Bestand, jede Mutter hat mit ihrem Kind ihren eigenen Rhythmus – und den kann sie hier auch leben. Das habe ich verstanden, und deshalb konnte ich mich auch im Kinderzimmer wohl fühlen. Und Gespräche konnte ich auch dort führen.

Als der Erziehungsurlaub vorbei war, habe ich schon überlegt, ob ich wieder arbeiten gehen soll. Aber Martin war noch so klein und auch oft krank, und eine angemessene Betreuung hätte ich auch nicht gehabt. Das war eine schwierige Situation. Dazu kam noch, daß ich zwischen Ost und West hin- und hergerissen war. Meine Verwandten und Freunde in Magdeburg haben immer als erstes gefragt, wann ich denn endlich wieder berufstätig werden will. Hier im Westen hat mich das niemand gefragt. Auch in der Erziehung gab es so unterschiedliche Vorstellungen. Ich wußte manchmal selbst nicht mehr genau, was ich wollte. Genau zu dieser Zeit kam im Mütterzentrum die Frage, ob ich Lust hätte, in der Caféstube zu arbeiten. Das war gut. Ich konnte ein bißchen arbeiten, konnte Martin mitnehmen und hatte eine Aufgabe. Einfach war es trotzdem nicht.

Obwohl ich nicht schüchtern und kontaktscheu bin, ist es mir anfangs schwergefallen, auf neue Frauen zuzugehen. Die wichtigste Aufgabe der Caféstubefrauen ist es nämlich, sich um die neuen Frauen zu kümmern. Das habe ich selbst ja auch so positiv erlebt. Jetzt war ich dafür verantwortlich, und das ist schon etwas anderes. Wir machen den Dienst zu zweit, und ich hatte die Möglichkeit, erst mal zuzusehen und zuzuhören, wie meine Mitdienstfrau das macht. Nach und nach habe ich mich auch getraut und konnte es dann gut alleine. Es ist eine hohe Anforderung, mit den vielen unterschiedlichen Frauen und Charakteren angemessen und individuell umzugehen. Ich habe dabei wirklich viel gelernt. Schwierig war die Situation mit Martin. Er hing auch während meiner Dienstzeiten an meinem Rockzipfel. Ich bin, wer weiß wie oft, zwischen Caféstube und Kinderzimmer hin und her gelaufen, habe Martin immer wieder zurückgebracht. Er hat viel Aufmerksamkeit gefordert. Für ihn machte es keinen Unterschied, ob ich nun gearbeitet habe oder als Besucherin im Mütterzentrum war. Trotz dieser Anstrengung habe ich den Dienst gerne gemacht. Ich hatte das Gefühl, ich muß das machen, für mich und für das Mütterzentrum. Die anderen Frauen haben mich darin sehr unterstützt. Sie haben akzeptiert, daß Martin während meiner Dienstzeit zwischen meinen Füßen war beziehungsweise daß ich oft ins Kinderzimmer mußte.

Natürlich gab es auch mal die eine oder andere spitze Bemerkung von Frauen, die das nicht verstehen konnten. Obwohl das eher Ausnahmen waren, hat mich das manchmal verunsichert. Ich habe viel mit der Kinderzimmerfrau gesprochen und sie gefragt, ob mein Sohn sich noch normal verhält und ob ich trotzdem hier arbeiten kann. Diese Gespräche waren sehr unterstützend. Jedes Kind ist eben anders. Manche nabeln sich schneller ab, andere langsamer. Im Mütterzentrum können die Ablösungsprozesse nach der eigenen Zeit und dem eigenen Rhythmus stattfinden – es gibt kein »richtig« oder »falsch«. Im Mütterzentrum gehören die Kinder, so wie sie sind, dazu. Damals gab es einmal im Monat eine Caféstube-Dienstbesprechung. Alle Dienstfrauen sind zusammengekommen und haben über organisatorische Dinge gesprochen und sich über die Freuden und Leiden der Arbeit ausgetauscht. Für mich war das interessant, aber auch ganz neu. Ich mußte bei vielen Themen erst lernen, meine eigene Meinung zu finden und zu formulieren. Es hat mir gutgetan zu spüren, daß meine Meinung überhaupt gefragt und wichtig ist. Martin hing auch dabei an meinem Rockzipfel. Ich mußte oft mit ihm rausgehen und habe deshalb nicht immer alles mitgekriegt. Ich fand das ziemlich nervig und hatte Angst, daß auch die anderen genervt sind. Insgesamt bin ich froh, daß ich trotz Martin die Möglichkeit hatte, diese ganzen Erfahrungen zu machen. Ich glaube, wenn ich viel Kritik oder Druck bekommen hätte, wäre ich nicht mehr dabei.

Die große Wende kam nach einem Seminar. Ich habe mit Martin an einer Mutter-Kind-Freizeit teilgenommen. Das wird jedes Jahr vom Mütterzentrum organisiert. Wir waren dreizehn Mütter und mindestens doppelt soviel Kinder, die fünf Tage gemeinsam die Zeit in einem schönen Haus in der Lüneburger Heide verbracht haben. Vormittags hatten wir Frauen Seminar. Wir haben über unsere verschiedenen Lebenssituationen gesprochen, über unsere Lebenswünsche und Verwirklichungsmöglichkeiten, über die Entwicklung der Kinder, haben Entspannungsübungen gemacht und vieles mehr. Die Kinder sind in der Zeit betreut worden. Auch hier kamen ab und zu einzelne Kinder in den Seminarraum, wie im Mütterzentrum eben. Nachmittags haben wir etwas mit den Kindern unternommen, und abends war Zeit für Vergnügliches. Martin machte da eine ganz neue Erfahrung. Von morgens bis abends in so einer großen Gemeinschaft von Frauen und Kindern zu leben – das war übrigens auch für mich neu. Und da ist er plötzlich alleine losgelaufen, ist über große Strecken in der Kinderbetreuung geblieben. Von einem Tag auf den anderen ist er selbständiger geworden – und auch geblieben. Wieder zu Hause im Mütterzentrum, ist er wie selbstverständlich alleine ins Kinderzimmer gegangen. Damit ist für mich eine neue Zeit im Mütterzentrum angebrochen.

Bald danach ist Martin in den Kindergarten gegangen. Für ihn war das sehr gut – aber für mich brach eine langweilige Zeit an. Die Zeit, in der Martin im Kindergarten war, war zu kurz, um alleine ins Mütterzentrum zu fahren (ich hatte eine längere Anreise mit dem Bus), und auch zu kurz, um zu arbeiten. Da ist mir noch mal deutlich geworden, wie wichtig das Mütterzentrum für mich ist – auch wenn ich anfangs wegen Martin dahin gegangen bin. Das Mütterzentrum war und ist mein Rückhalt – ich habe ja sonst nur meine kleine Familie. Egal ob es mir gut oder schlecht geht, ich weiß, da ist jemand für mich da. Und ich weiß, ich bin auch für andere da.

Als wir umgezogen sind – gleich um die Ecke vom Mütterzentrum –, wurde alles einfacher. Jetzt konnte ich immer und jederzeit hingehen. Seitdem habe ich eine intensivere Verbundenheit zum Zentrum und viel mehr Kontakt zu den Frauen, auch außerhalb des Mütterzentrums. Ich habe auch mehr Aufgaben übernommen, seit einem Caféstubeseminar arbeite ich an dem Angebotsheft mit, das wir jeden Monat erstellen und das einen Überblick über alle Angebote im Mütterzentrum gibt. Ich bin viel in der Caféstube, auch ohne Dienst. Wenn es etwas zu tun oder zu helfen gibt, springe ich gerne spontan ein. Genau das gefällt mir gut. Ich kann kommen und gehen, wann ich will, außer natürlich, wenn ich eine konkrete Verpflichtung übernommen habe. Ich kann immer noch für mich entscheiden, was und wieviel ich tun will. Ich mache mir keinen Druck – und ich weiß, wenn ich will, kann ich auch mehr machen. Ich genieße diese Freiheit. Man wird doch überall unter Druck gesetzt, und bei mir erreicht man mit Druck gar nichts.

Brigitte Wießmeier
Mit einem fremden Blick

Ich hatte mir vorgenommen, als Ethnologin mit einem »fremden Blick« das Mütterzentrum zu erkunden. Diese Perspektive sollte dazu verhelfen, die bereits in großer Vielfalt vorliegenden Blickrichtungen auf das Mütterzentrum zu vervollständigen. Hinweise darauf, daß ich keineswegs derart von außen kommen könne, wie Ethnologen dies bei ihren Feldstudien tun, da ich hier sozialisiert worden bin und meine Rolle als Mutter in dieser Gesellschaft lebe, ließen meine Auftraggeberinnen nicht gelten. Gerade die berufliche Verbindung von Ethnosoziologie[1] und Sozialpädagogik schien ihnen interessant.

Ich ließ mich auf diese Reise ein, näherte mich mit dem Zug dem mir bis dahin tatsächlich unbekannten Ort Salzgitter und anschließend dem in einem ruhigen Wohngebiet gelegenen Mütterzentrum. Dort sollte ich zwei Tage mit teilnehmender Beobachtung verbringen. Im Rahmen der sogenannten Fremdanalyse waren meine Beobachtungen einmal auf das aktive Leben dort gerichtet, des weiteren auf mündliche und schriftliche Äußerungen auf der Metaebene. Als wichtigen Schritt nahm ich auch eine Selbstanalyse zur Überprüfung vor. Eine abschließende Reflexion sollte beide Schritte verbinden.

Fremdanalyse

Ein großer Haushalt

In den vielen kleinen und großen Räumen stieß ich überall auf beschäftigte Frauen und immer wieder auch auf Kinder. Die Arten der Beschäftigungen erinnerten an einen großen Haushalt, es wurde gekocht, gewaschen, serviert, frisiert und genäht. Die Kinder spielten im Garten am Haus, betreut von Frauen. Die Atmosphäre schien durch offene Türen, Selbstverständnis im Tun und durch eine Freude an Begegnung geprägt zu sein. Ich versuchte, durch Gespräche mit verschiedenen Frauen das Geheimnis des liebevoll gepflegten Hauses zu verstehen. Gab es einen Leitgedanken, den ich nur herausfinden mußte? Die Frage nach dem Konzept des Hauses lag nahe. Weniger verlegen als gelangweilt klang die Antwort: Das fragen uns immer die Pädagogen. Offensichtlich leistet man es sich in diesem Haus, ohne genaues Konzept zu arbeiten. Allerdings wird gerade dafür schon lange ein Name gesucht: ein Paradoxon? Mit meiner Idee, diesen Ansatz vielleicht lebensweltorientierte Arbeit mit Frauen im Gemeinwesen zu nennen, hielt ich mich zurück, denn im Mütterzentrum schien solch ein Titel viel zu technisch wirken.

Unterschied von Arbeitsplatz und bezahlter Arbeit

Später lernte ich Veränderungen des nicht benannten »Konzeptes« kennen. Lange Zeit gab es keine sozialpädagogischen Fachkräfte im Zentrum und auch keinen Bedarf an Sozialpädagogik. Der inzwischen notwendige Bedarf liegt in Auflagen von Geldgebern bei der Förderung bestimmter Projekte, wie z. B. der Kindergruppen, begründet. Soweit es geht, werden Arbeitsplätze geteilt und mit Frauen aus dem Zentrum besetzt, was nach Aussagen der Leiterin und von Mitarbeiterinnen durch die gemeinsame Geschichte weit besser funktionieren soll, als wenn Mitarbeiterinnen über den Stellenmarkt besetzt werden. Hier zeigt sich also ein Unterschied von Arbeitsplatz und bezahlter Arbeit in der Gemeinschaft. Wie läßt sich der kennzeichnen? Handelt es sich hier um ein Modell von Subsistenzwirtschaft?[2]

Was für eine Bedeutung hatte die fehlende Sozialpädagogik? Diese Frage konnte ich bald aus einer weiteren Perspektive betrachten, als ich gedanklich versuchte durchzuspielen, wie das Haus auf folgende Bitte der Stadtverwaltung reagieren würde: Das Mütterzentrum möge sich um eine Gruppe von isoliert lebenden jungen türkischen Müttern in Salzgitter bemühen. Die Antwort wäre eindeutig und würde etwa lauten: Das Zentrum nimmt keine »Aufträge« an und beginnt auch keine Vorhaben, die nicht aus dem Kreis der Frauen und damit aus dem Haus selbst entstanden sind. Es reagiert allerdings auf einen Bedarf.

Einer der Ausgangspunkte des vor siebzehn Jahren gegründeten Zentrums lautet gemäß den Broschüren über das Haus etwa: Das Mütterzentrum soll ein Ort sein, an dem Mütter Entlastung von und für ihren Alltag erfahren können, denn wenn es den Müttern gutgeht, geht es auch den Kindern gut. Auch werden Mütter in ihrer weiteren Lebensplanung unterstützt. Kommentare verschiedener Gesprächspartnerinnen verdeutlichen diesen Ansatz. »Wenn ich hier nicht diesen Raum für diese sehr günstige Miete hätte bekommen können, würde ich niemals selbständig arbeiten können, ich säße ohne Arbeit zu Hause, denn mit meinen beiden Kindern wäre ich das Wagnis einer Selbständigkeit nie eingegangen«, kommentiert die Mütterzentrumsfriseurin ihren persönlichen Lebensweg. »Hier kann ich mich mit meiner ebenfalls selbständigen alleinerziehenden Kollegin abwechseln, ohne mich verschulden zu müssen und ohne meine Kinder aus den Augen zu verlieren.«

Die Idee einer Frisierstube nahm Gestalt an durch Besucherinnen, die ihre Isolation zu Hause aufbrechen und im zweiten Schritt ihr Können in die große Gruppe einbringen wollten. Die Bezahlung der erbrachten Leistungen beruht auf Gegenseitigkeit.

Das Mütterzentrum dient den Frauen und Müttern als Ausgangsposition zur Verselbständigung und wird aus diesem Grund als das »Haus mit der höchsten Scheidungsrate« angesehen und damit als Gefahr für Ehe und Familie. Spontan könnte ich einstimmen und meine Beobachtung beisteuern, daß ich mit vielen alleinerziehenden Frauen gesprochen habe, aber selbst mit geringem Hintergrundwissen scheint mit dieser Bewertung Ursache und Wirkung verwechselt zu werden. Die jungen Frauen nehmen den Kontakt zum Haus auf, wenn sich Probleme in Ehe und Familie anbahnen, und suchen Unterstützung bei der Überwindung der Konflikte.

Selbstanalyse

Der zweite Teil einer Feldforschung besteht aus Introspektion im Sinne von Devereux, der behauptete, daß jede Wahrnehmung eine Wahrnehmung am Beobachter ist. In Anlehnung an ethnopsychoanalytische Zugänge[3], wonach Widersprüche der Gesellschaft als Konflikte und Widersprüche im Subjekt analysierbar sind, sollte den Verstrickungen der Forscherin nachgegangen werden, was eine Auseinandersetzung mit emotionalen Reaktionen bedeutet.

Auf diesem Weg kommt der Gegenübertragung eine besondere Bedeutung zu. Was konnte ein zweitägiger Besuch in dem bislang unbekannten Mütterzentrum in mir auslösen? Wie sind die Gefühle zu benennen, die durch zwei Tage teilnehmende Beobachtung und Gespräche in solch einem Haus entstehen können?

Es sind Gefühle von Scham, Unbehagen, Geborgenheit, Wut, Trotz und Stolz.

Scham und Unbehagen
Was hat es mit den Gefühlen von Scham und Unbehagen auf sich? Bereits auf der etwa vierstündigen Zugfahrt nach Salzgitter registrierte ich bei meinem Bemühen, mich auf den bevorstehenden Besuch zu konzentrieren, immer wieder störende Fragen, etwa: Warum bin ich bereit, mich mit einem Mütterthema auseinanderzusetzen, wo ich doch gerade meine aktive Mutterphase hinter mir gelassen habe? Oder: Was geschieht, wenn mir emotionsgeladene Beschreibungen der Zentrumsarbeit geboten werden und ich mich als »Karrierefrau« dazu verhalten soll?

Je mehr mich solche Fragen bedrängten, desto eher fühlte ich mich fehl am Platz. Bewegten mich Sorgen um eine mögliche Infragestellung und gleichzeitig um eine nicht eingestandene Sehnsucht nach dem Wohligen und Warmen ohne Leistungsdruck? Ist es nicht so, daß ich neuerdings wieder interessierter bin an Kindern, an ihrer Spontaneität? Diese beiden Gefühle standen konträr nebeneinander.

Heute erscheint es mir so, als habe ich ein Bekenntnis zur Mutterschaft als Eintrittskarte im Sinn gehabt. Wie kam es zu dieser Idee? Welche Kenntnisse und Vorerfahrungen habe ich von solchen Zentren? Ich bemühte mein Gedächtnis und stellte fest, daß ich kein einziges Mütterzentrum in Deutschland kenne, wohl aber welche im Ausland. Diese Unkenntnis schützte mich aber keineswegs vor imaginären Bildern von solchen Häusern, wie sonst wäre meine Verunsicherung zu erklären? Meine daraufhin aktualisierten Bilder stehen auch im Zusammenhang mit dem Träger der Einrichtung, dem SOS-Kinderdorf e.V. Als langjährige sporadische Spenderin erhalte ich immer wieder Faltblätter oder auch kleine Heftchen über die Arbeit dieser Organisation, die mir Material liefern für meine Vorstellungskraft, da sie eine Vielzahl von Fotos enthalten. Es sind Fotos von Kindern aus allen Teilen der Erde, manchmal auch welche von Frauen, die ein Kind auf dem Arm tragen. Diese bunten Fotos animieren zu spenden, da es den Kindern offensichtlich gutzugehen scheint, sie strahlen Zufriedenheit, manchmal gar Glück aus. Damit ist das Ziel dieser Broschüren sicher erreicht, aber vielleicht auch eine kleine Barriere aufgebaut gegenüber einer vorurteilsfreien Begegnung im Mütterzentrum. Die Bilder der strahlenden Kinder und stolzen Mütter des Kinderdorfs passen nicht zu eigenen Erfahrungen, wo ein Leben mit Kindern eben auch Ärger, Schmutz und Verantwortung bedeutet, wo eine lebenslange, nicht immer fotogene Bindung im Zentrum steht. Damit fühlte ich mich ertappt bei keineswegs immer positiven Gefühlen in Verbindung mit Mutterschaft. Dieser Aspekt scheint verantwortlich für das Gefühl von Scham, verbunden mit dem anschließenden zurückhaltenden Auftreten.

Geborgenheit und Wut

Die Gefühle von Geborgenheit und Wut hängen eng zusammen, denn außer den bereits beschriebenen Empfindungen gab es natürlich auch einen Antrieb zur Beschäftigung mit der Arbeit im Zentrum. Neben beruflichem Engagement ist Akzeptanz im Kreis von Gleichen ein zentraler Punkt im Mütterzentrumsalltag. Obwohl meine aktive Mutterphase nach zwanzig Jahren abgeschlossen scheint, registriere ich auch jetzt noch ein Bedürfnis nach Austausch unter Gleichgesinnten. Ähnliche Erfahrungen unter Müttern oder auch Vätern können eine gute Basis für intensive persönliche Kontakte darstellen, was allerdings auch für andere Lebenserfahrungen gilt. Dieses handlungsleitende Bedürfnis wurde dann vor Ort aktiviert. Nicht daß ich über mich und meine Erfahrungen sprechen mußte: Es war eher die Atmosphäre im Haus, die aufgrund verschiedener Bedingungen genau dieses Gefühl aktivierte, beispielsweise die Struktur, die Einrichtung und die Architektur des gerade im Bau befindlichen neuen Hauses. Interessant war für mich aber meine Reaktion darauf, denn ich empfand Ansätze von Wut, die sich gegen all die Menschen und Orte richtete, die diese anscheinend gesuchte Geborgenheit in meinem Leben verhindert hatten.

Trotz und Stolz

Diese Gefühle setzten erst später ein, nachdem die vorangegangenen durchlebt waren und der Erfolg der beobachteten Arbeit, auch verkörpert durch den Neubau, an persönlichen Erfolgserfahrungen anknüpfen konnte. In der Öffentlichkeit besteht ein allgemeines Wissen über die immense Wichtigkeit von Mutterschaft, Stolz darauf ist aber verboten. Aus diesem empfundenen Zwiespalt entstand bei mir der Trotz mit dem fragenden, aber auch kämpferischen Unterton: Wer wagt es, diesen Stolz zu brechen, was steht dieser selbstbewußten Haltung im Wege?

Zusammenfassende Betrachtungen

Wird das Mütterzentrum mit »fremdem Blick« analysiert, erscheint es als ein großer funktionierender Haushalt mit flexiblem Konzept. Darin spiegeln sich Aspekte von Großfamilien mit Subsistenzwirtschaft und Reziprozität wider.

Wird im zweiten Schritt die emotionale Begegnung im Zentrum betrachtet, so treten gefühlte Ambivalenzen in den Vordergrund. Dabei geht es um Sehnsucht nach Wohligem und Warmem ohne Leistungsdruck, aber auch um die Sorge, daß die berufliche Karriere in Frage gestellt werden könnte. Es geht um gesuchte Akzeptanz im Kreis Gleicher und um Wut gegenüber Menschen und Institutionen, die Geborgenheit und Selbstbewußtheit verhindern. Der Konflikt »Mutterschaft und Karriere« spielt dabei eine zentrale Rolle, ausgedrückt als Scham über den Verrat der einen oder der anderen Rolle.

Setzt genau da das Mütterzentrum als Ort der Entlastung und Selbständigkeit an, dürfen da Selbstbewußtheit und Stolz, unterstützt durch diesen großartigen Neubau, empfunden und geteilt werden?

Die auf individueller Ebene erlebte traditionelle Frauenbiographie wird aufgegriffen: Das Leben wird in Phasen gelebt, die Übergänge sind fließend; es erfolgt eine Anpassung an die familialen Bedingungen, die eigenen Interessen richten sich weitgehend auf Gemeinschaft, die den notwendigen Schutz bietet. Diese Erfahrung ist plastisch umgesetzt in dem Neubau, der sich zum Zeitpunkt meines Besuchs noch im Rohbau befand. Verschiedene Ebenen, die durch offene Treppenhäuser verbunden sind, zwei Seiten, die in der Mitte als offener Bereich eine Kontaktmöglichkeit vorsehen und Transparenz der Aktivitäten durch Glaswände. Ein ganzheitliches soziales Konzept steht dahinter, wie unter anderem in den Gemeinschaftshäusern im pazifischen Raum.

Auf kollektiver Ebene wird im Expo-Prospekt vom Mütterzentrum als dem Wegbereiter für eine neue soziale Ökonomie gesprochen. Was genau ist damit gemeint? Ist es der egalitäre Ansatz des Gebens und Nehmens? Die Frauen regeln Nachfrage und Bedarf selber, sie brauchen kein Marketing. Oder ist mit »Wegbereiter für soziale Ökonomie« der intergenerative Aspekt der Arbeit gemeint? Sozial im Sinne von gemeinschaftlich und gleichberechtigt? Das alles wären Anzeichen einer uralten sozialen Ökonomie.

Hat solch eine alte neue soziale Ökonomie Chancen um die Jahrtausendwende? Sind es nicht gerade die bereits erwähnten staatlichen Vorschriften, die eine Veränderung dieses bewährten ganzheitlichen Konzeptes mit sich brachten?

In einem ganzheitlichen Konzept, sei es auf individueller, sei es auf kollektiver Ebene, darf es vor allen Dingen keine Mißachtung von Humanvermögen geben, keinen Zusammenstoß von Technik und menschlichen Bedürfnissen. Bisher konnte das Mütterzentrum diesen Gefahren mit selbstbewußter Haltung erfolgreich entgegentreten.

Anmerkungen
(1) Zweig der Ethnologie, der ein vergleichendes Studium der Ebenen des sozialen Lebens anstrebt. Ziel ist es, allgemeine Gesetze über das soziale Leben aufzustellen. Sie kümmert sich weniger um die Zeitdimension, sondern bemüht sich, die Gesellschaft in ihrem Funktionieren und ihren Handlungen zu begreifen (vgl. Panoff; Perrin 1982, S. 96).
(2) Selbstversorgung von Familien, Haushalten und Kommunen durch Produkte und Leistungen, die von ihren Mitgliedern erbracht werden (s. Fischer 1988, S. 99).
(3) Ohne an dieser Stelle näher auf die Ethnopsychoanalyse eingehen zu wollen, soll hier auf Einflüsse von Maya Nadig, Mario Erdheim, Hans Bosse und Evelyn Heinemann hingewiesen werden. Von diesen Autoren liegen inspirierende Berichte von Feldforschungen mit dieser Methode vor, z. B.: »Beiträge zur Ethnopsychoanalyse« des Instituts für soziale und kulturelle Arbeit, Nürnberg.

Literatur
Fischer, Hans (Hg.): Ethnologie. Berlin, 1988
Panoff, Michel; Perrin, Michel: Taschenwörterbuch der Ethnologie. Berlin, 1982

Einschub
Offener Treff für Jung und Alt im Mütterzentrum

Wege schaffen Begegnung,
Begegnung schafft Beziehung,
Beziehung schafft Verantwortung

Der offene Treff ist der Ausgangs- und Mittelpunkt des Mütterzentrums für Menschen aus dem Stadtteil. Er ist täglich von morgens bis abends geöffnet.

Im Stadtteil wirkt das Zentrum wie ein Netzwerk und dient als Informationsdrehscheibe mit einem breiten Beratungs- und Entlastungsangebot sowie mit zahlreichen Beschäftigungs- und Erfahrungsmöglichkeiten für Jung und Alt. Der Treff ist von Müttern nach dem Selbsthilfeprinzip entwickelt worden und am ehesten wie ein öffentliches Wohnzimmer zu beschreiben. Mütter sind die Aktiven, die das Leben und die Atmosphäre bestimmen.

Im offenen Treff sind der Gedanke der Integration, das gegenseitige Kennenlernen von Jung und Alt, Mittelpunkt des sozialen Lebens. Das generationsübergreifende Miteinander wird gezielt ermöglicht und gefördert, damit die Kompetenzen, Fähigkeiten und Erfahrungen mehrerer Generationen miterlebt und zusammengefügt werden können.

Um dieses Ziel zu erreichen, setzen wir auf die Begegnung der Generationen unter einem Dach beziehungsweise auf demselben Gelände. Damit solche Begegnungen zu positiven Erlebnissen und Erfahrungen werden, stehen jeder Zielgruppe neben den Gemeinschaftsräumen auch Räume für die jeweils eigene Nutzung zur Verfügung.

Die Angebote

- Caféstube mit Kinderzimmer
- Kinderhaus mit Jugendclub
- Altenservice mit ambulanter Betreuung und Pflege sowie Tagesbetreuung und Pflege
- Stadtteilservice
- Beratung und Information
- Lebensartikelläden
- Fort- und Weiterbildung
- mütterfreundliche Arbeitsplätze
- täglich Frühstück, Mittagessen, Nachmittagskaffee

- täglich Nonstop-Caféstube mit offener Kinderbetreuung von neun Uhr bis 18 Uhr
- täglich (und oft auch abends) Programm: z.B. Holzarbeiten, Schneidern, Englisch, Gesprächskreis für Schwiegertöchter, Frauenstammtisch

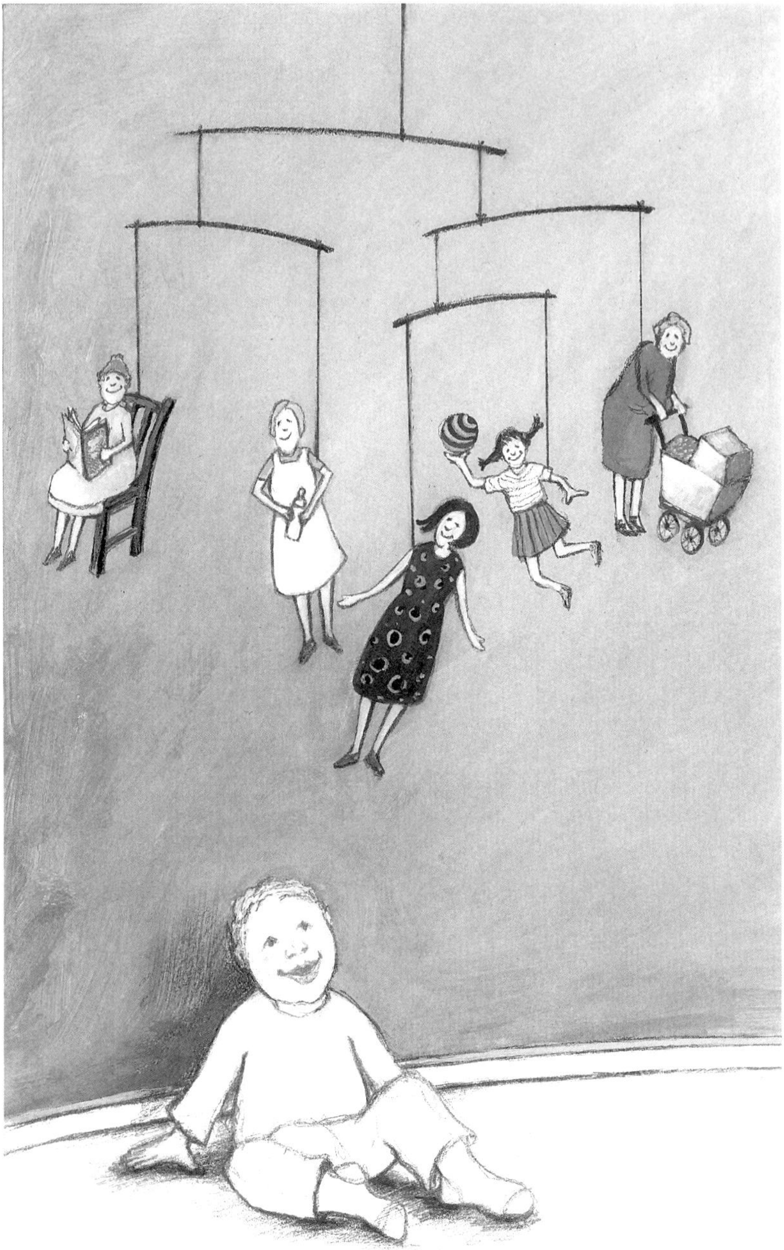

Kapitel 2
Spiel-Räume für Mütter und Kinder

Kinderzimmer

Marion heißt meine Gesprächspartnerin, und sie ist mir trotz ihrer quirligen Art sehr sympathisch. Ihre beiden Kinder kommen zwar immer wieder an den Tisch und unterbrechen uns, aber unserem zwanglosen Gespräch tut das keinen Abbruch. Charlotte und Lars staunen mit offenem Mund über die Situation. Sie halten sich – ungewohnt harmonisch – an der Hand und scheinen die Rückendeckung des anderen in dieser unbekannten Umgebung zu brauchen. Neugierig werden sie von Marions beiden Töchtern beäugt. In einer Gesprächspause schauen wir etwas mütterverträumt auf unsere Kinder und anschließend uns schmunzelnd an. Ach ja, die lieben Kleinen! Aber auch: wie superanstrengend! Ohne Worte haben wir uns verstanden. »Weißt du eigentlich von unserer Kinderbetreuung hier im Mütterzentrum?«, fragt mich Marion. »Dort können deine Kinder spielen, wenn du einfach mal in Ruhe Kaffee trinken willst.« Aha, ein Entlastungsangebot ist immer interessant. »Weißt du was, ich führe dich jetzt einfach mal durchs Haus.« Während ich meine Kinder und Siebensachen für die Erkundung zusammensuche, bespricht sich Marion mit ihrer Kollegin. Ein Team also. Jetzt nehme ich auch die anderen Gesichter wahr, die mir zu Beginn nur als wuselige Menge erschienen waren. Ich bin beeindruckt von der Offenheit, die mir begegnet. Viele lächeln mich freundlich an. Obwohl ich selbst ein recht offener Mensch bin, brauche ich für den ersten Schritt in diese familiär erscheinende Gruppe doch auch Mut.

So, es geht los. Marion bietet Lars ihre Hand an (nach einem zustimmenden Blick von mir nimmt er sie sogar), und ich schnappe mir Charlotte. Zunächst geht es quer durch die Caféstube. Am Ende eines fensterlosen Ganges dann eine unscheinbare Tür. Natürlich bin ich gespannt auf das, was Marion als Kinderzimmer beschrieben hat. Wir werden von einem wunderbaren Duft nach frisch geölten Hölzern empfangen, und der Sonnenschein, der durch große Fenster fällt, macht alles so hell und freundlich. Ich bin sofort rundum begeistert. Wir stehen in der Raummitte und sind umgeben von Unterständen, Treppen, Emporen und Ebenen, alles aus Naturholz gebaut. Ein Kind kommt im Abendkleid und Zylinder die Treppe herunter.

Hinter Holzwänden und Vorhängen wird sich geräuschvoll verkleidet und gespielt. Auf der Fußbodenebene, auf der wir uns befinden, sitzen Kinder um einen Tisch und kneten so hingebungsvoll, daß sie uns kaum bemerken. Auch Marions Kinder sind dabei und scheinen ganz vertieft. Da der ganze Raum in verschiedene Höhen aufgeteilt ist, nehme ich erst jetzt die Frau auf der Fensterbank wahr, die Laternen an die Decke hängt. Sie begrüßt uns mit einem Lächeln und muß sich dann sogleich um eine Rangelei kümmern, die sich zwischen zwei Kindern in einer mit Kissen gefüllten Höhle ergeben hat. Offensichtlich keine leichte Aufgabe, denn die Streithähne gehen wütend aufeinander los. Sie scheint die beiden gut zu kennen, denn nach einem kurzen, aber prägnanten Einschreiten hat sie die Situation im Griff. Das ältere Kind verläßt wütend schimpfend das Feld, um sich bei seiner Mutter, die wohl in der Caféstube sitzt, zu beschweren. Ganz normales Leben also.

Biographie
Verantwortung teilen

Ich bin Großmutter, habe zwei erwachsene Kinder, ein Enkelkind und den fünfzigsten Geburtstag schon hinter mir.

Ich habe fast fünfzehn Jahre lang als Kinderfrau und Haushälterin Kinder im Haushalt betreut. Bei meiner ersten Familie war ich vierzehn Jahre. Meine Arbeit bestand darin, mich um die Kinder zu kümmern, Hausarbeit brauchte ich nicht zu machen. Ich bin mit den Kindern viel draußen gewesen, bin auch zum Spielkreis gegangen und hatte viel Kontakt mit anderen Müttern. Wenn die Kinder eingeschlafen waren, habe ich auch Hausarbeit gemacht. Ich wollte die Eltern entlasten, damit sie mehr Zeit zum Spielen mit ihren Kindern haben.

In der zweiten Familie war es ganz anders. Ich war total im Streß. Es wurde erwartet, daß ich hauptsächlich Hausarbeit mache. Für die Kinder hatte ich eigentlich gar keine Zeit mehr. Ich habe versucht, beides zu schaffen: mich gut um die Kinder zu kümmern und den Haushalt zu führen. Dieses Vorgehen ist mir sehr vertraut. Früher habe ich immer versucht, alles hinzukriegen, alles perfekt zu machen. Dabei bin ich krank geworden. In der Folge habe ich gelernt, daß nicht alles perfekt sein muß, auch mal Unordnung zuzulassen, Beziehungen und ein Miteinander über Ordnung und Sauberkeit zu stellen. In der zweiten Familie war ich schon wieder dabei, in die alte Spur zurückzufallen. Aber ich hatte dazugelernt, und deshalb habe ich gekündigt. Außerdem wurde es mir nach all den Jahren auch zuviel, so eng in das Schicksal der Familien eingebunden zu sein, und ich wollte endlich auch wieder Kolleginnen haben.

Die Zeit der Arbeitslosigkeit war ein ganz ungewohnter Zustand für mich. Die Wende kam, als ich in der Zeitung eine Stellenanzeige vom Mütterzentrum fand. Die suchten damals jemand für das Kinderhaus. Ich habe mich beworben, und es war gleich klar, daß die Stelle nichts für mich war. Trotzdem, ich bin freundlich aufgenommen und zum Beispiel durchs ganze Haus geführt worden. Danach war ich begeistert und wußte, hier will ich arbeiten. In dem Gespräch ist mir gesagt worden, daß ich jederzeit kommen und mich einbringen kann. Man wüßte ja nie, was sich daraus ergeben könnte.

Das hat mich gereizt. Zu Hause fiel mir sowieso die Decke auf den Kopf. Und so bin ich immer öfter ins Mütterzentrum gegangen. Ich war in der Caféstube, habe an Angeboten teilgenommen, war am Abend beim Stammtisch und im Kinderzimmer. Meine Motivation, im Mütterzentrum zu arbeiten, ist immer weiter gewachsen. Es ging mir auch gar nicht mehr um eine Stelle, sondern ich wollte einfach dabei sein.

Bald habe ich dann feste Aufgaben übernommen. Als erstes habe ich Mittwochnachmittag eine Spielgruppe geleitet. Die Gruppe hatte schnell einen enormen Zulauf, so daß ich es kaum noch alleine schaffen konnte. Die Caféstubefrauen haben mich gut unterstützt. Es hat dann gar nicht so lange gedauert, und ich hatte einen Elfstundenvertrag für die offene Kinderbetreuung. Heute bin ich mit zwanzig Stunden richtig fest angestellt. Der Weg war genau so, wie er mir beschrieben worden ist: Ich bin viel gekommen, habe mich eingebracht, hatte gute Ideen für die Arbeit und habe, obwohl das gar nicht mehr mein erstes Anliegen war, eine Stelle erhalten.

Die Arbeit im Kinderzimmer

Die Arbeit mit den Kindern hier ist doch ganz anders als das, was ich sonst kennengelernt habe. Es gibt keine festen Gruppen und kein vorgefertigtes Programm. Ich weiß vorher nie, welche und wie viele Kinder ich habe. Das heißt, daß ich mich spontan auf das einstellen und einlassen muß, was da ist. Natürlich mache ich mir vorher Gedanken, aber ob ich das so durchführen kann, weiß ich nicht. Hinzu kommt, daß das Alter der Kinder ganz unterschiedlich ist. Ich versuche, die individuellen, nicht nur altersmäßigen Unterschiede zu berücksichtigen und gleichzeitig möglichst viele Kinder mit einzubeziehen.

»Spontaneität« und »Flexibilität« sind zwei wichtige Begriffe für die Arbeit im Kinderzimmer. An einem Beispiel will ich das verdeutlichen. Ich hatte geplant, mit einer altersgemischten Gruppe von Kindern in den Seminarraum zu gehen und ein ruhiges Spiel zu machen. Einige Kinder sind schon vor mir hochgelaufen, haben Luftballons gefunden und damit total rumgetobt. Anstatt der geplanten Ruhe war anscheinend Toben angesagt. Ich habe die Stimmung aufgegriffen, mir auch einen Luftballon genommen und ein gemeinsames Spiel entwickelt. Nachdem wir uns alle ausgetobt hatten, konnte ich dann auch meine geplanten Sachen machen – und alle waren zufrieden.

Ein großer Unterschied zu anderen Einrichtungen liegt darin, daß wir nicht nur die Kinder im Kinderzimmer haben, sondern auch viele Mütter. Ich muß mich nicht nur auf die Kinder einlassen, auch auf die Mütter. Einerseits geht es darum, die Mütter zu entlasten, ihnen die Kinder abzunehmen, so daß sie in Ruhe am Kaffeetisch sitzen, an Angeboten teilnehmen oder sich aktiv im Mütterzentrum einbringen können. Andere Mütter wiederum brauchen als Entlastung die »Erlaubnis«, daß sie bei ihrem Kind im Kinderzimmer bleiben können. Ich versuche sie mit in die Arbeit einzubeziehen. Andererseits geht es darum, vorbildhaft das Miteinander von Müttern und Kindern zu gestalten, so daß sich unsichere Mütter etwas abgucken können. Das ist sehr vielschichtig, und man braucht eine gute Beobachtungsgabe und muß gut zuhören können, damit man mitkriegt, wie die Mütter eingestellt sind, welche Erwartungen und Bedürfnisse sie haben.

Einmal habe ich zum Beispiel beobachtet, wie ein Kind mit einem Stock Pferd gespielt hat. Mir kam die Idee, ein Steckenpferd herzustellen. Erst habe ich eins für mich gemacht, um auszuprobieren, wie es geht. Die Kinder und die Mütter waren begeistert, alle wollten eins haben. Es gab den Anspruch, daß ich für alle solche Steckenpferde mache. Das habe ich abgelehnt und statt dessen vorgeschlagen, daß wir gemeinsam – Mütter und Kinder – Steckenpferde bauen. Etliche waren dabei, die meinten, daß sie so etwas nicht können. Ich habe nicht lockergelassen, und wir haben es gemacht. Das war ganz toll, und die Mütter und Kinder waren hinterher sehr stolz auf ihre »Pferde«.

Das Miteinander von Kindern und Müttern war erst mal neu für mich. Ich glaube aber, daß ich das ganz gut hinkriege. Ich habe hier schon viel gelernt, einmal durch die praktische Arbeit und durch die vielen Gespräche, die ich mit anderen Frauen geführt habe. Anfänglich ist es mir zum Beispiel schwergefallen, mit den vielen offenen Türen umzugehen, durch die die Kinder entwischen können. Die Kinderzimmertür ist ja nicht verschlossen. Die Kinder können in die Caféstube zu ihren Müttern laufen. Ich mußte lernen, daß ich sie nicht festzuhalten brauche, daß sie hin und her laufen können. Ich war ängstlich, weil ich mich alleine für sie verantwortlich gefühlt habe. Aber verantwortlich sind letztendlich die Mütter, und ich habe die Erfahrung gemacht, daß zwischen Kinderzimmer und Caféstube, zwischen Toilette, Keller und Spielplatz noch kein Kind verlorengegangen ist. Die Kinder können auch mal in die Büros oder andere Bereiche laufen, wo »richtig« gearbeitet wird, wenn sie stören, werden sie schon zurückgeschickt.

Mit der Zeit bin ich viel lässiger geworden und kann besser differenzieren: Was liegt in meiner Verantwortung, was in der Verantwortung der Mütter?

Verantwortung teilen 33

Ich war manchmal ganz schön geschafft. Mein Hang zum Perfektionismus kam schon wieder durch. Da ich angestellt bin, dachte ich, alles schaffen zu müssen, für alles verantwortlich zu sein – und natürlich ganz alleine. Daß ich mich darin nicht verloren habe, habe ich den vielen Gesprächen zu verdanken. Wir haben eine regelmäßige wöchentliche Kinderzimmerbesprechung, wo ein intensiver Austausch stattfindet, wo wir gemeinsame Ideen für die Arbeit entwickeln und wenn nötig Problemlösungsschritte erarbeiten. Ich habe inzwischen gelernt, mir rechtzeitig Hilfe und Unterstützung zu holen. Ich kenne jetzt so viele Frauen, daß ich genau weiß, bei welcher ich mir einen bestimmten Rat holen oder einfach auch nur mal etwas loswerden kann.

Kein Erziehungsanspruch...

So wie im gesamten Mütterzentrum haben wir auch im Kinderzimmer keinen Erziehungsanspruch. Den Kindern wollen wir vor allen Dingen Geborgenheit und Freude geben. Das steht für mich über allem. Natürlich lernen die Kinder bei uns auch viel, aber nicht als Lernprogramm, sondern im Miteinander im Kinderzimmeralltag. Einzelkinder können mit anderen Kindern nicht vorhandene Geschwisterbeziehungen leben. Alle Kinder üben sich darin, Rücksicht zu nehmen und Verantwortung zu übernehmen, zum Beispiel leise zu sein, wenn die Kleineren schlafen, oder die Großen nicht im Spiel zu stören oder sich um die Kleinen zu kümmern. Das bringt die Altersmischung einfach mit sich. Weil wir so viele Kinder mit unterschiedlichen Verhaltensmustern, auch schwierigen, haben, sind die Kinder gezwungen, sich zum Beispiel mit den Schwächen der anderen auseinanderzusetzen. Das geht schon auch mal lautstark ab, aber letztlich lernen sie, sich gegenseitig zu akzeptieren. Ob und wie das gelingt, hängt ganz stark von meinem beziehungsweise dem Verhalten der anderen Kinderzimmerfrauen ab. Dieser Vorbildrolle müssen wir uns immer bewußt sein. Ich bin zum Beispiel richtig stolz darauf, daß es mir mit viel Geduld und Einfühlungsvermögen gelungen ist, einen stark auffälligen, schon größeren Jungen ins Kinderzimmer zu integrieren. Wie oft ist er ausgerastet, und ich war schon drauf und dran, ihn rauszuschmeißen. Es hat mich viel Zeit und Nerven gekostet, aber ich habe mich immer wieder auf ihn eingelassen – und es hat gefruchtet.

So verschieden wie die Kinder sind auch die Mütter. Als erstes versuche ich, sie gut kennenzulernen, zu verstehen, wie sie mit ihren Kindern umgehen, ein Vertrauensverhältnis aufzubauen. Auch im Umgang mit den Müttern haben wir keinen Erziehungs- oder Beratungsanspruch. Wenn sie wollen, können sie bei mir sehen, wie ich auf die Kinder eingehe, auch auf schwierige. Sie können sich anregen lassen, was man zum Beispiel mit Kindern unterschiedlichen Alters gemeinsam machen kann. Ich lebe etwas vor, was die Mütter, wenn sie denn wollen, abgucken können. Für mich ist es wichtig, verschiedene Erziehungsstile zu akzeptieren, den Müttern nicht meine Ideale und Vorstellungen überzustülpen. Wenn die Mütter sich ernst genommen und akzeptiert fühlen, dann kommen sie auch und holen sich Ratschläge.

Alltagskompetenzen

Mit mir arbeiten im Kinderzimmer noch andere Mütter und junge Frauen, die sich im Mütterzentrum orientieren, in welchem Arbeitsbereich sie eventuell mal tätig sein beziehungsweise eine Ausbildung machen wollen. Lust und die Freude am Zusammensein mit Kindern ist eine wichtige Voraussetzung für die Arbeit. Gebraucht wird weiterhin unter anderem Herzenswärme, ein liebevoller Umgang mit Kindern, ein Gespür für das, was die Kinder wollen und brauchen, Mut, die Kinder selber Erfahrungen machen zu lassen, Durchsetzungsfähigkeit, Spontaneität und Flexibilität, um sich auf die Mütter und deren unterschiedliche Lebenswelten einlassen zu können, ein organisiertes Chaos aushalten zu können. Wir lernen für die Arbeit in der Praxis. Natürlich ist es gut, bestimmte theoretische Hintergründe zu kennen, zum Beispiel Entwicklungsphasen von Kindern. Das ist aber keine Voraussetzung. Dieses Wissen eignen wir uns an, zum Beispiel in den wöchentlichen Fortbildungen im Kinderhaus, bei unseren Dienstbesprechungen und immer wieder im Gespräch mit den verschiedenen Müttern hier im Haus.

Ich habe bei der Arbeit im Kinderzimmer des Mütterzentrums gelernt, daß es darauf ankommt, keine Schablonen und Verhaltensraster im Kopf zu haben. Wenn ich einen wirklichen Kontakt zu Kindern und deren Müttern herstellen will, dann muß ich offen sein und mich einlassen.

Was ich in meiner eigenen Biographie erlebt habe, daß ich krank werde, wenn ich in einem starren Regel- und Ordnungssystem lebe, das ich selber schaffe, und daß ich gesund bin, wenn ich eine Balance zwischen Chaos und Ordnung herstellen kann und in Kontakt mit mir bin, konnte ich gut in meine Arbeit hier einbringen und werde darin bestätigt.

Wolfgang Mahlke
Über die Wirkung von Räumen

Wenn der Mensch »gut« sein kann,
so kann er es nur, wenn er glücklich ist,
wenn er Harmonie in sich hat. Also, wenn er liebt.
Hermann Hesse: Lebenszeiten

Geborgenheit in öffentlichen Räumen

Wie sind Räume zu gestalten, damit sie eine »gute« Wirkung haben, damit der Lebenshintergrund kultiviert genannt werden kann? Die Harmonie, die man sich wünscht, von der Hermann Hesse sagt, sie stehe in Verbindung mit dem »Gut«sein und der Liebe, strahlt gewiß von uns aus auf die Räume, in denen wir uns aufhalten, aber die Räume wirken auch von sich aus auf uns ein. Jeder Raum hat seine Sprache. Immer teilt er etwas mit. Im Mütterzentrum müssen die Räume Allgemeingültigkeit besitzen, denn es sind immer mehrere, manchmal viele Frauen und Kinder da, die sie nutzen. Wenn öffentliche Räume für mehrere Menschen unterschiedlichen Alters zu schaffen sind und unterschiedlichen Bedürfnissen gerecht werden sollen, müssen sie gegliedert werden. Sicher ist, daß für die Kleinsten kleine Räume angemessen sind, auch für alte Menschen; Jugendliche hingegen brauchen offene, weite Räume.

Angemessenheit

Wir sind in unserem Leben meist gezwungen, uns mit vorhandenen Räumen abzufinden. Meist ist unsere Haltung Räumen gegenüber eher eine lethargische geworden. Beton, Steinmauern, Marmorböden, riesige Wandöffnungen, die wir als Fenster akzeptieren sollen, oder das Blech der Autokarosserien zwingen uns zum Einverständnis auch mit Ungemäßem. Protest ist sinnlos. Erhart Kästner, der die Wolfenbütteler großherzogliche Bibliothek gestalterisch genial eingerichtet hat, hat sein letztes Buch überschrieben mit »Aufstand der Dinge«. Die Meinung ist nicht abwegig, daß auch Räume sich gegen uns erheben. An der Aggressivität, die in Schulhäusern, auf Bahnhöfen, in monotonen Straßenschluchten entsteht, ist auch zu erkennen, daß unmenschliche Architektur auf ihre Schöpfer zurückschlägt.

Christian Rittelmeyer, Erziehungswissenschaftler an der Universität Göttingen, hat die Wirkung von Häusern und Räumen auf Kinder und junge Erwachsene untersucht und festgestellt, daß eine »erstaunliche Übereinstimmung des Erlebens« besteht, wo doch viele denken, für jeden sehe das anders aus. Er stellte fest, daß Räume, die gemütlich wirkten, als sympathisch bezeichnet wurden, während »schräge Baukonturen unser Gleichgewichtsempfinden irritieren«. Da die Raumwahrnehmung eine aktive ist, erschweren schräge Formen im Baumilieu die »Aneignung« von Räumen, was sich allgemein in der Beurteilung als unsympathisch darstellt. Nur wer sein Empfinden für Raumproportionen ausgelöscht hat, merkt es nicht, wenn Räume disharmonisch sind.

In einem Mädchenwohnheim fanden Tests und Aufnahmegespräche immer in einem Gemeinschaftsraum statt, der besonders sorgsam gestaltet worden war. Das war gleichsam ein Bonus für die Beurteilung der Mädchen.

In einer umgestalteten heilpädagogischen Tagesstätte erlebte ich das Bekenntnis eines Psychologen, der seufzte: Wenn er hier Kinder hätte testen können, wären die Ergebnisse wesentlich positiver ausgefallen. Räume können auf Menschen eingehen, aber sie können auch so abweisend, so hart zu uns sein, die Schwelle zu unserer Eigenart, unserem Eigensinn, dem eigenen Sinn so hoch legen, daß wir sie nicht überschreiten können oder es nur ängstlich wagen. Das ist z.B. bei langen Gängen der Fall. Kinder und Jugendliche fangen dort oft unwillkürlich an zu rennen und zu schreien, »Tunnelangst« wird so kompensiert.

Räume können uns gleichgültig stimmen. Bei manchen haben wir auch das Empfinden, sie drücken uns nieder, sie sind nicht auf uns hin geplant oder eingerichtet worden, sondern auf einen Typ von Massenkonsumenten, den es vielleicht gar nicht gibt.

Harmonie

Bisher war die Rede von Raumwirkungen, die uns negativ beeinflussen. Schwieriger ist es, Worte dafür zu finden, wie Räume zugunsten der Menschen wirken können.

Über äußeren Halt zu innerem Halt verhelfen ist (Heil-)Pädagogik. Da wir uns fast immer in Räumen aufhalten, müssen sie zu diesem äußeren Halt beitragen. Meine Erfahrungen aus dem Jugendstrafvollzug haben mir gezeigt, daß Ungeborgenheit in der Kindheit oft den Ausbruch von Gewalt in der Jugend nach sich zieht. Ich fordere deshalb mit Nachdruck Harmonie und Geborgenheit für private wie für öffentliche Räume. Raumqualität bedeutet: auf Menschen bezogene Harmonie.

Grundbedürfnisse

Nur dann läßt sich Raumqualität in relativer Vollkommenheit denken, wenn von innen nach außen geplant worden ist, also von den Bedürfnissen der Nutzer her. Nicht die gewohnten sind Maßstab, sondern diejenigen, die die Lebensqualität verbessern. Lebensqualität ist nicht mit bequemem Milieu gleichzusetzen, sondern baut auf Grundbedürfnissen auf nach

- Geborgenheit, die für Kinder wesentlich ist und sich für junge Erwachsene weitgehend als Nachholbedürfnis darstellt;
- dem Bedürfnis nach Betätigung, im kindlichen Alter nach Spiel, das sich zunehmend zur Arbeit hin öffnet;
- dem Bedürfnis nach Rückzug und Alleinsein. Raum hat mit Sammlung, sich seiner selbst bewußt werden zu tun; der Verworrenheit des Schicksals, dem Chaos der Welt durch eigenes Ordnen zu begegnen;
- Räumen, die es ermöglichen, Gemeinschaft zu bilden;
- verläßlichen Räumen – nach außen hin und in ihren Details. Verläßlichkeit, damit sich Gewohnheiten bilden, Erinnerung, die sich fortsetzen läßt, nicht ständige Veränderung, die das Gewöhnen ausschließt;
- der Möglichkeit, essen und trinken und feiern zu können;
- Betrachtung in der Natur. Je weniger wir diesem Bedürfnis nachkommen können, desto mehr müssen es Räume erfüllen.

Räume haben Antwort zu geben auf vielfältige Bedürfnisse, sie müssen uns durch ihre nahe Verwandtschaft mit der Natur zur Harmonie in uns selbst verhelfen können. Es gibt Räume, die gütige Wirkung haben, die – ohne Muff – behaglich sind. Räume wirken dann optimal, wenn es gelingt, zwischen Dichte und Offenheit das rechte Maß zu finden.

Kinderfreundliche Räume

Für Kinder bis zu vier Jahren: Wiegen, Betten in verdunkelbarem Raum, der gut belüftbar ist, mit angrenzendem, geschütztem Außenbereich. Für Ältere eine reizvolle Umgebung, die nicht chaotisch wirken darf, viele Regale, Raumteiler, damit die Beschäftigung von einzelnen oder kleinen Gruppen ungestört vonstatten gehen kann. Manche Fenster sollten bis zum Boden gehen, damit auch Krabbler hinausschauen können. Was sie dort zu sehen bekommen, sollte interessant und schön sein. Weiche Polster, Kissen, Spielmulden, in Podeste auf unterschiedlichen Höhen integriert, geborgene Sitz- und Liegeplätze, Hängematten; eine stille Ordnung, die lebt.

Für Kinder vom vierten Lebensjahr an: Kinder lieben Gerümpel, reizvolle »Urstoffe«, die sie gebrauchen, um sich eine eigene Welt zu bauen, die sich nicht am Zweck orientiert, welche die Erwachsenen mit den zu Gerümpel gewordenen Gegenständen verbinden. Auf Dachböden, in Kellernischen, unter alten Treppen, in Schuppen, überall wo es etwas zu entdecken gibt und man der Aufsicht und Kontrolle der Erwachsenen entzogen ist, fühlt man sich wohl. Ein Baum, den man zum Klettern selbst ausfindig macht, ist interessanter als ein eigens zum Klettern von Erwachsenen fabriziertes Klettergerüst. Künstlichkeit läßt sich meist leider nicht vermeiden, Natürlichkeit zu gewähren ist immer unmöglicher geworden. Sie zu kompensieren in einem Zentrum wie dem Mütterzentrum 2000 erfordert Ideenreichtum und Investitionen, damit nicht, wie vielerorts, Entwicklung von Menschen gehemmt, sondern gefördert wird.

Raumgliederung

Durch Raumgliederung entsteht Wahlmöglichkeit in unterschiedlich kleinen und großen Teilräumen. In einem ungegliederten Raum kann man nicht wählen. Er bietet im wesentlichen keine unterschiedlichen Positionen. Man braucht unterschiedliche Räume, aber auch die Unterschiedlichkeit der Eindrücke in einem. In ungegliederten Räumen ist nichts als das Geplante möglich zu tun: an Tischen sitzen, in der Puppenecke mit Puppen spielen.

Der intensivste Erziehungseinfluß auf Kinder ist ihr Umfeld, das heißt der Raum mit seinem Inhalt selbst. Müssen wir etwa die Zunahme an Gewalt im Jugendlichenalter als eine Folge erlittener Disharmonien in Kindergarten-, Schul- und Wohnräumen registrieren? Auszuschließen ist das nicht.

Raum ist die Mutter selbst für ihr Kind vor der Geburt – und längere Zeit danach, als wir meinen; die Wiege, das Kinderbett, die Küche, in der sich die Mutter aufhält, in deren Nähe man sein möchte, sind Erweiterungen, Verallgemeinerungen ihrer Position, auf die sich ihre Zärtlichkeit und Wärme ausdehnen. Das Mütterzentrum kann sich nicht anders verstehen. Es muß taugen für Frauen und Kinder in seiner Wärme.

Mutter – Bett – Nische – Raum – Haus geben Entwicklungs- und Altersunterschiede im Leben eines Menschen an (auch für diejenigen, die Mütter geworden sind). Die Dichte des Hauses, die Geborgenheit, die es vermittelt, sind die Voraussetzung für das Wagnis der Öffnung zur Welt. Wird sie nicht am Anfang gewährt, muß der Mangel nachgeholt werden. Mit zunehmendem Alter, über die Kindheit hinaus, wird das Nachholen und Ausgleichen der Mängel immer schwieriger und langwieriger. Räume sind nur Ergänzungen unserer selbst, nichts anderes. Diese Ergänzung sollte einen positiven, Zuversicht gewährenden Inhalt haben. Die Räume sollten später auch

Betätigungs- und Denkplatz sein. Sie sollten nichts versprechen, was sie nicht zu halten imstande sind, nicht mit Dekorationen eine Scheinwelt vortäuschen, die mit der eigenen Existenz nichts zu tun hat. Ich kann nur meine Träume nach außen projizieren im Wissen, daß ich draußen bleibe, was ich bin; träumen kann ich am besten, wo ich mich geborgen fühle.

Raumgestaltung im Mütterzentrum 2000

Im Mütterzentrum 2000 wird versucht, Räume für Kinder nach ihrer Körpergröße, ihrem Wahrnehmungsfeld, ihrem Blickwinkel und ihrer Reichweite auszurichten. Wenn dreißig Kinder in einem Raum sind, kann sie das überfordern, wenn nicht kleinräumige Nischen eingebaut sind. Bei Krabbelkindern beträgt ihr Orientierungsrahmen etwa zwei mal zwei Meter. Dieser Raum kann von einem Krabbelkind ohne Hilfe erfaßt werden. Das, was sie in eigener Kraft entdecken und erfahren können, trägt zu ihrem Selbstbewußtsein bei. Das Kinderzimmer wurde so strukturiert – auch in der Höhe –, daß unterschiedlichen Entwicklungsstufen angemessene Bewegungsläufe ermöglicht werden. Die Treppen z. B. haben zwischendurch Podeste. So können sie auch von Kleinkindern erkrabbelt werden.

Kinder wachsen heute in einer Umgebung mit Reizüberflutung auf. Die Räume im Mütterzentrum strahlen Wärme und Ruhe aus und so viel Anregung, wie Kinder brauchen, um das entwickeln zu können, was sie in sich haben. Phantasie kommt von innen, nicht durch Außenangebote. Kinder brauchen das Gefühl, daß ihre Lebens- und Lerngeschichte sich abbildet, Spuren hinterläßt. Wenn man keine Spuren sieht, erzeugt das Angst, man fühlt sich ungeborgen. Die vorhandenen Einrichtungsgegenstände bieten eine Vielfalt an Formen und Farben, die unterschiedliche Sinnesempfindungen und -erfahrungen ermöglichen. Im Mütterzentrum 2000 sind Räume, ja ganze Raumlandschaften entstanden, die sich an den Bedürfnissen von Müttern und Kindern ausrichten und die es ihnen ermöglichen, in einem anregenden und fördernden Milieu Alltag zu leben.

Nicht primär die Betreuungsangebote, wie der Kindergarten, die Schülerbetreuung oder die Altenpflege, sondern die Mütter sind es, nach denen dieses Haus benannt ist. Und Mütter haben für mich eine ganz besondere Bedeutung – weit mehr, als ihnen die Gesellschaft gemeinhin zubilligt –, sie sind für ihre Kinder die Mittelspersonen zu anderen Menschen, zur Kreatur, zur Natur, zu Gott.

Literatur
Mahlke, Wolfgang; Pickel, Ingrid: Natur, Kultur, Kindergarten. Düsseldorf, 1999
Mahlke, Wolfgang; Schwarte, Norbert: Raum für Kinder. Weinheim, Basel, 1998
Rittelmeyer, Christian: Architektur als Spielraum. In: Spielraum, 1/1996, S. 4f.

Einschub
Das offene Kinderzimmer

Ins Mütterzentrum kommen Kinder, deren Mütter erwerbstätig sind, und es kommen Kinder mit ihren Müttern. Es kommen Babys, Dreijährige und Zwölfjährige. Sie treffen dort Kinder verschiedenen Alters, sie treffen die Mütter ihrer Spielkameraden, Betreuerinnen und Senioren und, wann immer sie möchten, ihre eigene Mutter. Sie können spielen, lesen, essen, sich ausruhen, ihre Freunde und Freundinnen treffen, Hausaufgaben machen. Im Unterschied zu den üblichen Kinderbetreuungseinrichtungen gibt es hier weder eine Anwesenheitspflicht für die Kinder noch feste Spielzeiten, auch keine altershomogenen Gruppen, jedoch Angebote für verschiedene Altersstufen. Die Kinder können gehen, wenn sie keine Lust mehr haben mitzuspielen, und sich im Haus eine andere Betätigung suchen. Die Kinder, selbst die Eineinhalbjährigen, bewegen sich ganz selbstverständlich im ganzen Haus. Dabei können die Mütter etwas für sich selbst tun, ohne immer ihre Kleinen auf dem Schoß oder das Schulbuch der Größeren in der Hand zu haben, denn die Kinder sind liebevoll versorgt: Überall im Mütterzentrum fühlen sich alle für die Kleinen zuständig. Alle achten im Haus auf die Kinder, sie sind überall und bei jeder und jedem willkommen und umsorgt.

Die Kinderbetreuung im Mütterzentrum ist vor allem gekennzeichnet durch eine durchlässige und offene Arbeit, eine hohe Flexibilität, durch altersübergreifende Betreuung, Serviceleistungen, wie Fahrdienste (von und zur Schule oder zu einem Kurs außerhalb des Mütterzentrums bzw. einer Sportveranstaltung) und haushaltstechnische Hilfen für die Mütter, eine gleichberechtigte Zusammenarbeit von professionellen und Familienfrauen in der Kinderbetreuung, durch den Kontakt zum Stadtteil und das Zusammensein von drei Generationen.

Das offene Kinderzimmer ist montags bis freitags von neun bis 18 Uhr geöffnet.

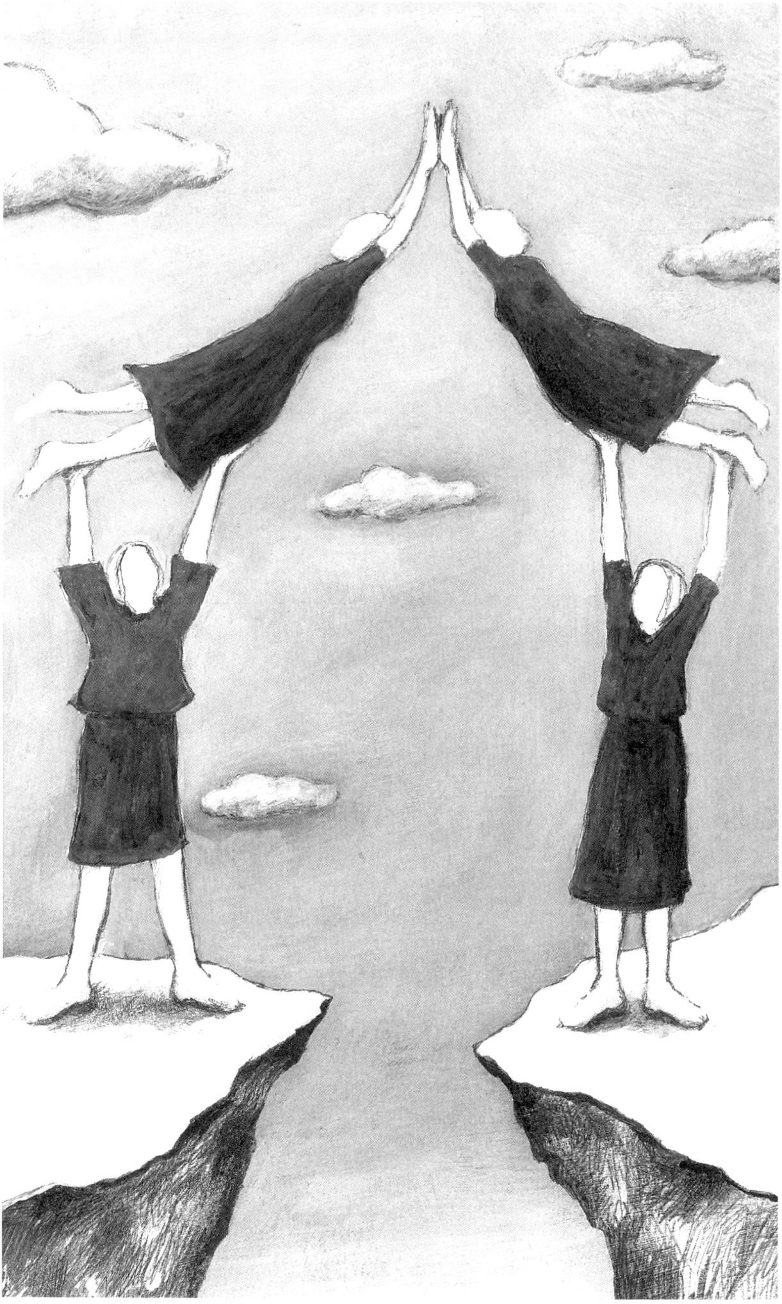

Kapitel 3
Demokratie von unten

Raucherecke

Der Rundgang durchs Haus geht weiter. Etwas ungern verlassen Lars und Charlotte das Kinderzimmer. Auf sie haben die Reichhaltigkeit und warme Ausstrahlung des Raumes sofort gewirkt. Aber zum Alleinehierbleiben fehlt beiden noch der Mut. So drängen wir uns alle vier zurück in den Gang und durch die Glastür ins Treppenhaus. Ein echtes Kontrastprogramm: Statt Geruch nach Bienenwachsfirniß schlägt uns dort dichter Zigarettenqualm entgegen. Mir als Nichtraucherin sind solche Orte ein Graus. Als ich auch noch eine hochschwangere Frau unter den Raucherinnen entdecke, bin ich entrüstet.

Beim Hinaufgehen mache ich meinem Unmut vorsichtig Luft: »Die Raucherei hier finde ich ja etwas daneben.« Die Reaktion von Marion haut mich um. Sie erzählt, daß in der Caféstube halbtags das Rauchen nicht erlaubt ist und sich deshalb die Raucherinnen hier treffen. Was? Halbtags? Ich war selbstverständlich davon ausgegangen, daß überhaupt nicht geraucht wird. Es befinden sich doch Kinder in den Räumen.»Ja, ja«, meint Marion, »ein Thema, das das Mütterzentrum seit seinen Anfängen begleitet und immer mal wieder leidenschaftlich diskutiert wird.« Diskutiert? Mein Innerstes bäumt sich auf! Wie kann man darüber überhaupt noch diskutieren? In meinen Freundinnen- und Krabbelkreisen wird diskutiert, ob man statt Weizen- doch lieber Dinkelkekse (selbstverständlich mit Honig) bäckt, um das Allergierisiko zu senken. Eine Diskussion über das Rauchen erscheint mir absurd und gehört in die Kiste der tabuisierten Themen. Jetzt bin ich wirklich befremdet. Schade, bisher war alles so sympathisch. Die Frauen hier scheinen mir doch nicht zu liegen. Etwas lustlos laufe ich nun Marion hinterher.

Biographie
Angenommen sein

Ich kam mit einem Säugling ins Mütterzentrum und war wieder schwanger. Wie schon in den Schwangerschaften davor habe ich geraucht. Alle haben gemeckert, weil ich geraucht habe. Das war lästig und hat mich geärgert, aber ich bin trotzdem immer wieder gekommen. Es gab auch Frauen, die nicht so mit mir geschimpft haben, die das Rauchen auch nicht gut fanden, es aber bei mir gelassen haben. Und weil ich viele Frauen einfach gerne mochte – auch wenn sie eine andere Meinung hatten als ich. Außerdem hatte ich hier Frauen, mit denen ich mich unterhalten konnte – wo hätte ich die sonst gefunden? Bestimmt nicht im Café, wie hätte ich das mit den drei größeren Jungen und den Mädchen machen sollen. Und Beratungsstellen oder das Jugendamt kamen für mich sowieso nicht in Frage.

Über das Leben im Mütterzentrum bin ich dazu gekommen, mir Hilfe zu holen beziehungsweise Hilfe anzunehmen. Natürlich war ich manchmal mit den vielen Kindern überfordert, aber ich wollte alles alleine schaffen. Ich will immer erst alles alleine schaffen, bevor ich andere frage oder mir helfen lasse. Zu oft habe ich eben die Erfahrung gemacht, daß niemand da war, wenn ich mal Hilfe gebraucht hätte, während ich eigentlich immer für die anderen da war, sehr hilfsbereit war, auch schon in der Zeit, als ich noch keine Kinder hatte. Also habe ich nicht mehr gefragt und habe keine dummen Antworten oder Sprüche mehr abgekriegt, so nach dem Motto: »Warum hast du dir auch so viele Kinder angeschafft, jetzt mußt du auch damit klarkommen.« Das hatte so etwas Belehrendes. Deswegen zeige ich meistens auch nicht, wenn es mir schlecht geht, weil ich nicht will, daß wieder irgend jemand sagt: »Siehste, das hast du nun davon.«

Im Mütterzentrum war es anders. Einige Frauen haben mich immer mal wieder, auch mal so ganz nebenbei, auf bestimmte Sachen angesprochen, zum Beispiel ob ich nicht ein oder zwei Kinder ins Kinderhaus geben wollte.[1] Das war ein gutgemeintes Angebot, ich bin nicht bedrängt oder belehrt worden. Und zu den Frauen hatte ich im Laufe der Zeit auch Vertrauen entwickelt. Sie haben mir ausgemalt, daß es für mich schön sein kann, etwas mehr Zeit für mich zu haben, und daß es den Kindern bestimmt auch gut gefallen würde. Irgendwann wollte ich es auch selbst. Zum Anfang habe ich ein Kind hingegeben, und das hat mir dann ganz schön gefehlt. Auch wenn mich die Kinder genervt haben, hergeben wollte ich sie trotzdem nicht, weil ich dachte, eine Mutter ist immer besser als ein Kindergarten.

Inzwischen sind drei Kinder im Kinderhaus, und einer ist in einer anderen Einrichtung. Ich denke jetzt anders darüber. Besser, wenn die Kinder in einer guten Einrichtung sind, als wenn sie eine gestreßte und genervte Mutter um sich haben. Hätte mir zum Beispiel jemand vom Jugendamt gesagt, daß es gut wäre, die Kinder in den Kindergarten zu geben, hätte ich es erst recht nicht gemacht, weil ich immer denken würde, die trauen mir nicht zu, daß auch ich gut mit meinen Kindern umgehen kann. Die Frauen im Mütterzentrum sind mir freundschaftlich und geduldig begegnet, haben mir Zeit gelassen, bis ich selbst den Wunsch hatte. Sie haben nicht genervt oder gedrängelt.

Wenn es das Mütterzentrum nicht gäbe, würde wahrscheinlich etliches in meinem Leben anders aussehen. So ein Angebot gibt es woanders nicht. Klar, es gibt einzelne Bereiche, zum Beispiel Kindergärten oder Beratungsstellen, wo ich wahrscheinlich nicht hingegangen wäre, aber wenn, dann müßte ich zu vielen verschiedenen Stellen gehen, und das würde ich schon zeitlich gar nicht schaffen, und außerdem habe ich Schwierigkeiten, Termine einzuhalten. Hier ist alles in einem Haus: das Kinderzimmer, das Kinderhaus, die Frau, die mir bei dem ganzen Behördenkram hilft, die mich auch sonst berät, oder wieder eine andere, die mit mir meine Finanzen klärt und versucht, mich darin zu unterstützen, mit meinem Geld klarzukommen, das Mittagessen, die Gespräche und Angebote. Hier komme ich in erster Linie her, weil es mir gefällt, weil es mir hier meistens gutgeht, weil ich dazugehöre. Ich komme nicht, weil ich irgendetwas haben will, und dennoch kriege ich ganz viel.

Inzwischen akzeptieren mich viele von den anderen Müttern – und ich habe nicht aufgehört zu rauchen. Gut, andere Sachen habe ich angenommen, zum Beispiel mit den Kindern im Kinderhaus. Irgendwas bleibt ja hängen – wie bei der Werbung. Ich denke schon darüber nach, was die anderen so sagen, und treffe dann meine Entscheidung. Mal mache ich das, was mir die Frauen vorschlagen, und mal eben nicht. Aber die Tür ist immer offen, und es wird mir nicht nachgetragen, wenn ich mich dagegen entscheide. Ich kann um Hilfe bitten und Hilfe annehmen, aber nicht bedingungslos. Ein Stück muß immer noch bei mir bleiben. Das Mütterzentrum könnte ja mal geschlossen werden, oder ich ziehe in eine andere Stadt, dann kriege ich nichts mehr geregelt. Da passe ich schon auf, daß ich immer in der Lage bleibe, mein Leben allein zu regeln.

Manche Sachen habe ich auch fast zu spät eingesehen, zum Beispiel daß Michael eine besondere (therapeutische) Unterstützung braucht. Ich war da wirklich an meiner Grenze, dann habe ich die zuständige Frau hier im Haus um Hilfe gebeten, das hatte ich inzwischen gelernt. Diese Frau, die Beraterin im Mütterzentrum, kannte ich aus dem Alltag. Ich habe oft mit ihr in der Caféstube gesprochen. Mit ihr konnte ich ganz vertraut umgehen, es war nichts Besonderes mehr, zu ihr zu gehen. Sie hatte mir auch schon vorher mal geholfen, zum Beispiel Anträge ausfüllen und so etwas. Sie hat mir verschiedene Angebote gemacht, so daß ich selbst mitbestimmen konnte, was ich machen wollte. Das hatte nichts Bedrohliches. Zum Jugendamt wäre ich nicht gegangen, weil ich viel zu viel Angst hatte, daß mir die Kinder weggenommen werden. Die Frauen im Mütterzentrum haben mich aufgeklärt, daß das nicht so ist, weil ja sonst alles in Ordnung ist. Mit Hilfe der Mütterzentrumsfrauen habe ich nach und nach Vertrauen zu der Frau vom Jugendamt gewonnen. Das Vertrauen konnte ich erst fassen, nachdem ich lange genug im Mütterzentrum gewesen bin, mich erproben konnte, erfahren habe, daß man mich auch in Ruhe läßt, daß von mir nichts verlangt wird, was ich nicht will, mir meine Zeit gelassen wurde.

Das Mütterzentrum ist sozusagen mein zweites Zuhause geworden. Nach der Entbindung von Sabrina bin ich gleich hierhergekommen. Im Krankenhaus wollte ich auf keinen Fall bleiben, zu meiner Mutter konnte ich nicht wegen der Katzen, und zu Hause war ja keiner. Also bin ich ins Mütterzentrum. Die Reaktionen darauf waren ganz unterschiedlich. Die einen haben sich gefreut, mich und das frischgeborene Baby zu sehen, andere waren erstaunt, mich zu sehen, und etliche fanden das auch nicht so gut. Sie meinten, so ein neugeborenes Kind gehört entweder ins Krankenhaus oder nach Hause. Ich hatte am Tag vorher schon angekündigt, daß ich nach der Geburt zum Mittagessen komme. Das habe ich gemacht, und das war mir auch wichtig, ich wollte mein Kind zeigen. Es war schön, daß sich andere mit mir über mein Baby gefreut haben. Zu Hause wäre ich alleine gewesen, im Krankenhaus fühlte ich mich zwischen den fremden Leuten auch allein. Eine Hebamme hatte ich nicht, wollte ich auch nicht. Ich mag das nicht, wenn sich jemand in mein Leben einmischt. Und so eine Hebamme kommt ja auch nach Hause. Genauso wie eine Haushaltshilfe. Ich hätte eine haben können, brauche ich aber nicht. Ich schaffe das schon alleine. Im Mütterzentrum kenne ich doch alle, und ich weiß, wen ich an mich ranlassen kann und wem ich was erzähle. Und Sabrina hat das bestimmt nicht geschadet. Sie ist ein richtiges Mütterzentrumskind geworden – sie war ja tatsächlich vom ersten Tag an hier.

Daß das Mütterzentrum wie mein Zuhause ist, hat viel mit den anderen Müttern und den Mitarbeiterinnen zu tun. Die Besucherinnen wechseln häufig, aber zu einigen Frauen, die hier fest arbeiten und immer da sind, habe ich inzwischen einen ganz engen Bezug. Auf die kann ich mich verlassen, zu denen habe ich Vertrauen. Dieses einfache Dasein ist so ähnlich, wie es meine Kinder mit mir erleben. Ich bin als Mutter auch immer für sie da, und sie wissen, sie können immer zu mir kommen. Und so ist das hier auch. Selbst wenn ich mal länger nicht gekommen bin, die Mitarbeiterinnen sind immer noch da, auch für mich da. Das ist schon was sehr Mütterliches. Die Frauen sagen auch direkt ihre Meinung, das kann ich akzeptieren, weil es nicht naserümpfend und bewertend rübergebracht wird und weil ich sie nicht enttäuschen will, auch so wie bei einer Mutter. Und wenn sie sauer auf mich sind, denke ich doch, daß sie mich trotzdem mögen. Auf Eva zum Beispiel höre ich mehr als auf meine Mutter. Auf die kann ich mich zwar auch verlassen, aber sie nimmt mich nicht so richtig ernst.

Jetzt gehe ich wieder arbeiten. Vormittags, wenn die Kinder im Kinderhaus oder in der Schule sind, und abends nochmal eineinhalb Stunden, dann ist mein Mann da. Viele denken, daß es anstrengend ist, sechs Kinder zu haben und noch arbeiten zu gehen. Also erst mal kann ich das Geld gut gebrauchen, und es ist ein Stück Freiheit für mich. Ich habe dann meine Ruhe, kann mal abschalten. Wenn ich zu Hause bin, kümmert sich mein Mann nicht um die Kinder. Wenn ich nicht da bin, macht er das – das ist gut für mich. Ich werde auch oft gelobt, die Menschen freuen sich, daß ich alles so schön sauber mache. Zu Hause lobt mich ja keiner. Im Mütterzentrum werde ich gelobt. Besonders früher, als ich die beiden Kleinen noch nicht hatte, habe ich hier viel mitgeholfen. Aber durch die Arbeit und die beiden neuen Kinder habe ich nicht mehr so viel Zeit. Das nervt mich, daß ich nur noch was kriege und selbst gar nicht mehr so viel geben kann. Obwohl Hildegard ja immer sagt, daß sich das Geben nicht nur durch tatkräftiges Zupacken ausdrückt, daß ich durch mich als Person und durch meine Art ganz viel gebe. Also, ich pack schon lieber zu.

Anmerkung
(1) Das Kinderhaus des SOS-Mütterzentrums Salzgitter wird in Kapitel 8 näher beschrieben.

Praxisgeschichte
Mitmischen

Gleich um die Ecke vom Mütterzentrum gab es ein Freibad – das einzige in Salzgitter-Bad. Als ich ein Kind war, habe ich dort alle Nachmittage verbracht. Mein Sohn hat da schwimmen gelernt, und als Familie haben wir die Sommer dort genossen. Als dann Pläne bekannt wurden, dieses Freibad zu schließen, waren nicht nur wir hellauf empört. Viele Frauen aus dem Mütterzentrum und überhaupt aus der Nachbarschaft haben regelmäßig das Freibad genutzt. Die meisten können sich Urlaubsreisen gar nicht leisten, und da war das Schwimmbad ein echter Ersatz. Mit Unterstützung einer Ratsfrau der Grünen haben wir vom Mütterzentrum aus eine Unterschriftensammlung initiiert, um den Ratsbeschluß zu kippen. Ich habe die Sache in die Hand genommen. Wir hatten dann alle Hände voll zu tun. Die Listen gingen im Mütterzentrum und bei Mütterzentrumsaktionen rum. Das reichte aber nicht. Wir haben Infostände in der Stadt gemacht, sind in die Schulen im Stadtviertel gegangen und haben in der Nachbarschaft an jeder Tür geklingelt, um die Unterschriften zusammenzukriegen.

Letztendlich hatten wir dreitausend Unterschriften, die wir als Einspruch gegen die Schließung des Schwimmbades im Rat eingereicht haben. Aber unsere Freude dauerte nicht lange. Wir hatten nicht mit der niedersächsischen Gemeindeordnung gerechnet beziehungsweise diese nicht gekannt. Danach dürfen nämlich nur Bürger der Stadt Salzgitter, die über achtzehn Jahre alt sind, unterschreiben. Die ausländischen Einwohnerinnen und Einwohner und die Jugendlichen wurden von den Listen gestrichen. Als ob die nicht auch das Freibad benützen würden! Dann gab es noch Formfehler bei den Anschriften, und so waren von den dreitausend abgegebenen Unterschriften nur siebzehnhundert rechtskräftig. Für den Einspruch wären aber zweitausend Stimmen nötig gewesen. Wir waren total sauer, auch weil man uns nicht richtig informiert hatte. Wir haben dann noch eine Demonstration organisiert. Das war für Salzgitter schon eine Besonderheit. So etwas gibt es hier sonst nicht. Es waren viele Mütterzentrumsfrauen dabei und erstaunlicherweise etliche ältere Menschen. Die Beteiligung war nicht so groß, obwohl wir viel Werbung dafür gemacht hatten. Manche waren wohl auch ängstlich. Etwas zu unterschreiben ist eine Sache, auf die Straße zu gehen eine andere. Es gab allerdings auch Stimmen, die sagten: »Jetzt ist ja eh alles gelaufen, das Bad ist schon zu, da kann man ja nichts mehr machen.« Aber wir wollten nicht so schnell aufgeben und uns nicht entmutigen lassen.

Die Schließung des Freibades konnten wir nicht verhindern, aber wir haben eine Menge dabei gelernt. Für mich war Politik immer etwas, was nichts mit mir zu tun hat, und die Politikerinnen und Politiker erschienen mir weit weg. Vor der entscheidenden Ratssitzung ging es zum Beispiel durch die Presse, daß Ratsherren der Mehrheitsfraktion gegen die Schließung des Schwimmbades stimmen wollten. Ich war mit einigen anderen Mütterzentrumsfrauen bei dieser Sitzung anwesend. Kurz vor Beginn wurden alle Ratsvertreterinnen und -vertreter dieser Fraktion rausgerufen. Mein Sitznachbar sagte: »Jetzt werden alle auf Linie gebracht, jetzt kommt der Fraktionszwang.« Ich kannte das gar nicht und wollte es auch nicht glauben. Aber tatsächlich, alle Mitglieder dieser Fraktion stimmten dafür. Ich war so enttäuscht und so wütend, daß ich meinen Protest lautstark zum Ausdruck gebracht habe. Da habe ich all meinen Respekt verloren und gemerkt, daß es bei dieser Politik nicht um die Menschen und ihre Interessen geht, sondern um Macht und um Wirtschaftsinteressen. Mit unserer Aktion haben wir etwas angerührt, was die Stadtherren in dieser Form noch nicht kannten – wir waren hartnäckig und im Widerstreit.

Daß ich und auch die anderen Frauen die Sache so entschieden in die Hand genommen haben, hat ganz viel mit dem Mütterzentrum zu tun. Einmal haben wir viel Unterstützung von erfahrenen Frauen bekommen, die uns immer wieder ermutigt haben, nicht aufzugeben. Früher wäre ich wahrscheinlich nur sauer gewesen und hätte geschimpft. Mich aktiv zu wehren, die Sache selbst in die Hand zu nehmen, habe ich in den vielen Jahren im Mütterzentrum gelernt. Einerseits bin ich selbstsicherer geworden, traue mir mehr zu, und andererseits ist mir der Umgang mit vielen und zum Teil auch fremden Menschen durch die Arbeit in der Caféstube vertraut geworden. Durch die Arbeit bin ich im Stadtteil bekannter und viel mehr eine öffentliche Person geworden. Im Mütterzentrum ist ja auch nicht immer nur Friede, Freude, Eierkuchen, bei vielen Gelegenheiten habe ich mehr und mehr gelernt, mir eine eigene Meinung zu bilden und zu vertreten. Deshalb hat es mir nichts ausgemacht, von Tür zu Tür zu gehen und Unterschriften zu sammeln. Und wir haben immer alles mit vielen Frauen am Kaffeetisch besprochen. Auch dieser Rückhalt hat mich sicherer und mutiger gemacht.

Ich kann mich noch daran erinnern, daß irgendwann einmal meine Nerven völlig blank waren und ich auch Angst hatte und schon alles aufgeben wollte. Hildegard lag zu der Zeit gerade im Krankenhaus, und bei einem Besuch hat sie mir vom Krankenbett aus sehr geholfen weiterzumachen. Sie sagte damals zu mir: »Politiker sind auch nur Menschen, die dich vertreten sollen, denn du hast sie gewählt. Und wenn sie dich enttäuschen, ist es dein Recht, sie zurechtzuweisen. Sie müßten Angst haben und nicht du.«

Spaß hatten wir im Freibad genug. Aber das Freibad mußte abgerissen werden, weil ein Investor ein Spaßbad bauen wollte. Ein Freibad haben wir nicht mehr. Ein Spaßbad haben wir auch nicht bekommen. Aber wir haben viel über Politik gelernt, und das nächste Mal wissen wir es besser.

Hannelore Weskamp
Warum arbeitet das Mütterzentrum nicht basisdemokratisch?

Alle sind gleich und alle entscheiden alles?

Als eine Reaktion auf die hierarchischen Prinzipien der politischen Parteien und Vereine (bürgerliche wie antibürgerliche) entstand in den siebziger Jahren eine breite soziale außerparlamentarische Bewegung (Frauen-, Kinderladen-, Ökologie-, Gesundheitsbewegung), die sich inhaltlich und strukturell von den herkömmlichen Institutionen abgrenzte. Ergebnis dieser Entwicklung waren viele Projekte, wie Frauenbuchläden, Frauenzentren, Druckereien, Bioläden und andere mehr. Sie entstanden mit dem Anspruch, selbstorganisiert, selbstbestimmt und hierarchiefrei zu arbeiten. Wir sind alle gleich, haben die gleichen Rechte, entscheiden alles mit und verdienen alle das gleiche Geld war der Schlachtruf, mit dem die Projekte ins Feld zogen (und dabei schon mal heftig ins Stolpern kamen).

Nicht jede kann alles, aber alle zusammen schaffen das, was sie brauchen

Die Mütterzentren sind eine späte Geburt dieser Zeit und waren anfänglich beeinflußt von den Slogans »Hierarchiefreiheit« und »Basisdemokratie«. Wenn eine kleine Gruppe von Frauen die Initiative für ein Mütterzentrum ergreift, können solche Vorstellungen noch einigermaßen realisiert werden – vorausgesetzt, die Gruppe ist relativ homogen.

In Salzgitter wie in anderen Zentren auch wurde aber ziemlich schnell klar, daß der Anspruch »Alle sind gleich« im öffentlichen Leben nicht einzuhalten war, weil z. B. nicht alle Frauen in der Gruppe sich gleich gut ausdrücken oder sich gleich gut auf dem öffentlichen Parkett bewegen konnten.

Wir brauchten bald Frauen, die mit den politischen Gremien verhandeln konnten und bereit waren, sich als Ansprechpartnerinnen zur Verfügung zu stellen. Zunächst glaubten wir, daß jede Frau das machen und mit entsprechender Übung die Vertretung übernehmen könnte bzw. es eh besser wäre, wenn gleich zehn Frauen beim Bürgermeister aufmarschieren. Mit diesem Prinzip war nicht nur der Bürgermeister überfordert. Viele Mütterzentrumsfrauen wollten und konnten diese Außenrepräsentation nicht übernehmen. Wir wollten weder unsere Frauen »vorführen« noch unser Image in der Öffentlichkeit aufs Spiel setzen. Die Frau, die das am besten konnte und die auch Spaß daran hatte, hat dann diese Aufgabe übernommen.

Wieder andere Frauen bringen sich ein durch tatkräftiges Zupacken oder stellen ihr Wissen bei der gemeinsamen Arbeit zur Verfügung. In einer größeren Runde sagen dieselben Frauen oft kein Wort. Hätten wir an dem Prinzip »Alle sind gleich« festgehalten, wären viele Frauen aus dem System herausgefallen, und das, obwohl sie Fähigkeiten haben, die für das Mütterzentrum wichtig sind.

Also mußten wir eine Kultur und eine Struktur entwickeln, die allen Frauen die Möglichkeit bieten, sich entsprechend ihren Fähigkeiten und Bedürfnissen einzubringen und am Geschehen teilzuhaben.

Nicht allen das Gleiche – jeder das Ihre

Das Mütterzentrumskonzept basiert auf dem Kompetenzansatz: Jede Frau kann irgend etwas, und das kann sie ins Mütterzentrum einbringen. Die Realisierung dieser Idee hat im Laufe der Jahre unsere Kultur bestimmt. Ausgangspunkt ist die Akzeptanz von Unterschieden: die Akzeptanz von unterschiedlichen Fähigkeiten, Bedürfnissen und Zielen. Es geht uns nicht darum, ein für alle Frauen verbindliches Ziel zu formulieren und durchzusetzen. Jede Frau kann bei uns ihr Ziel selbst festlegen, ihren Platz finden, revidieren und neu bestimmen. Als beispielsweise der Stadtteilservice gegründet wurde, waren damit längst nicht alle Frauen einverstanden. Beide Meinungen konnten nebeneinander stehenbleiben, die einen haben mitgemacht und sich engagiert, die anderen sind auf ihrem Platz geblieben und haben die ihnen vertrauten Sachen, z. B. Bastelangebote und Caféstubedienst, weitergemacht – beide Entscheidungen wurden akzeptiert, und für das Alte und das Neue war der innere und der äußere Raum vorhanden.

In dieser Kultur kann Sicherheit entstehen: die Sicherheit, nicht abgelehnt zu werden, weil bestimmte Entwicklungen erst mal nicht mitgemacht werden können oder nicht gewollt werden. Aus der Sicherheit erwächst die Fähigkeit, Dinge stehenlassen zu können. Vielleicht gefallen einer Frau die Tischdecken in der Caféstube nicht. Darüber muß sie sich nicht aufregen und versuchen, ihre Meinung durchzusetzen, weil sie sich an vielen anderen Orten im Haus mit ihrem Geschmack wiederfindet und sich damit auch in ihrer Person ernst genommen fühlt. Dann braucht sie nicht an jeder Stelle eine Grundsatzdiskussion vom Zaun zu brechen.

Um die Atmosphäre von Toleranz und Gelassenheit leben zu können, muß ich Rücksichtnahme erfahren – und eine Kultur, in der eine Vielfalt von Kompetenzen und Lebensvorstellungen gleichwertig nebeneinanderstehen kann – nach dem Motto: Wenn auf mich Rücksicht genommen wird, kann ich auch auf andere Rücksicht nehmen. Zu dieser Kultur gehört weiterhin Vertrauen: Vertrauen in die eigene Person und in andere Frauen beziehungsweise in deren Entscheidungen.

Für die Mütterzentrumskultur ist weiterhin charakteristisch, daß wir keine formalen Autorisierungen haben, keine gewählten Vertreterinnen und kein Delegationsprinzip. Jede Frau hat die Möglichkeit, das Vertrauen der anderen zu gewinnen aufgrund ihrer Persönlichkeit, ihres Einsatzes, ihrer Lust an der Arbeit...

»Kreistanz« statt Abstimmungsmaschinerie – Strukturen im Mütterzentrum

Wie funktioniert das Gesamtsystem, in dem inzwischen mehr als achtzig Frauen arbeiten und Hunderte von Besucherinnen und Besuchern ein- und ausgehen?

Unsere Strukturen haben sich über die Jahre verändert. Wir haben in dem für uns typischen System und auf der Grundlage unserer Kultur verschiedene Modelle ausprobiert, immer wieder diskutiert und reflektiert und Veränderungen vorgenommen. Dabei ist schon manches schiefgelaufen, aber wir gestatten uns Fehler. Ob es sich um Entscheidungsfindungs- oder einzelne Arbeitsprozesse handelt, die Möglichkeit, Fehler machen zu können, fördert die Bereitschaft, eigenständig zu handeln und Verantwortung zu übernehmen. Alle wissen dabei aber auch, daß Entscheidungen nur so lange gültig sind, bis sie wieder verändert werden – und das geht manchmal sehr schnell. Wenn nämlich alles so lange ausdiskutiert wird, bis alle inhaltlichen und personellen Risiken scheinbar bedacht sind, wird das Handeln eingeschränkt, gehen Spaß und Kreativität verloren.

Wir haben anfangs intensive Debatten über Informationswege, Entscheidungsstrukturen und Abstimmungsmodalitäten geführt. Es gab für uns keine Erfahrungen, welches Modell am besten geeignet ist, die Energie vieler Menschen zusammenzuführen und allen Partizipationsmöglichkeiten zu bieten. In den ersten Jahren haben wir z. B. ein Team gewählt mit allem Drum und Dran, wie Kandidatinnenvorstellung usw. Wir haben schnell begriffen, daß wir damit nicht weiterkommen, daß dadurch kein eigenverantwortliches Handeln entstehen wird. Ebenso schnell haben wir verstanden, daß lineare Strukturen, wie Plenumssitzungen und Arbeitsgruppen, eine Informationsmacht fördern, bei der sich die Eloquentesten durchsetzen und viele andere außen vor bleiben, d. h. sich nicht gemäß ihren Möglichkeiten beteiligen können. Außerdem liegt in so einem System die Gefahr, daß Formalitäten über Inhalten stehen.

Wir haben inzwischen eine Organisationsform gefunden beziehungsweise sie hat sich ergeben, die einem Kreistanz ähnelt (nicht zu verwechseln mit Arbeitskreisen, wie sie in anderen Projekten existieren).

Bei uns gibt es kleine und große Kreise, inhaltlich definierte und solche, die zufällig entstehen. Diese Kreise sind offen, jederzeit veränderbar, so wie die Menschen, die die Kreise bilden; von kürzerer oder längerer Dauer, nicht festgeschrieben. Die Kreise haben Berührungspunkte, sie überschneiden sich zum Teil, gewollt und zufällig; aus der Interaktion kann wieder etwas Neues entstehen. Wie beim Tanzen bewegen sie sich mal aufeinander zu, voneinander fort, durcheinander, mal alle fest eingehakt, mal zu zweit oder als Quadrille; der Gegenrhythmus ist auch erlaubt. Aber egal in welcher Formation, alle sind immer Teil eines Ganzen, das mehr ist als die Summe der Einzelteile –»Synergie« ist der moderne Begriff dafür.

Jede Frau findet ihren Platz in einem der Kreise, entsprechend ihren unterschiedlichen Bedürfnissen und Fähigkeiten. Die Runde von Frauen am Kaffeetisch ist ein Kreis, die Dienstbesprechung der Frauen, die den Caféstubedienst machen, ein anderer; die Mitarbeiterinnen im Kinderzentrum (KITZ) bilden den Fachkreis KITZ; die Teilnehmerinnen am Romméturnier bilden ebenso einen Kreis wie die Frauen, die in der Konzeptgruppe den Gesamtüberblick über alle Kreise haben.

Sigrid, eine Mitarbeiterin im KITZ, ist im KITZ-Kreis und im Hausrat, darüber hinaus sitzt sie in ihrer freien Zeit viel am Kaffeetisch, und an den Romméturnieren nimmt sie auch regelmäßig teil. Sie ist ein Beispiel dafür, daß Frauen zu verschiedenen Kreisen gehören. Bei manchen Kreisen gibt es gezielte Überschneidungen: Die Caféstube und das offene Kinderzimmer arbeiten eng zusammen, eine Kinderzimmerfrau nimmt an den Caféstubebesprechungen teil und umgekehrt.

Ein besonderer Kreis ist der Hausrat. Hier treffen sich regelmäßig Mitarbeiterinnen aus allen Bereichen des Mütterzentrums, die für Organisations- und Koordinationsfragen verantwortlich sind. Den größten Kreis bildet die MÜZEN-Sitzung, die einmal im Monat stattfindet und von alten und neuen Frauen, von Besucherinnen und Mitarbeiterinnen gleichermaßen besucht wird. Die Leitung dieser Sitzung liegt abwechselnd in den Händen von Frauen eines Kreises, die mit der Sicherheit ihres jeweiligen Kreises im Rücken diese Situation meistern. Die Treffen sind so strukturiert, daß sich aus dem großen Kreis partiell wieder kleine Kreise bilden, z. B. Gesprächsgruppen mit einer spezifischen Frage an den einzelnen Tischen. So haben auch die Frauen eine Möglichkeit, ihre Meinung einzubringen, die in der großen Runde von etwa fünfzig Frauen nichts sagen würden. Andererseits wird keine Frau gezwungen, etwas zu sagen; Beteiligung ist auch über Anwesenheit und Zuhören möglich.

Der Tanz der Kreise weist den Weg, wie Informationen bei uns weitergegeben werden: Die Berührungen und Überschneidungen garantieren, daß Informationen aus einem Kreis in den nächsten gelangen. Generell kann jede Frau an jedem Kreis teilnehmen, sie muß selbst entscheiden, welcher für sie der richtige ist. Natürlich gibt es auch bei uns Frauen, die sich übergangen oder uninformiert fühlen. Mal abgesehen von Sachen, die schieflaufen, wird diesen Frauen gesagt:»Du kennst das System, du weißt, wo du dir deine Informationen holen beziehungsweise dich einbringen kannst« – ohne Eigenverantwortung und Selbsttun ist es schwer, an unserem System teilzuhaben.

Doch nur für die Selbstbewußten?

Auf den ersten Blick mag es so aussehen, als könnten doch nur diejenigen Frauen mitmachen, die schon ein gewisses Selbstvertrauen und Durchsetzungsvermögen besitzen. Die Antwort darauf ist »Jein«. Sie müssen es noch nicht haben, dann würde unser Konzept nicht greifen. Gefordert wird allerdings die Bereitschaft, sich auf etwas einzulassen, bei dem das Was und Wie noch unklar, die Tanzschritte und -formationen (um im Bild zu bleiben) nicht sofort durchschaubar oder zumindest fremd und anders als die bisher gewohnten sind. Die Regeln sind so offen, daß Menschen, die z. B. Gremienarbeit kennen, völlig verunsichert werden. Andere, die sich sowieso nicht an vorgeschriebene Wege halten oder denen das Angst macht, haben damit keine Probleme. Sie wenden sich an den Kreis und an die Menschen, denen sie vertrauen oder denen sie ihre Meinung sagen wollen.

Eigenverantwortliches Handeln beinhaltet, Widersprüche auszuhalten, mit ihnen umzugehen und Kritik annehmen zu können. Das geht auch bei uns nicht immer glatt. Aber die Frauen werden mit ihren Verletzungen nicht alleine gelassen. Den Raum für eine gemeinsame Bearbeitung gibt es einmal in den Kreisen, und darüber hinaus haben wir ein ausgefeiltes System von Fortbildungen – unsere Reflexionsräume. Angesprochen werden viele Themen: miteinander umgehen, Motivationsförderung, Anleitung zum eigenverantwortlichen Handeln, Reflexion des Alltags. Die Bereitschaft zum Einlassen auf unser System kann dabei geweckt und intensiviert werden. Wenn dieser Schritt vollzogen ist, hat jede Frau Zeit und Raum, den eigenen Rhythmus zum »Mittanzen« zu finden, die Richtung mitzubestimmen, sich einzufügen, Widerspruch anzumelden, Dissonanzen auszuhalten und Spaß am eigenen Tun zu finden.

Heike Brümmer
Jenseits einer Kultur der Abgrenzung.
Beobachtungen innerhalb und außerhalb des Mütterzentrums

Kultur sei hier verstanden als die Form des Umgangs miteinander. Dabei steht nicht die schon häufig thematisierte Interaktion zwischen Müttern und Kindern im Vordergrund, sondern die eher selten beschriebene Beziehung von Mutter zu Mutter.[1] Wie gehen Mütter miteinander um, wo und wie schließen sie sich zusammen, und in welcher Form grenzen sie sich voneinander ab?

Persönliche Ortung

Ich bin eine Wanderin zwischen zwei sehr unterschiedlichen Mütterwelten: der bürgerlichen, streng gruppenbezogenen Mütterkultur, die ich von Beginn meiner Schwangerschaft an erfahren habe, und einer bunten Mütterzentrumskultur, die ich seit dem ersten Geburtstag meines Sohnes seit nun einem Jahr erlebe. Einige Unterschiede sind mir dabei sehr deutlich geworden. Im folgenden beschreibe ich meine Beobachtungen, sehr wohl wissend, daß damit nur ein kleiner Ausschnitt der Gesellschaft erfaßt werden kann. Dennoch wage ich eine These: Müttergruppen grenzen sich in unserer Gesellschaft stark voneinander ab und lassen kaum Mischungen untereinander zu. So entstehen geschlossene Zirkel, die sich aus ihrer hermetischen Abschirmung erst zu Beginn des Kindergartens oder wenn das Kind schulreif wird herausbegeben. Drei beziehungsweise sechs Jahre, in denen die Kultur des Unterschieds zwischen Müttern sehr gepflegt wurde und die nun jäh und ungewollt ihren Abschluß finden. Kein Wunder also, daß es dann unter den Zwangsbedingungen einer bunten Elternschaft, die vorher kaum etwas miteinander zu tun hatte, zu meist wenig fruchtbarer Zusammenarbeit, z.B. in Elternbeiräten, kommt beziehungsweise. sich auch dort wieder die schon vorher gelebten Koalitionen ergeben. Abgrenzung ist damit ein ganz wichtiger Aspekt, der vom Krabbelkreis nahtlos in die Schulsozialisation weitertradiert wird und somit auch bei den Kindern deutliche Spuren hinterläßt. Als Gegenmodell dient die Kultur des Mütterzentrums, die durch die Unterschiedlichkeit seiner Besucherinnen ein sehr heterogenes Mütterbild darstellt. Durch eine eigene Kultur des Umgangs miteinander wird dort sowohl die Toleranz gegenüber der Andersartigkeit anderer Mütter gestärkt, als auch das Erkennen der Gleichwertigkeit unterschiedlicher Lebensentwürfe durch den persönlichen Kontakt unterstützt. Neben Wertschätzung, Toleranz und Achtung haben sich im Mütterzentrum ganz eigene Kommunikationsformen entwickelt, die sich deutlich vom Alltag in anderen Einrichtungen und Arbeitsplätzen abheben. Es sind oft bedeutsame Kleinigkeiten, die den Umgang miteinander ausmachen. Erst so wird die im Familienalltag oft schwierige Balance zwischen Engagement, Berufstätigkeit, Familie und Haushalt für die Mütter ermöglicht.

Gruppenbezogene Mütterkultur

Die Mütterkultur, die ich 1996 mit der Geburt meines Sohnes erlebte, habe ich als sehr gruppenbezogen in Erinnerung. Die meisten Frauen hatten wie ich ihr erstes Kind bekommen, und man lernte sich kennen in Yogakursen, Schwangerengymnastikgruppen und Krabbelkreisen. Meine Beobachtung war, daß die Inhalte aus dem breiten Spektrum von Infobroschüren, Ratgebern und mittelschichtsspezifischen Angeboten (Schwangerschaftsyoga etc.) sehr ernsthaft angenommen und nach entsprechender Sondierung ohne Wenn und Aber umgesetzt wurden.

»Ich glaube, […] du wirst als Hausfrau nach einigen Jahren so intolerant, weil du, solange die Kinder klein sind, eben nichts als Erziehung und Familie um die Nase hast. […] Dein Verstand sagt dir zwar weiterhin, ›Du bist nicht gerade der Nabel der Welt‹, aber du erlebst deinen eigenen Lebensstil so etwa als die einzige Norm für alles. Denn der engere Freundeskreis, auf den du mit deinen Kleinkindern ja zurückgeworfen bist, der lebt halt ähnlich wie du. Man handhabt da die Partnerschaften ähnlich, man vertritt dieselben Erziehungsvorstellungen. Es gibt keine Gegensätze oder großartige Unterschiede, an denen man sich reiben müßte.« (Jaeckel, Tüllmann u. a. 1988, S. 177)

Selbst im allgemeinen sehr tolerante Frauen kannten bei der Erziehung ihrer Kinder keine Alternativen abseits des vorgedachten Plans. Die politische Ausrichtung, gesellschaftliche Verortung und die ökonomischen Möglichkeiten bildeten dabei ein äußerst strenges Gefüge, nach dem gehandelt wurde. Waschfähige Baumwollwindeln, Bioprodukte, absolutes Rauchverbot und ein sehr kritischer Umgang mit ärztlicher Behandlung seien nur als Eckpfeiler dieser Kultur genannt. Selbstverständlich wurden Mitstreiterinnen gesucht, die meist in Krabbelgruppen die vorgefertigten Meinungen vom richtigen Umgang mit dem Kind immer wieder reproduzierten und damit ein Hinterfragen des eigenen Handelns kaum zuließen. Da die Bildung solcher Gruppen entweder von wiederum bildungsbürgerlichen Einrichtungen initiiert wird (z. B. Still- oder PEKiP-Kurse) oder die Frauen sich schon seit den entsprechenden Schwangerschaftskursen bekannt waren und sich entsprechend ihrer Sympathie wieder in Krabbelgruppen vereinigen, war die Kultur des Umgangs mit dem Kind und die Kultur des Umgangs miteinander als Frauen sehr homogen. Die Treffen fanden häufig nacheinander in den Wohn- oder Kinderzimmern der Mütter statt. Öffentliche Räume wurden nur dann betreten, wenn Rauchfreiheit und das uneingeschränkte Wohlbefinden (und als Voraussetzung die Aufsicht) der Kinder garantiert waren. Das Miteinander war sehr herzlich und wohlwollend. Man hatte möglichst die Vorsorgeuntersuchungen der anderen Frauen beziehungsweise Kinder im Kopf, erkundigte sich interessiert, und die Anteilnahme bei verschiedensten Problemen war ehrlich und unterstützend. Aber eben nur für den engen Kreis. Jede Andersartigkeit wird kritisch beäugt und selten akzeptiert.

Jenseits einer Kultur der Abgrenzung 57

Kultur des Umgangs im Mütterzentrum

»Durch das Mütterzentrum bin ich in Kontakt mit Menschen gekommen, die ich mir spontan selber nicht suchen würde. Im Mütterzentrum lernt man alle Schichten kennen. Ich hab' nie gedacht, daß ich mit so anderen Lebensgeschichten in meinem Leben je konfrontiert werden würde. Und jetzt denke ich, mein Gott, was wäre dir da entgangen, wenn da jetzt nicht so ein Zentrum gewesen wäre? Man lernt sich ja auch mögen und gewinnt auch so viel dabei.« (Ebd., S. 144)

Die Begegnung zwischen den unterschiedlichen Kulturen der Mütter wird in Mütterzentren als gewinnbringend empfunden. Trotz aller Konfrontationen, ob bei einer Auseinandersetzung über Rauchen oder über Kinderernährung, wird die Überwindung dieser Kulturunterschiede fast lustvoll erlebt: »Und ich habe gemerkt, daß solche Auseinandersetzungen für mich positiv sind, sogar ein Streit ist nicht mehr nur negativ! [...] Ich erlebe für mich zur Zeit so eine neue Toleranz und Offenheit, ein Mordsgefühl!« (Ebd., S. 182)

Wie ist das möglich? Warum klappt das Zusammenleben zwischen den unterschiedlichsten Frauen und Müttern hier im Zentrum, egal ob sie Sozialhilfe oder ein gutes Gehalt beziehen, egal ob sie zur Baumwoll- oder Plastikwindelkoalition gehören? Warum stört es nicht, »wenn andere Frauen vom Typ oder vom Alter her anders sind, wenn sie anders leben, aus anderen Verhältnissen kommen, anders reden oder andere Interessen haben?« (Ebd., S. 143) Was hält diese Müttergesellschaft zusammen und läßt sie nicht in beharrlichen Abgrenzungskämpfen erstarren?

Die Erfahrung des Angenommenseins und des Annehmens, wie sie in der Biographie in diesem Kapitel beschrieben wurde, ist hierbei sehr zentral. Darüber hinaus erscheinen mir jedoch einige weitere Umgangsformen als wichtig. Dabei sind nicht die üblichen Formen eines freundlichen Miteinanders gemeint, sondern sozusagen eine tiefere Grammatik, die allen Handlungs- und Kommunikationszusammenhängen zugrunde liegt. Vielen werden diese Punkte banal erscheinen, und doch habe ich sie als Neueinsteigerin als etwas Besonderes erlebt, das über alle Kulturschranken hinweg eine gemeinsame Verantwortung füreinander entwickeln läßt.

Die Achtung des Alltags

Ich habe anfangs darüber gestaunt, mit welcher Genauigkeit und Verläßlichkeit jeder Anruf, jede noch so kleine Mitteilung weitergegeben wird. Diese »Kultur der kleinen Mitteilungszettel« macht oft die Balance zwischen Arbeit und Leben möglich. Die Zettel liegen häufig auf den Schreibtischen der Mitarbeiterinnen oder kleben an den Hängeschränken der Caféstube für die Besucherinnen. Neben den Informationen, die, wie in anderen Betrieben dieser Größenordnung auch, die Arbeitskoordination betreffen (z. B. »Termin hat sich verschoben«), sind es sehr häufig kleine private Mitteilungen, die Alltagsverläßlichkeit herstellen. Ob es sich um eine kleine Einkaufserinnerung handelt, die telefonisch eingegangen ist: »Brot ist alle«, um die Aufmerksamkeit einer Kollegin, die das Kind in der Kinderbetreuung erlebt hat: »Michaels Wunde ist wieder aufgegangen. Hast du noch Pflaster?« »Die Apotheke in der Rathausstraße hat länger geöffnet!«, oder um eine simple Bitte: »Könntest du heute meine Tochter mitnehmen? Ich hab' noch einen Termin« – jede Mitteilung wird als kleines Puzzleteil in seiner wichtigen Dimension im Familienalltag anerkannt und geachtet. Die unterschiedlichen Lebensbedingungen, die jede Frau mit ins Mütterzentrum bringt, werden respektiert und durch diese sehr genaue Beobachtung und zuverlässige Weitergabe in ihrer Alltagstauglichkeit gestützt. Die Grenzen zwischen Privat- und Mütterzentrumsleben, zwischen Arbeit und Familie, werden damit nicht nur in der Theorie, sondern auch in der Praxis durchlässig.

Flexibilität

In der Kultur des Mütterzentrums ist Flexibilität eine hochgeschätzte Eigenschaft. Um den laufenden Betrieb zu gewährleisten, müssen sich die Frauen sehr schnell auf jede Situation (Kind krank, Bus verpaßt, Einkauf vergessen) einstellen. Die Bedingungen der Frauen und Mütter sind sehr unterschiedlich, und doch erscheint es immer wieder erstaunlich, mit welcher Flexibilität auch den schwierigsten Alltagssituationen begegnet wird. Da jede Frau ihrerseits diese Flexibilität der anderen im Bedarfsfall einfordern kann, ist auch die Toleranz für eine entsprechende Abweichung vom normalen Alltagskurs hoch. Diese Bedingungen schaffen Verläßlichkeit, sie bewirken ein soziales Netz auch dann, wenn schon alle Stricke gerissen sind.

Das gesprochene Wort

Nicht das schriftliche Wort in Form von Einladungen, Plakaten, Aufsätzen zu bestimmten Themen, sondern das gesprochene Wort hat einen sehr hohen Stellenwert. Das Gespräch am Kaffeetisch ist die wichtigste Kommunikationsform im Zentrum. Der Austausch zwischen Gesprächspartnerinnen läuft häufig auf sehr unterschiedlichen Ebenen ab. Ein Gespräch, beispielsweise über die Planung eines Aktionstages, kann plötzlich von der leidenschaftlichen Diskussion über die neue Haarfarbe der Tischnachbarin überlagert werden, den Wutanfall eines Dreijährigen abpuffern helfen, um dann sehr sachlich wieder auf das eigentliche Thema zurückzukommen. Was in anderen Einrichtungen als Störfaktor begriffen würde, hilft im Mütterzentrum eine Beziehungsebene zu gestalten, die Vertrautheit schafft und auch im Dialog miteinander jeder einen Freiraum zugesteht.

Mit der Selbstverständlichkeit dieser Umgangsformen ergibt sich ein Gerüst, das es schafft, daß sich diese buntgemischte Gesellschaft nicht vereinzelt. Die Unterschiede zwischen den Frauen, ihre verschiedenen Ansichten, Möglichkeiten und Talente stützen statt dessen dieses System des Miteinanderlebens. »Nicht jede kann alles, aber gemeinsam können wir das, was wir brauchen« ist mehr als ein Slogan der Mütterzentren. Er ist auch ein Plädoyer für mehr »Multikulturalität« in der Müttergesellschaft allgemein. Die Mütterzentren sind ein Beispiel, welche Bedingungen es braucht, damit echtes Miteinanderleben, echter Austausch möglich werden, nicht nur zwischen Müttern, sondern überhaupt. »Der Alltag im Mütterzentrum bedeutet ein Erproben der eigenen Kontakt- und Gruppenfähigkeit, ein Arbeiten an der eigenen Toleranz. Im Grunde lernen Mütter das im Umgang mit ihren Kindern: ein anderes Wesen als eigenständig wahrzunehmen und zu akzeptieren. Dies gilt es, auch untereinander anwenden zu lernen!« (Ebd., S. 144)

Anmerkung
(1) Der Umgang von Müttern untereinander ist in der Literatur selten thematisiert worden. Neben den Publikationen der Mütterzentrumsinitiatorinnen (Jaeckel, Tüllmann u. a. 1988 und Cramon-Daiber u. a. 1983) haben sich Susie Orbach und Luise Eichenbaum in ihrer Untersuchung (Orbach; Eichenbaum 1986) mit Frauenbeziehungen auseinandergesetzt, ohne sich direkt auf Mütter zu beziehen. Die Freundinnenschaft von Müttern spricht der Aufsatz von Elisabeth Conradi an. (1994, S. 67–95) In dem von ihr selbst Schmähschrift genannten Buch rechnet Dorothea Dieckmann mit dem Umgang von Müttern untereinander ab (Dieckmann 1993).

Literatur
Conradi, Elisabeth: Freundinnenschaft als Modell feministischer Moraltheorie? In: Kramer, Nicole; Menzel, Birgit, u. a. (Hg.): Sei wie das Veilchen im Moose. Aspekte feministischer Ethik. Frankfurt/M., 1994
Cramon-Daiber, Birgit u. a.: Was wollen Frauen lernen? Zur selbstbestimmten Entfaltung weiblicher Kompetenzen. Frankfurt/M., 1984
Cramon-Daiber, Birgit, u. a.: Schwesternstreit. Von den heimlichen und unheimlichen Auseinandersetzungen zwischen Frauen. Reinbek, 1983
Dieckmann, Dorothea: Unter Müttern. Eine Schmähschrift. Berlin, 1993
Jaeckel, Monika; Tüllmann, Greta, u. a.: Mütter im Zentrum – Mütterzentren. München, 1988
Orbach, Susie; Eichenbaum, Luise: Bitter und süß. Frauenfeindschaft – Frauenfreundschaft. Düsseldorf, 1986

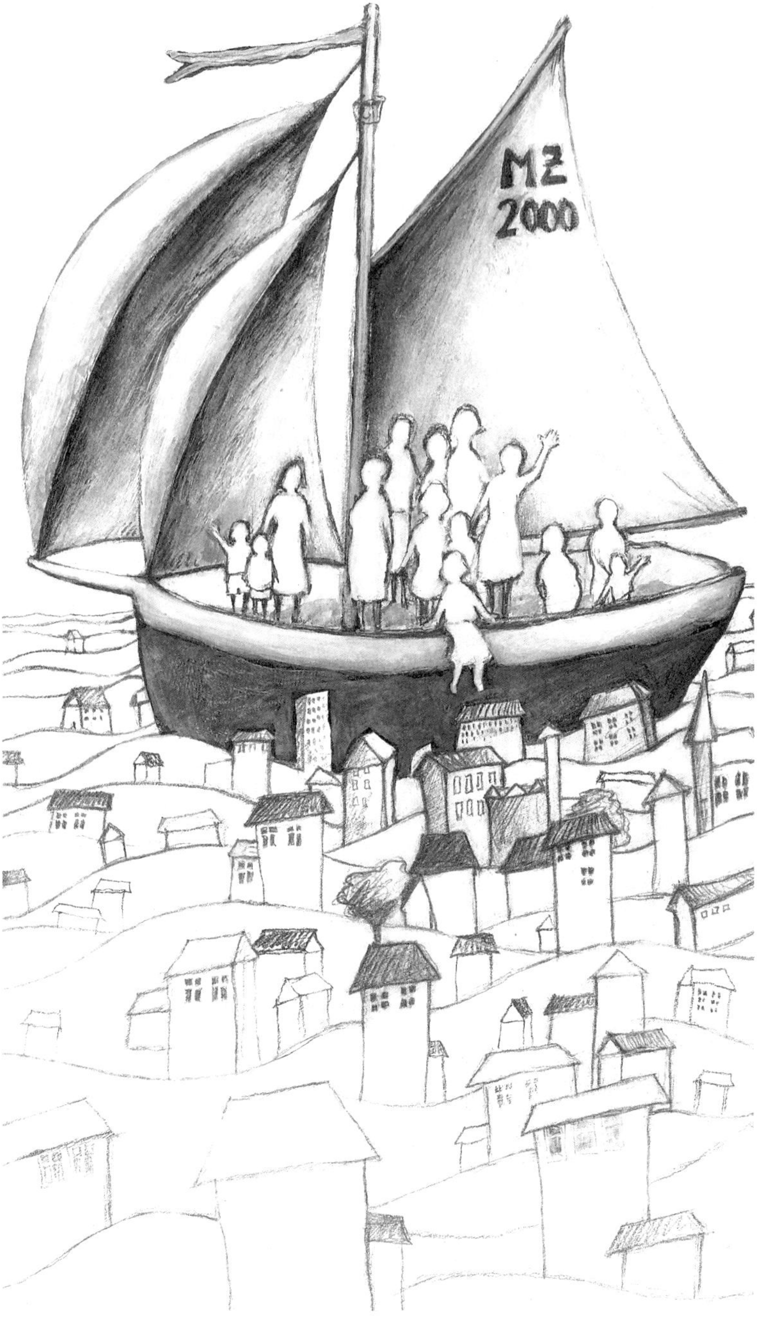
MZ
2000

Kapitel 4
Reflexions-Räume

Horizonterweiterung

»Warst du in 'ner Kneipe?« Michael begrüßt mich mit einem flüchtigen Kuß und nimmt gleich den Zigarettengeruch wahr, der noch an mir hängt. In knappen Worten schildere ich meinen Besuch im Mütterzentrum, die Eindrücke von Caféstube und Kinderzimmer, die Atmosphäre, die so besonders und anders war als Krabbelkreise und die üblichen Angebote für Mütter und Kinder, die herzlichen Begegnungen mit anderen Frauen, die mir bewußtgemacht haben, wie sehr ich sie in meinem doch recht einsamen Alltag vermißt habe.

Wie es so meine Art ist, sprudele ich meine Gedanken heraus, denke gleichzeitig über das Gesagte nach, schränke noch einmal ein, um dann doch mit einem in bedeutungsvoller Geste vorgetragenen Fazit abzuschließen – eine lose, bunte Gedanken-Wort-Sammlung also, die ich mir bei vertrauten Menschen schon einmal laut gönne. Zumal sie zu den unterschiedlichen Eindrücken im Mütterzentrum ganz gut paßt, wie ich finde.

Wie so oft hat Michael irgendwann im ersten Drittel meiner Schilderungen abgeschaltet. Ein Aha ist das einzige, was ihm dazu einfällt. Typisch! Schon schielt er nach der Zeitung und würde sich am liebsten auf das Sofa zurückziehen. Gut, daß ich mich da auf meine Kinder verlassen kann, die ihn sofort mit Beschlag belegen. So schaffen sie es, ihm nach einer kurzen Teepause das Versprechen auf gemeinsames Spielen abzunehmen. So sitzen wir noch kurz bei einer Tasse Tee – er hinter seiner Zeitungsseite. Dies sind die Momente, wo mir der Mangel an echtem Austausch schmerzlich bewußt wird: mit Freundinnen, mit Kolleginnen auf gleicher Wellenlinie. Kinder und Haushalt kosten so viel Kraft und Energie. Dazu kommt, daß sich kaum jemand für mich und meinen Alltag interessiert. Daß ich vor gut vier Jahren eine eigene Abteilung in einem Textilunternehmen geleitet habe, will ich mir selbst nicht mehr glauben. Habe ich mal mitten im Leben gestanden, Verantwortung übernommen, Entscheidungen getroffen? Kaum zu glauben! Babybrei, Krabbelkreisdiskussionen um Dinkelkeks und Schafwollhöschen haben ganz schön an meinem Glauben an meine intellektuelle Kompetenz geknabbert. Ein Artikel in einer Zeitung fällt mir ein: Bin ich schon in die dort zitierte Hausfrauenfalle getappt?

Marion lacht.»So ist es mir auch gegangen.« Ich sitze am Kaffeetisch des Mütterzentrums und habe die Gedanken von gestern Abend leicht ironisch erzählt. Es tut mir gut, daß sie mit einer ähnlichen Geschichte aufwarten kann:»Die Einsamkeit in der Kleinfamilie, davon können wir ja fast alle ein Lied singen. Und das Mütterzentrum ist der ideale Ort, das Problem auf unterschiedlichste Art und Weise anzugehen. Hier kannst du in Teddynähkursen genauso viel Engagement und Fähigkeiten entwickeln wie in knallharter Politik- und Lobbyarbeit. Hier hast du gerade nicht diesen bürgerlich einheitlichen Vollkornkosmos, der viele Krabbelgruppen kennzeichnet, sondern Frauen aus den unterschiedlichsten Gesellschaftsschichten. Daß da eine Frau mit Doktortitel und gutem Gehalt neben einer ungelernten Sozialhilfeempfängerin sitzt, ist bei uns eher Alltag als Ausnahme. Wenn die dann ins Gespräch über ihre Sorgen und Nöte kommen, ist das oft ziemlich spannend für beide Seiten. Zumal jede in ihrer eigenen Lebenswirklichkeit mit vielen Einsichten aufwarten kann, die in der anderen Realität noch gar nicht gedacht worden sind. Also nicht nur von oben nach unten, sondern auch kreuz und quer zwischen arm und reich, gebildet oder ungebildet, mit oder ohne Kinder. Man kocht nicht so im eigenen Saft und hört nicht nur die Argumente und Meinungen, die einem eh schon vertraut sind. Das schafft Toleranz und Achtung auch anderen Lebensentwürfen gegenüber.«

Über dieses Thema hat Marion schon viel diskutiert, denke ich mir, und muß natürlich gleich an meinen eigenen gutbürgerlichen Blick, zum Beispiel auf die schwangere Raucherin, denken. Ich finde es immer noch daneben, aber dennoch bestechen auch Marions einfache Lehrstücke in Sachen Toleranz, die hier gelebt werden. Und gleichzeitig soll das ein Ort sein, wo man die Grenzen des Hausfrauendaseins überschreiten kann? Das interessiert mich. Marion kann meine Frage nach dem Wie-lernt-man-das? gleich anhand ihrer Lebensgeschichte beantworten:»Ich habe mir nach einigen Jahren Kindern auch nichts mehr zugetraut in Sachen Beruf. Schon der Alltag wuchs mir über den Kopf, und gleichzeitig fühlte ich mich geistig völlig unterfordert. Hier im Mütterzentrum habe ich die Möglichkeit gehabt, mich mit Unterstützung der anderen Frauen wieder zu erproben. Die Kinder waren im Kinderzimmer gut betreut, und ich habe stundenweise in der Redaktion der Mütterzentrumszeitung gearbeitet. In den Fortbildungsseminaren, die regelmäßig angeboten werden, habe ich dann immer wieder innehalten können, um mich und meine Grenzen neu zu orten.« Mit einem herzlichen Augenzwinkern beendet Marion ihren Bericht:»Aber immer noch sind es die täglichen Gespräche mit anderen Frauen hier unten in der Caféstube, die mir Kraft und Unterstützung geben. Die Caféstube wird nicht umsonst das Herz des Mütterzentrums genannt.«

Biographie
Entwicklungsspiralen

Ich heiße Eva und bin einundfünfzig Jahre alt. Ich bin ganz normal zur Volksschule gegangen mit dem Abschluß nach der achten Klasse. Danach habe ich eine dreijährige Lehre gemacht und bin Verkäuferin geworden. Mit einundzwanzig Jahren habe ich geheiratet und mit fünfundzwanzig und achtundzwanzig Jahren meine Kinder bekommen. Es waren Wunschkinder – alle beide. Sie waren für mich das A und O. Die erste Zeit drehte sich bei mir alles um die Kinder und um die Familie. Bis ich dann merkte, daß das nicht alles sein konnte. Ich war meistens mit meinem Kind allein und habe gewartet, daß mein Mann von der Arbeit kam, damit ich einen Gesprächspartner hatte.

Dann habe ich von einer Bekannten erfahren, daß es bei uns am Ort ein Mütterzentrum gibt. Ich bin dann einfach mal hingegangen. Es war ein mächtiges Gedränge, und es gab einen Haufen Kinder. Ich fand das ganz toll. Dann bin ich immer mal wieder hingegangen. Ungefähr ein Vierteljahr bin ich nur als Besucherin gekommen. Irgendwann bin ich zur ersten MÜZEN-Sitzung gegangen und habe einen Caféstubedienst übernommen. Später habe ich dann zusätzlich auch Kinderbetreuung gemacht. Ich konnte das alles machen, weil ich die Kinder mitnehmen konnte. Sie haben sich schnell an das Mütterzentrum gewöhnt und sich auf das Spielen mit den anderen Kindern gefreut. Dann fingen wir an, einen Mittagstisch anzubieten.

Ich habe auch einen Kochdienst übernommen. Das funktionierte so: Ich war für meinen Dienst komplett verantwortlich, mußte einkaufen, das Essen vorbereiten, hinterher alles wieder in Ordnung bringen und die Abrechnung machen. Erst hatte ich Angst, für so viele Personen zu kochen. Die Zahl bewegte sich um die dreißig, später kamen dann vierzig und mehr, je nachdem, was gekocht wurde; und wenn es etwas Besonderes gab, wie Kartoffelpuffer oder Grünkohl, dann ging das nur noch mit Voranmeldung wegen der großen Nachfrage und der entsprechenden Kalkulation. Es sollte ja immer für alle reichen.

Ich erinnere mich noch an meine ersten Kochdienste! Da saß ich dann abends zu Hause und überlegte mir das Essen: Es sollte schmecken, es sollte reichen, und es mußte sich preislich in Grenzen halten. Dann meine ersten Kartoffeln. Ich war völlig verunsichert, ob ich die Portionen richtig hinkriege. Mit der Zeit habe ich ein Gefühl dafür bekommen. Und wenn es den Frauen schmeckt und sie noch Nachschlag wollen, das gibt Bestätigung und ein tolles Gefühl. Dann ist auch die Angst weg.

Später bin ich Teamfrau geworden. Als Teamfrau hat man viele Aufgaben: Arbeitskoordination, Organisation, Vermittlerin, Ansprechpartnerin für innen und außen, Öffentlichkeitsarbeit.

Nach unserem Umzug in größere Räume entstanden völlig neue Aufgabenbereiche: der Stadtteilservice, die Altenbetreuung, das Essen auf Rädern, der Schülertreff. Durch diese Angebotserweiterung war es dann möglich, ABM-Stellen im Mütterzentrum einzurichten. Das kam mir nach so vielen Jahren Caféstube und Kinderbetreuung entgegen. Ich hatte einfach gemerkt, daß mich das allein nicht mehr befriedigt. Als dann eine ABM-Stelle für mich im Gespräch war, hieß es: Zerbrich dir mal den Kopf, was so dein Ding ist, was du gerne machen möchtest. Ich konnte das gar nicht so richtig in Worte fassen, »was mein Ding ist«. Ich wußte nur, es muß mit Menschen und mit Organisation und Betreuung zu tun haben. Herausgekommen ist dann: Betreuung und Organisation von Besuchergruppen und Seminaren. Wir haben ja inzwischen viele Besuchergruppen, die unser Mütterzentrum kennenlernen wollen, die wissen wollen, wie man ein Mütterzentrum aufbaut oder wie der Stadtteilservice und die Altenbetreuung funktionieren. Da wir viel Platz haben, treffen sich bei uns Mütterzentrumsfrauen aus anderen Städten und machen ihre Seminare bei uns. Für die Besucherinnen und Seminarteilnehmerinnen organisiere ich dann alles: Anfahrt, Übernachtung, Schlafmöglichkeiten im Hause, Bewirtung, Kinderbetreuung. Und ich kümmere mich um die Leute, achte darauf, daß alles stimmt, emotional und organisatorisch, und erzähle ihnen alles, was das Mütterzentrum und uns betrifft. Aber auch hier im Mütterzentrum selbst wissen die Frauen, daß sie sich auf meine Erfahrung verlassen können.

Nach dem dritten ABM-Jahr habe ich über unseren Träger, den SOS-Kinderdorf e.V., eine feste Stelle bekommen. Ich hätte auch ohne ABM-Stelle weitergemacht, aber so, wie es jetzt läuft, habe ich das Gefühl von Anerkennung meiner bisherigen Arbeit, und das ist toll. Mein Aufgabengebiet hat sich immer mehr ausgeweitet. Ich bin jetzt noch für die Pflege und Instandhaltung des Hauses zuständig und mache die gesamte Seminarorganisation für unsere Mitarbeiterinnen.

Ich bin im Mütterzentrum viel selbständiger und selbstsicherer geworden. Im Mütterzentrum machst du einen intensiven Reifungsprozeß durch. Bestimmte Sachen erlebe ich hier ganz anders als mit ehemaligen Arbeitskolleginnen oder auch mit Freunden von uns. Die haben ihr bestimmtes Feld und ihre Grenzen, die sie sich selbst stecken. Vieles wollen sie gar nicht sehen. Was mich hier immer unwahrscheinlich fasziniert, sind die verschiedenen Gruppen von Frauen: alt, jung und von völlig unterschiedlichem sozialem Stand. Hier sprichst du über alles, und hier begegnet dir alles.

Manche Frauen, die mal hier waren, sind nicht wieder gekommen. Klar, auch ich erlebe im Mütterzentrum nicht nur Freude. Es braucht auch Mut, Konfliktsituationen durchzuhalten. Die Arbeit ist völlig anders als an einem normalen Arbeitsplatz: Hier greift die Arbeit ins Private und das Private in die Arbeit. Ich lerne immer dazu, nichts ist so richtig sicher. Aber wir nehmen uns viel Zeit, um über alles zu reden: über die Arbeit, über das Private. Die Arbeit im Mütterzentrum ist mein Traumjob. Ich habe ein Talent, mit Menschen umzugehen, ich kann sie gut wahrnehmen und unterstützen. Ich kann auf die Gefühle und Unsicherheiten, gerade wenn Frauen am Anfang stehen, gut eingehen. Immer miteinander reden zu können und auch das Zuhören, das macht diesen Arbeitsplatz so einmalig. Lieber arbeite ich hier vierzig Stunden mit weniger Geld als in einem Normalbetrieb mit weniger Arbeitszeit und mehr Verdienst. Im Grunde haben wir hier alle ein volles Sozialarbeit-Psychologie-Praktikum absolviert, nur daß wir dafür keinen Schein haben.

Es ist wirklich toll, wie die Frauen hier reifen und irgendwann genug Mut haben, entweder voll einzusteigen und tolle Arbeit zu leisten, oder sich außerhalb auf Stellen zu bewerben – und die meisten auch zu kriegen –, an die sie sich früher nie rangetraut hätten.

Die Mütterzentrumsseminare

Ganz wichtig waren für mich die Mütterzentrumsfortbildungen und -seminare, an denen ich schon sehr früh teilgenommen habe. Zuerst an denen, die im Mütterzentrum stattfanden, später dann auch außerhalb. Natürlich hatte ich erst mal Angst; und ich habe mich auch schwergetan, den ersten Schritt in Richtung Fortbildung zu tun. Ich dachte immer nur: Was kommt da auf dich zu, wie mußt du dich verhalten – ich wollte auf keinen Fall negativ auffallen. Aber schon die ersten Fortbildungen haben mir ganz schön viel gebracht. Trotz meiner gemischten Gefühle gab es gleich beim ersten Mal Erfolgserlebnisse, so daß ich gedacht habe, doof bin ich ja wohl dann nicht. Manche Begleiterscheinungen haben mich schon sehr irritiert: Da gab es unter anderem Yoga, Körpertraining, Malen. Da dachte ich: Entweder sind die nicht normal oder ich. Ein Beispiel: Mit einer Zeichnung sollte ich mein Leben darstellen. Jetzt kann ich ja sowieso nicht malen. Wenn jemand gesagt hätte:»Mal eine Blume«, das wäre einfach gewesen; aber mein Leben in einer Zeichnung darzustellen, das fand ich schon reichlich schwierig. Später habe ich gemerkt, daß ich dadurch ganz schön ins Denken kam, daß ich daraus eine Menge gelernt habe. In die darauffolgenden Seminare bin ich dann schon mit einer ganz anderen Einstellung gegangen und konnte sie deshalb auch viel mehr genießen.

Viele Frauen neigen dazu, an sich und anderen weniger die positiven Seiten wahrzunehmen, sie richten ihren Blick mehr darauf, was sie und andere alles nicht können beziehungsweise »falsch« oder »schlecht« machen. Bei den Fortbildungen wird oft genau an diesem Phänomen gearbeitet. Auch ich habe dies während eines Seminars erlebt. Wir wurden aufgefordert, mittels einer Collage die eigenen mindestens zehn verschiedenen Fähigkeiten, Stärken und Erfolge bildlich darzustellen. Diese Aufgabe hat erst mal Unmut hervorgerufen, weil die Frauen nicht glaubten, daß ihnen so viele verschiedene Fähigkeiten einfallen würden, daß sie die sowieso nicht hätten. »Können wir nicht lieber eine Liste unserer Fehler und Schwächen aufstellen, das ist viel einfacher?« wurde argumentiert.

Wir haben uns dann doch darauf eingelassen und die Collagen erstellt. Die fertigen Bilder wurden aufgehängt und die erste Frau gebeten, ihr Bild vorzustellen. Es ist schon eine schwere Aufgabe, sich vor die anderen hinzustellen und über sich nur Positives zu erzählen. Gleich bei der ersten Frau, die weniger als zehn Beispiele dargestellt hatte, wurde die Spielregel erweitert: Die übrigen Frauen sollten die Ausführungen der jeweils sprechenden Frau aus ihrer Sichtweise ergänzen. Es wurde eine intensive Einheit, bei der die Frauen staunend erkannten, wie viel sie eigentlich können, was sie alles gut machen, was sie schon erreicht haben, wie sie mit ihren Fähigkeiten von den anderen wahrgenommen werden und wie sie die anderen wahrnehmen.

Ich habe meine Collage ganz stolz mitgenommen und mir ins Büro gehängt, damit ich mich immer daran erinnere, wie gut ich schon bin – und damit meine Kolleginnen sehen, was ich alles kann.

Im Laufe der Jahre habe ich sehr von den Fortbildungen profitiert und habe viel über mich und andere gelernt. Heute kann ich besser auf andere zugehen, weiß, daß Urteile und Bewertungen oft so nicht stehenbleiben können, daß ich mich um eine andere Sicht bemühen muß. Ich kann besser zuhören und Konflikte besser lösen.

Natürlich habe ich das alles auch im Mütterzentrum im Alltag gelernt. Aber der tägliche Betrieb läßt oft eine ruhige Auseinandersetzung und ein Nachdenken über die alltägliche Praxis hinaus nicht zu. Bei den Fortbildungen haben wir Zeit und Ruhe, das zu bearbeiten, was wir im unmittelbaren Alltag nicht ansprechen oder teilweise auch nicht sehen können.

Ich habe immer das Gefühl, daß nach jedem Seminar oder jeder Fortbildung unsere Gemeinschaft noch fester geworden ist, daß noch intensivere Kontakte entstehen, weil man sich noch mal anders kennengelernt hat. Ich habe die Erfahrung gemacht, daß, wenn ich mich öffne und von mir rede, das ganz super aufgenommen wird und ich viel zurückbekomme.

Wenn ich die ganzen Jahre zurückblicke, dann denke ich, daß ich heute vielleicht einiges anders machen würde. Vielleicht länger zur Schule gehen, eine andere Ausbildung machen. Aber zu der damaligen Zeit war es das, was ich haben wollte. Ich war auch nicht unglücklich damit. Später habe ich dann das Mütterzentrum gefunden, und ich denke, darin habe ich das gefunden, was mich befriedigt. Das, was ich mache, wird anerkannt, ich kriege das von vielen Seiten gesagt, gezeigt, und ich denke, es hat mich geformt. Die Arbeit, die ich heute leiste, wäre vielleicht, Jahre zuvor, im Rückblick gesehen, meine neue Ausbildung geworden – beispielsweise Sozialarbeiterin.

Ja, und obwohl ich das jetzt kann, hier anwende und weitergebe, nützt es mir alles nichts, wenn ich wieder in die normale Berufswelt gehen würde. Ich habe kein Zertifikat, und mich würde kein Arbeitsamt, keine Behörde oder überhaupt irgendeine Dienststelle anerkennen. Ich müßte im Prinzip wieder sonstwo als Verkäuferin anfangen, weil das, was man in der Praxis lernt, offiziell nichts gilt.

Hannelore Weskamp
Stärkung der Eigenkompetenz statt Bildungsangebot – lernen im Mütterzentrum

Bevor ich auf die verschiedenen Lernebenen im Mütterzentrum eingehe, will ich die für diesen Abschnitt zentralen Begriffe »Bildung« und »Lernen«, »Kompetenzen« und »Qualifikation« in ihrer Bedeutung für den Fortbildungsansatz im Mütterzentrum erläutern.

In der ursprünglichen (althochdeutschen) Bedeutung hieß Bildung/bilden »Bildnis«, »Gestalt«, »einer Sache Gestalt und Wesen geben«, »eine Gestalt nachbilden«. Es bezog sich auf handwerkliche und künstlerische Arbeiten und fand auch Eingang in die mittelalterliche Mystik (einbilden). Als pädagogische Begriffe treten »Bildung« und »bilden« erst im achtzehnten Jahrhundert auf, »verflachen aber vielfach zur Bezeichnung bloßen Formalwissens« (Duden 1963, S. 67). Beschrieb Bildung ursprünglich die Zusammengehörigkeit von Lehren und Lernen und von Leben und Arbeiten, steht heute mit der Einführung des Begriffes »Ausbildung« (der weitgehend an die Stelle des Bildungsbegriffes getreten ist), die »Zurichtung der Ware Arbeitskraft« stärker im Mittelpunkt (Ortmann 1990, S. 26–27).

Unser Verständnis von Bildung beruht mehr auf der ursächlichen Bedeutung. Sich von etwas ein Bild machen »beschreibt einen Prozeß, in dessen Verlauf die Vielschichtigkeit und die Verschiedenartigkeit einer Sache in sich aufgenommen wird, um ihr denkbare Gestalt zu geben. Nicht also ein bloßes Abbild, sondern ein das Wesen von etwas erfassendes Sinnbild. An einem solchen Erkenntnisprozeß ist der Mensch aktiv beteiligt, indem er die aus dem unmittelbaren Umgang gewonnenen Erfahrungen zu einem Sinnbild zusammenfügt.« (Lohmann 1991, S. 59)

In der pädagogischen Arbeit im Mütterzentrum versuchen wir, Abspaltungstendenzen entgegenzuwirken: keine einseitige Ansprache der kognitiven Seite, sondern eine Verbindung von »Kopf, Herz und Hand« herzustellen, eingebettet in den Arbeitsalltag der Frauen.

Damit ist der Rahmen gesteckt, in den wir unseren Begriff vom Lernen einbetten. Lernen ist für uns nicht die Anhäufung von totem, nicht am Lebenszusammenhang orientierten Wissen (Ortmann 1989, S. 76), sondern, um mit Fritz Perls zu sprechen, »Lernen ist die Entdeckung, daß etwas möglich ist«; daß es möglich ist, Mittel und Wege zu finden, durch die Menschen wachsen und ihre Potentiale entwickeln können (Perls 1989, S. 148). Dies heißt, Frauen in ihrem Lernprozeß so zu unterstützen, daß sie ihre Fähigkeiten und Stärken erkennen und erweitern können.

In ihrem Lebensalltag entwickeln Frauen vielfältige Fähigkeiten und soziale Verhaltensweisen, wie Flexibilität, Planungs- und Organisationsfähigkeit, Zuverlässigkeit, Belastbarkeit, Kontaktfreudigkeit, Empathie, Intuition und Geduld. Sie haben Praxiserfahrungen nicht nur im eigenen Haushalt gesammelt, sondern darüber hinaus auch im Stadtteil und im Wohnumfeld. Diese Fähigkeiten sind nicht einfach abrufbar, sie befinden sich im »Zustand der Latenz«, müssen aus »ihrem Versteck geholt« und vor allen Dingen den Frauen erst mal selbst sichtbar gemacht werden (Ortmann 1984, S. 15). Praxiserfahrungen und Alltagsfähigkeiten brauchen Raum und Rahmen, um ausgetauscht und reflektiert zu werden. Erst so können sie zu bewußten Kompetenzen heranreifen: »Kompetenzen sind Fähigkeiten der Möglichkeit nach.« (Ebd., S. 15)

Ich verwende den Kompetenzbegriff auch in Abgrenzung zum Qualifikationsbegriff. Danach sind Kompetenzen Fähigkeiten, Fertigkeiten und Kenntnisse, die nicht in einer formalen Ausbildung erlangt wurden. Sie sind rechtlich nicht abgesichert, öffentlich selten anerkannt und schon gar nicht honoriert. Qualifikationen dagegen sind Fähigkeiten, Fertigkeiten und Kenntnisse, die in organisierten Ausbildungsprozessen erworben werden (Janssen 1984, S. 100).

Lernfeld Mütterzentrum

Im Mütterzentrum geht es nicht um ein Lernen im traditionellen Sinn. Mütterzentren sind keine primären Lerninstitutionen. Das Lernen ist eher ein »Nebenprodukt«, das bei dem Hauptanliegen abfällt, einen selbstorganisierten, offenen Treffpunkt für Frauen mit Kindern zu schaffen. Dementsprechend haben Mütterzentren keinen Erziehungsanspruch, erwachsene Menschen sollen nicht in ein bestimmtes Wertemuster gedrängt werden. Vielmehr geben die Zentren den Frauen ein geschütztes Forum, in dem sie ihre eigenen Werte entwickeln oder überprüfen können; in dem sie voneinander abgucken und ausprobieren können, ob ihre Lebensplanung oder ihr persönliches Werteschema für sie richtig ist – ohne einem ideologischen Druck ausgesetzt zu sein.

Lernen findet im Mütterzentrum auf verschiedenen Ebenen statt. Bildungsarbeit ist hier ein fast atmosphärisches Konzept, das in der mütter- und kinderfreundlichen Organisation begründet liegt, die Kontakt-, Kommunikations- und Handlungsbereitschaft entstehen läßt. Leben, Lernen und Arbeiten finden im Mütterzentrum an einem Ort statt. Diese Verbindung macht es erforderlich, daß die Frauen über sich selbst, ihre Erfahrungen, Ängste, Wünsche und Hoffnungen reden. Sobald sie dies, nach anfänglicher Scheu, machen, ist bereits ein enormes Stück Bildungsarbeit geleistet.

In Umbruch- beziehungsweise neuen Lebenssituationen, wie z. B. der Mutterschaft, suchen Frauen nach einer Neuorientierung und versuchen, sich über Bildung zu stabilisieren. Indiz dafür ist unter anderem der hohe Anteil von Frauen an Volkshochschulkursen. Neben der Möglichkeit der Bildung suchen sie nach meiner Erfahrung als Dozentin an der Volkshochschule vor allen Dingen Kontakt und Anregung für die Bewältigung ihrer spezifischen Lebenssituation. Letzteres finden sie allerdings in den üblichen Bildungseinrichtungen nur sehr selten.

Das Lernen im Mütterzentrum hat nichts mit den herkömmlichen Bildungsangeboten zu tun. Hier gibt es eine Vielfalt von Möglichkeiten, sich einzubringen, da die Zentren an die Lebenssituation der Frauen angepaßt sind und nicht umgekehrt. Den Frauen wird nicht gesagt, was sie zu tun haben. Durch das Mitmachen können sie Erfahrungen machen und werden in ihrer persönlichen Tätigkeit anerkannt. Egal wie und an welcher Stelle eine Frau sich einbringt, ob sie sich am Kaffeetisch über Kindererziehung oder Trennungsprobleme unterhält, ob sie in einer Gruppe mitmacht, oder selbst eine anbietet, oder ob sie Aufgaben im Rahmen der Mütterzentrumsorganisation übernimmt: Überall hat sie die Möglichkeit, neue Erfahrungen zu machen – mit sich selbst und im Umgang mit anderen. Sie hat die Möglichkeit, Fähigkeiten an sich zu entdecken, auszuprobieren und neue zu entwickeln.

Erfahrungen mit sich selbst zu machen, das eigene Selbstbild zu erweitern beziehungsweise zu verändern kann für jede Frau etwas anderes bedeuten. Im Mütterzentrum geht es nicht darum, mit der Bewertung »richtig« oder »falsch« ins Ziel zu gehen. Das Ziel ist der Weg – aber nicht als Lernschnellweg. Es gibt die Möglichkeit, in Sackgassen zu landen und gelassen wieder umzukehren, Trampelpfade zu beschreiten, Umwege zu gehen...

»Zusehen – mitmachen – selbstmachen« (Hönigschmidt u. a. 1990, S. 5), diesen Prozeß durchlaufen viele Frauen im Mütterzentrum. Die Vielfalt der Rollen, die Frauen dort einnehmen können, unterstützen ein Übertragungslernen: »Ich habe das eine geschafft, dann werde ich das andere auch noch hinkriegen.« Dabei hat jede Frau ihren eigenen Rhythmus, verweilt jede unterschiedlich lange an den einzelnen Stellen. In diesem Prozeß begleiten sich die Frauen gegenseitig – sie leisten ermutigende Klärungshilfe und erhalten diese auch. Das Geben und Nehmen ist ein wichtiges Mütterzentrumsprinzip, das auch gelernt sein will.

Mütterzentren sind ein weites soziales Lernfeld. Hier begegnen sich Frauen aus ganz unterschiedlichen sozialen und persönlichen Lebenshintergründen und in unterschiedlichen Altersstrukturen. Die Heterogenität erweitert das Verständnis für andere ebenso wie die Fähigkeit, den eigenen Verhaltensmustern auf die Spur zu kommen. Es ist schon eine große Herausforderung zu lernen, daß sich »kulturelle Fraktionierungen« (Haug 1983, S. 27) durchbrechen lassen. Die Frauen erfahren sich untereinander und miteinander auf einer kollektiven Ebene. Sie erleben sich hautnah in ihren Unterschieden, in ihren Stärken, aber auch in ihren Ängsten, z. B. vor zu großer Nähe und Konkurrenz. Am Ende dieses häufig auch schmerzhaften Prozesses steht dann aber für die meisten Frauen eine echte, weil gelebte Toleranzerfahrung, die sich über das Mütterzentrum hinaus auf andere persönliche und gesellschaftliche Bereiche übertragen läßt. Mitzuerleben, daß nicht nur die eigenen Kompetenzen wachsen, sondern auch die der anderen Frauen und der gesamten Gruppe, sind darüber hinaus wichtige Momente der Solidarisierung. (Gerzer 1991, S. 58–59)

All diese Lernschritte passieren im Alltag, ohne daß Kurse belegt oder Lernveranstaltungen besucht werden und ohne daß professionelle Fachkräfte die Leitung haben. Neben dem ständig vorhandenen (atmosphärischen) Lernprozeß gibt es im Mütterzentrum auch offen ausgeschriebene Lernangebote. Alle diese Angebote werden von den Mütterzentrumsfrauen selbst geplant und durchgeführt. Die Themen und die Art der Durchführung entwickeln sich aus den Fähigkeiten und den Interessen, die die Frauen mitbringen. Ob es sich um Gesprächskreise zu Fragen der Ernährung und Umwelt oder um Bastel- und Nähkurse handelt, bewußt wird nicht die Expertin von draußen geholt. Die Frau, die Kontaktfähigkeit mit Nähkünsten verbindet, macht ein Nähangebot. Neben dem fachlichen Lernen stellen auch bei den Kursen das gemeinsame Gespräch und die gegenseitige Hilfe den größeren Lernanteil dar. Diese Angebote sind nicht geprägt von Kursformen und Rollenteilung zwischen Expertin und Lernender. Sie können ohne große Formalitäten, in überschaubaren Zeiträumen und mit einer den Kindern vertrauten Form der Kinderbetreuung von den Frauen besucht werden. Mal reinschnuppern zu können und sich dann zu entscheiden, ist eine wichtige Möglichkeit für Frauen, die in den herkömmlichen Bildungseinrichtungen eher nicht vorkommt.

Die Einübung demokratischer Strukturen stellt einen wichtigen Lernprozeß im Mütterzentrum dar. Auch dies ist kein theoretisches Lernen. Die Frauen wachsen im Alltag in diese Dinge hinein. Aus der Selbstbetroffenheit heraus lernen sie, sich aktiv in die Öffentlichkeit einzubringen. Wenn die gesellschaftliche Anerkennung dafür auch erst langsam wächst, die Bestätigung der anderen Mütter ist ihnen sicher und stärkt ihr Selbstvertrauen.

Ein tragender Pfeiler der Mütterzentrumsidee sind die Fortbildungen – Reflexionsräume für Initiatorinnen, Dienst- und Teamfrauen, Honorarkräfte und für Besucherinnen. Der Lern- und Reflexionsprozeß unter Müttern erfolgt nicht (immer) automatisch. Er braucht Ermutigung und Verstärkung, damit die Kompetenzen überhaupt wahrgenommen werden. Die Fortbildungen können dazu beitragen, daß Praxiserfahrungen durch Austausch und Reflexion zu bewußten Kompetenzen werden (Gerzer 1991, S. 68) – sie sind ein Raum und bilden den Rahmen, in dem Kompetenzen aus dem »Zustand der Latenz« geholt werden können. Das gemeinsame Handeln führt durch Reflexionsgespräche in den Fortbildungen über das Alltagsleben hinaus. Das Selbstbild kann facettenreicher und komplexer werden und zu Veränderungen im persönlichen und gesellschaftlichen Bereich ermutigen.

Die biographische Selbstreflexion spielt in den Fortbildungen eine wichtige Rolle. Auch wenn dies den Frauen erst mal fremd ist, geht es ausgiebig um sie als Personen und Persönlichkeiten, erhalten sie Zeit und Anregungen, darüber nachzudenken, wer sie sind und was sie wollen. Ohne diese Reflexion als Selbstwahrnehmungs- und Bewußtseinserweiterung ist eine Reflexion des Gruppengeschehens schwer vorstellbar. In dem Maße, wie der Selbsterkennungsprozeß benannt wird, eröffnen sich ganz neue und andere Möglichkeiten des Aufeinanderzugehens. Alltagsschwierigkeiten in der Gruppe, die unter anderem aus der Verschiedenheit der Frauen resultieren, lassen sich klären und angehen. Die Toleranz- und Akzeptanzfähigkeit steigert sich. Ich-Stärke kann so zu einer Gruppenstärke führen und Unsicherheiten im Alltag besser aushaltbar, aushandelbar und auflösbar machen.

Ein wichtiges Thema in den Fortbildungen sind immer wieder die spezifischen Interaktions- und Kommunikationsprobleme der Frauen untereinander: ein Verständnis für die Probleme zu erarbeiten, die einer Aktivierung von Frauen im Wege stehen, und die Lösungswege zu diskutieren; streiten zu lernen, Angst vor Konflikten zu verlieren, Auseinandersetzungen positiv zu bewerten sind dabei wesentliche Lernschritte. Auf dieser Basis entsteht aus den Frauen heraus der Wunsch nach mehr: nach Hintergrundwissen, nach theoretischem Wissen (z. B. wie das Gruppengeschehen funktioniert) und nach Fertigkeiten (z. B. welche Methoden mir helfen können, einfühlsame Gespräche zu führen und verantwortlich eine Gruppe zu leiten). Die neuen Kenntnisse können aufgenommen und verdaut werden, weil sie mit dem Alltag, den vorhandenen Erfahrungen und dem Prozeß der Gruppe verbunden sind.

Neben den Wochen- und Wochenendseminaren, die offen für alle Frauen sind, nutzen einzelne Teams oder Frauen aus speziellen Arbeitsbereichen (z. B. der Kinder- oder Altenbetreuung) die Möglichkeit, sich stunden- oder tageweise begleitende Klärungshilfe und Supervision zu holen. Auch wenn hierbei fachspezifische Fragen bearbeitet werden, steht die Stärkung der reflexiven und sozialen Kompetenzen im Mittelpunkt.

Ohne projektbegleitende Fortbildungsseminare lassen sich innovative Ansätze, wie sie im Konzept der Mütterzentren entwickelt wurden, nur schwer von der Theorie in die Praxis umsetzen. Aber auch für die Fortbildungen mußte erstmals ein eigenes Konzept entwickelt werden. Bei den Fortbildungen geht es nicht um methodisch-didaktisch durchstrukturierte Seminare. Vielmehr sollen die Frauen in einem offenen Rahmen beim Aufbau und der Entwicklung so unterstützt werden, daß das für das Selbstverständnis und die Zusammenarbeit in der Gruppe zentrale Moment von Selbstbestimmung erhalten bleibt und die Eigenkompetenzen der Frauen gestärkt werden.

Auf einen Begriff gebracht, lassen sich die verschiedenen Formen der Fortbildungen als integrative Praxisbegleitung und -beratung verstehen. Sie sind integrativ, weil sie mit verschiedenen Ebenen, wie Selbsterfahrung und Selbstreflexion, Reflexion und Analyse der Gruppensituation, Reflexion, Planung und Weiterentwicklung der Arbeit, Klärung fachspezifischer Fragen und Organisations- und Strukturberatungen, verknüpft sind. Im professionellen Alltag der Fortbildungs-, Beratungs- und Supervisionsarbeit werden diese Bereiche eher getrennt angeboten und durchgeführt. Auch wird mit Techniken und Medien aus verschiedenen Methoden gearbeitet (z. B. Gestaltarbeit, themenzentrierte Interaktion, Arbeit mit kreativen Medien, pädagogisches Rollenspiel, Körperarbeit).

Und nicht zuletzt, obwohl dieser Aspekt über allen anderen steht, geht es um die Freude. Gemeinsam ein Stück Freizeit zu verbringen, Entspannungs- und Körperarbeitseinheiten zu integrieren, sich in einer schönen Umgebung verwöhnen zu lassen, innehalten und auftanken zu können sind zentrale Bestandteile der Fortbildungsarbeit.

Literatur
Duden, Bd. 7. Mannheim, Wien, Zürich, 1963
Gerzer, Annemarie: Qualifizierung von Müttern. In: Hebenstreit-Müller, Sabine; Pettinger, Rudolf (Hg.): Miteinander lernen, leben, engagieren – Neue soziale Netze für Familien. Bielefeld, 1991

Haug, Frigga: Frauenformen 2. Sexualisierung der Körper. Argumente Sonderband 90. Berlin, 1983

Hönigschmidt, Cornelia; Jaeckel, Monika; Lang, Verena: 10 Jahre Mütterzentren – Erfahrungen im Längsschnitt. München, 1990

Janssen, Edda: Vergangene Chancen – gegenwärtige Misere – zukünftige Möglichkeiten. In: Cramon-Daiber, Birgit, u. a.: Was wollen Frauen lernen? Zur selbstbestimmten Entfaltung weiblicher Kompetenzen. Frankfurt/M., 1984

Lohmann, Maria: Bildung mit Familienfrauen, die an weibliche Denkstrukturen und an weiblichen Lebenszusammenhang anknüpft. Unveröffl. Diplomarbeit am Fb Erziehungswissenschaft der Universität Hamburg, 1991

Ortmann, Hedwig: Bildung geht von Frauen aus. Überlegungen zu einem anderen Bildungsbegriff. Frankfurt/M., 1990

Ortmann, Hedwig: Fachlichkeit und Qualität. Zum Spannungsverhältnis zwischen weiblichen Kompetenzen und Qualität. In: Erler, Gisela; Jaeckel, Monika (Hg.): Weibliche Ökonomie. München, 1989

Ortmann, Hedwig: Was und wie wollen Frauen lernen? Thesen zum Verhältnis von (Lebens-)Praxis und Theorie. In: Cramon-Daiber, Birgit, u. a.: Was wollen Frauen lernen? Zur selbstbestimmten Entfaltung weiblicher Kompetenzen. Frankfurt/M., 1984

Perls, Frederick S.: Grundlagen der Gestalt-Therapie. München, 1989

Einschub
Anleitung, Fortbildung, Weiterbildung

Alle Frauen haben die Möglichkeit, an hauseigenen Bildungsveranstaltungen teilzunehmen, egal, ob sie in Teilzeit oder stundenweise mitarbeiten oder als Besucherinnen kommen. Wir wünschen uns sehr, daß auch möglichst viele Besucherinnen an den Besprechungen und Fortbildungen teilnehmen. Erfahrungsgemäß kann »frau« dabei viel für sich selbst lernen, und darüber hinaus wird das Wirgefühl im Mütterzentrum gestärkt.

Unser Fortbildungsangebot hat verschiedene Bausteine:
- MÜZEN-Sitzung jeden ersten Mittwoch im Monat, das Plenum für alle zur direkten Mitsprache bei internen Entscheidungen;
- regelmäßige Wochenbesprechungen für Mitarbeiterinnen aus allen Arbeitsbereichen und Besucherinnen;
- Fortbildungen im Mütterzentrum: wöchentlich für Mitarbeiterinnen aus der Alten- und Kinderbetreuung, unregelmäßig, aber mehrmals im Jahr für Mütterzentrumsfrauen und Mitarbeiterinnen zu verschiedenen Themen, z. B. Führung und Verantwortung (Leadership), Gruppendynamik, Erziehungs- und Lebensfragen;
- Fortbildungen außerhalb des Mütterzentrums an Wochenenden für Mitarbeiterinnen, Besucherinnen;
- Mutter-Kind-Freizeiten;
- Supervision und/oder Einzelberatung;
- berufspraktische Ausbildung (Praktika und Ausbildung in der Altenhilfe und Hauswirtschaft).

Einschub
Die Leadership-Support-Methode

Von der Frauengruppe National Congress of Neighborhood Women (NCNW) in New York haben wir die Leadership-Support-Methode gelernt, mit der die Mütterzentren auf internationaler Ebene zusammenarbeiten.

Ein anderes Verständnis von Führung
Die Methode basiert auf der Grundhaltung, daß jede Frau über ein reiches Potential an Führungsqualitäten verfügt, die sie jedoch oft nicht als solche (an)erkennt beziehungsweise für die ihr Anerkennung von außen verweigert wird. Es geht bei Leadership Support nicht darum, Frauen ein neues Verhalten anzutrainieren, sondern sie in einem Prozeß zu unterstützen, sich von anerzogenen inneren Widerständen und Barrieren zu befreien und das volle

Die Leadership-Support-Methode

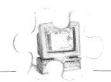

Potential ihrer Fähigkeiten und Talente zu entfalten. In diesem Prozeß helfen sich die Frauen gegenseitig, ihrem eigenen Denken, Fühlen und Handeln mehr und mehr zu vertrauen, ein neues Bewußtsein ihres Energie- und Machtpotentials zu entwickeln und eine eigene Definition von Führungskompetenzen zu finden und zu leben, die ihre Wurzeln in Alltagserfahrungen und -fähigkeiten hat.

Der herkömmliche Begriff von Führungsaufgaben wird ersetzt durch den Begriff »Leitung nehmen« – verstanden als
- Initiative ergreifen,
- Verantwortung übernehmen,
- Entscheidungen treffen,
- Einfluß nehmen,
- Situationen bedenken, überlegen, welchen Beitrag man selber leisten kann,
- Balance finden zwischen der eigenen Person und den anderen.

In der Leadership-Gruppe kann jede Teilnehmerin über ihre Erfahrungen sprechen und sicher sein, daß ihr mit Verständnis, Mitgefühl und Vertrauen zugehört wird. Die Gruppe stärkt die Wahrnehmungsfähigkeit für die eigene Intelligenz und Kreativität, für die eigene Fähigkeit, liebevoll und kooperativ zu sein, sich angemessene Ziele zu setzen und sie auch zu erreichen. Wichtig ist, daß Erfolge ebenso wie Probleme besprochen werden, um keine einseitige Perspektive aufkommen zu lassen. Jede Frau bekommt die gleiche Aufmerksamkeit und wird in ihrer Eigenheit anerkannt. Jede kann das Gefühl haben: »Hier kann ich *ich* sein, mein Beitrag zählt, es ist wichtig, daß ich mitmache.« Jede Frau wird herausgefordert, immer mehr »Leitung zu nehmen« nach ihren Fähigkeiten, Talenten und in ihrem eigenen Tempo. Sie wird auch herausgefordert, Verantwortung zu übernehmen für das, was sie selbst braucht, und sich dafür Unterstützung zu suchen.

Im Rahmen des Mütterzentren Bundesverbandes wurden Ende der achtziger Jahre die ersten Leadership-Support-Seminare durchgeführt. Seitdem wird in vielen Mütterzentren erfolgreich mit dieser Methode gearbeitet. Im Mütterzentrum Salzgitter wird regelmäßig Leadership Support angewandt.

Die Technik

Um die beschriebenen Ziele zu erreichen, gibt es für die Gruppenarbeit einige Vereinbarungen als Basisrichtlinien:
- *Zeit teilen:* Alle Frauen sprechen nacheinander, und jede erhält die gleiche Redezeit, in der sie ihre Ideen darstellen kann. Erst nachdem alle einen Redebeitrag gehalten haben, ist es für jedes Mitglied möglich, sich ein zweites Mal zu Wort zu melden.
- *Vertrauen:* Das in der Gruppe Gesagte wird nur mit Einverständnis der

jeweiligen Betroffenen weitererzählt. Mit Ausnahme der Punkte, die weiterbearbeitet werden müssen, werden keine Protokolle angefertigt.
- *Sprechen* aus eigener Erfahrung: Jedes Gruppenmitglied sollte nur über die eigenen Erfahrungen und Gefühle berichten und nicht über die einer anderen Person.
- *Keine Urteile fällen, keinen Rat geben:* Erst wenn eine Frau darum bittet, kann sie einen Ratschlag erhalten.
- *Aufmerksamkeit geben:* Jeder Frau wird aufmerksam mit Blickkontakt zugehört, und ihr wird volle Präsenz zuteil. Ihre Redebeiträge werden nicht unterbrochen oder kommentiert.
- *Keine Diskussion:* Jede Erfahrung ist »wahr« für die Frau, die sie erlebt. Es ist ihre Geschichte.
- *Strukturierte Fragen:* In der Leadership-Support-Gruppe wird mit strukturierten Fragen gearbeitet.

Die Fragen

In der Gruppe werden die strukturierten Fragen von ein oder zwei vorher ausgewählten Frauen erarbeitet. Das Ziel des Gruppentreffens bestimmt die Inhalte der Fragen. Dabei wird folgendes Schema angewandt:
- Was bedeutet dieses Thema, diese Frage für mich?
- Was gefällt mir daran?
- Was ist positiv?
- Was ist schwierig oder problematisch für mich?
- Welche Änderungen sind notwendig?
- Welchen Beitrag kann ich übernehmen, um etwas zu ändern?
- Welche Unterstützung brauche ich dafür, und wie kann ich sie mir holen?

Im ersten Teil sind die Fragen eher persönlich orientiert: Was erfährt eine Frau als positiv oder negativ? Dabei ist es wichtig, immer das Positive zuerst zu nennen. Für viele Frauen ist es schwierig, positive Dinge zu sehen und zu benennen. Sie werden darin unterstützt wahrzunehmen, was positiv ist, und nicht primär auf das zu schauen, was ihnen noch fehlt.

Im zweiten Teil sind die Fragen stärker auf Veränderung orientiert: wie eine Situation idealtypisch aussehen könnte oder welche Hindernisse existieren und wie es ohne diese Hindernisse aussehen könnte. Als letztes kommt die Frage nach dem eigenen Beitrag zur Veränderung und der Unterstützung, die man sich hierfür schaffen kann.

Diese Fragen werden nacheinander von jeder Frau beantwortet, und jede hat dafür dieselbe Zeit zur Verfügung. Das heißt allerdings nicht, daß niemals mehr reagierend diskutiert werden kann, aber auch eine solche Diskussion kann strukturiert und auf Lösungspotentiale hin fokussiert werden.

Die Leadership-Support-Methode

Um den Prozeß gut aufzubauen, darf nur die Leiterin dazwischen reden. Sie kann Fragen stellen und auch nachfragen: Was meinst du damit? Fällt dir noch etwas Positives ein? Die Leiterin achtet auf die Zeiteinteilung, nimmt die Interessen jeder einzelnen und der Gruppe insgesamt wahr und sorgt für Gleichberechtigung im Gruppenprozeß.

Die Gruppenvereinbarungen sind wichtig, um eine Atmosphäre von Gleichwertigkeit und Vertrauen zu schaffen. Jede Frau kann ihre Ideen einbringen, ohne sich angegriffen zu fühlen oder sich verteidigen zu müssen.

Anwendungsmöglichkeiten

Die Leadership-Support-Methode ist in fast allen Arbeits-, Gruppen- und Bildungszusammenhängen anwendbar: für die Klärung persönlicher Fragen (Selbsterfahrung), Verbesserung der Zusammenarbeit in Gruppen und Teams, die Lösung gruppeninterner Konflikte, die Entwicklung von Ideen und Perspektiven – gruppenintern und nach außen –, die Fokussierung eines Themas, die Erarbeitung eines Standpunktes und weiteres mehr. Dabei ist es nicht immer nötig, eine umfangreiche Fragerunde durchzuführen. Manchmal reichen auch eine oder zwei Fragen.

Im Mütterzentrum Salzgitter sind gute Erfahrungen mit dieser Methode gemacht worden. Arbeitstreffen laufen weniger chaotisch ab, die Atmosphäre verbessert sich, und es wird zugehört. Es werden eher Ergebnisse erzielt, gerade auch bei spannungsgeladenen Themen. Besprochene Sachen werden motivierter umgesetzt, weil alle an dem Prozeß beteiligt waren. Alle äußern sich zu dem Thema, auch die leisen und weniger wortgewaltigen. Dadurch kommen viel mehr Talente und Ressourcen auf den Plan. Es wird zu allen Themen ein persönlicher Bezug hergestellt. Ängste und Schwierigkeiten kommen offen zur Sprache. Es findet eine offene Meinungsbildung statt.

Die Leadership-Methode paßt zu jedem Thema: ob es darum geht, eine ABM-Stelle einzurichten, neue Frauen zu integrieren, das nächste Sommerfest zu planen, das Rauchproblem anzugehen oder um die eigene Rolle und Arbeit im Mütterzentrum zu reflektieren. Ferner gibt es Anwendungsmöglichkeiten auf Konferenzen, Tagungen und Vortragsveranstaltungen. Nach einem Vortrag kann beispielsweise das Publikum aufgefordert werden, sich zunächst in einem Gespräch mit der Sitznachbarin darüber auszutauschen, was das Thema für sie bedeutet, was bei der Darstellung als positiv empfunden wurde oder was gefehlt hat, bevor man in eine allgemeine Diskussionsrunde einsteigt. Dies führt meist dazu, daß sich mehr Leute an der Diskussion beteiligen, und hebt in der Regel auch inhaltlich das Diskussionsniveau.

Leadership Support ist nicht nur eine technische Methode, sondern eine Haltung, die im Laufe der Zeit eingeübt wird und positive Auswirkungen auf das Zusammenleben im Mütterzentrum und anderswo hat.

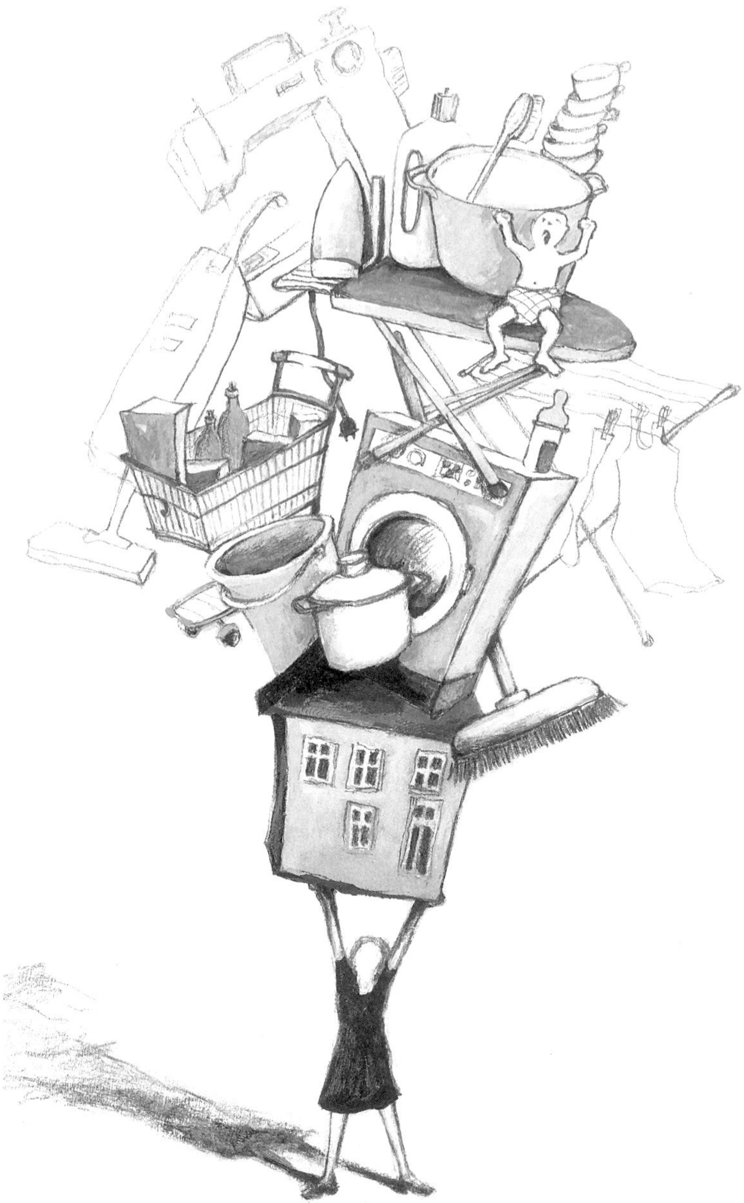

Kapitel 5
Die Zukunft der Arbeit ist weiblich

Arbeitsplätze im Mütterzentrum

Brot ist schon gekauft, das Paket für mein Patenkind zur Post gebracht, und das ideale Geschenk für den Geburtstag meiner Mutter habe ich heute auch schon im Geschenkelädchen des Mütterzentrums entdeckt. Kleine Dinge, die mich in Kombination mit den herzlichen Gesprächen im Mütterzentrum geradezu beflügeln.

Marion scheint eine Seelenverwandte zu sein, und es tut mir unendlich gut, daß wir uns schnell so vertraut geworden sind. So nehme ich heute mich und meinen Alltag ganz leicht, das Aufräumen in der Küche ist ein Musterbeispiel an Ökonomie und Arbeitsfluß, und auch die Kinder entdecken mich als phantasievolle Dompteuse ihrer Spielfreudigkeit. Klasse! Während wir auf der Matratze rumtollen, klingelt das Telefon: Schwiegermutter. Aber ich habe ja gute Laune, vergesse unsere etwas unterkühlte Beziehung und beginne munter zu plaudern. Ein paar kleine Geschichten von ihren Enkelkindern, ihrem geliebten Sohn – »Ach, mein Junge« – und natürlich von meiner neuen Entdeckung, dem Mütterzentrum. Da es mir selbst ein bißchen schwerfällt, dessen verschiedene Angebote und die Struktur und Organisation zu verstehen, beschreibe ich ihr zunächst die Angebote, die den etwas störrischen Begriff »Mütterzentrum« (Frauenhaus? Heimstatt für Alleinerziehende?) für Uneingeweihte greifbar machen: »Da werden zum Beispiel Krabbelgruppen, Stillberatung und musikalische Früherziehung angeboten. Doch man geht nicht wie bei der Volkshochschule zu einem Kursus, sondern hat das Angebot jede Woche und zahlt auch nur dann einen kleinen Betrag, wenn man hingeht.« »Angebote? Sowas gab es bei uns nicht. Wir mußten selber zurechtkommen, und das ging auch.« Uff. Klar, daß das jetzt kommen mußte! Meine Schwiegermutter: Kriegerwitwe, und ihre vier Kinder ganz alleine mit Schneiderarbeiten durchgebracht. Hat ja auch meine Hochachtung, und trotzdem nervt sie mich mit ihren vorgefertigten Meinungen, die sie zu allein gültigen erklärt, oft unendlich. Ich setze noch einen drauf und erkläre ihr, daß ich demnächst ein Computerfortbildungsseminar im Zentrum belegen werde. »Wenn du meinst, daß du das schaffst, ohne daß der Haushalt und die Kinder darunter leiden...«

Erleichtert höre ich Michaels Schlüssel in der Tür, und nur zu bereitwillig übergebe ich den Hörer.

Ein bißchen aufgeregt bin ich ja schon. Nach vier Jahren mal wieder etwas in Richtung Beruf tun. Ha, durchatmen und los. Im Mütterzentrum werde ich zur Anmeldung ins Büro in die erste Etage geschickt. Lars ist schon im Kinderzimmer verschwunden, und ich grüße nur kurz hinein, um zu sagen, wo ich zu finden bin. Dann geht es mit Charlotte die Treppen hoch. Bei der ersten Führung mit Marion hatten wir nur einen kurzen Blick in die erste Etage geworfen. Nun muß ich erst einmal schauen, hinter welcher Tür sich das Büro verbirgt.

Zu meiner Überraschung finde ich hinter der ersten Tür statt Computern und Aktentürmen eine dampfende Heißmangel und Wäscheberge vor. Dazwischen eine Frau mit Pferdeschwanz, die mich freundlich begrüßt. »Na, du guckst ja so irritiert?« »Ich wollte eigentlich ins Büro und wundere mich nun über eine Wäschestube. Die hätte ich vielleicht im Keller, aber nicht zwischen den Büroräumen vermutet.« »Ja, ich habe vorher mit meinem Wäscheservice im Keller gesessen, wie das meistens so ist. Die unsichtbare Frauenarbeit eben. Hier ist meine Arbeit dagegen angesehen. Ach, kannst du mal kurz mit anfassen?« Schnell hat sie mir zwei Enden eines Bettbezuges in die Hände gegeben und ihn in ein handliches Format gefaltet. Offensichtlich paßt ihr mein kleiner Irrweg in ihre Wäschestube sehr gut. Schmunzelnd meint sie: »Siehst du, dieser Platz zwischen den Büros hat viele Vorteile.«

Während wir weitere Mangelteile zusammenlegen, erzählt sie ein bißchen über ihren Arbeitsplatz: »Viele Frauen laufen hier durch. Ich kriege viel mehr mit und habe Kontakte zu den Frauen im ganzen Haus. Das ist für mich das wichtigste. Im Keller war ich immer alleine. Meine Freundin aus dem Büro hat mich darauf gebracht, daß der Grundsatz des Mütterzentrums von der Gleichwertigkeit der Arbeit, ob Putzen oder Büroarbeiten, auch dadurch sichtbar werden könnte. Auf ›gleicher Ebene‹ eben. Das sind zwar kleine Sachen, aber darauf kommt es ja oft an. So ist es gleich für jeden ersichtlich, daß ich mit dazugehöre.« Ich nicke und habe sofort die Leitungsetage des Unternehmens im Kopf, für das ich früher gearbeitet habe. Da konnte man Macht und Hierarchie förmlich riechen, wenn man entlang der Spiegelfassaden und durch hohe Hallen in das Chefbüro zitiert wurde. Doch auch ein anderer Aspekt ihrer Beschreibung hat mich sehr interessiert: Berufstätigsein im Mütterzentrum. Mit Bedingungen, wie Kinderbetreuung, Mittagstisch und Unterstützung, wie zum Beispiel dem Wäscheservice. Der Computerkurs erscheint mir plötzlich wie ein ganz wichtiger Pfeil, der mich in die richtige Richtung stupst. Auf ins Büro!

Biographie
Windeln und Werkbank

Ich bin vor elf Jahren mit meinem Mann nach Salzgitter gezogen. Ich kannte hier niemanden. Mit meinem halbjährigen Kind bin ich ziellos durch die Stadt gelaufen. Beim Kinderarzt ist mir ein Faltblatt vom Mütterzentrum in die Hände gefallen, und ich habe darin von den Spielkreisen gelesen. Damals war ich ziemlich schüchtern, hatte Angst, auf Menschen zuzugehen. Mein Mann hat mich gedrängt, ins Mütterzentrum zu gehen. Ja, und irgendwann habe ich mich getraut und bin einfach losmaschiert. Obwohl ich wirklich herzlich aufgenommen worden bin, habe ich mich sehr unwohl gefühlt. Alles war so neu, und ich war ja so schüchtern.

Die erste Zeit war ich nur beim Spielkreis im Kinderzimmer. An den Gesprächen habe ich mich kaum beteiligt. Dann habe ich aber gemerkt, daß die auch nichts anderes machen als ich. Und nach und nach bin ich mutiger geworden und habe mitgeredet. Ich habe andere Frauen kennengelernt und mich auch außerhalb des Zentrums mit ihnen verabredet. Wir haben uns zum Beispiel gegenseitig besucht oder sind gemeinsam ins Schwimmbad gegangen. Später habe ich Jennifer auch mal alleine im Kinderzimmer gelassen und habe mich vorne in die Caféstube gesetzt. Ich bin auch viel öfter gekommen.

Ich habe mich aber nie getraut zu fragen, ob ich etwas mitmachen kann. Meine Tochter hat sich im Mütterzentrum sehr wohl gefühlt. Ich konnte sie auch mal alleine hierlassen, wenn ich zum Beispiel einen Arzttermin hatte. Diese Unterstützung war für mich sehr wichtig, weil ich keine Verwandten in der Nähe habe.

Nach zwei Jahren bin ich angesprochen worden: Ich wurde gefragt, ob ich nicht Lust hätte, zum Beispiel kaputte Stühle zu reparieren und andere handwerkliche Tätigkeiten zu übernehmen, denn ich bin gelernte Tischlerin. Das war genau der richtige Zeitpunkt, denn ich war inzwischen bereit, mich mehr einzubringen. So war ich denn gleich einverstanden und völlig überrascht, daß ich dafür auch Geld bekommen sollte.

Es war ein schönes Gefühl zu hören, daß ich gebraucht wurde und in meinem erlernten Beruf arbeiten konnte. Auf dem normalen Arbeitsmarkt hätte ich gar keine Chance gehabt. Erstens ist es immer noch schwierig, als Frau einen Arbeitsplatz in einer Tischlerei zu finden. Zweitens hätte ich mit meinem Kind gar nicht Vollzeit arbeiten können, womöglich noch auf einer Baustelle. Anfangs habe ich einmal in der Woche gearbeitet, auch um zu sehen, wie es mit meiner Tochter geht. Jennifer war in dieser Zeit im Kinderzimmer. Wenn irgend etwas mit ihr war oder sie geschrien hat, konnte ich jederzeit zu ihr gehen. Ich habe hier gelernt, Kinder und Arbeit zu verbinden und daß dies nicht auf Kosten der Kinder gehen muß. Ich konnte sehr flexibel mit meiner Zeit umgehen, meine Arbeit mit den Bedürfnissen meiner Tochter abstimmen. Genau das hatte ich mir immer gewünscht. Meine Arbeitszeit hat sich immer mehr ausgeweitet. Sie hat mir richtig Spaß gemacht, ich bin gerne Tischlerin und arbeite gerne praktisch.

Inzwischen war ich wieder schwanger, und meine zweite Tochter wurde geboren. Die erste Zeit bin ich dann mit beiden Kindern als Besucherin ins Mütterzentrum gegangen. Als ich merkte, daß es mit den Kindern ganz gut ging, Jennifer war inzwischen in einem Kindergarten, habe ich dann wieder angefangen zu arbeiten. Als ich gefragt wurde, ob ich nicht eine ABM-Stelle als Hausmeisterin haben will, habe ich mich riesig gefreut. Da ich arbeitslos gemeldet war, hat es geklappt. Mir war klar, daß ich nur zwanzig Stunden arbeiten wollte. Das hat das Arbeitsamt auch akzeptiert. Jennifer ging inzwischen vormittags in die Vorschule, und Franzi, meine zweite Tochter, war im Kinderzimmer. Wenn Jennifers Schule mal früher aus war, konnte ich zwischendurch gehen, um sie abzuholen. Ich habe dann die Arbeit einfach nach hinten hinausgeschoben.

Franzi ist ein richtiges Mütterzentrumskind: Sie ist hier groß geworden mit der Hilfe und Unterstützung vieler anderer Frauen und besonders auch der Senioren. Wie oft haben die alten Menschen Franzi gefüttert oder spazierengefahren. Unsere Omas leben ja nicht hier, aber so hatten meine Kinder trotzdem intensiven Kontakt zu alten Menschen.

Für mich war es wichtig, daß ich gar nicht viel um Hilfe bitten mußte – was mir sehr schwer fällt –, sondern daß mir ganz viel von allein angeboten wurde. Sei es, daß jemand Franzi zum Schlafen hingelegt oder sie abgefüttert hat. Meistens haben wir auch im Mütterzentrum gegessen. Was sollte ich zu Hause noch extra kochen, das wäre nur zusätzlicher Streß gewesen. Außerdem ist es hier viel familiärer, die Kinder und ich fühlen uns einfach wohler in der Gemeinschaft. Wenn ich dann mit ihnen nach Hause gekommen bin, hatte ich auch Zeit für sie. Ich brauchte weder einzukaufen noch abzuwaschen oder die Küche aufzuräumen.

Und trotz alledem hatte ich schon manchmal ein schlechtes Gewissen, dachte, daß ich nicht genügend für die Kinder da bin. Ich mußte mir selbst sagen, daß es ihnen im Mütterzentrum gutgeht. Sie haben hier so viel erlebt, das hätte ich ihnen zu Hause gar nicht bieten können. Mir ging es so gut – und das hat bestimmt auch meinen Kindern gutgetan.

Außer mir haben hier noch andere Frauen mit sehr kleinen Kindern gearbeitet, manche auch den ganzen Tag. Für uns Frauen war es nur möglich, berufstätig zu sein, weil wir die Kinder mitnehmen konnten. Die städtischen Kindergärten nehmen die Kinder erst mit drei Jahren.

Für diese Kinder war es zum Teil schon eine Überforderung, den ganzen

Tag im Kinderzimmer zu sein. Da gibt es ja keine festen Gruppen, es ist eine offene Kinderbetreuung mit verschiedenen Altersstufen. Deshalb haben wir überlegt, für die ganz kleinen Kinder, die jeden Tag hier sind, einen Minikindergarten einzurichten. Es wurde ein Büro leergeräumt, und es fanden sich Frauen, die Lust hatten, mit den Kleinen von acht Uhr bis zwölf Uhr zu arbeiten. Die Kinder hatten eine feste Gruppe, haben gemeinsam gefrühstückt und zu Mittag gegessen. Das war eine große Erleichterung für uns Mütter und für die Kinder.

Wie oft hat Franzi morgens geweint, wenn ich sie abgegeben habe. Am liebsten hätte ich sie gleich wieder mitgenommen. Die Kinderbetreuerin hat meine Gefühle ernst genommen und mich dann zum Beispiel ein paar Minuten später angerufen und gesagt, daß Franzi ganz fröhlich ist oder auch, daß ich noch mal hochkommen soll, um sie zu trösten. Das Verhältnis zwischen uns Müttern und den Kinderbetreuerinnen war einfach gut. Ich konnte meine Gefühle und Unsicherheiten zeigen, ohne daß ich kritisch beäugt worden bin. Es wurde nie gesagt, stell dich doch nicht so an! Es hat dabei bestimmt eine Rolle gespielt, daß wir ja auch Kolleginnen waren, gleichwertig, nur an verschiedenen Stellen im Haus tätig. Abgrenzungen oder Vorwurfshaltungen, wie ich sie später bei meiner dritten Tochter in einem fremden Kindergarten gespürt habe, gab es nicht. Ich glaube, unter solchen Bedingungen könnten noch viel mehr Mütter berufstätig sein. Aber wo gibt es das schon.

Es gab auch kritische Stimmen, zum Beispiel meine Verwandten, die meinten, daß es besser wäre, wenn ich mit den Kindern zu Hause wäre. Ich wußte es vorher auch nicht genau, aber ich konnte es hier ausprobieren. Ich habe für mich und meine Kinder etwas getan, habe ganz viel Anerkennung erhalten, habe gelernt, meine Meinung zu vertreten und Konflikte auszuhalten, ich habe mich wohl gefühlt in der Gemeinschaft, und ich habe auch Geld verdient – obwohl das nicht ausschlaggebend war. Und vor allen Dingen bin ich so viel selbstbewußter geworden. Wenn ich noch daran denke, wie scheu und schüchtern ich war. Mein Mann sagt heute: »Damals hast du den Mund nicht aufgekriegt, jetzt kriegst du ihn nicht wieder zu.«

Nach der zweijährigen ABM-Zeit habe ich meine dritte Tochter geboren. Da hatte ich einen kleinen Einbruch, weil ich plötzlich wieder dachte, daß ich von meinen anderen beiden Kindern doch nicht genug mitbekommen habe, weil ich gearbeitet habe. Mit Hilfe der anderen Mütterzentrumsfrauen bin ich da schnell wieder von weggekommen. Ich war zufrieden, und meine Kinder sind prächtig gediehen – was will ich mehr. Und außerdem habe ich ja trotz Berufstätigkeit viel von meinen Kindern gesehen. Wir waren ja in einem Haus, waren uns nahe. Wie oft hat eins meiner Kinder auf meiner Hobelbank gesessen...

Für die Kinder war es auch gut, mich an meinem Arbeitsplatz zu erleben – wo können sie das schon. In einer normalen Tischlerei hätte ich wegen der Überstundenanforderung gar nicht arbeiten können. Im Mütterzentrum habe ich oft auch länger gearbeitet. Die Kinder sind dann in die Werkstatt runtergekommen oder waren im Kinderzimmer oder wurden von den Senioren spazierengefahren.

Meine Kinder sind ebenso wie ich im Mütterzentrum sehr selbstbewußt geworden. Sie haben gelernt, sich durchzusetzen, aber auch Rücksicht zu nehmen – sie sind nicht so auf mich fixiert und können gut in der Gemeinschaft leben. Ich bin manchmal erstaunt, wie gut sich meine Kinder hier entwickelt haben, weil die Sache mit dem schlechten Gewissen kommt schon immer noch mal ein bißchen hoch.

Im Anschluß an meine ABM-Zeit habe ich in der Caféstube als Dienstfrau gearbeitet und habe mich als besondere Aufgabe um Besuchergruppen gekümmert. Zusätzlich arbeite ich stundenweise auf Honorarbasis weiter im handwerklichen Bereich.

Viel Spaß macht mir ein Angebot »Holzarbeiten für Frauen«, das ich hier im Mütterzentrum einmal die Woche organisiere. Die Frauen lernen mit der Stichsäge oder der Bohrmaschine umzugehen. Es ist toll zu sehen, wie die Frauen nicht nur den Umgang mit den Geräten lernen, sondern dadurch auch selbstbewußter werden. Ich hätte mir früher auch nie zugetraut, anderen etwas beibringen zu können. Hier habe ich das gelernt und bin ganz stolz darauf.

Meine dritte Tochter Louisa ist auch im Mütterzentrum groß geworden. Wieder habe ich viel Unterstützung erhalten, auch von den alten Menschen. Inzwischen bin ich auch viel gelassener geworden. Mein größter Wunsch wäre perspektivisch wieder eine Halbtagsstelle als Hausmeisterin im Mütterzentrum. Erstens brauche ich immer noch viel Zeit für die Kinder und deshalb einen mütterfreundlichen Arbeitsplatz, zweitens könnte ich mir gar nicht mehr vorstellen, in einem anderen Betrieb zu arbeiten. Ich habe vor den Kindern eine Zeitlang in einer Fabrik gearbeitet. Wenn ich noch an die Konkurrenz denke, die da unter den Frauen geherrscht hat, wieviel Unzufriedenheit und wie wenig Gemeinschaft es gab. Klar, im Mütterzentrum streiten wir uns auch mal, aber grundsätzlich ist hier ein ganz anderes Gemeinschaftsgefühl, ein viel stärkeres Miteinander, alle fühlen sich irgendwie verantwortlich für das Haus und für die anderen Menschen. Und im Mütterzentrum wird man mitgetragen mit den ganzen Höhen und Tiefen, die man so hat. Darauf möchte ich nicht wieder verzichten.

Biographie
Sylvias Wäscheservice

Ich bin achtundvierzig Jahre alt, verheiratet, habe zwei Kinder von achtundzwanzig und dreißig Jahren. Mein Mann wird vierundfünfzig und ist Frührentner. Ich bin gelernte Näherin. Das ist bei uns Familientradition, meine Oma und meine Tanten waren auch alle in diesem Beruf. Spaß hat es mir nicht gemacht.

Ins Mütterzentrum bin ich durch eine dumme Situation gekommen. Ich hatte einen Unfall und sollte in der Folge Zigtausende von Mark bezahlen. Soviel Geld hatte ich nicht. Deshalb konnte ich die Summe abarbeiten. Das habe ich im Mütterzentrum gemacht – so bin ich hiergekommen.

Ich kannte das Mütterzentrum von meiner Nachbarin, die hier gearbeitet hat. Aber was da genau passiert, das wußte ich nicht. Inzwischen bin ich schon im fünften Jahr hier. Mir ist gleich die nette Atmosphäre aufgefallen. An meinem ersten Tag gab es hier einen großen Geburtstag. Alle Frauen sind zum Singen und Gratulieren runter in die Caféstube gegangen. Ich wollte nicht mit, weil ich ja niemanden kannte. Die Bürofrauen wollten mich abholen, aber ich wollte nicht. Da haben sie gesagt, wenn du nicht gehst, gehen wir auch nicht. Das fand ich so toll, die Frauen kannten mich ja gar nicht – und bin mitgegangen. Das ist so ein Beispiel für die Atmosphäre hier. Ich habe ganz schnell Kontakt zu vielen Frauen bekommen und gehörte gleich dazu. Die meisten wußten nicht, warum ich hier war. Bei denen, die das wußten, spielte es keine Rolle. Mit mir ist nicht anders umgegangen worden als mit anderen Frauen auch. Ich habe hauptsächlich in der Mangelstube gearbeitet, jeden Tag fünf Stunden.

Als ich meine Stunden abgearbeitet hatte, haben mich die Frauen gefragt, ob ich nicht auf Honorarbasis weiterarbeiten will. Darüber habe ich mich sehr gefreut. Es war eine Bestätigung für meine Arbeit und für mich. Sicher wäre ich auch weiter als Besucherin gekommen, aber so war es natürlich noch besser.

Meine neue Aufgabe war im Schülertreff. Da habe ich jeden Morgen von sieben bis neun Uhr die Schulkinder betreut. Die Kinder sind morgens gekommen, ich habe mit ihnen gespielt und sie dann rechtzeitig in die Schule geschickt. Später war ich im Kinderhaus, habe da morgens saubergemacht und die Kinder in die Schule geschickt.

Bis zu meinem Unfall habe ich zwölf Jahre in einem großen Betrieb gearbeitet. Danach war ich nicht mehr voll arbeitsfähig und bin Frührentnerin geworden. Ich wollte das eigentlich nicht, aber der Vertrauensarzt hat gesagt, daß es nicht anders geht. Zwischen meinem Arbeitsplatz in diesem Betrieb und dem Mütterzentrum liegen Welten. Hier habe ich immer jemanden zum

Reden. Wenn es mir schlechtgeht, finde ich offene Ohren, und meine Probleme haben Platz und werden ernst genommen. Durch den Vergleich weiß ich die Arbeit hier besonders zu schätzen. Vor allen Dingen auch der Umgang mit den verschiedenen Menschen, egal ob es die Kinder sind oder die alten Menschen, die ich beim Essenausfahren getroffen habe. Man kommt sich vor wie in einer großen Familie – in der es natürlich auch mal ein paar schwarze Schafe gibt.

Einige Frauen, die mir etwas fremd waren, habe ich dann bei einem Seminar besser kennengelernt. Das gemeinsame Wegfahren, der intensive Kontakt bei der Arbeit und in der Freizeit verbinden. Man kommt sich doch noch einmal anders näher. Für mich war es wichtig zu erleben, daß ich auch dazugehöre, obwohl ich nur einen Stundenvertrag hatte.

Dann habe ich mich selbständig gemacht...

Vor ungefähr zwei Jahren saß ich morgens in der Caféstube beim Frühstück. Eva und Sabine setzten sich zu mir und haben mich gefragt, was ich davon halten würde, den Wäscheservice als selbständige Unternehmerin zu führen. Ich würde die vorhandenen Maschinen, zum Beispiel die Mangel und die Waschmaschine, nutzen können und natürlich auch die Räume. Als Gegenleistung müßte ich die Hauswäsche mitmachen. Das war ein Schreck, aber ich hatte Bedenkzeit. Spontan wollte ich nicht, weil ich es mir gar nicht vorstellen konnte, mir nicht zutraute. Wir haben dann zu Hause darüber geredet. Mein Mann hat gesagt, daß ich es ruhig probieren soll. Der Kommentar meines Sohnes war zuerst: »Was, Mutter, du und selbständig?«, aber auch er hat gemeint, daß ich es machen soll.

Von alleine wäre ich nicht auf die Idee gekommen. Ich wäre nie losgelaufen und hätte mir einen Laden in der Stadt gemietet, die Maschinen gekauft und anderes mehr. Aber im Mütterzentrum ist es etwas anderes. Mein Risiko war ja nicht groß. Ich mußte nichts investieren – nur Mut haben, und das war schon eine ganze Menge für mich.

Ich habe dann noch etliche Gespräche geführt. Die Frauen haben mir immer wieder versichert, daß sie mir das schon zutrauen, mich sozusagen ermutigt. Sie haben mir auch konkrete Unterstützung zugesagt, daß mir Frauen helfen würden, wenn ich die Arbeit nicht alleine schaffe. Das war schon ein schönes Gefühl, daß mir die Frauen das zugetraut haben – mir!

Angst hatte ich vor dem ganzen Verwaltungskram, zum Beispiel der Buchführung, dem Steuerzahlen, der Kontaktaufnahme zum Finanzamt, und was sonst noch anfiel. Eine Mütterzentrumsfrau, die sich damit gut auskennt, hat mir sehr geholfen, hat mir alles erklärt und gezeigt, wie ich es machen muß. Ich hatte mir das alles viel schwieriger vorgestellt, es ist gar nicht so kompliziert. Ich habe mir einen Ruck gegeben, und »Sylvias Wäscheservice« war geboren. Im stillen habe ich noch gedacht, wenn es nicht klappt, kann ich ja jederzeit wieder aufhören. Heute denke ich das nicht mehr.

In meinem Wäscheservice wird gewaschen, gebügelt, gemangelt, gefärbt und entfärbt, und ich hole und bringe die Wäsche auch, wenn es nicht anders geht. Ich gehe auf die besonderen Wünsche der Kundinnen und Kunden ein. Da ist zum Beispiel eine Frau aus der Altentagesbetreuung, die ihre Wäsche gerne mit Weichspüler behandelt haben möchte, weil sie sonst wund wird. Normalerweise benutze ich keinen Weichspüler, aber für sie mache ich das. Oder bei einem alten Herrn, der nicht soviel Geld hat, soll ich die Wäsche nur waschen, nicht bügeln und mangeln. Das bringe ich nicht über das Herz, ihm die Wäsche so kraus, wie sie aus der Maschine kommt, zu geben. Also kriegt er auch glatte Wäsche, muß aber nur das Waschen zahlen.

Am Anfang waren die Waschküche und die Mangelstube im Keller. Ich fand das sehr praktisch, weil es so dicht nebeneinander war. Einige Frauen wollten immer, daß die Mangelstube in die erste Etage umzieht – mitten zwischen die Büros. Erst habe ich mich gesträubt. Auf die Dauer war es mir dann doch etwas einsam da unten, und ich bin mit Mangel und Bügeleisen nach oben gezogen. Ich bin jetzt mittendrin, kriege viel mit, und die anderen Frauen bleiben auch mal auf ein Schwätzchen stehen. Das ist viel netter. Darum ging es aber nicht nur. Wir wollten auch zum Ausdruck bringen, daß die Wäschepflege und die Büroarbeit gleich wichtig sind.

Wenn ich viel Fremdwäsche habe, kümmern sich andere Frauen aus dem Mütterzentrum um die Hauswäsche. Ich kümmere mich dafür mit um die Orientierungsmitarbeiterinnen, die bei mir einen Teil der Wäschepflege lernen. Wenn ich mal gar nichts zu tun habe oder Leerlauf habe, helfe ich an einer anderen Stelle im Mütterzentrum, gehe beispielsweise zum Einkaufen. Und ich beteilige mich an den Gemeinschaftsaufgaben, das heißt, ich mache Cafédienst um die Mittagszeit, nehme an den Putzaktionen teil, beteilige mich an den MÜZEN-Sitzungen und mache mit bei der Öffentlichkeitsarbeit. Es ist so eine Gegenseitigkeit. Ich habe viel Unterstützung bekommen und versuche etwas zurückzugeben. Und durch den Wäscheservice kommt eben auch neue Kundschaft ins Haus.

Ohne das Mütterzentrum hätte ich mich nie selbständig gemacht, ich wäre gar nicht auf die Idee gekommen, womit denn auch? Hier arbeite ich als Selbständige mit einer Arbeit, die ich nicht so offiziell gelernt habe. Zu Hause wasche und bügle ich natürlich und habe das all die Jahre gemacht, aber daß das etwas ist zum Sich-selbständig-Machen, hätte ich nie gedacht.

Ich habe mich im Mütterzentrum nicht nur selbständig gemacht – ich bin auch viel selbständiger geworden. Früher war ich nur auf meine Familie orientiert und konnte es nicht aushalten, mal alleine zu sein. Heute habe ich meinen eigenen Kreis von Kolleginnen und Freundinnen und verbringe einen Teil meiner Freizeit im Mütterzentrum.

Millionärin werde ich bei dieser Arbeit natürlich nicht, aber nach Abzug aller Kosten bleibt schon etwas übrig. Ich arbeite aber auch nicht den ganzen Tag. Das will ich nicht. Natürlich muß die Wäsche pünktlich fertig sein, aber ich genieße auch meine Flexibilität in der Zeiteinteilung.

Praxisgeschichte
Unterstützung im Examensstreß

Für die einen ist das Mütterzentrum der Ort, der die Welt bedeutet, für die anderen ein Ort, der die persönliche Weiterentwicklung möglich macht. Es ist aber auch ein Ort der Freundschaft und Unterstützung, wo gute und wo schlechte Ratschläge kursieren, ein Ort, wo das Leben der Besucherinnen über lange Zeit hinweg gemeinsam verfolgt und miterlebt werden kann. Diese Nähe ist die Voraussetzung für die flexible Gestaltung des Geschehens im Mütterzentrum und für die vielen Angebote praktischer Entlastung und Unterstützung. Ein Beispiel hierfür ist mein Examen, das vor dem Aus zu stehen drohte.

Kinder und Karriere vom Studium bis zur Spitzenposition mit Elternschaft zu vereinbaren können sich diejenigen leisten, die das notwendige Geld haben, um sich Dienstleistungen, wie Haushaltshilfe oder Tagesmutter, zu kaufen, oder diejenigen, die einen (oder mehrere) Partner haben, der zu Hause Kind und Haushalt organisiert. Ich hatte weder das eine noch das andere, aber den Wunsch, Mutterschaft und Karriere zu verwirklichen. Ich hatte das Glück, in ein Mütterzentrum »hineingeboren« worden zu sein, das Frauen mit diesen quälenden Alltagsfragen nicht alleine läßt.

Ich stand im Examensstreß, und mein Sohn war gerade drei Monate alt. Abgabetermin war in sechs Monaten. Ich mußte einen kurzen Forschungsbericht und eine Magisterarbeit schreiben, nebenher jobben und mein Kind und das Haus versorgen. Ich schrieb immer wieder das gleiche.

Kein Wunder, ich tat ja auch immer das gleiche: morgens das Kind in die Krippe bringen, die Wohnung aufräumen, Wäsche waschen, einkaufen, kochen, die Magisterarbeit schreiben, mich ausruhen, das Kind wieder abholen, mit dem Kind spielen, es füttern, waschen und ins Bett bringen. Ich war so beschäftigt, daß ich am Abend oft nicht einmal mehr mit Freunden oder Freundinnen telefonieren wollte. Ihre sommerlichen Erlebnisse in Berlin trieben mir nur die Tränen in die Augen.

In dieser Situation bot mir das Mütterzentrum einen Raum und einen Schreibtisch an. Ich sagte zu. Plötzlich war mein Arbeitsplatz nicht mehr akribisch gereinigt; plötzlich war nicht mehr jede Geräuschquelle abgewürgt, damit ich mich auf mein Inneres – die ungeschriebenen Worte – konzentrieren konnte. Plötzlich stand mein Schreibtisch mittendrin. Hinter meinem Rücken wurde gekocht, gemangelt und über die Finanzen gesprochen. Während der Bürostunden des Mütterbüros mußte ich »meinen« Platz räumen und irgendwo anders unterkommen. Zwischendurch kamen Anfragen über mein Befinden und den Fortgang der Arbeit. Ich war endlich nicht mehr allein mit mir und meinem Laptop.

In dieser Atmosphäre konnte ich mich versenken und konzentrierter arbeiten denn je. Und wenn ich erschöpft war und auftauchen wollte, konnte ich das auch – Kaffee trinken, Kuchen oder frische Waffeln essen, draußen sitzen. Neben meinem Tisch stand ein bequemes Sofa. Zum Schluß habe ich sogar im Mütterzentrum geschlafen. Schlaf- und Arbeitszimmer waren kurz vor der Abgabe meiner Arbeit eins.

Mein Sohn war in der Zwischenzeit in der offenen Kinderbetreuung oder ging mit meiner Mutter spazieren. Sie nahm ihn auch unter ihre Fittiche, als ich in den letzen Tagen nur noch sporadisch zu Hause auftauchte. Aber was waren ein paar Tage im Verhältnis zu einem abgebrochenen Studium? Kind und Mutter konnten sich auf wunderbare Weise persönlich weiterentwickeln, ohne ganz und gar aufeinander angewiesen zu sein.

Wo sonst hätte ich so viel Unterstützung finden können? Ich wußte, daß mir der Arbeitsraum gerne gegönnt wurde, daß sich alle Frauen bemühten, meinen Sohn bei guter Laune zu halten. Die Dynamik des Mütterzentrums ist wie ein kinetisches Feld, es ist für alle ein Lern- und Beziehungsort.

Kinder und Karriere – eine Frage der Bedingungen oder des Gewissens? Mein Mann ist übrigens auch Vater geworden. Auch er wollte nicht alles für den süßen Kleinen aufgeben. Vor allem sollte seine Lebens-, das heißt seine Karriereplanung so weitergehen wie bisher. Er dachte, ich sei so »vernünftig«, zu erkennen, daß wir von seinem Fortkommen in der Wissenschaft abhängig waren. Das bedeutete für ihn, daß ich die ehrenvolle Aufgabe des Haushalts und der Kinder übernehmen dürfte. Wenn ich nebenher noch etwas dazuverdiente oder eine Aufgabe fand, die mich persönlich befriedigte, wollte er das unterstützen, so lange seine Arbeit nicht beeinträchtigt wurde. Daß das Kind bedeutete, daß wir als Paar umdenken und anders handeln mußten als bisher, hatte er eingesehen, als wir uns für das Kind entschieden hatten. Aber es waren Lippenbekenntnisse gewesen. Damit, daß ich auch auf der Umsetzung bestehen würde, hatte er nicht gerechnet. Er hat den Kampf als erster aufgegeben und lebt nun von uns getrennt. Ich habe das Examen geschafft und arbeite derzeit stundenweise im Mütterzentrum bei der Vorbereitung und Organisation der internationalen Veranstaltungen zur Expo 2000 mit und sammle dabei wichtige Berufserfahrungen.

Patrick M. Liedtke
Feminisierung der Arbeit in der neuen Dienstleistungsgesellschaft

Unser Wirtschafts- und Gesellschaftssystem verändert sich heute schneller und nachhaltiger denn je in der Geschichte der Menschheit. Frauen sind ebenso ein Teil dieser Wirtschaft und ihrer Fortentwicklung wie Männer und haben über ihre Arbeitsleistung stets einen großen Teil dazu beigetragen. In diesem Sinn haben weder die industrielle Revolution vor rund zwei Jahrhunderten noch die aktuelle Transformation hin zu einer modernen Dienstleistungsgesellschaft zu einer neuen Ära der Beschäftigung für Frauen geführt. Dennoch sind bedeutende Unterschiede in Art und Umfang der Einbindungen von Frauen – und als Reflex hierauf ihrer sozialen Funktion und Rolle in der Gesellschaft – über die Jahrhunderte bis heute festzustellen. Auch die Organisation zukünftiger Arbeitswelten kann und wird sich nicht den historischen Entwicklungen verschließen – sei es in positiver oder auch normativer Betrachtungsweise. Daher soll einer Prognose zukünftiger Entwicklungen auf den Arbeitsmärkten und deren Auswirkungen auf die Berufssphäre von Frauen einleitend eine historische und eine gegenwartsorientierte Analyse vorangestellt werden.

Die Geschichte

Mitte des achtzehnten Jahrhunderts hatte der überwiegende Teil der Bevölkerung Europas genau wie die der übrigen Welt auf dem Land gelebt, und Frauen hatten weitgehend teil an der produktiven Arbeit zu Hause und an einigen Formen der Hausindustrie. In den Städten waren Frauen als Lohnempfänger nichts Ungewöhnliches, und ein beträchtlicher Teil der Frauen arbeitete in verschiedenen Formen des Handels mit. Jedoch übten Frauen die gleiche Arbeit wie ihre Männer aus und traten dementsprechend auch als Partner auf. Als Folge der Umwälzungen, die in der zweiten Hälfte des achtzehnten Jahrhunderts zunächst in England, dann in der ganzen Welt eintraten, änderte sich diese Situation. Die Möglichkeiten für Frauen zu produktiver Arbeit im Haus gingen allmählich zurück, weil sich neue Agrartechniken und -methoden durchsetzten, gleichzeitig verloren sie wegen der Veränderungen in der Industrie ihre Beschäftigung in den traditionellen Manufakturen und anderen manuell orientierten Produktionsbereichen.

War die Ehe in der Vergangenheit für viele Frauen eine Art Geschäftspartnerschaft in der Landwirtschaft, im Handel oder in der Hausindustrie gewesen, so verloren sie im Zuge der industriellen Revolution ihre wirtschaftliche Unabhängigkeit. Wenn sie nicht zu Lohnempfängerinnen außerhalb des eigenen Heims wurden, trugen sie nichts mehr zum finanziellen Familieneinkommen bei und wurden ihrerseits finanziell abhängig von ihren Ehemännern. Verheiratete Frauen hatten fast nie einen rechtlichen Anspruch auf ihre eigenen Verdienste oder ihren Anteil am Familieneinkommen besessen. Dennoch war in der neuen Situation ihre finanzielle Abhängigkeit stärker als in den Tagen, als sie noch ihren eigenen Anteil zum Familieneinkommen beitrugen. Aus der Sicht des einzelnen mag dies vielleicht als Rückschritt erscheinen, doch in der sich formierenden Arbeiterklasse war es nicht immer ein gesundes wirtschaftliches Unternehmen für verheiratete Frauen, selbst Erwerbsarbeit zu übernehmen. Ihre Erwerbseinkünfte glichen in seltenen Fällen den Verlust aus der Nichterfüllung von wichtigeren Haushaltspflichten aus. Ihre eigene Arbeitskraft wurde häufig ausgebeutet, und in vielen Fällen dienten die Einkünfte von Frauen lediglich dazu, den Lohn des Mannes auf dem Niveau der familiären Subsistenz zu halten. Im Verlauf der industriellen Revolution kristallisierte sich dann die Auffassung heraus, daß die Löhne der Männer die Existenzgrundlage für eine Familie bilden sollten.

Diese Entwicklung bahnte einerseits der Vorstellung den Weg, die Ehefrauen würden in dem Aufziehen der Kinder und in der Führung des Haushalts einen angemessenen wirtschaftlichen Beitrag leisten, auch wenn dieser Beitrag keinesfalls bezahlt ist. Auf der anderen Seite wurden Frauen dazu verurteilt, eine Rolle in der Gesellschaft zu übernehmen, die der des Mannes nicht mehr nur in ökonomischer, sondern jetzt auch zunehmend sozialer Hinsicht immer weniger gleichwertig war. Durch ihre Beschränkung auf die Hausarbeit sahen sich Frauen in einem großen Ausmaß von der höheren Bildung und der Politik ausgeschlossen und hatten in vielen Fällen keine Möglichkeit, auf soziale und wirtschaftliche Veränderungen Einfluß auszuüben. Das System der wirtschaftlichen Abhängigkeit der Frauen brachte ihre soziale Abhängigkeit mit sich und führte zu einer Situation, die langfristig nicht geduldet werden konnte. Schon bald wurden sich die Frauen ihrer Lage bewußt, und die Bedeutung ihrer wirtschaftlichen Emanzipation manifestierte sich sofort in ihren Forderungen nach einem breiteren Einflußbereich: dem Recht des einzelnen, darunter dem Recht auf politische Betätigung, Unabhängigkeit und Selbstbestimmung, der Forderung nach höherer Bildung und Ausbildung und in der Agitation für die Zulassung der Frauen zur Industrie und in die Berufslaufbahn.

Die Gegenwart

Obwohl diese Ansprüche schon seit vielen Jahrzehnten erhoben werden, befinden sich Frauen auch heute noch in einer Situation, die als nicht vollkommen gleichberechtigt qualifiziert werden muß. So lautet die simple, aber folgenschwere Botschaft des Jahresberichts der Vereinten Nationen zur Entwicklung der Menschheit von 1995: »Die Entwicklung der Menschheit ist in Gefahr, wenn sie sich nicht an der Gleichheit der Geschlechter orientiert.« Nach diesem Bericht haben Frauen in keiner Gesellschaft die gleichen Chancen wie Männer, obwohl alle Länder Fortschritte gemacht haben bei der Entwicklung der Befähigungen und Befugnisse von Frauen.

Frauen sind häufiger arm als Männer – von 1,4 Milliarden Menschen in Armut sind 70 % Frauen. Sie erhalten gewöhnlich einen niedrigeren Durchschnittslohn, vor allem weil sie schlechtbezahlte Stellen haben oder im informellen Sektor arbeiten, zum Teil aber auch, weil sie für die gleiche Arbeit schlechter bezahlt werden als Männer. Alle Regionen der Welt verzeichnen unter den Frauen eine höhere Arbeitslosenquote als unter Männern. Und während die Frauen in Entwicklungsländern immer noch weniger als 15 % der Verwaltungsbeamten und Direktoren stellen, nehmen sie weltweit nur 10 % der Sitze in Parlamenten ein und haben nur 6 % der Kabinettsposten inne.

Selbst in Deutschland, das im internationalen Vergleich von wirtschaftlichen und bildungsorientierten Gleichstellungserfolgen 1997 von den Vereinten Nationen auf Rang fünfzehn geführt wird (und somit drei Plätze besser als aufgrund seiner reinen Wirtschaftskraft), erzielen Frauen nur 34,8 % der Einkommen. Sie besetzen nur 25,5 % der Parlamentssitze und stellen 19,2 % der Manager und führenden Administratoren. Frauen sind außerdem eher von Arbeitslosigkeit betroffen, und das über einen längeren Zeitraum als Männer. Lag nach OECD-Zahlen für 1997 die Arbeitslosenquote von Männern im Jahresschnitt bei 9,0 %, so waren gleichzeitig 11,0 % der Frauen als arbeitslos erfaßt.

In den letzten beiden Jahrzehnten hat sich die Kluft in der Bildung und in der Gesundheit zwischen Männern und Frauen beträchtlich verringert, doch die Ungleichheiten in den wirtschaftlichen und politischen Möglichkeiten sind immer noch unübersehbar. Der Besuch von weiterführenden Schulen liegt inzwischen in Entwicklungsländern bei 78 % der entsprechenden Quote bei Männern und steigt weiter an, während in OECD-Ländern ebenso viele Frauen wie Männer eine sekundäre oder tertiäre Bildung erhalten.

Dennoch ist die wirtschaftliche Stellung der Frauen weit bescheidener als die der Männer. Ein Großteil ihrer Arbeit wird immer noch nicht erkannt und zu gering oder überhaupt nicht wertgeschätzt, das hat wiederum einen starken Einfluß auf den Status der Frauen in unserer Gesellschaft und auf ihre reduzierten Möglichkeiten im öffentlichen Leben. Das Hauptproblem liegt in den Konsequenzen eines Wirtschaftssystems, das nichtmonetäre Beiträge gering bis gar nicht honoriert. Wenn die unbezahlten und im wirtschaftlichen Sinn nicht honorierten Beiträge von Frauen und Männern als dennoch Wohlstand generierende Aktivitäten in unserer Wirtschaft anerkannt würden, dann hätte das weitreichende Konsequenzen für die Sozial- und Wirtschaftspolitik und für gesellschaftliche Normen.

Vor allem Frauen tragen in hohem Ausmaß zu den nichtmonetären Teilen unserer Wirtschaft bei. Schätzungen zufolge bleiben etwa zwei Drittel der Zeit, die Frauen wirtschaftlichen Tätigkeiten widmen, ob nun vergütet oder nicht, im System der volkswirtschaftlichen Gesamtrechnung unsichtbar. Der entsprechende Anteil bei Tätigkeiten von Männern, der in den Volkseinkommen nicht auftaucht, wird auf lediglich ein Drittel bis ein Viertel geschätzt. Als Folge bleibt ein Großteil der Frauenarbeit nicht nur unbezahlt, sondern auch unerkannt. Wenn wir die nichtmonetären Tätigkeiten der Männer und Frauen mit einbezögen, um ihren jeweiligen Anteil an der Wirtschaft zu veranschlagen, dann würden wir entdecken, daß Frauen in beinahe jedem Land der Erde mehr Stunden arbeiten als Männer. Nach entsprechenden Berechnungen tragen Frauen in Entwicklungsländern durchschnittlich 53% der Gesamtlast der Arbeit und in Industrieländern 51%.

Fünf Thesen zur zukünftigen Arbeitswelt und die Auswirkungen auf Frauen

Weltweit erleben wir derzeit einen grundlegenden Wandel unserer Wirtschaftssysteme, der unsere Arbeitswelt von morgen fundamental beeinflussen und verändern wird. Als Reflex hieraus werden sich auch die Möglichkeiten verändern, die sich für Frauen ergeben. Im folgenden sollen einige relevante Entwicklungen skizziert und ihre Auswirkungen auf die Position von Frauen auf unseren Arbeitsmärkten näher beleuchtet werden.

1. Der Wandel von der Industrie- zur Dienstleistungsgesellschaft beschleunigt sich

In den frühindustrialisierten Staaten verzeichnen wir den Übergang von der Industriegesellschaft zur Dienstleistungsgesellschaft. Der Mittelpunkt der Wirtschaftsaktivität verlagert sich von der materiellen Güterproduktion hin zu mehr eigenständigen oder produktionsbegleitenden Servicetätigkeiten. Das Wertschöpfungspotential liegt nicht mehr in der physischen Herstellung oder Be- beziehungsweise Verarbeitung von Gütern, sondern zunehmend in der Veredelung und Ergänzung durch Dienstleistungen, die zusammengenommen dem (potentiellen) Kunden ein Lösungspaket für sein spezifisches Problem anbieten. Bereits heute stellt der tertiäre Sektor in vielen Staaten die Mehrheit der Beschäftigten und den größten Anteil am Bruttosozialprodukt. Nach den Angaben von 1997 des Statistischen Bundesamtes waren 62,6 % aller Beschäftigten im dritten Sektor tätig, während der Anteil der Landwirtschaft an den Beschäftigten unter 5 % betrug. Der Rest der Erwerbspersonen arbeitete in der Industrie, die sich jedoch zunehmend dadurch charakterisiert, daß ein Großteil der Aufgaben – nach Schätzungen etwa gut die Hälfte – dienstleistender Natur sind. Für die Zukunft wird erwartet, daß sich der Beschäftigungsabbau in der Industrie weiter vollziehen wird, während im Bereich der Dienstleistungen mit Beschäftigungsgewinnen zu rechnen ist. Diese Verschiebung des Beschäftigungsschwerpunktes wird in der Konsequenz Frauen zugute kommen, da sie heute schon den Großteil der Erwerbspersonen in diesem Bereich stellen. Männer hingegen dominieren die Bereiche der Wirtschaft, die durch den Schrumpfungsprozeß gekennzeichnet sind. In der Europäischen Union sind der OECD zufolge 67,0 % aller Verkaufspersonen des Einzelhandels Frauen, 85,5 % der Haushaltshilfen, 88,9 % des Pflegepersonals, 64,8 % der Verwaltungsangestellten und 57,9 % der Beschäftigten in der Gastronomie (aufgegliedert nach Relevanz für die weiblichen Beschäftigten insgesamt). Bezeichnenderweise werden aber in diesen Bereichen auch die niedrigsten Löhne gezahlt.

2. Der Harmonisierungsprozeß in Europa schreitet voran
Derzeit befindet sich neben den rein wirtschaftlichen Veränderungen auch die politische Dimension im Umbruch. Durch die Verhandlungs- und Vertragsresultate der jüngeren Vergangenheit wurde dem Harmonisierungsprozeß in Europa neue Dynamik verliehen. Erklärtes Ziel der Handlungsakteure ist die Angleichung von Legal-, Sozial-, Wirtschafts-, Finanz- und auch politischen Systemen. Besondere Aufmerksamkeit verdient in diesem Zusammenhang die Europäische Währungsunion, die direkten Einfluß auf die Funktionalität und den Wettbewerbszustand der verschiedenen Teilmärkte nehmen wird. Es ist derzeit nur schwer absehbar, ob sich in diesem Zusammenhang ein gemeinsames System Europa voll ausbildet oder ob die Reformen ein Europa der Systeme bestehenlassen werden.

Für die Rolle der Frau im Wirtschafts- und Gesellschaftssystem und ihren Möglichkeiten zur freien Entfaltung ist dies von nicht unerheblicher Bedeutung. Denn es bleibt abzuwarten, ob sich durch den Transformationsprozeß die weiter vorangeschrittene Integration von Frauen der nordischen Länder gegen die eher traditionelleren Systeme des mediterranen Raums wird durchsetzen können.

Schon die Varianz der weiblichen Partizipationsraten am Arbeitsmarkt zwischen den europäischen Regionen macht dies deutlich. Sind in Dänemark, Finnland oder Schweden schon seit 1990 durchweg mehr als 70% der Frauen aktiv am Erwerbsleben beteiligt, so erreichen weder Italien, Spanien noch Griechenland eine Rate von nur 50%. Zwar steigen derzeit die Partizipationsquoten in den südeuropäischen Ländern an, jedoch wird diese Entwicklung von rückläufigen Beschäftigungsanteilen in den skandinavischen Staaten konterkariert: Schweden von 77,2% in 1993 auf 74,5% in 1997, Dänemark im gleichen Zeitraum von 77,4% auf 74,2%, Finnland von 72,5% in 1990 auf 71,1% 1997. Es mag verwundern, daß sowohl Norwegen als auch Island, die beide nicht der EU angehören, ihre Partizipationsraten steigern konnten, und zwar 70,7% beziehungsweise 76,7% in 1990 auf 75,6% beziehungsweise 79,0% in 1997 respektive (alle Zahlen OECD). Einen direkten Einfluß von europäischen Harmonisierungsbestrebungen auf die Partizipationsraten in absoluter Höhe festzustellen ist schwierig, es erscheint jedoch plausibel, daß auch in Zukunft die relativen Unterschiede zwischen den einzelnen Staaten der Union abnehmen werden.

3. Die demographischen Verschiebungen erhöhen den Nachfragesog am Arbeitsmarkt

Die zukünftige Entwicklung der Erwerbsbevölkerung in Deutschland ist wie bei vielen anderen frühindustrialisierten Staaten gekennzeichnet von einem Prozeß der Schrumpfung und der Alterung. Beträgt heute die Wohnbevölkerung in Deutschland noch 82 Millionen Menschen, so gehen die verschiedenen Prognosen davon aus, daß bis 2040 – je nach Annahme über Fertilität, Migration und Lebenserwartung – nur noch 67 bis 77 Millionen Personen hier leben werden. Dies bedeutet eine Abnahme von im Mittel etwa zehn Millionen Menschen, die folgerichtig den Arbeitsmärkten nicht mehr zur Verfügung stehen werden.

Zwar wird sich diese Entwicklung auch auf der Nachfrageseite der Haushalte niederschlagen, da eine kleinere Population tendenziell eine geringere Binnennachfrage entfaltet. Dies wird jedoch einen zusätzlichen Bedarf an Arbeitskräften (zumindest relativ) nicht überkompensieren, da sowohl von der Exportentwicklung eine steigende Tendenz erwartet wird, wie auch die vorhandene Ausstattung an Produktionskapital einen Anreiz für deren Auslastung darstellt.

Der derzeitige Schrumpfungsprozeß der deutschen Bevölkerung ist Reflex auf die drastisch gefallene Fertilitätsrate. Benötigt eine stationäre Population ein Kinder-Mütter-Verhältnis von etwa 2,1, so weist die Bundesrepublik derzeit eine Quote von nur 1,3 auf. Insbesondere in den neuen Bundesländern kam im Zuge der Wiedervereinigung die Gebärneigung von ostdeutschen Frauen fast zum Erliegen. So werden heute in Gesamtdeutschland pro Frau 36 % weniger Kinder geboren als noch 1970. Dieses Reproduktionsverhalten führt allerdings auch dazu, daß insbesondere in Westdeutschland, wo die Versorgungssysteme weniger umfassend ausgebaut waren als im Osten, weibliche Erwerbsbiographien weniger von Ausfallzeiten gekennzeichnet sind und eine Karriereplanung analoger zu der des Mannes erfolgen konnte.

Beide Entwicklungen bedingen einander. Hat der Wunsch von Frauen, sich stärker am Erwerbsleben zu beteiligen, dazu geführt, daß als Konsequenz die Fertilitätsraten sanken, so bewirken diese Veränderungen auch einen Wandel der sozialen Normen, der Frauen die Aufnahme einer außerhäuslichen Berufstätigkeit erleichtert. Für die Zukunft steht zu erwarten, daß die demographischen Schrumpfungsprozesse zu einer verstärkten Integration von Frauen auf den Arbeitsmärkten führen werden, um so den Arbeitskräfteausfall zu kompensieren.

Eine weitere Konsequenz ergibt sich aus der Tatsache, daß aufgrund der steigenden Lebenserwartungen und einer zunehmend urnenförmigeren Ausbildung der Bevölkerungspyramide der Anteil der Älteren stetig steigen wird. Waren nach diesjährigen Angaben des Statistischen Bundesamtes 1995 noch 39 von tausend Personen Hochaltrige (achtzig Jahre und darüber), so wird sich diese Gruppe bis 2040 fast verdoppelt haben auf 74 pro tausend. Auch die sogenannten jüngeren Alten (65 bis 80 Jahre) werden von 115 pro tausend Personen in 1995 auf 201 pro tausend Personen in 2040 stark anwachsen. Dies erhöht auch die Nachfrage nach Pflege- und Betreuungsleistungen, die ältere Menschen stärker in Anspruch nehmen als jüngere. Da diese Arbeiten derzeit überwiegend von Frauen ausgeübt werden, expandiert ein Marktsegment typisch weiblicher Beschäftigung.

4. Es erfolgt die wachsende Informatisierung und Virtualisierung
   aller Arbeitsbereiche
Die Diffusion von Informations- und Kommunikationstechnologien als Schlüsseltechnologien der Zukunft wird auch weiterhin zunehmen und dabei alle Teile der Wirtschaft erfassen. Dabei werden sowohl Tätigkeiten in produzierenden wie auch in dienstleistenden Bereichen tangiert, während sich der Prozeß der Entmaterialisierung der Arbeitsvorgänge weiter fortsetzen wird. Neuere Arbeitsformen, wie die Telearbeit, die erst durch die neuen Schlüsseltechnologien möglich sind, werden an Bedeutung gewinnen.

Die Konsequenzen aus dieser Entwicklung werden für Frauen im wesentlichen zweigeteilt sein. Auf der einen Seite eröffnen sich insbesondere in den Informations- und Kommunikationstechnologien sowie ihnen verwandten Feldern neue Berufschancen, die aber aufgrund der derzeitigen Verteilung von Qualifikationsschlüsseln in den technischen und naturwissenschaftlichen Bereichen tendenziell eher Männern zugute kommen werden. Auf der anderen Seite verändern sich die Ausgestaltung und Organisation von Arbeitsstrukturen. Hiervon werden in erster Linie Frauen profitieren.

Die An- und Einbindung von Arbeitsleistungen über Netzwerke, die eine Abkoppelung des Leistungserbringers vom Ort der Nachfrage ermöglichen, und die Auflösung fester Arbeitszeiten erlauben ein größeres Maß an Flexibilität. Das macht es besonders Frauen mit ihren höheren Ansprüchen an die Vereinbarkeit von Privat- und Berufssphäre leichter, die beiden Komplexe miteinander nach eigenen Präferenzen zu verbinden. Die klassische Frage nach dem Entweder-Oder weicht somit dem Sowohl-als-auch.

5. Die Evolution von Arbeitsbeziehungen schafft neue Spielräume
Die Virtualisierung und Atomisierung der Arbeitsbeziehungen mit der voranschreitenden Auflösung von Hierarchien ist der organisatorische Reflex auf die Konzentration von Unternehmen auf Kernkompetenzen, durch die sich der Betrieb in einzelne Teile und kleinste Einheiten zerlegt. Dispersion von Leistungserbringung und Aufbruch der Unternehmensstrukturen führen zu Kerngruppen als egalitär organisierte Arbeitseinheiten und zu dynamischen temporären Gruppenstrukturen. Statt fixer Hierarchie und inflexibler vertikaler Ausrichtung entstehen Netzwerke und atmende Organisationen. Dies forciert die Ablösung des zeitlohnorientierten Vollzeitarbeitnehmers durch den ergebnisorientierten »Unternehmer der eigenen Arbeitskraft«. Das tradierte Arbeitsverhältnis nach dem Vollzeitprinzip, in dem die Pflicht des Arbeitnehmers zur Erbringung eines bestimmten, in Zeiteinheiten gemessenen Arbeitsumfanges bestand, verschwindet somit zugunsten einer Ergebnisverantwortung auf allen Stufen. Die atypischen Arbeitsbeziehungen von heute werden die typischen Arbeitsweisen von morgen darstellen, während die heute typischen Arbeitsverhältnisse wegbrechen.

In diesem sich transformierenden Umfeld besitzen Frauen einen Adaptionsvorsprung. Sie verfügen sowohl über ein in der Regel besseres Training ihrer sozialen Kompetenzen, die in der zukünftigen Arbeitswelt stärker nachgefragt werden, als auch eine bessere Gewöhnung an atypische Beschäftigungsformen. So wird insbesondere eine weitere Zunahme der Teilzeitarbeit prognostiziert, nachdem schon in den vergangenen Jahren in fast allen OECD-Staaten der Anteil der Teilzeitstellen an der Gesamtbeschäftigung gestiegen ist. Frauen stellen heute das Gros der Teilzeitbeschäftigten, nach OECD-Angabe für 1996 in Deutschland 87,6%, in Frankreich 78,8%, in Italien 75,4%, in Schweden 78,6% und in den USA 69,8%. Ebenso ist der Anteil von in Teilzeit arbeitenden Frauen an allen weiblichen Beschäftigten wesentlich höher als der vergleichbare Anteil von Männern. In Deutschland betrugen die entsprechenden Relationen 1996 für Frauen 29,8 % und für Männer nur 3,3 %, in Frankreich 24,6 % und 6,0 %, in Italien 22,6 % und 4,6 %, in Schweden 24,1 % und 6,7 % sowie in den USA 19,1 % und 7,7 %. Auch wenn insgesamt der Anteil der weiblichen Beschäftigten seit vielen Jahren steigt und sich die Partizipationsraten von Frauen seit 1960 in Deutschland von 50 % auf heute über 60 % erhöht hat (Frankreich von 48 % auf 60 %, Großbritannien von 45 % auf knapp 70 %, USA von 43 % auf 70 %), so werden »klassische Frauenberufe« oftmals geringer entlohnt. Diese Spanne schmolz in den letzten zwei Jahrzehnten zwar ab, stellt jedoch häufig noch ein signifikantes Differenzierungsmerkmal zwischen den Geschlechtern dar. Die Abwendung der Wirtschaft von patriarchalischen Strukturen und dem Vorbild des männlichen Alleinverdieners in der Familie sowie die neue Ergebnisorientierung werden zu einer weiteren Auflösung der noch bestehenden Diskrepanz führen. Es entstehen mithin bessere Berufsperspektiven für Frauen und junge Menschen durch den Aufbruch des Gesellschaftssystems mit seiner vormals männlichen Senioritätstradition. In dem Maße, wie Ergebnisse im Vordergrund stehen, werden ehemals diskriminierende Elemente irrelevant.

Fazit

Zwar ist die Gleichstellung von Frauen in normativer und legislativer Hinsicht in unserer Gesellschaft schon weit vorangeschritten, dennoch sind in der wirtschaftlichen und gesellschaftlichen Realität deutliche Unterschiede zwischen den Handlungsräumen der beiden Geschlechter zu diagnostizieren. Genauso wenig wie sich alles auf eine weiterhin existierende Benachteiligung von Frauen gegenüber Männern reduzieren läßt, wäre auch der Schluß falsch, daß eine juristische Gleichbehandlung alle sonstigen sozialen und wirtschaftlichen Differenzen beseitigt hätte.

Für die Zukunft ist zu erwarten, daß von den anstehenden Veränderungen unseres Wirtschaftssystems, das auch unsere gesellschaftlichen Konventionen und Verhaltensmuster beeinflußt, positive Impulse für Frauen und deren aktive Partizipation ausgehen. Insofern kann von einer Feminisierung der künftigen Arbeitswelt und ihrer Anforderungen gesprochen werden. Nicht alle Entwicklungen werden jedoch automatisch die Integration von Frauen vorantreiben, hier ist von interessierter Seite aus auf eine entsprechende Vertretung der spezifischen Wünsche und Präferenzen zu achten.

In Zeiten erheblicher Veränderungen werden aber auch immer vorhandene Besitzstände neu verteilt. Aus den vorgenannten Prognosen und dargelegten Gründen werden sich speziell für Frauen neue Chancen ergeben – nicht nur als exponierterer Teil einer ansonsten patriarchalisch geprägten

Wirtschafts- und Sozialordnung, sondern als relevantere Mitgestaltende einer neuen feminisierteren Arbeitswelt.

Literatur
Giarini, Orio; Liedtke, Patrick M.: Wie wir arbeiten werden. Hamburg, 1998
International Labour Office (ILO): Yearbook of Labour Statistics. Genf, 1997
Kurz-Scherf, Ingrid: Arbeitsdemokratie – Geschlechterdemokratie. In: Vita Activa, 1. Teil. Wien, 1998
Liedtke, Patrick M.: Arbeit und Beschäftigung im Umbruch. Vortrag auf der Fachtagung vom 13.11.1997 des Hamburger Senatsamtes für die Gleichstellung. Hamburg, 1997
McBride, T.: Women's Work and Industrialisation. In: Berlanstein, L., The Industrial Revolution and Work in the Nineteenth Century. London, 1992
Organization for Economic Co-operation and Development (OECD): OECD Employment Outlook. Paris, 1998
Organization for Economic Co-operation and Development (OECD): Labour Force Statistics. Paris, m.a.
Pinchbeck, I.: Women Workers and the Industrial Revolution 1750–1850. London, 1981
The Economist: A Survey of Women and Work. In: The Economist, 18.6.1998
United Nations Development Programme (UNDP): Human Development Report. New York, 1995/1997

Gisela Anna Erler
Auf dem Weg zur digitalen Stammesgesellschaft oder: Die Rückkehr gesellschaftlicher Funktionen in Familie und Nachbarschaft

Der Kommunitarismus – eine angelsächsische Antwort auf moderne gesellschaftliche Defizite

Seit einigen Jahren wird unter dem Titel »Kommunitarismus« vor allem in angelsächsischen Ländern eine Debatte geführt, die beklagt, daß der Gemeinsinn in unseren modernen Gesellschaften immer mehr zerfällt, daß Gewalt, Verwahrlosung, Gleichgültigkeit zunehmen, und die Vorschläge macht, wie dieses Phänomen wieder eingedämmt werden kann. Die Entwürfe des Kommunitarismus werden von aktiven Frauen meist mißtrauisch beäugt – sie sind gewissermaßen abwesend von dieser sehr engagiert von Männern geführten Debatte, und dies nicht zu unrecht. Denn bei den Vorschlägen geht es unter anderem darum, Elternpaare verstärkt zu motivieren, sich nicht zu trennen – um der Kinder willen. Es geht generell darum, Familie zu stärken – und stets stellt sich bei der Lektüre der Verdacht ein, es gehe irgendwie darum, vor allem Frauen wieder stärker in die Pflicht zu nehmen, sich um ihre Familien zu kümmern. Die Politik von Tony Blair in Großbritannien gilt ebenfalls als kommunitaristisch beeinflußt – und oft wird ihr ein gewisser moralisierender Unterton vorgeworfen, der z. B. alleinerziehenden Müttern und arbeitslosen Jugendlichen eine Art Arbeitspflicht auferlegen will. Vor allem im Projekt »new deal« steht den Rechten auf Sozialleistungen eine Pflicht zur Arbeit und zur gesellschaftlichen Nützlichkeit gegenüber. Wie auch immer wir diese Ansätze beurteilen, interessant an ihnen ist folgendes: Sie gehen davon aus, daß Krisen und Probleme der Gesellschaft nicht nur durch Delegation von Problemen z. B. an den Staat, an die öffentliche Hand, die Polizei oder die Schule zu lösen sind, sondern daß die Bürger selbst in ihrem Nahbereich in Zukunft (wieder) eine größere Verantwortung übernehmen können, sollen, müssen, um Lebensqualität aufrechtzuerhalten oder wiederherzustellen. Der Appell richtet sich theoretisch genauso an Männer wie an Frauen, auch wenn in der praktischen Umsetzung bisweilen der Eindruck entstehen mag, es seien letztlich wieder vor allem Frauen als Unterfütterung gedacht.

Der deutsche Diskurs: Staatsorientierung versus bunter Lebensalltag

In Deutschland hat demgegenüber der Kommunitarismus nicht recht Fuß gefaßt. Wo der Mangel an Arbeit und die Veränderung von Familie Wunden schlagen, Lücken und Probleme erzeugen, wird zuerst und vor allem darauf gebaut, den Menschen entweder mehr Geld in die Hand zu geben (Pflegeversicherung, Kindergeld, Ehegattensplitting) – dies war über Jahrzehnte der Kerngehalt konservativer, eher von Männern bestimmter Familienpolitik. Oder aber ihnen durch professionelle Angebote Unterstützung zu verschaffen (Kindergärten, Altenheime, Krankenhäuser etc.). Die politisch aktiven Frauen aller Parteien unterstützen in Deutschland vor allem die Idee der staatlichen und professionellen Entlastung – ihr Wunsch ist es, gutbezahlte und gesicherte Arbeitsplätze auch für Frauen zur Verfügung zu stellen und die freiwerdenden Aufgaben durch eben solche Arbeitsplätze übernehmen zu lassen.

In der Lebenswirklichkeit hat sich in Deutschland jedoch ein anderes Modell durchgesetzt: Sehr viele Frauen unterbrechen ihre Erwerbstätigkeit und/oder arbeiten Teilzeit, um die Verantwortung für ihre Kinder selbst stärker mittragen zu können. Auch Schulkinder und nicht zuletzt ältere Menschen werden noch immer stark in der Familie mit versorgt. Die Visionen sehr vieler Leute sind nicht, daß immer mehr Familienarbeit institutionalisiert wird, sondern daß es offenere Mischungen zwischen Beruf und Familie geben soll, und zwar für Frauen und für Männer. Diese Visionen erschienen lange Zeit wie konservative Rückzugsgefechte, Familie nur noch gewissermaßen als ein Sumpf, der durch eine moderne Arbeitswelt und einen modernen Sozialstaat immer mehr trockengelegt werden sollte. Diese Einschätzung ist jedoch ganz praktisch falsch. Was wir heute erleben mit dem Einzug der postindustriellen und digitalen Arbeitskultur, sind neue und offene Grenzen zwischen Familie und Beruf – und das Entstehen von kulturellen Brücken und Inseln zwischen diesen Bereichen. Die Mütterzentren sind ein Teil, ein wichtiger Teil dieser Tendenz. Aber sie sind nicht das Ganze. Sie stehen für Familienselbsthilfe, für Selbsthilfe überhaupt – und diese wiederum sind Teil eines hoch ausdifferenzierten Interaktionssystems von Familie, Gesellschaft und Staat. Wie erfolgreich diese Brücken sich entwickeln, wird davon abhängen, daß überhaupt begriffen wird, welche Möglichkeiten in ihnen liegen.

Die Erosion der festgefügten, vom »Leben« abgetrennten Arbeitswelt

Die Vorstellung, das Leben der Zukunft werde weiterhin sauber in Abteilungen – hier Arbeit, dort Familie – getrennt verlaufen, orientiert sich an der nunmehr rasch zu Ende gehenden Industriemoderne. Das dazu passende Lebensmodell war wohl am stärksten in der früheren DDR ausgeprägt, aber alle sozialistischen Länder, und vor allem auch die skandinavischen Länder, haben es propagiert. Unstrittig ist die skandinavische Umsetzung die menschen- und auch frauenfreundlichste Variante einer industriellen Gesellschaftsorganisation. Die Arbeitswelt ist Dreh- und Angelpunkt dieser Gesellschaften, nimmt die größte Bedeutung in Staat, Gesellschaft und Privatleben ein, ist kollektiv organisiert meist in großen Strukturen: Fabriken, Banken, Behörden, Kaufhäuser. Die Lebensverläufe der Menschen in diesem Kontext sind relativ ähnlich: Ausbildung, Beruf, Erwerbstätigkeit, Rente. Männer und Frauen partizipieren an ähnlichen Biographien, wobei aus den bekannten Gründen Frauen etwas weniger Macht, Geld, Einfluß erlangen und etwas weniger in den Arbeitsprozeß integriert sind. Entlastung und Unterstützung für die Familienaufgaben werden bei diesem Modell öffentlich und wiederum in eher großen Einrichtungen angeboten: Kindergarten, Schule, Krankenhaus. Wer nicht funktioniert, wird ebenfalls in Großinstitutionen versorgt oder entsorgt: Gefängnis, Psychiatrie...

Der Anteil an Familienaufgaben verringert sich bei diesem Modell ständig. Er wird idealerweise eine Restgröße zwischen der Arbeitswelt und den Großeinrichtungen des Sozialstaats ohne viel eigene Wahl- und Einflußrechte. Es ist offizielle Aufgabe der öffentlichen Angebote, Defizite durch Familie zu »kompensieren« und Privilegien durch Familie abzubauen.

In diesen Gesellschaften dominiert im Bereich der Dienstleistung der öffentliche Sektor. Ein privater Marktsektor, Restaurants, Friseure, Handwerker, Fitneßcenter, existiert zwar, ist aber vergleichsweise sehr teuer und eher ein gesellschaftliches Stiefkind. In der schönsten aller Welten fände das Leben weitgehend in öffentlich finanzierten Strukturen statt, die Restgrößen Familie und privater Dienstleistungsmarkt wären stark eingeschränkt.

Mit der Finanzkrise der letzten Jahre und dem Untergang des Sozialismus ist dieses Modell nun in eine tiefe Krise geraten: Es fehlt überall vor allem am Geld. Notgedrungen paßt man sich in den neuen Bundesländern und auch in Schweden der Tatsache an, daß das Steueraufkommen eine noch weitere Ausdehnung des öffentlichen Sektors gerade für Familienaufgaben wohl kaum zuläßt und daß die Bereitschaft von Bürgern, noch weitere Steuerbelastungen hinzunehmen, an ihre Obergrenze gestoßen ist. Vielmehr wird argumentiert, die hohen Ausgaben für den Sozialstaat, die Freisetzung von Familienarbeit seien gerade Mitursachen für die gesellschaftlichen Krisen in diesen Ländern, für hohe Verschuldung, Steuern etc. Korrekturen an dieser Organisation seien dringend notwendig.

Unter Frauen geht nun die Angst um, diese Botschaft bedeute das Aus für ihre gesellschaftliche Integration – von nun an könne es nur noch rückwärtsgehen. »Privatisierung«, »Flexibilisierung«, »Ende der Erwerbsarbeit« sind die Drohbegriffe dieses Szenarios, Frauen erscheinen notwendig als sein Opfer. Kommunitarismus, Ehrenamt, Mütterzentren, Selbsthilfe werden in dieser Wahrnehmung zu Feigenblättern einer Entwicklung, die das Rad der Geschichte zu Lasten von Frauen zurückdrehen möchte.

Mir scheint, daß sehr wohl manche auf eine Wende rückwärts hoffen. Ich möchte aber an dieser Stelle ein ganz anderes Argument vertreten.

Chancen der postindustriellen Entwicklung für die Lebensqualität

Die Wirklichkeit läßt sich auch anders sehen. Erwerbsarbeit wird knapper – mit der Chance und Notwendigkeit, daß Männer und Frauen in verschiedenen Lebensphasen unterschiedlich an ihr teilhaben.

Doch der Wandel ist tiefgreifender – es geht nicht nur um Arbeitszeit. Arbeit wird immer verantwortlicher, immer qualifizierter, große Teile davon aber sind nicht zu allen Zeiten ortsgebunden. Erwerbsarbeit wird immer mehr dezentral, kann in kleinen Einheiten organisiert werden. Dies gilt für Produktion und Dienstleistung: Wo Plastikchips bearbeitet und verarbeitet werden, werden keine großen Hallen, Wasserkanäle, Eisenbahntrassen benötigt. Wo der PC das Arbeitsgerät ist, verschwindet immer mehr die Notwendigkeit, die Arbeitsplätze an einem Ort zu zentralisieren – auch wenn das Umlernen der Organisationen und Führungskräfte einige Zeit in Anspruch nimmt. Das Ende der Großfabrik, der Großinstitution, der Großbank, Großbehörde, der ganzen »Gebäudekultur« ist abzusehen. Auch große Sender, wie etwa das ZDF, sind bereits heute nur noch Konglomerate vieler kleiner Firmen und Produzenten. Was groß scheint, ist bereits heute viel öfter als früher ein Produkt kleiner Einheiten.

Radikale Auswirkungen der postindustriellen Organisation auf Familie und Nachbarschaften

Oft wird beschrieben, daß die Rückkehr von Arbeitsplätzen in den Privatbereich auch mit Risiken und Problemen verbunden ist, weil damit z.B. die Abgrenzung vom Beruf nicht mehr genügend möglich ist, Mütter sich auch zu Hause ihren Kindern nicht zuwenden können.

Dies trifft partiell zu – aber es ist kein Argument zugunsten der Beibehaltung traditioneller Organisationsformen. Vielmehr ist davon auszugehen, daß ebenso wie es atmende Fabriken und Büros gibt, auch atmende Familien und Nachbarschaften entstehen werden. Wie intelligent und zielgerichtet diese Bereiche verknüpft werden und wie stark diese Verknüpfung zur allgemeinen Lebensqualität, zur individuellen Autonomie und Souveränität beiträgt, von Frauen wie Männern, ist eine Frage der Politik.

Die Familie in der postindustriellen Gesellschaft wird immer mehr zu einem Ort, an dem sich ihre stärker individualisierten Mitglieder begegnen, austauschen, einander helfen, Freude aneinander haben, Konflikte miteinander austragen. Sie ist ein Ort der Aushandlung von Beziehungen, der Förderung und Forderung. Immer seltener ein Ort, in dem einfach befohlen, versorgt, gedient wird, immer mehr ein Ort, den alle Mitglieder freiwillig zu ihrem wechselseitigen Nutzen frequentieren. Natürlich hat Familie eine biologische Basis auch weiterhin. Aber wo die Mitglieder, vor allem die Frauen, aber auch Männer und Kinder, nicht auf ihre Kosten kommen, entziehen sie sich diesem Bereich immer mehr, immer früher. Familie wird in diesem Sinn immer stärker auch ein Ort der Selbsterfahrung, des persönlichen Wachstums. Pflicht und Verantwortung, Fürsorge und Pflege sind eingebettet in solche Anforderungen. Wenn die Rechnung der Selbsterfahrung, der Entwicklung für die Mitglieder nicht aufgeht, so verweigern sie sich diesem Bereich. Und Druck kann dagegen so wenig ausrichten wie Moralappelle.

Was Männern am Rollenwandel der Frauen so viel Sorge macht, ist letztlich dieses: das Wissen, daß – auch entgegen anderslautenden Beteuerungen – Pflege und Betreuung eben nicht mehr unhinterfragt erbracht werden, von niemandem. Wie beim sozialen Ehrenamt in der Kirche, so wird auch in der Familie zunehmend gefragt: Lasse ich mich überhaupt auf die Rolle ein (deshalb die immer späteren und immer wenigeren Kinder) und wenn ja: wie kann ich die Rolle so ausüben, daß das Objekt meiner Fürsorge – das Kind, die kranke Großmutter, der berufstätige Ehemann – davon profitieren, daß aber auch ich selbst als Person dabei wachsen und mich entwickeln kann? Die Bereitschaft zum Engagement, dies wurde für das soziale Ehrenamt in den letzten Jahren immer wieder nachgewiesen, ist heute immer stärker an diese Themen geknüpft. Träger, die dem eigenen Wunsch ihrer Mitarbeiter nach Wachstum entgegenkommen, haben über Nachwuchs nicht zu klagen, auch dann, wenn die Arbeit hart und manchmal unappetitlich ist. Im Gegenteil – wir wissen z. B. aus den Einrichtungen der Heilsarmee und der Bahnhofsmission, daß es heute vermehrt junge berufstätige Menschen gibt, die sich hier als Helfer anbieten. Sie möchten ihre persönlichen Potentiale ausloten, mit ihrem inneren Ich in Kontakt kommen und tun dies gerade in der Begegnung mit dem extremen Unglück.

Dies ist kein Beitrag, der davon handelt, professionelle Tätigkeit durch Ehrenamt oder unbezahlte Familienarbeit zu ersetzen. Meine Zielsetzung ist eine andere. Ich möchte zeigen, daß durch die neue Organisation der Arbeit eine neue Art der Verknüpfung von Eigenarbeit, Ehrenamt und professioneller Arbeit nötig und möglich wird, welche die Potentiale der Menschen viel weiter entwickeln kann als die bisherige gesellschaftliche Organisation.

Nehmen wir als Beispiel die Zeit der Erziehung kleiner Kinder: In einer intelligenten Gesellschaft wird in dieser Phase Eltern, Müttern und Vätern, Zeit angeboten, die sie mit den Kindern verbringen können – »Urlaubsphasen«, ergänzt durch Teilzeitoptionen, Selbständigkeit.

Die Zeit daheim wird in Deutschland bereits durch ein Erziehungsgeld und Kindergeld, durch Ehegattensplitting mit gestützt. In gewissem Sinn ist dies also bereits bezahlte Arbeit, die Qualität für die Kinder und Wohlbefinden bei den Familien insgesamt sichern soll. Wünschenswert aus der Sicht vieler Mütter ist, daß die väterlichen Anteile in diesen Phasen wachsen sollen. Eine intelligente Politik wird mehr Durchlässigkeit auch für Väter ermöglichen – der Einstieg in einen Rechtsanspruch auf Teilzeitarbeit im neuen Erziehungsurlaubsgesetz der Bundesregierung weist in diese Richtung.

Entscheidend ist nun aber folgendes: Wir wissen, daß es Prioritäten für eine private Erziehung kleiner Kinder gibt. Wir wissen aber auch, daß viele Eltern diese Phase als zu große Einschränkung ihrer eigenen Wachstumspotentiale erleben. Wie bei jeder heutigen Tätigkeit besteht der Wunsch nach Verknüpfung und Austausch, nach Qualifizierung in einem umfassenden Sinn, nach einer ausgewogenen Persönlichkeitsentwicklung für Eltern und Kinder. Im industriellen Modell wurde nun unterstellt, dies sei am besten gegeben, wenn die Eltern einem Beruf nachgehen und die Kinder soziale Erfahrungen in einer Gruppe machen.

Im Modell der »digitalen Stammesgesellschaft« schält sich dagegen heraus, daß gewissermaßen ein Produktionsablauf für das »Produkt funktionierendes Kind« hergestellt wird, der zwischen Kinderzimmer, Familienküche, Fernseher, Nachbarschaftsstrukturen, Elternfreundschaften, Kindergruppen, Kinderarzt, Kinderfreundschaften und professionellen Beratungsinputs angesiedelt ist. Während das gesunde, glückliche Kind »hergestellt« wird, verbessern die Eltern selbst ihre Kompetenz, wächst die Qualität der Nachbarschaft, verdienen andere Leute als Berater, Betreuer, Koordinatoren, Lehrer und Erzieher Geld.

Das Mütterzentrum ist ein wichtiger Ort in dieser Kette. Die Schule beziehungsweise der Kindergarten können und sollen ebenfalls ihre Funktion verändern: offen für die Entwicklung der Kinder, die Partizipation und das Wachstum der Eltern. Die Nachbarschaft wird zur lehrenden und lernenden Organisation.

Die Trennung zwischen »Profis« hier und »Laien« dort kann dabei immer mehr durchbrochen werden. Professioneller Input in Familie erfolgt zu verschiedenen Zeiten – beratend, z. B. durch Erzieherinnen, Ärzte, Lehrer, Psychologen, konkret entlastend, z. B. durch Familienhelfer, Putzfrauen, Tagesmütter, wenn sich entsprechender Bedarf ergibt. Doch dieser professionelle Input tritt nicht einem Feld ohnmächtiger Befehlsempfänger gegenüber, sondern zunehmend wachen und aktiven, sich zusammenschließenden Eltern und kritischen Kindern. Diese investieren in ihr eigenes Lernen, in ihre eigene Kompetenz – professionelle Hilfe findet eher im Dialog statt als im Kommandoton.

Rückübertragung von Kompetenz braucht Unterstützung

Die Veränderungen des Systems, die Entwicklung hin zur atmenden Nachbarschaft und Familie und zur Rückübertragung von Kompetenz in Familie und Nachbarschaft hinein werden auch am Geldfluß deutlich: Mütterzentren bezahlen – wenn auch zuwenig, so doch oft – Honorare. Im Austausch dafür erfahren Mütter und Nachbarschaften Kompetenz- und Qualitätszuwächse, die weit über die Betreuungserfahrung für die Kinder hinausreichen. Elterninitiativen bieten, wenn auch mit etwas anderem Anspruch, ähnliche Erfahrungen – und sie tun dies auch für Männer. Elterninitiativen sind subventioniert, auch wenn das Ehrenamt in ihnen unbezahlt erfolgt. In Zukunft sollte es generell verstärkt Räume geben, wo gerade auch die in Familie aktiven Männer ihren Wunsch nach Kompetenzzuwachs und Qualität für sich und ihre Kinder organisieren – ob als Väterzentren oder in welchen Formen, sei hier nicht weiterverfolgt. Unstrittig ist jedenfalls, daß Väter gerade die bisherige Isolation und den Statusverlust durch Familientätigkeit scheuen, daß sie, wenn sie tragende Familienverantwortung übernehmen sollen, Unterstützung, Erfahrung und angemessene Qualifizierung brauchen.

Die Bereitschaft von Familien, große Anteile von Pflege- und Betreuungsaufgaben selbst zu übernehmen, sinkt auch bei Erwerbstätigkeit der Frauen nicht auf Null. Sie ist aber abhängig davon, wieviel Unterstützung in welcher Form angeboten wird. Diese Unterstützung ist mehrdimensional. Dabei geht es z. B. um

- finanzielle Angebote,
- zuverlässige Entlastung durch professionelle Dienste, während der Arbeitszeit, aber auch für Freizeit oder Urlaub,
- eigene Qualifizierung im Rahmen der Betreuungsaufgaben,
- Anerkennung dieser Qualifizierung,
- Persönlichkeitswachstum,
- Regelungen des Arbeitgebers,

- Freistellungen/Beurlaubungen/Heimarbeitsplätze,
- Austausch mit anderen Betroffenen, Selbsthilfe,
- leicht erreichbare Beratungsangebote, Notdienste für den Ernstfall,
- in schweren Fällen von Krankheit und Pflegebedürftigkeit: die Öffnung von Einrichtungen für die Anwesenheit, Mithilfe, Mitbetreuung durch Angehörige.

Dies läßt sich an einem klassischen Ort der institutionellen Dienstleistung zeigen – der Krankenpflege. In den nächsten Jahren wird die Medizinrevolution weitergehen. Immer mehr Kranke werden mikrochirurgisch behandelt. Die Eingriffe werden kleiner, es fließt weniger Blut, die Nachbehandlung wird leichter daheim möglich. Aus Kostengründen können Patienten früher aus den Krankenhäusern entlassen werden. Tele-EKG, Teledialyse daheim – all dies sind Neuerungen, die bereits ihren Einzug in die Familien halten.

Familie kann hier weiter an den Rand gedrängt und als Restgröße behandelt werden. Ambulante Dienste übernehmen in diesem Fall den größten Teil der Versorgung. Intelligente Versicherungsträger am Markt werden aber wahrscheinlich einen anderen Weg gehen: Sie können auch Familienmitglieder anlernen und qualifizieren, sie können ihnen Honorare anbieten und Hotlines, Entlastung und Notfalldienste an die Seite stellen. Die Krankenversorgung wird ähnlich wie die Altenpflege zu einer langen Produktionskette werden, die die Ressourcen der Familie auf anderem Niveau als bisher einsetzt. Dies setzt nicht voraus, daß eine Frau als Hausfrau zur Verfügung steht – vieles läßt sich hier z.B. mit Beurlaubungen oder Teilzeitarbeit lösen –, und auch Männer sind hier eine große potentielle Ressource. Mütterzentren sind ein möglicher Eckpfeiler für die konzeptionelle Entwicklung und die nachbarschaftliche Anbindung von Angeboten, die Familie in qualifizierte Versorgungsprozesse neu einbeziehen als qualifizierten, mündigen, vernetzten und teilweise bezahlten Akteur.

Und was ist mit den Geringverdienern, den Vielarbeitenden, den Alleinerziehenden, den Schichtarbeitern, den Arbeitslosen?

All diese Szenarien einer aktiven postindustriellen Gesellschaft werden in der Regel von zwei Seiten kritisiert. Entweder wird darauf hingewiesen, daß Männer sich daran zu wenig beteiligen (können), Karrierefrauen auch nicht, weil die Arbeitszeiten zu lang sind. Darauf ist zu antworten: Die wichtigste Auseinandersetzung der nächsten Jahrzehnte wird darum gehen, Arbeit für Menschen mit Familie so zu organisieren, daß sie sich wenigstens partiell in solche Prozesse einbringen können. In den USA, wo das Arbeitszeitregime viel härter ist als bei uns, finden sich allerdings eher Ressourcen in diesem Bereich als in Deutschland. Es wird aber dennoch Eltern geben, die vor allem auf Entlastung angewiesen sind. Nachbarschaft muß so organisiert sein, daß auch diejenigen davon profitieren können, bei denen kein Familienmitglied viel Zeit investieren kann oder mag. Andererseits gilt: In der postindustriellen kleinteiligen Stammesgesellschaft sollten die Qualifikationen und Kompetenzgewinne im Familienbereich so sichtbar gemacht werden, daß die Arbeitswelt diese Dimensionen vermehrt anerkennt und daß die Motivation steigt, im Nahbereich aktiv zu sein.

Alles dies ist zwar noch nicht geschehen, aber es ist ganz deutlich in mentale Reichweite gerückt – auch im Betrieb: Es gibt immer mehr Männer, die für sich selbst eine solche Perspektive attraktiv finden.

In bezug auf Menschen mit geringem Bildungsniveau und geringen sozialen Chancen wird ebenfalls vorgebracht, sie könnten solche teilhabenden Modelle nicht nutzen. Dadurch würde sich also letztlich die soziale Kluft verschärfen. Hier ist zu sagen: Kaum eine Gruppe ist so »dequalifiziert«, daß sie sich nicht in Prozesse der Begegnung, der Potentialentwicklung einbinden läßt. Gerade Mütterzentren haben immer wieder bewiesen, wie stark sich auch sozial schwache und benachteiligte Frauen und Familien auf aktivierende Prozesse einlassen, wenn die Strukturen ihnen entgegenkommen. Hier gilt es, das kostbare Know-how zu nutzen, z. B. auch im Ausländerbereich.

**Fazit: Die postindustrielle Revolution ist unterwegs.
Nutzen wir sie!**

Die neuen Produktionswerkzeuge Computer und Medien reichen weit in die Haushalte und Familien. Die Menschen werden keinesfalls nur voneinander isoliert. Es gibt vielmehr viele ganz neue Möglichkeiten, soziale Güter in intelligenter Kooperation herzustellen. Immer weniger finden reine Dienstleistungen statt. Immer mehr werden in Stadtteilen punktuelle und kurzfristige Hilfen angeboten, die die einzelnen in ihre Alltagsaktivitäten integrieren können. Die Zeit, in der Familie außen vor lag, immer weiter am Rand, unbezahlt, jedoch als selbstverständliche Ressource, ist vorbei. Die Familie, der Privatbereich generell, ist heute bekanntermaßen ein produktiver und qualifizierter Bestandteil der Produktionskette von Gütern und Menschen. Vieles geht hier leichter, effektiver, intelligenter als an anderen Orten vonstatten – vorausgesetzt, die Familie wird nicht finanziell und praktisch ignoriert und unterbewertet.

Die Verknüpfungen, die für diese Aufwertung nötig sind, sind heute technisch möglich und aufgrund des hohen Qualifikationsgrades der Bevölkerung breit nutzbar. Dies wird sich zunehmend rechnen. Prozesse auch gegen Geld in Familie und vor allem Nachbarschaften einzubinden, Aufgaben – allerdings auf höherer Stufe – wieder stärker in die Familie und die Nachbarschaft rückzuverlagern, dies sind Visionen, die mit den Wünschen sehr vieler Menschen übereinstimmen – und sich mit begrenzten finanziellen Möglichkeiten verwirklichen lassen.

Voraussetzung ist allerdings, daß die Betriebe die begonnene Umwälzung der Arbeitskultur noch vertiefen – daß sie gewissermaßen Luft holen für den nächsten organisatorischen Schub, der immer mehr Menschen viel mehr Anbindung an ihre Nachbarschaft bei gleichzeitig hoher Produktivität ermöglicht. Voraussetzung ist ferner, daß kein breiter Niedriglohnbereich entsteht, der die Zeitpolster von Familie auffrißt beziehungsweise daß genügend Geld in die neuen Aktivitäten fließt.

Familie wird nicht mehr Familie im früheren Sinn sein, sondern immer mehr ein offener Ort und Partner für Betrieb, Nachbarschaft, Gesundheitsmarkt, Bildungsmarkt, Käufermarkt werden. Während ihre Anbindung an die Außenwelt steigt, steigt aber auch ihre Mitverfügung und Kompetenz. Dieser Prozeß findet ein Stück weit ohnehin statt. Er wird aber positiver, systematischer und effizienter sein, wenn er klug gemanagt wird.

Der Kommunitarismus hat diese Gedanken bisher nicht zu Ende gedacht. Er stellt die richtige Frage, nämlich: Wie kann das Gemeinwesen der Zukunft besser funktionieren? Aber er setzt Familie weiterhin de facto einfach voraus beziehungsweise moralisiert darüber, daß sie da sein sollte.

Das hier vorgetragene Projekt einer digitalen Stammesgesellschaft setzt nicht intakte Familien im alten Sinn voraus. Es ist offen für Alleinerziehende, für Hausmänner, Karrierefrauen ebenso wie für »Normal«familien. Es moralisiert nicht, sondern entwickelt Strukturen in der Nachbarschaft, die als Ressource für Familie und Gesellschaft wirksam werden. Es ist attraktiv für Firmen als Arbeitgeber, für Märkte, für die öffentliche Hand. Es ist damit ein gutes Projekt für das neue Jahrtausend. Die Zeit der tiefen industriellen Trennung zwischen Leben und Arbeit wird sich letztlich als eine kurze Periode in der Geschichte der Menschheit erweisen.

Einschub
Mütterfreundliche Arbeitsplätze

Für viele Frauen wird der Wiedereinstieg in den Berufsalltag nach der Baby- oder Familienpause zum Problem. Oftmals haben sie den Anschluß an ihren alten Beruf verloren, oder ihre Interessen haben sich verändert, und sie suchen nach neuen, interessanten Aufgaben. Nach längerer Pause ist auch die Unsicherheit groß, ob Beruf und Familie sich überhaupt miteinander verbinden lassen. Die normale Arbeitswelt nimmt keine Rücksicht auf die Lebensbedingungen von Müttern und Vätern. Deshalb haben wir es uns zur Aufgabe gemacht, Arbeitsplätze zu schaffen, die dem Rhythmus von Familien entsprechen. So bieten wir familienfreundliche Arbeitszeiten und zusätzliche Dienstleistungen zur Entlastung von Familienarbeit an. Begleitende Beratungsgespräche und Fortbildungen helfen, die veränderte Situation und die neuen Erfahrungen zu bewältigen, damit der Wiedereinstieg in das Berufsleben oder auch in eine neue Ausbildung für Frauen zum Erfolg wird.

Die *Möglichkeiten zur Mitarbeit*
- Kinderarbeit,
- Altenbetreuung,
- Küche,
- Verwaltung,
- Organisation,
- Öffentlichkeitsarbeit,
- Hausmeisterei.

Die *Arbeitszeitgestaltung*
- Vollzeit,
- verschiedene Formen der Teilzeit,
- Rahmenvereinbarungen über mehrere Wochen oder Monate,
- Jahresverträge mit Verlängerungsmöglichkeiten.

Die *Bezahlung*
- in Anlehnung an BAT bei Zeitverträgen,
- zwölf Mark je Stunde bei geringfügiger Mitarbeit,
- individuelle Fördermöglichkeiten nach dem Arbeitsförderungsgesetz, Bundessozialhilfegesetz, JAC u. a.

Die *Fortbildung*
- Teambesprechungen,
- themenzentrierte Angebote,
- Wochenendseminare,
- Supervisionen,
- Lebensplanberatungen.

Die *Entlastungsangebote*
- Wäscheservice,
- flexible Kinderbetreuung,
- Kindertaxi,
- Einkaufshilfen,
- Mittagstisch,
- Beratung.

Einschub
Gemeinsam selbständig sein

Unter dem schützenden Dach des Mütterzentrums gibt es zur Zeit fünf Kleinunternehmerinnen, die sich hier selbständig gemacht haben. In regelmäßigen Seminarveranstaltungen erhalten sie und andere Interessierte Tips zur Existenzgründung und zu den Themen Buchhaltung und Verwendungsnachweis. Die Seminare werden von einer Mütterzentrumsfrau organisiert, die so ihre eigenen Erfahrungen weitergeben kann. Ohne öffentliche Förderung ist damit im Mütterzentrum in den letzten Jahren ein Frauengewerbehof der besonderen Art entstanden. Im folgenden werden zwei Unternehmen unserer Ladenzone vorgestellt.

LebensARTikelladen

Über ein Jahr lang betreibt Angelika nun selbständig einen Kiosk sowie einen Secondhandshop. Ein moderner Supermarkt würde nicht in unser Konzept passen, aber die hier gefundene Mischung von Tante-Emma-Laden, Secondhandshop, Gesundheitsberatung, Infobörse und Klönecke führt dazu, daß täglich etwa fünfzig Kunden sich unser Angebot anschauen, von denen etwa die Hälfte auch tatsächlich etwas kauft.

Das Angebot reicht von Kioskwaren (Süßigkeiten, Zigaretten) über Bekleidung, Heilmittel, Geschenkartikel, Kunsthandwerk bis hin zu Spielsachen und Schulbüchern.

Die Kundschaft besteht in erster Linie aus den Mitarbeiterinnen und

Besucherinnen und Besuchern des Mütterzentrums, aber es kommen auch viele Fremde, die über den Laden erstmals überhaupt Kontakt zum Mütterzentrum finden. Dabei ist der Verkauf die eine Sache; genauso wichtig sind die Beratung und das Gespräch, z.B. als Gesundheitsberatung über alternative Heilmethoden oder den Austausch darüber, welche Kleidung bei einem Figurproblem wohl vorteilhaft ist. Sehr gefragt sind auch Tips zu Geschenkideen oder für die passende Dekoration einer festlichen Tafel.

Ohne Werbung und ohne attraktive Angebote geht es nicht. Neben der überaus wichtigen Mund-zu-Mund-Propaganda macht die Ladeninhaberin durch Anzeigen im Wochenblatt und durch Handzettel auf ihren Lebens-ARTikelladen aufmerksam. Bisherige Gewinne wurden zur Ausweitung des Angebots wieder in das Geschäft gesteckt.

Um ihren Kunden die Waren auch günstig anbieten zu können, ist Angelika ständig um preiswerten Einkauf bemüht. Neuwaren werden bei Verbrauchermessen, beim Großhändler, aber auch aus Geschäftsauflösungen beschafft. Die Kleider in ihrem Secondhandangebot nimmt sie zum Teil in Kommission, zum Teil werden sie ihr überlassen. Inzwischen kennt sie schon die Wünsche vieler Stammkunden, so daß sie ihr Sortiment darauf abstimmen kann.

Der tägliche Umgang mit so vielen Menschen bringt ihr immer wieder heitere, nachdenkliche und auch traurige Erlebnisse. So kommt häufig die zweijährige Theresa aus dem Kinderzimmer zu Besuch. Sie probiert viel zu große Schuhe an, stolziert eine Weile umher und verschwindet dann wieder. Oder da gibt es den Zweijährigen, der immer, wenn er sie sieht, ruft: »Da Tante Bonbon!«

Häufig besucht sie ein älterer Mann, dessen Frau gestorben ist und der jedesmal ein Kleidungsstück mitbringt. Er sucht Gespräch und Zuspruch und nimmt so Stück für Stück Abschied von seiner Ehefrau. All diese Erlebnisse zeigen, daß es gelungen ist, Vertrauen aufzubauen und auf eine eigene Art und Weise Menschen in das Mütterzentrumsleben zu integrieren.

Kosmetikstübchen und mehr

Ruhig und entspannend ist die Atmosphäre im Kosmetikstübchen, hier hat die Hektik des normalen Alltags keinen Zugang. Wohltuend und einschmeichelnd klingt gedämpfte Musik durch den Raum, während Jacqueline mit sicherer Hand das Gesicht, die Wimpern und die Augenbrauen einer Kundin behandelt. Wenn zwischendurch das Telefon läutet? »Dann lassen wir uns nicht aus der Ruhe bringen. Mein Anrufbeantworter läuft, und ich rufe so schnell es geht zurück.«

Ursprünglich hatte Jacqueline Maßschneiderin gelernt, doch ließ sie sich bald zur Kosmetikerin ausbilden und kann hier bereits auf eine zehnjährige Berufserfahrung zurückblicken. Sie kam über den Weg »Caféstubefrau« ins Mütterzentrum, und schließlich konnte sie sich durch viel Eigeninitiative mit ihrem Kosmetikstübchen selbständig machen. Dabei ist ihr Serviceangebot breit gefächert: Es reicht von Hautanalyse und Problemhautbehandlung über medizinische Fußpflege und Maniküre bis hin zu Ganzkörpermassage sowie Gesichts- und Dekolletébehandlung. Dazu gehört auch ein Sonnenstudio. Besondere Anerkennung errang die Jungunternehmerin für ihren Brautschminkservice, aber auch für ihre Farb- und Stilberatung.

Das Beraten, das Sprechen über die vielfältigen Sorgen ist vielen Kundinnen und Kunden ein Bedürfnis. Und Jacqueline kann zuhören; sie sieht sich manchmal regelrecht als »Kummerkasten«, und sie hilft, wo sie helfen kann.

Ihre Kunden – etwa ein Drittel sind Männer! – kommen auch von weiter her, eine Terminabsprache ist jeweils Voraussetzung. Um eine Braut für ihren großen Tag zu schminken oder Fußpflege bei einem Behinderten oder älteren Menschen durchzuführen, macht sie auch Hausbesuche. Dafür muß sie dann möglichst viel Zeit mitbringen, denn ältere Menschen brauchen Zuspruch und Zuwendung.

Zum Thema Zeit fällt Jacqueline noch ein kleines Erlebnis ein: Eine junge Mutter kam zur Gesichtsbehandlung und brachte ihr Baby mit, das ruhig während der Behandlung auf ihrem Bauch schlief. Doch plötzlich verspürte es Hunger und machte sich lautstark bemerkbar. Die Mutter hatte eine Gesichtsmaske aufgetragen bekommen. Was war zu tun? Kurz entschlossen wärmte Jacqueline die Flasche, fütterte das Baby, und die Behandlung konnte weitergehen. Anschließend, bei der leisen, entspannenden Musik, schliefen Mutter und Baby gemeinsam im Kosmetikstuhl ein und wachten erst nach einer Stunde wieder auf.

Die im Mütterzentrum vorhandene Kinderbetreuung wissen Mütter mit Kleinkindern besonders zu schätzen, ohne diese könnten sie ein solches Entspannungsangebot nicht wahrnehmen.

Einschub
Stadtteilservice: Für alle, die Service brauchen

Dienstleistungen, die den Alltag entlasten und die jedem Manager selbstverständlich sind, sollten auch für diejenigen erreichbar sein, die am meisten arbeiten müssen und erklärtermaßen unter der Doppel- und Dreifachbelastung durch Familie und Beruf leiden. Deshalb haben wir mit einem Service begonnen, der speziell auf die Bedürfnisse von Familienfrauen und Müttern zugeschnitten war. Aber schon bald interessierten sich auch alte Menschen und Männer dafür. So hat sich im Laufe der Zeit ein vielfältiges, flexibles Dienstleistungsangebot entwickelt, das von den unterschiedlichsten Menschen aus dem Stadtteil nachgefragt wird.

Die Serviceleistungen zeichnen sich durch eine hohe Flexibilität aus, das heißt, sie werden auf die Bedürfnisse der Nutzerinnen und Nutzer individuell zugeschnitten, sie sind auch für Menschen mit niedrigerem Einkommen bezahlbar, und sie beinhalten neben der reinen Dienstleistung auch immer das Angebot von menschlichem Kontakt und Zuwendung. So ist der Stadtteilservice über die alltagspraktischen Hilfen hinaus auch ein niedrigschwelliges Zugangsangebot zu den weiterführenden Hilfemöglichkeiten im Mütterzentrum für jung und alt geworden.

- *Mittagstisch*
Für alle, die nicht selbst kochen können oder wollen, zum Beispiel gestreßte Hausfrauen und ihre Familien, alte und kranke Menschen, Schulkinder, Erwerbstätige in ihrer Mittagspause. Auch am Sonntag. Anmeldung gewünscht!

- *Fahrbarer Mittagstisch*
Für Menschen, die nicht ins Mütterzentrum kommen können, bringen wir Montag bis Freitag eine warme Mittagsmahlzeit ins Haus. Anfragen in der Küche.

- *Wäscheservice*
Waschen, Mangeln, Bügeln, Nähen, Ändern (preiswert)

- *Hausmeisterinnenservice*
Wir reparieren kleine Schäden im Haushalt. Wir machen die Vor- und Nacharbeiten bei Renovierungen (Möbelrücken, Putzen). Wir geben Einrichtungs- und Wohnberatung. Wir helfen, wenn Möbel aufgebaut oder umgestellt werden.

- *Kopieren und Schreibdienste*
Wir haben Kopierer, Telefax und Computer für Schreibarbeiten und darüber hinaus einen Computer zum Üben. Die Nutzung muß jeweils mit den Bürofrauen abgesprochen werden.

- *Körper und Seele*
Fußpflege, Kosmetik, Haarpflege, Entspannungs- und Bewegungsseminare, Reflexzonenmassage.

- *Ferien und Erholung*
Für Mütter mit Kindern mit Übernachtung und Kinderbetreuung.

- *Fahrdienste*
Für den Transport von Kindern und alten Menschen, aber auch, um die verschiedensten Dienstleistungen zur Entlastung der Alltagsarbeit zu ermöglichen. Zum Beispiel werden Einkäufe erledigt, Transporte von Möbeln und vieles mehr.

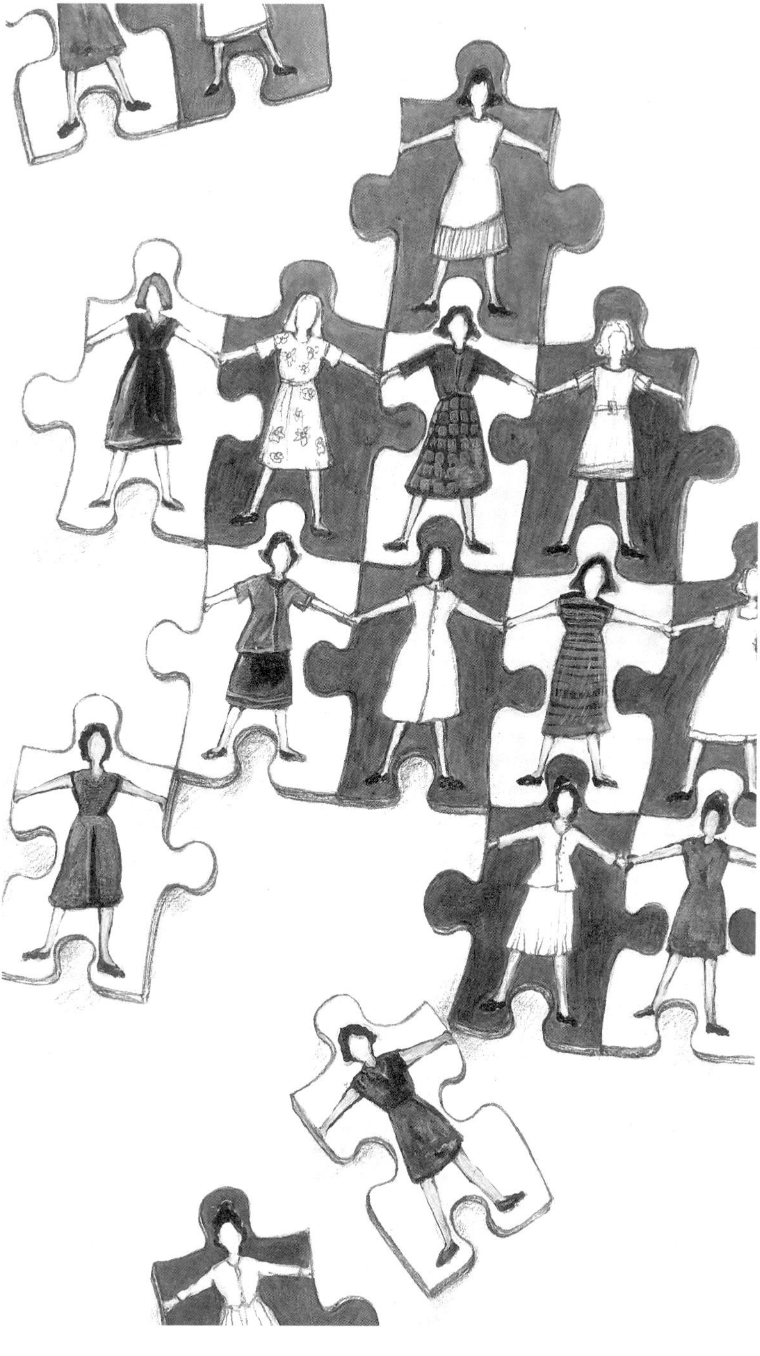

Kapitel 6
Laien und Profis – Partnerschaft oder Machtverhältnis?

Beratung

»Meinst du wirklich, daß das ein Grund zur Sorge ist?« Marions klare, von viel Erfahrung geprägte Meinung läßt mich Charlottes Sprachlosigkeit einmal etwas nüchterner betrachten. Während Lars schon mit zweieinhalb Jahren ganze Geschichten erzählen konnte, beschränkt sich Charlottes Wortschatz auf einige Wörter, die sie allerdings mit großer Geste und illustrierender Mimik vorträgt. Trotzdem mache ich mir Sorgen. Zumal mir Bekannte oft zu verstehen geben, daß das ja wohl nicht normal ist.

»Verstehst du denn, was Charlotte meint?« fragt Marion. »Ja, das schon. Wenn ich es nicht verstehe, dann übersetzt es mir Lars, der versteht sie immer.« »Na, siehst du. Bei meinen Kindern war das genauso. Ich dachte, der Jüngste lernt nie sprechen, weil die beiden Älteren immer alles vorgedacht und -gesprochen haben. Da brauchte er sich ja gar nicht mehr anzustrengen. Das wurde erst anders, als er in die Kindergruppe kam und schnell gemerkt hat, daß er mit seinen Wünschen nicht so durchkam, weil ihn dort niemand verstanden hat. Ich habe danach selbst gestaunt, wie er von Tag zu Tag besser sprach.« Stimmt. Warum sollte Charlotte etwas ändern? Was sie erreichen will, erreicht sie eigentlich immer.

»Aus dieser Perspektive habe ich das noch gar nicht betrachtet.« Ich sitze mit Marion am großen runden Kaffeetisch des Mütterzentrums. Einige Frauen haben sich dazugesetzt. Lars und Charlotte sind ins Kinderzimmer gelaufen und scheinen sich schon richtig wohl zu fühlen hier. »Ich habe in den letzten Tagen mehr Aha-Erlebnisse gehabt als in den ganzen Jahren vorher«, eröffne ich Marion, die mich daraufhin anlächelt, als hätte ich ihr ein Kompliment gemacht. Grundsätzlich stimmt sie meiner Begeisterung zu, ohne dabei jedoch unrealistisch zu werden. »Bei aller Harmonie gibt es natürlich auch hier Knatsch. Gerade heute morgen hat es hier am Tisch eine unerquickliche Streiterei nach der Devise ›Wessen Kind ist am nervigsten‹ gegeben. Aber du hast schon recht, eigentlich überwiegen hier die fruchtbaren Gespräche zwischen Windeln, Wut und wilden Träumen. Das ist dann oft echte Lebensberatung am Kaffeetisch. Und weil das Publikum hier so gemischt ist, kriegst du auch eine Perspektive, die oft ganz anders ist als deine, aber genau deshalb die Problempunkte bei dir erkennt. Oder aber du suchst dir gerade eine Frau, die dir sehr ähnlich ist, vielleicht auch Kinder im entsprechenden Alter hat und in ähnlichen Nöten steckt. Auch den Rat der Älteren, der erfahrenen Frau und Mutter wirst du hier immer finden.« »Das ist ja wie auf dem Dorf oder wie in der Großfamilie, nur daß man sich seine mütterliche Vertraute aussuchen kann,« kommentiere ich lachend. »Dann gibt es auch noch die Profis«, wirft jemand ein. Marion stellt mir Svenja vor, die mit am Tisch sitzt. Sie ist Sozialpädagogin hier im Mütterzentrum: »Wenn es mal ein Problem gibt, das du nicht am Kaffeetisch besprechen willst, dann kannst du damit zu mir kommen. Wir können dann einen Termin vereinbaren und in Ruhe darüber sprechen. Oder in deinem Fall kannst du das Problem mit deiner Tochter noch einmal mit der Logopädin überdenken. Die hat hier im Hause ihre Praxis.«

Biographie
Krisenintervention

Erika kam als eine der ersten Frauen zu uns ins Mütterzentrum.[1] Von den anderen Frauen, den Besucherinnen und Aktiven, wurde sie anfangs wenig akzeptiert. Sie wurde eher als »Randgruppenvertreterin« betrachtet.

Festgemacht wurde das zum einem an den Kreisen, in denen sie verkehrte – nämlich mit Menschen, die außerhalb von bürgerlichen beziehungsweise herkömmlichen Lebens- und Wertvorstellungen ihren Alltag und ihr Leben gestalteten –, und zum anderen an ihrem Lebenshintergrund. Sie selbst ist ohne besondere Zuwendung in einer Pflegefamilie groß geworden, hat keinen Schulabschluß und ist früh in eine Beziehung geraten und noch als Teenager Mutter geworden. Ihre Wohnsituation war ziemlich desolat bis hin zur Verwahrlosung; gleiches galt für ihre finanzielle Situation. Gleichwohl kam sie mit ihrem Leben ganz gut zurecht, so als wäre diese Lebensform für sie nicht verkehrt. Trotz mancher Leidensecken war sie in ihrem Milieu sicher.

Im Mütterzentrum wurde Erika akzeptiert. Sie war auf ihre Art verläßlich, wenn sie etwas zugesagt hatte, passierte das auch, wenn auch wieder auf ihre Art. Im Umfeld des Mütterzentrums war sie nie wirklich verwahrlost. Sie kam oft sehr schön zurechtgemacht, und zu den Festen hatte sie sich besonders auffällige, schöne Kleider gekauft – womit sie aber wiederum auch deplaziert war. Wenn die anderen sich darüber amüsiert haben, hat sie das nicht so sehr belastet.

Die wirklichen Schwierigkeiten resultierten aus ihrem Umgang mit ihrem Sohn, dem sie als Mutter keine besondere Aufmerksamkeit entgegenbrachte. Ihre Haltung war, das Kind ist eben da, was nötig ist, muß getan werden, das mache ich so gut, wie ich es kann, aber ansonsten muß das Kind schon sehen, wie es durchs Leben kommt. Für die anderen Frauen war das zum Teil schwer auszuhalten. Dazu kam noch, daß sie nicht mit ihrem Geld umgehen konnte. Nicht daß sie geklagt hätte: Wenn das Geld alle war, war es eben alle. Dramatisch war allerdings, daß sie manchmal auch kein Geld mehr hatte, um für ihren Sohn etwas zu essen zu kaufen, sie es aber gleichzeitig immer geschafft hat, Geld für ihre tägliche Zigarettenration zu organisieren.

Im Mütterzentrum hat das zu sozialen Krawallen geführt. Sie wurde heftig angegriffen, und es hat viele diesbezügliche »Erziehungsversuche« gegeben. Dagegen war sie ziemlich resistent.

In dieser schwierigen Situation habe ich gezielt eingegriffen und – ohne daß wir es so genannt haben – Krisenintervention gemacht. Diese bestand einmal darin, sie vor den verbalen Übergriffen, der Besserwisserei zu schützen, zum anderen darin, mich um das Kind zu kümmern beziehungsweise dafür zu sorgen, daß sich jemand kümmerte. Geschützt habe ich sie mit meiner Person, mit meiner Autorität. Ich habe mich am Kaffeetisch eingemischt, mich den Angriffen auf sie widersetzt und darauf verwiesen, wo so ein Verhalten sonst auch noch vorkommt. Damit konnte ich das Thema neutralisieren. Gleichzeitig ging es mir darum aufzuzeigen, wie wir denn mit solchen durchaus nicht erwünschten Situationen umgehen können.

Unser Ziel war, Bedingungen zu schaffen, damit Erika in der Gruppe, im Mütterzentrum bleiben konnte, ihre Position zu stärken und ihre vielen sozialen Kompetenzen aufzuzeigen. In ihrem chaotischen Leben nicht unterzugehen erfordert eine hohe Kompetenz. Ich wollte ihr in der geschützten Öffentlichkeit des Mütterzentrums die Möglichkeit geben, ihre Kompetenzen einzubringen, zu zeigen, was sie kann. Und dies lief nicht über spezielle pädagogische Maßnahmen, sondern dadurch, daß sie unter meinem Schutz in kleinen Schritten in die Alltagsarbeit integriert wurde. Parallel dazu habe ich immer wieder mit den anderen Frauen gearbeitet, die sich gerne auf Erikas Fehler, wenn mal etwas schiefgelaufen war, gestürzt haben. Heute würde man diese Arbeit mit dem Begriff »Ressourcenorientierung« etikettieren. Wir waren eben schon vor achtzehn Jahren hochmodern.

Erikas Anwesenheit im Mütterzentrum und ihre Integration hatten positive Auswirkungen auf ihren Sohn und ihr Verhältnis miteinander. Beide haben gelegentlich umsonst das Essen bekommen als eine Form der Gratifikation für ihre Mitarbeit. Der öffentliche Raum Mütterzentrum hat den Kleinen vor verbalen und wohl auch körperlichen Angriffen seiner Mutter geschützt. Darüber hinaus hat Erikas Sohn, sei es in den Kindergruppen oder einfach so, viele Zuwendungen und Anregungen erhalten, die seine Mutter ihm nicht geben konnte.

Eine weitere »Krisenintervention« fand im häuslichen Bereich statt. Nach einiger Zeit wurde zunehmend deutlicher, daß die Verwahrlosung in der Wohnung Ausmaße angenommen hatte, die ein Eingreifen erforderlich machte. Es war nicht so, daß Erika nicht putzen konnte. Im Mütterzentrum machte sie das recht ordentlich, aber da hatte sie klare Aufgaben und eine Anleitung. Ihr Problem zu Hause lag vielmehr darin, daß sie mit der Zeit nicht zurechtkam und die Arbeit nicht organisieren konnte. Klar, wenn man lange schläft, fehlen Stunden am Tag, dann blieb ihr nur noch die Zeit, zu überlegen, daß jetzt eigentlich gar nichts mehr zu schaffen war.

Da dieses Problem nicht theoretisch zu lösen war, haben wir Haushaltseinsätze bei ihr organisiert. Es war nicht so einfach, dafür Frauen zu finden. Die einen waren mit ihren mittelschichtsorientierten Sauberkeitsvorstellungen nicht bereit, sich in dieses Chaos zu begeben, oder sie waren so streng, daß Erika nichts annehmen konnte. Andere waren keine Hilfe, weil ihre Ordnungsvorstellungen nicht so gravierend von denen Erikas abwichen.

So habe ich bei den ersten Malen viel selbst gemacht. Sie konnte das von mir annehmen, weil wir so etwas wie eine Freundschaftsebene gefunden hatten. Ich war nicht ihre strafende oder tadelnde Beraterin, sondern eine gutmeinende Ratgeberin, an der sie sich orientieren konnte. Die Haushaltseinsätze fanden nicht regelmäßig statt. Wir hatten ihr gesagt, wenn du wieder Hilfe brauchst, sag Bescheid, dann organisieren wir etwas – unter der klaren Zielvorgabe, daß sich auch etwas bessern sollte.

Letztendlich ist es nicht zu grundlegenden Veränderungen in ihrer Haushaltsführung gekommen. Aber die Einsätze waren trotzdem wichtig, weil Erika darüber ihr bisher unbekannte Formen von Zuneigung, Zuwendung und Beziehung erfahren hat.

Als Ergebnis dieser Erfahrung konnte sie immer mehr Vertrauen zu uns fassen und offen bleiben, so daß wir einen inneren Zugang zu ihr hatten. Der war wichtig, um beurteilen zu können, ob die Verwahrlosung schlimmer wurde oder sie einfach nur eine Lebensform darstellte, die nicht der unseren entsprach. Es handelte sich wohl eher um letzteres. Ihr Leben war chaotisch, aber sie rutschte nicht wirklich ab. Wir waren das Korrektiv zu ihrem sonstigen Lebensumfeld. Inzwischen waren auch Freundschaften mit weiteren Frauen entstanden, die positive Auswirkungen auf Erikas Alltagsgestaltung hatten. Insgesamt war ihre Bindung an uns so stark, daß die anderen Einflüsse nicht die Oberhand gewinnen konnten.

Eine andere Unterstützung stellte die praktische Hilfe im Umgang mit ihrem Geld dar. Einerseits haben wir sie dabei unterstützt, aus finanziellen Katastrophensituationen herauszukommen: Sie hatte z. B. wunderschöne Kinderkleidung bei Versandhäusern bestellt, die sie nicht bezahlen konnte. Wir streckten ihr dann Geld vor, das später – in besseren Zeiten – wieder ver-

Kriseninterventation

rechnet wurde. Außerdem übte eine Mütterzentrumsfrau mit ihr Haushaltsbuchführung und verwaltete zum Teil das Geld und das Konto. Ohne uns hätte sie ihre Finanzen nicht bewältigen können. Das ganze war eine Mischung aus Hilfe, Anlernen und Durchführungsbegleitung.

Als wir den Stadtteilservice gegründet haben, war sie eine der ersten Frauen, die eine Stelle bekamen. Mehrere Jahre hat sie im Rahmen verschiedener Maßnahmen (Honorar, BSHG, ABM) täglich, verbindlich und unter konkreter Anleitung gearbeitet. Das war für sie ein großer Sprung nach vorne, den sie auch deshalb erfolgreich schaffte, weil wir sie immer wieder gefordert hatten, ihre Fähigkeiten einzubringen.

Erika hat mehrere Jahre im Mütterzentrumsteam mitgearbeitet und regelmäßig an Fortbildungen teilgenommen. In diese Arbeit konnte sie ihre besonderen Fähigkeiten gut einbringen. Ihre große Stärke lag darin, sich um Menschen zu kümmern und mit ihnen umzugehen, speziell mit solchen, die aus einem ähnlichen Milieu kamen wie sie. Sie konnte ihre eigene Lebenssituation, ihre Erfahrungen und auch das, was sie an Hilfe bekommen hatte, gut reflektieren und so wiederum andere unterstützen. Für diese hervorragende Arbeit hat sie auch viel Anerkennung erhalten.

Einen Rückschlag gab es, als der Ehemann auftauchte und sie wieder schwanger wurde. Viele Frauen im Mütterzentrum waren der Ansicht, daß sie nicht in der Lage sei, ein zweites Kind großzuziehen. Die alten, fast schon vergessen geglaubten Vorurteile wurden wieder mobilisiert, und es entstand eine starke Front gegen sie. In intensiven Gesprächen, die ich mit ihr führte, wurde schnell klar, daß sie das Kind auf jeden Fall wollte. Ich habe ihre Entscheidung akzeptiert und mitgetragen. Mir stand es nicht zu, über Abtreibung oder Austragen des Kindes zu entscheiden. Sie wollte das Kind, und das bedeutete für uns, sie weiterhin in ihrem Alltag zu unterstützen – und diese Möglichkeiten hatten wir ja. Zwei Mütterzentrumsfrauen haben die Patenschaft für das Kind übernommen, eine Frau war bei der Geburt dabei. Das ist auch ein Ausdruck dafür, daß neben aller Kritik auch intensive freundschaftliche Bindungen entstanden waren.

Dabei wurde sie durchaus in die Pflicht genommen, ihre Aufgaben als Mutter in ihrem Rahmen zu erfüllen; das kleine Mädchen nicht als ein Spielzeug, als Puppe anzusehen, sondern verantwortlich mit ihr umzugehen. Das wurde erleichtert, weil sie auch nach der Geburt täglich ins Mütterzentrum kam. Das Kind hatte so von Anfang an den Schutz und die Geborgenheit des Mütterzentrums. Für das aufgeweckte und pfiffige Mädchen war es sicher nicht leicht, die zwei unterschiedlichen Welten zu verbinden: einerseits das familiäre, eher geordnete Umgehen im Mütterzentrum und andererseits das Chaos daheim und die Anforderung, sich in diesem Chaos zurechtzufinden.

Aus dem vorübergehenden Zusammenleben mit dem Vater und der folgenden Trennung resultierte ein Berg von Schwierigkeiten finanzieller Art, komplizierte Rechtsgeschichten und ein Rückfall in das alte Phlegma. Eine erneute Krisenintervention stand an. Ich fand eine Mütterzentrumsfrau, die aus der Verwaltungsarbeit kam, sich mit Behörden- und Rechtsdingen gut auskannte und sich gerne um Erika kümmern wollte. Wir verabredeten, daß diese Unterstützung nicht im Mütterzentrum laufen sollte, sondern bei Erika zu Hause. So hatten wir gleichzeitig Kontakt zu ihrem häuslichen Leben. Natürlich wurden nicht nur Behördenangelegenheiten geregelt, sondern durch tatkräftiges Zupacken Einfluß auf die häusliche Situation genommen – verbunden mit Übungen und konkreten Aufträgen an sie. Was wir gemacht haben, war sozialpädagogische Familienhilfe auf unsere Art.

Im Zusammenhang mit den Kindern haben wir mit anderen Einrichtungen der Stadt kooperiert. So besuchte das Mädchen z. B. eine Zeitlang eine sozialtherapeutische Tageseinrichtung.

Beide Kinder sind heute in der Lage, ihr Leben selbständig zu meistern. Der Junge lebt in seiner eigenen Wohnung, hat einen Schulabschluß und macht eine Ausbildung als Dekorateur. Und auch Erika konnte sich mit neuer Kraft ihren Kindern und ihrem Leben zuwenden. Unser Ziel war zu keiner Zeit, sie an Mittelschichtsnormen anzupassen, sondern sie darin zu bestärken, ihre Fähigkeiten und Stärken zu erkennen und in ihrem Rahmen, in ihrer Kultur so einzusetzen, daß es für sie und ihre Kinder produktiv würde.

Später hat sie erfolgreich an einer Maßnahme des Arbeitsamtes teilgenommen und auch außerhalb des Mütterzentrums gearbeitet. Es gab immer ein Auf und Ab. Sie teilt ihren Alltag nicht mehr mit uns, ist aber immer noch mit uns verbunden, kommt zu Festen und Veranstaltungen.

Rückblickend läßt sich sagen, daß wir auf fast allen Ebenen sozialer Arbeit tätig geworden sind, ohne daß es explizit so benannt oder uns bewußt war: Schwangerschaftskonfliktberatung, Schuldnerberatung, Erziehungsberatung, sozialpädagogische Familienhilfe, sozialtherapeutische Begleitung, geschützte Arbeitseinsätze und Integration in das Erwerbsleben. All das konnte geschehen, weil es unser Hauptanliegen war, Erika zu akzeptieren, wie sie ist, sie in den unterstützenden Mütterzentrumsalltag zu integrieren, ihr ein Feld bereitzustellen, in dem sie ihre Fähigkeiten und Stärken einbringen konnte, und sie und ihre Kinder vor konkretem Unheil zu bewahren. Entscheidend war letztlich, und darin liegt unsere Stärke, daß trotz aller sozialer und kultureller Unterschiede Beziehungen und Freundschaften entstanden sind.

Anmerkung
(1) Der Beitrag beruht auf einem Interview mit Hildegard Schooß.

Hannelore Weskamp
»Bunte Teams« im Mütterzentrum

Mütterzentren als Antwort auf sich ausbreitende Professionalisierung

Die ersten Mütterzentren in der Bundesrepublik sind Anfang der achtziger Jahre als Antwort auf die Klientelisierung der Beratungs- und Bildungsarbeit der siebziger Jahre entstanden, als Reaktion auf die sich ausbreitende Professionalisierung der Sozialen Arbeit, die den zertifizierten Ausbildungsformen und Tätigkeiten einen absoluten Vorrang vor den im Umgang mit Menschen und in der Familie erworbenen Kompetenzen einräumten.

Die »Kolonisation des Alltags« (Kickbusch 1981) seit dem Aufstieg der professionellen Menschenarbeiterinnen und Menschenarbeiter teilt unsere Gesellschaft in Wissende und Unwissende und versozialpädagogisiert sie flächendeckend. Versorgung und Fürsorge dienen als Deckmantel für einen breitangelegten Entmündigungsprozeß, der den Betroffenen die Fähigkeit abspricht, ihre soziale Situation selbst zu definieren und kompetente Lösungen anzustreben. Ihre sozialen Deutungsmuster werden abgewertet. Alltagswissen respektive Erfahrungswissen von Laien gilt weit weniger als das Fachwissen der Experten. Ein gravierendes Beispiel ist die Enteignung der Erziehungskompetenz von Müttern.

Das Alltagsleben

Mit seinen durchaus vorhandenen und vielschichtigen Konflikten ist das Alltagsleben ein kompliziertes Gesamtsystem, in dem es immer wieder zu Abweichungen von einem »normalen, alltäglichen Verhalten« kommen kann. In solchen Situationen werden die sozialen Hilfsinstanzen mobilisiert. Professionelles Handeln als reglementierende und kontrollierende Instanz wird als die entscheidende Möglichkeit und nicht zuletzt als Garant dafür gesehen, die Einhaltung beziehungsweise die Wiederherstellung der »Normalität« durchzusetzen.

Durch die Spezialisierung und Auffächerung sozialer Hilfen nach Zielgruppen, Arbeitsmethoden und sozialadministrativen Zuständigkeiten gerät das Ganze des Lebens aus dem Blick. Das unverbundene und zum Teil konkurrierende Nebeneinander verschiedener sozialer Hilfen erschwert auch die Orientierung und selbstverantwortliche Nutzung der Angebote durch die Betroffenen, und es führt nicht zuletzt zu Entfremdung.

Es geht mir im folgenden nicht darum, die professionelle Arbeit am Menschen generell als unnütz oder gar schädlich darzustellen, sondern darum, die mit der Professionalisierung einhergehende Abwertung und Ausklammerung des Mütterlichen, der Laienkompetenz und des Alltagswissens darzustellen.

Das Laien-mit-Laien-Prinzip

Die Mütterzentren haben einen der Professionalisierung gegenläufigen Ansatz gewählt. Einer der grundlegenden Konzeptpunkte ist das »Laien-mit-Laien-Prinzip«. Die Kinderbetreuungsfrau muß keine Erzieherin, die Kochfrau keine Köchin sein. Alle Aufgaben und Aktivitäten, Planung und Organisation, Beratung und offene Angebote werden von den Müttern übernommen. Jede Besucherin des Mütterzentrums kann in die Rolle der Akteurin überwechseln. Je nachdem, wie eine Frau ihre Kompetenzen gerade ausbaut, und je nachdem, welche Zeit sie gerade erübrigen kann, spielt sie im Mütterzentrum mal eine aktive Rolle, ein anderes Mal wieder eher die Rolle der Besucherin. Nach dem Motto »Jede Frau kann etwas, und das bringt sie ins Zentrum ein« wird an die Fähigkeiten der Mütter angeknüpft. Die Mütter helfen einander herauszufinden, was jede einbringen kann und möchte. Das Laienkonzept ermöglicht es den Frauen, ihr Selbstwertgefühl und ihre Eigenkompetenz auf- und auszubauen, ihrer Kreativität und ihren Fähigkeiten mehr Spielraum zu verschaffen.

Im Mütterzentrum gibt es grundsätzlich keine »Klientinnen mit Defiziten«. Schwierigkeiten, Probleme und Notlagen sind eher beiläufiger Bestandteil des Zentrumsalltags, in welchem jede Frau selbst bestimmt, wen sie wann, wo und wie um Rat und Hilfe bittet und in dem sie diese auch bekommt. Und zwar verbindlich bekommt, wenn es sein muß auch sofort. In der professionellen Terminologie heißt das Krisenintervention, im Mütterzentrumsalltag »Da hat eine ein dringendes Problem und braucht (sofort) Hilfe«.

Dieses Prinzip hat noch heute, Jahre nach der Gründung des ersten Mütterzentrums, seine Gültigkeit.

Integration von professionellen Fachkräften

Im Mütterzentrum Salzgitter sind in den vergangenen Jahren rund um den offenen Bereich neue Arbeitsfelder, z. B. die Kindertagesstätte und die Altenbetreuung, entstanden, für die öffentliche Mittel eingesetzt werden. Öffentliche Mittel im Personalbereich gibt es nach wie vor nur für professionell ausgebildete Fachkräfte, z. B. Erzieherinnen und Altenpflegerinnen. So arbeiten heute Laien und Professionelle nebeneinander. Ein schwieriger Prozeß für beide Seiten, denn es geht darum, einerseits das soziale Gleichgewicht in der Struktur des Mütterzentrums in der Balance zu halten und andererseits den Profis eine wirkliche Chance zu geben, ihren Platz in einer eingespielten Selbsthilfeeinrichtung zu finden.

Individuelle und gesellschaftliche Hintergründe und Ursachen dieser Schwierigkeiten sowie Bedingungen und Möglichkeiten, damit konstruktiv umzugehen, sollen nachfolgend erläutert werden.

Profis und Laien – Ein Beispiel aus dem Kinderhaus des Mütterzentrums

Zum Alltag der Kindereinrichtung gehört auch, daß neue Kinder aufgenommen werden. Müttern und Kindern geht es dabei oft erst einmal schlecht. Beide sind traurig. Die Kinder äußern ihren Schmerz lautstark, die Mütter, wenn überhaupt, eher verhalten. Diese Situation ruft bei den Erzieherinnen und den Laienmitarbeiterinnen, die im Kinderhaus beschäftigt sind, oft unterschiedliche Reaktionen hervor. Die Laienmitarbeiterin spricht die betroffene Frau als Mutter an. Sie kann sich aus eigener Erfahrung gut an die Situation erinnern, wie sie behandelt worden ist, welche Gefühle sie hatte, als eine Erzieherin ihr sagte: »Geben Sie mir mal Ihr Kind, bei uns ist es gleich ganz lieb.«

Die Laienmitarbeiterin, die sich in diesem Moment mehr in der Rolle der Mutter sieht, ist viel näher an dem Problem dran. Sie kann deshalb auf die abgebende Mutter eingehen und sie fragen, wie es ihr geht. Sie kann die Angst- und Trauergefühle teilen, kann den Schmerz ernst nehmen und die andere ermuntern, ihre Gefühle zuzulassen und darüber zu sprechen.

Die Erzieherin, auch wenn sie bei eigenen Kindern ebenfalls solche Situationen durchlebt hat, greift in der Regel auf andere Ressourcen zurück – auf erlernte, theoretische, pädagogische Konzepte. Da dominiert dann unter Umständen das Bild der »Mutter, die nicht loslassen kann«, und es werden Überlegungen angestellt, wie dieses Defizit am besten zu beheben ist (Schooß; Weskamp 1997a).

Professionell ist, wer...
...einen formal gesicherten Ausbildungsgang mit einem zertifizierten Abschluß absolviert hat und mit diesem Papier dazu ermächtigt ist, bestimmte anerkannte berufliche Positionen auszufüllen. In diesen Ausbildungsgängen haben sich die Profis ein spezialisiertes Fachwissen angeeignet, auf das sie ihr Handeln stützen. Sie verfügen über ein verbindliches Regelwerk und können ihre Interventionen theoretisch begründen. Die Profis arbeiten auf der Basis einer mehr oder minder klaren Tätigkeitsbeschreibung unter anderem mit Klientinnen und Klienten. Sie haben gelernt, sich in ihrer Arbeit von ihrem

Gegenüber abzugrenzen. Aufgrund von Ausbildung und Position erklären sich Profis als zuständig für einen gesellschaftlich definierten Arbeitsbereich; das kann gleichzeitig andere Menschen, Laien, von dieser Arbeit ausschließen.

»Professionalität«, so ist im »Wörterbuch Soziale Arbeit« zu lesen, »...steht für den Versuch, ... über Handwerkelei und theorielose Praxis hinauszukommen zu einer praktischen Theorie und einer theoriegeleiteten Praxis. Davon erhofft man sich nicht nur ein klares und akzeptables Selbstverständnis, sondern auch die gesellschaftliche Aufwertung und Anerkennung eines Berufes, der nach wie vor die Makel seiner Klientel mitzutragen hat.« (Kreft; Mielenz 1986, S. 340)

»Ich bin keine Profifrau, weil...
...die Dinge, die ich tue, mehr aus dem Gefühl kommen als aus dem Kopf;
...ich flexibel und nicht schematisch arbeite;
...ich offen für andere Frauen bin;
...ich von sehr viel Nähe auch in der Arbeit lebe;
...mir Menschen wichtiger sind als Strichlisten;
...ich keine Ausbildung habe, auf die ich mich berufen kann und mit der ich andere bedrohen kann;
...ich in vielen Sachen von meinen vorgefaßten Meinungen total abgewichen bin;
...ich oftmals alleine nicht weiterkomme;
...ich mich genauso als Betroffene sehe, da ich mit meinen Lebensbedingungen als Frau auch oft nicht zurechtkomme.«

Diese Antworten von aktiven Mütterzentrumsfrauen liefern in der Abgrenzung von Professionellen wesentliche Merkmale von Laienarbeit.

Handlungsleitend für die Arbeit von Laien ist Alltags- beziehungsweise Erfahrungswissen, das sie zum Teil intuitiv einsetzen. Alltags- und Erfahrungswissen beruhen auf eigener Betroffenheit. Es wird gewonnen aufgrund einer spezifischen Lebenssituation, der Eingebundenheit im sozialen Umfeld und nicht zuletzt aus der unmittelbaren Laienarbeit selbst. Die Laien arbeiten mit Personen, nicht mit »Klienten«. Eigene Betroffenheit erzeugt Nähe und erfordert, sich einlassen zu können. Diese Form von handlungsleitendem, aber nicht bewußtem Wissen, das einen großen Teil der Handlungskompetenz begründet, bezeichnet Giddens als praktisches Bewußtsein. Alltagssprachlich kann es auch gesunder Menschenverstand genannt werden. Dem praktischen Bewußtsein steht ein diskursives Bewußtsein gegenüber, das alle beschreibbaren und verbalisierbaren Kenntnisse – eben auch die Fachkenntnisse – umfaßt. (Giddens 1988; Laewen 1996, S. 78)

Trennungslinien

Die Liste der jeweiligen Merkmale von professioneller und von Laienarbeit ist nicht umfassend. Sie ist auf rein äußere, formale Bestandteile reduziert, um Zuschreibungen zu vermeiden, die dem Einzelfall nicht gerecht werden.

Für Profis sind Nichtbezahlung und Unverbindlichkeit in der Regel zwei Kriterien für Laienarbeit. In ihrer Vorstellung arbeiten Laien eben ehrenamtlich, das heißt ohne eine feste Bezahlung, und ihre Arbeit beinhaltet die Möglichkeit der Unverbindlichkeit, das heißt immer wieder neu zu entscheiden, ob eine Arbeit gemacht wird oder nicht. (Sozialpädagogisches Institut im SOS-Kinderdorf e.V. 1997, S. 44)

Die Frage der Bezahlung beziehungsweise der Nichtbezahlung ist in der Tat eine wichtige Trennungslinie. Wer das zertifizierte Fachwissen hat, hat den Zugang zum Geld. Aus diesem Zugang zu Geld und Ressourcen leiten die Profis eine Ungleichwertigkeit ab. Damit ist allerdings noch keine Aussage über die Qualität der jeweils geleisteten Arbeit getroffen.

Zwischen Verbindlichkeit beziehungsweise Unverbindlichkeit als Kriterium der Unterscheidung der Arbeit von Profis und Laien läßt sich keine Trennungslinie ziehen. Die Frage ist eher, wie Verbindlichkeit hergestellt wird: ob über regelmäßige Sprechzeiten und Terminvergaben oder über das Angebot und die Gestaltung von Beziehungen. Auch hier ist noch keine Aussage zur Qualität gemacht.

Fachlichkeit und Fachwissen

Hilfreich bei dem Versuch, Trennungslinien durchlässiger werden zu lassen, ist die von Laewen vorgeschlagene Unterscheidung von Fachwissen und Fachlichkeit. (Laewen 1996, S. 70 ff.) Fachlichkeit schließt neben dem Fachwissen die Fähigkeit zum angemessenen fachlichen Handeln mit ein. In der Sozialen Arbeit ist fachliches Handeln immer kommunikatives Handeln und unterliegt, wenn es gelingen soll, dem Kriterium der Authentizität, »das heißt einer Wahrhaftigkeit in den persönlichen Motiven und Absichten in Hinblick auf das Ziel der Interaktion. [...] Authentizität muß darüber hinaus durch Bindungsfähigkeit und Bindungsbereitschaft ergänzt werden...« (Laewen 1996, S. 79)

Diese Fähigkeiten sind nicht im Rahmen formaler, curricularer Lernprozesse zu erwerben, sondern das Ergebnis »komplexer Entwicklungsarbeit von Individuen in ihrer Auseinandersetzung mit sich selbst und ihrem sozialen Umfeld. Das bedeutet aber, daß Fachlichkeit wesentliche Anteile enthält, die nicht in fachlicher Ausbildung erworben werden können, also nicht lehrbar sind, sondern als persönliche Voraussetzung aus Lebensbereichen außerhalb der formellen Ausbildungsgänge mitgebracht werden müssen, wobei der eigenen Sozialisation wahrscheinlich eine besondere Bedeutung zukommt.« (Laewen 1996, S. 80) Folgt man dieser Argumentation, dann gibt es eine große Zahl von Laien und Profis, die diese Voraussetzungen erworben haben, aber eben auch solche professionell Qualifizierten, denen es bei ihrem fachlichen Handeln an Authentizität und Bindungsfähigkeit beziehungsweise -bereitschaft fehlt. Sowie es natürlich umgekehrt Laien gibt, denen es an konkreten Fachkenntnissen mangelt.

Die Aussagen korrespondieren mit Untersuchungsergebnissen zur Wirksamkeit von Laien- und professioneller Arbeit: »Laienhelfer arbeiten im allgemeinen ebenso wie professionell ausgebildete Sozialarbeiter beziehungsweise Psychologen, manchmal besser, selten schlechter.« (Müller-Kohlenberg 1988, S. 185)

Selbstbilder

Trennungslinien zwischen Profis und Laien haben viel mit den jeweiligen Selbstbildern zu tun. Ein Beispiel aus Salzgitter soll dies verdeutlichen.

Angelika hat als Mütterzentrumsfrau den Schülertreff (Nachmittagsbetreuung für Schulkinder) aufgebaut. Als Mutter von zwei Kindern, durch die langjährige Arbeit im Mütterzentrum und durch entsprechende Fortbildungen hat sie dafür viele Kompetenzen entwickelt. Als der Treff aus Geldmangel geschlossen werden sollte, gelang es, öffentliche Gelder einzuwerben. Aber »die von uns angestrebte und bewährte Form der Laienarbeit war mit den Vorstellungen unserer Geldgeber nicht zu vereinbaren. In meinem neuen Arbeitsvertrag stand plötzlich ›Mithilfe bei der Erziehung von Schulkindern‹, kein Wort von Organisation und selbständiger Arbeit. Die neu eingestellten Erzieherinnen machten mir angst ... Der Anfang war von Mißtrauen und kritischen Beobachtungen geprägt. Mir fiel es schwer, die neuen, anders qualifizierten Frauen zu akzeptieren – den Erzieherinnen fiel es genauso schwer, mich, eine Frau ohne klassische Ausbildung, als gleichwertige Kollegin anzuerkennen.« (Schooß; Weskamp 1997a)

In diesem Beispiel sind zwei wesentliche Punkte enthalten. Laienmitarbeiterinnen nehmen sich oftmals gegenüber Profis zurück. Gerade in problemhaften Situationen stellen sie eigene Kompetenzen in Frage, fühlen sich minderwertig und schreiben den Profis aufgrund deren Fachwissen die größere Handlungskompetenz zu. Sie sind eben »nur« die Laienmitarbeiterinnen. Die gesellschaftliche Höherbewertung von professioneller Arbeit haben vielfach auch Laienmitarbeiterinnen internalisiert. Die unterschiedliche Bezahlung, auch wenn beide einen regulären Arbeitsvertrag haben, tut das Ihrige dazu, solche Bilder zu verfestigen.

Laienmitarbeiterinnen haben häufiger auch außerhalb ihres Berufsalltags leidvolle Erfahrungen mit Profis gemacht (z. B. mit den Erzieherinnen ihrer eigenen Kinder, mit den sozialen Diensten oder dem Sozialamt). Auch daraus resultieren Vorsicht und Mißtrauen.

In unserer Gesellschaft sind die Identitätsbildung und die Herstellung eines positiven Selbstbildes eng verknüpft mit Ausbildung und Berufsstatus. Für Profis, die viel Zeit und Geld in ihre Ausbildung investiert haben, kann es eine Verletzung sein, wenn andere, die diesen Weg nicht gegangen sind, gleichwertige Kolleginnen sein sollen. Die subjektiv erlebte Abwertung des eigenen Selbstbildes kann nur dann verhindert werden, wenn man sich von den anderen – den Laien – abgrenzt und deren Arbeit als minderqualifizierte Hilfsarbeit einstuft. In Zeiten knapper werdender Arbeitsplätze verschärfen sich diese Abgrenzungen noch einmal mehr. Barrieren, die zu überwinden sind, gibt es auf beiden Seiten.

Komplementäre Verschränkungen

Die Dichotomisierung zwischen Laienarbeit und professioneller Arbeit entspricht heute weder der Wirklichkeit, noch macht sie auf der Basis der vorangegangenen Ausführungen einen Sinn. Ich will einige Punkte darstellen, die eine mögliche Verschränkung begünstigen können. Profis können ihr Fachwissen, ihre Ressourcen transparent machen und sie den Laien als Werkzeug zur Verfügung stellen. Dazu gehören theoretisches Hintergrundwissen ebenso wie schlichte Informationen, z. B. über Ämter- und Behördenstrukturen.

Supervision und Fortbildung, durchgeführt von Profis für Selbsthilfeeinrichtungen, können eine weitere Verschränkungsmöglichkeit sein, wenn beides auf der Basis von Gleichwertigkeit geschieht und so angelegt ist, daß das zentrale Moment von Selbstbestimmung der Laien erhalten bleibt.

Bedürfnisorientierte Arbeit, wie sie z. B. im Kinder- und Jugendhilfegesetz (KJHG) postuliert ist, braucht Kooperation und Vernetzung zwischen professionell geführten Einrichtungen, z. B. Beratungsstellen oder Ämtern für soziale Dienste, und Selbsthilfeeinrichtungen. Auch wenn es in diesen Bereichen inzwischen vielfältige Kooperationsformen gibt, fehlt häufig auf der einen Seite die Akzeptanz der Gleichwertigkeit und auf der anderen die Durchlässigkeit und flexible Handhabung von gesetzlichen Regelungen und Vorgaben. Im Mütterzentrum Salzgitter wurde immer schon eine Vor-, Während- und Nachbetreuung für Frauen durchgeführt, die die Angebote einer Beratungsstelle nutzen. Diese Leistung ist bislang unbezahlt, und eine Rückkoppelung mit der entsprechenden Beratungsstelle kommt erst mühsam in Gang. Vorstellbar wäre, daß ein Kooperationsvertrag zwischen dem

Mütterzentrum und der Beratungsstelle abgeschlossen wird, wer welche Aufgaben übernimmt und auch, wie die anfallenden Einnahmen aufgeteilt werden können. Die Akzeptanz der Unterschiede und der Gleichwertigkeit gilt auch für die Laien. »Erst auf der Basis eines eigenen Sinns, auf der Basis des Wissens der eigenen Laienarbeit im Unterschied zu der professionellen, ist eine Kooperation von Differierenden, aber Gleichwertigen möglich.« (Rabe-Kleberg 1992, S. 3)

Zusammenarbeit von Profis und Laien im Mütterzentrum Salzgitter

Praxisexpertinnen

Die Laienmitarbeiterinnen im Mütterzentrum sind längst keine homogene Gruppe mehr. Es gibt Frauen, die gerade erst anfangen, sich im Mütterzentrum zu orientieren, und andere, die seit mehr als zehn Jahren aktiv in der Arbeit stehen. Sie haben Leitungsfunktionen übernommen, müssen zuverlässig Aufgaben übernehmen, tragen im umfassenden Sinn Verantwortung und entscheiden, wofür Verantwortung übernommen wird. Sie sind keine Profis, denn ihnen fehlt die formale Qualifikation. Aber Laien sind sie auch nicht mehr – wir bezeichnen sie als Praxisexpertinnen. Damit sind die Fähigkeiten dieser Frauen beschrieben. Die eindeutige Trennungslinie zwischen Profis und Laien verschwimmt. Von außen und auch anhand der Arbeitsfelder und -inhalte ist z. B. im Kinderhaus nicht zu erkennen, welche Mitarbeiterin eine Profifrau ist und welche eine Laienmitarbeiterin.

»Bunte Teams« im Mütterzentrum

Wie eingangs erwähnt, sind im Bereich der Kinder- und Altenbetreuung aufgrund von Förderrichtlinien und gesetzlichen Auflagen professionelle Fachkräfte tätig. Hier sind neue Wege beschritten worden, den Laienansatz mit der professionellen Arbeit zu verknüpfen.

Im Mütterzentrum wird die Arbeit von Laien und Professionellen anders bewertet, dort sind sie nicht nur gleichberechtigt, ihre Arbeit ist auch gleich viel wert. Den Professionellen werden daher keine Vorschußlorbeeren entgegengebracht. Da sie als Quereinsteigerinnen die wirklichen Anforderungen des Mütterzentrumsalltags nicht kennen, werden ihre Fähigkeiten eher skeptisch betrachtet.

Diese Situation ist für die Professionellen oft schwer zu verstehen. Fühlen sie sich doch – als qualifizierte Fachkraft mit dem entsprechenden Papier in der Tasche – den Laien gegenüber überlegen. Das ist auch ein Ergebnis ihrer Ausbildung, in der sie auf die Anforderungen im Selbsthilfebereich nicht vorbereitet worden sind.

Von den Professionellen werden folgende Punkte als Probleme erlebt:
- die Gleichberechtigung zwischen ihnen, Laienmitarbeiterinnen und Besucherinnen;
- die ungewöhnliche Flexibilität in bezug auf Arbeitsinhalte und -abläufe, z. B. keine festen Gruppen, offene Räume, alters- und generationsübergreifende Angebote, Mehrfachzuständigkeiten, Mehrfachnutzung der vorhandenen Räume;
- keine klassische Leitung (das Entlastungs- und Feindbild der »Chefin« fehlt), keine Klientelisierung der Besucherinnen;
- die Unmöglichkeit, sich hinter der Rolle der »Expertin« zu verstecken; die Anforderung, Nähe und Zugehörigkeit zu entwickeln und Gefühle offen zu zeigen;
- kein Spezialistentum, sondern eine geforderte Eigenverantwortung für das ganze Projekt;
- die erwartete ehrenamtliche Arbeit, z. B. unbezahlte Beteiligung an Putzaktionen.

Das Rollenverständnis von Professionellen wird im Mütterzentrum auf den Kopf gestellt. Für viele ist das zunächst verwirrend und verunsichernd. Sie haben in der Regel gelernt, Menschen auszuhalten, wenn sie in begrenzten Beratungssettings und geordnet nach Problemen auftreten. Im Mütterzentrum gibt es diese Schutzzonen nicht. Die Profis begegnen den Müttern oder Angehörigen in gleichberechtigter Position am gleichen Ort. Sie arbeiten im selben Haus. Sie sind Kolleginnen, wenn auch mit unterschiedlichen Aufgaben. Mütter, Kinder und Erzieherinnen begegnen sich zu jeder Zeit, ungeplant und gleichwertig. Diese Situation erfordert das Loslassen von gewohnten Verhaltensweisen. Begriffe, wie »Kontrolle«, »Zusammenarbeit« und »Kompetenz«, müssen neu gedeutet und umgesetzt werden; Grenzen müssen neu gezogen, liebgewordene und anerzogene Erwartungen in Frage gestellt werden. Das Besondere daran ist, daß diese Prozesse gemeinsam durchlaufen werden müssen und können und daß die Profis dabei genauso wenig allein bleiben wie die Laien. Es wird sich in die Karten geguckt, ob man es will oder nicht – die Frauen erleben sich wechselseitig in ihren unterschiedlichen Fähigkeiten und Kompetenzen. Die Erzieherin, die mit dem schwierigen Kind der Köchin nicht zurechtkommt, begegnet dieser im Rahmen ihrer Arbeit und genießt deren gutes Essen. Oder die Erzieherin sieht, wie gut eine Kollegin aus der Altenbetreuung mit den alten Menschen umgehen kann, obwohl sie mit ihrem eigenen Kind immer wieder Ärger hat. Das vermittelt ihr ein anderes Bild, als wenn sie lediglich die »schwierige« Seite kennengelernt hätte. Gespräche am gemeinsamen Mittagstisch über Erziehungsprobleme zwischen Müttern und Betreuerinnen bekommen einen konkreten Wert. Die Mutter beobachtet ungezwungen, unorganisiert – nicht im Rahmen einer Hospitation – die vielen Bemühungen der Erzieherin um ihr Kind. Sie kann die Beobachtung sogar mit anderen Frauen gemeinsam machen und besprechen und kommt auf diese Weise zu einer objektiveren Beurteilung der Arbeit der Erzieherin (SOS-Mütterzentrum Salzgitter-Bad 1991).

So wie die Professionellen für ihren Einsatz im Mütterzentrum neu lernen müssen, müssen auch die nicht traditionell ausgebildeten Mütterzentrumsfrauen lernen, sich auf bewußte Reflexionen in der Gruppe einzulassen und sich auch mit Theorien zu befassen. In den Mütterzentren wird dafür viel Raum gelassen: Professionelle und Laien werden für ihre Zusammenarbeit mit intensiven Fortbildungen, Praxisanleitungen, Supervisionen und alltagsberatenden Gesprächen unterstützt.

Was eine gute Mütterzentrumsmitarbeiterin ausmacht, ist nicht einfach mit dem Etikett »Profi« oder »Laie« zu beantworten. Die notwendige Qualifikation kann nicht in einer traditionellen Ausbildung erlernt, sondern nur durch das Leben und Arbeiten im Mütterzentrum selbst vermittelt werden. Sowohl eine traditionelle Ausbildung plus ein bis drei Jahre Lehre im Mütterzentrum als auch »Lebensschule« plus ein bis drei Jahre Lehre im Mütterzentrum können eine gute Mitarbeiterin ergeben. Letztendlich entscheiden über die Qualität soziale Kompetenz, Herzenswärme und die Bereitschaft zur Selbsterfahrung und persönlichen Weiterentwicklung. (Vgl. Schooß; Weskamp 1997b)

Welche ist die Beste...

Richtig und sinnvoll wäre es, allein nach diesem Prinzip die Mitarbeiterinnen auszuwählen. Dagegen stehen die gesetzlichen Verordnungen und ein Tarifgefüge, bei denen es nicht um Kompetenzen geht, sondern um traditionelle Qualifizierungswege und Zertifikate. Das bedauern inzwischen nicht nur Praktikerinnen (siehe den Beitrag von Heiner Keupp in diesem Buch). Trotzdem ist zu befürchten, daß eine falsch geführte Qualifikationsdebatte die negativen Auswirkungen der Professionalisierungsbewegung der achtziger Jahre festschreibt.

Was ist nötig, um diese Situation zu verändern? Welche Unterstützung, welche Voraussetzungen oder Änderungen braucht es, damit es zu einer produktiven Zusammenarbeit von Profis und Laien kommen kann? Die Mütterzentrumsfrauen haben dazu eine Reihe von Vorschlägen gemacht.

Veränderungen im Ausbildungswesen für Sozialberufe

Authentizität, Bindungsfähigkeit und -bereitschaft sind eine unabdingbare Voraussetzung für soziales und pädagogisches (berufliches) Handeln. Es sind Fähigkeiten, die kaum in institutionellen Ausbildungsgängen vermittelt werden können. Und trotzdem könnten Ausbildungen in dieser Richtung unterstützend wirken, wenn es gelänge, den Nachdruck auf die Förderung instrumenteller Kompetenz, auf Fachwissen, die Beherrschung von Fertigkeiten und Fähigkeiten und Verhaltensroutinen zugunsten von mehr Selbsterfahrung und Selbstreflexion zurückzunehmen. Als fester Bestandteil in Ausbildungsgänge integriert, könnten solche Elemente sowohl dazu beitragen, die Fachlichkeit zu erhöhen, als auch negative Abgrenzungsmechanismen gegenüber Laien zu überwinden.

In der Ausbildung werden die Profis kaum auf die Zusammenarbeit mit Laien vorbereitet. Auch hier sind curriculare Ergänzungen notwendig. Praktika in Selbsthilfeeinrichtungen könnten dazu beitragen, daß die Profis die Arbeit von Laien in ihren Qualitäten wahrnehmen und anerkennen und erfahren können, welches professionelle Wissen sie zur Unterstützung der Laien auf welche Art und Weise weitergeben können.

Qualifizierungsperspektiven für Laien

Familienkompetenzen und darauf aufbauende Erfahrungen in der Laienarbeit sollten als Grundlage für Weiterbildung und Ausbildung anerkannt werden. Denn eben diese Kompetenzen berühren viele Fachebenen. In der Erzieherinnenausbildung gibt es z.B. Modellprojekte, die Familientätigkeiten als Qualifikationsbaustein anerkennen. Aber das sind immer noch wenige Ausnahmen. Die öffentliche Anerkennung von Laienkompetenzen, z.B. als Ausbildungsmodule, könnte ein positives Zusammenwirken von Profis und Laien unterstützen.

Die Laienmitarbeiterinnen beklagen auch, daß für Weiterbildungsmaßnahmen im psychosozialen Bereich Zugangsvoraussetzungen an Qualifikationen gebunden sind, die sie gerade nicht haben. Ihr Erfahrungswissen gilt nicht als Einstiegsqualifikation. Weiterbildungswünsche von Laien werden dadurch torpediert. Für eine konstruktive Zusammenarbeit von Profis und Laien ist es nötig, daß auch für Laien die Möglichkeit besteht, ein diskursives Bewußtsein zu erlangen.

Veränderung von Förderrichtlinien und Weiterbildung

Öffentliche Bezuschussung, z.B. in Kindertagesstätten, wird nur für professionell ausgebildete Fachkräfte gewährt. Das führt zu einer klaren Ausgrenzung und läßt die Laienmitarbeiterinnen in der Position von unterstützendem Hilfspersonal. Hier müßten gesetzliche Vorgaben verändert werden. Dazu gehört auch die gleiche Bezahlung gleichwertiger Arbeit.

Notwendig wären zudem Regelungen im Weiterbildungsbereich, die Laien nicht an Profis anpassen wollen – z.B. durch Sprach- und Methodenübernahme. Gedacht ist an unterstützende Seminare, bei denen die Laien über ihre Arbeit, über Erfolge, Grenzen und Schwächen reflektieren, den eigenständigen Charakter ihrer Arbeit definieren und für sich akzeptieren können. Dieser Prozeß kann Laien auf ihrem Weg zu Praxisexpertinnen unterstützen. Kompetenzprofile außerhalb von traditionellen Ausbildungsgängen wären auch eine wichtige Voraussetzung für eine selbstbewußte Zusammenarbeit mit den Profis.

Gemeinsame Reflexionsräume für Laien und Profis

Am Beispiel der Zusammenarbeit von Profis und Laien im Mütterzentrum Salzgitter ist auf die besondere Bedeutung von Fortbildung, Praxisbegleitung und Supervision hingewiesen worden. Eine Zusammenarbeit auf der Basis von Gleichwertigkeit und Wertschätzung der unterschiedlichen Fähigkeiten kann nicht gelingen, wenn nicht Reflexionsräume bereitgestellt werden. Es geht darum, Handlungen transparent zu machen, voneinander zu lernen, Wissen weiterzugeben, den Alltag zu reflektieren. Dabei geht es mal mehr um Selbsterfahrung, mal mehr um theoretische Hintergründe, mal mehr um Alltagsplanung und -organisation.

Der SOS-Kinderdorf e.V. hat seinen Mütterzentren frühzeitig und verbindlich Budgets zur Verfügung gestellt, damit diese Art von Fortbildungen neben dem allgemeinen Fortbildungsprogramm des Vereins abgehalten werden können. Damit haben die Mütterzentren eine wichtige Voraussetzung erfüllt, die Christian Schrapper für die Arbeit von Laien beziehungsweise die Zusammenarbeit von Laien und Profis gefordert hat (siehe seinen Beitrag in Kapitel 9).

Den Vorteil einer positiven Zusammenarbeit von Profis und Laien haben Profis und Laien selbst, die von ihnen betreuten Menschen, ob jung oder alt, und die Gesellschaft gleichermaßen. Die Laien, weil ihre Kompetenzen in Erwerbstätigkeit umsetzbar werden und sie nicht in der Helferrolle bleiben müssen; die Profis, weil sie sich nicht gegenseitig durch immer höhere Zertifizierungsansprüche hierarchisieren und damit abwerten müssen; die betreuten Menschen, weil ihnen damit die fähigsten Betreuerinnen zur Verfügung stehen und nicht nur die mit dem richtigen Papier, und die Gesellschaft, weil sie die unermeßlich ansteigenden Qualifizierungskosten nicht mehr bezahlen muß. (Vgl. Jaeckel; Schooß; Weskamp 1997, S. 272)

Literatur
Giddens, Anthony: Die Konstitution der Gesellschaft. Frankfurt/M., New York, 1988
Jaeckel, Monika; Schooß, Hildegard; Weskamp, Hannelore (Hg.): Mütter im Zentrum – Mütterzentrum. München, 1997
Kickbusch, Ilona: Von der Zerbrechlichkeit der Sonne. In: Kickbusch, Ilona; Trojan, Alf (Hg.): Gemeinsam sind wir stärker. Frankfurt/M., 1991
Kreft, Dieter; Mielenz, Ingrid (Hg.): Wörterbuch Soziale Arbeit. Weinheim, Basel, 1986
Laewen, Hajo: Zum Verhältnis von Fachlichkeit und Laienkompetenz in der Kinder- und Jugendhilfe. In: Ministerium für Bildung, Jugend und Sport des Landes Brandenburg (Hg.): Professionalität und Eigeninitiative – zwei Säulen der modernen Jugendhilfe. Dokumentation des Brandenburger Kinder- und Jugendhilfetags 1996, Potsdam, 1996
Müller-Kohlenberg; Schooß, Hildegard: Laienhilfe – die bessere Alternative? In: Müller, Siegfried; Rauschenbach, Thomas (Hg.): Das soziale Ehrenamt. Nützliche Arbeit zum Nulltarif. Weinheim, München, 1988
Ortmann, Hedwig: Fachlichkeit und Qualität. Zum Spannungsverhältnis zwischen weiblichen Kompetenzen und Professionalität. In: Erler, Gisela; Jaeckel, Monika, (Hg.): Weibliche Ökonomie, München, 1989
Rabe-Kleberg, Ursula: Die zwei Gesichter der Qualifizierung – zwischen Weiterbildungsbedarf und Professionalisierungskritik. Hektographiertes Thesenpapier. 1992
Schooß, Hildegard; Weskamp, Hannelor (1997a): Das Kinderhaus im Mütterzentrum. Neue Wege in der Elternarbeit mit »bunten Teams«. In: Fthenakis, Wassilios E. (Hg.): Handbuch der Elementarerziehung, 14. Lieferung. Seelze-Velber, 1997
Schooß, Hildegard; Weskamp, Hannelore (1997b): Mütterzentren – soziale Dienstleistung zwischen Selbsthilfe und Institution. In: Institut für soziale Arbeit e.V. (Hg.): Familien in Krisen, Kinder in Not. Materialien und Beiträge zum ISA-Kongreß 28.–30.4.1997 in Düsseldorf. Münster, 1997
SOS-Mütterzentrum Salzgitter-Bad, Tätigkeitsbericht 1991
Sozialpädagogisches Institut im SOS-Kinderdorf e.V. (Hg.): Mütterzentren im Dialog. Zwischen Selbsthilfe und professioneller Unterstützung. Dokumentation zum Fachtag am 1.10.1996 anläßlich der Eröffnung des SOS-Mütterzentrums Zwickau. München, 1997

Reinhard Rudeck
Beratung im öffentlichen Raum.
Zwischen sozialer Unterstützung und lebensweltorientierter Beratung

Mütterzentren sind Beratungseinrichtungen, die aus der etabliert-professionellen Sicht nicht als solche anerkannt werden. Wie den vielen engagierten Nachbarschafts- und Selbsthilfeinitiativen haftet auch ihnen der Geruch der Unprofessionalität an. Ihr Beratungsverständnis unterscheidet sich in wesentlichen Punkten von den herrschenden Normierungen des professionellen Establisments: Sie beraten auf der Basis von Kompetenzen, die sich nicht durch Ausbildungszertifikate legitimieren. Sie haben keinen Zugang zu den verschiedenen Finanzierungstöpfen institutionalisierter Beratung. Sie stehen für eine andere Art von Qualität und stellen allein schon durch ihre Existenz institutionelle Beratungseinrichtungen konzeptionell in Frage.

Gespräche am Kaffeetisch und darüber hinaus

Wenn man sie fragt, dann sagen sie,»sie kümmern sich« – um Menschen, die zu ihnen ins Mütterzentrum kommen. Hinter dieser eher harmlos klingenden Beschreibung verbirgt sich sachkundig betriebene Beratung in einem sehr umfassenden Sinn. Was die Frauen im Mütterzentrum tun, unterscheidet sich von institutionalisierter Beratung, ist in vielem aber durchaus mit ihr vergleichbar. Aus einem Selbsthilfeansatz heraus haben sie differenzierte Formen der Beratung entwickelt und zugleich eine Vielfalt an Beraterinnen mit jeweils unterschiedlichem Kompetenzprofil hervorgebracht. Ihr Angebotsspektrum reicht von Entlastung, Unterstützung und konkreter Hilfe im Alltag über Beratung in Fragen der Kindererziehung und Lebensgestaltung bis hin zur Begleitung und Beratung in individuellen und familiären Krisen; es umfaßt Sozial- und Schuldenberatung ebenso wie »Hilfen zur Erziehung« und Unterstützung bei Hilfeplanvereinbarungen, in psychiatrischen oder in geriatrischen Problemlagen.

Im Mütterzentrum Salzgitter[1] finden die Besucherinnen und Besucher also ganz unterschiedlich qualifizierte Beraterinnen, seien es die in Gesprächsführung geübten Caféstubefrauen oder die »Praxisexpertinnen« mit ihren speziellen Kenntnissen. Sie alle verfügen über alltagsnahe Erfahrungen zu Lebensführung, Kindererziehung und Partnerschaftsproblemen. Nicht jede einzelne beratende Frau im gleichen Maße, aber alle zusammen erbringen sie ein großes Potential an Wissen und Beratungskompetenz für

Krisensituationen – etwa bei Trennung und Scheidung, Suizidgefährdung oder Suchtproblemen.

Auf dieser breiten Basis bieten sie individuelle Möglichkeiten der Persönlichkeitsentwicklung, der Beratung, Unterstützung und Bildung an – für mehr oder weniger stark belastete Menschen, für unkomplizierte und schwer zu integrierende, für Menschen aus unterschiedlichen sozialen Kontexten: die Sozialhilfeempfängerin und die Akademikerin im Erziehungsurlaub, Mütter mit Kindern jeden Alters, Frauen ohne Kinder, Frauen mit geringen oder fehlenden Qualifizierungen, erwerbstätige oder arbeitslose Mütter, Frauen mit psychischen und sozialen Beeinträchtigungen, Frauen in schwierigen Lebensphasen, sozial benachteiligte oder auffällige Jugendliche, Frauen und Männer, die aus der Psychiatrie zu ihnen kommen, alte Menschen gleich welcher Herkunft, Menschen mit erheblichen gesundheitlichen Beeinträchtigungen, Menschen mit Behinderungen, Aussiedlerinnen und Immigrantinnen.

Beratung im Mütterzentrum beginnt oft in der Caféstube. Für manche Besucherinnen haben die Gespräche am Kaffeetisch bereits die Qualität einer Beratung. Sie kommen, um einen Kaffee zu trinken und zu plaudern, und geraten unversehens in ein Gespräch, in dem andere Frauen ihre persönlichen Erfahrungen und ihre Sicht der Dinge einbringen und ihre Problemlösungen zur Verfügung stellen. Sie vergleichen wechselseitig ihre persönliche Situation und ihre Erfahrungen, relativieren und orientieren sich: »So kann man das ja auch sehen«, »Das ist also erlaubt!« oder: »Das könnte ich doch auch mal ausprobieren«. Die Caféstube ist aber auch Anlaufstelle für Menschen, die gezielt hierherkommen, mit einer speziellen Frage oder einem konkreten Anliegen. Hier können sie die Beraterinnen mit ihren unterschiedlichen Kompetenzen kennenlernen und Kontakt zu ihnen aufnehmen.

Andere Frauen nehmen das Gespräch am Kaffeetisch zunächst einmal nicht als Chance für Beratung wahr, da solche Gespräche für sie keine vertraute Ausdrucksmöglichkeit sind. Sie sind es eher gewohnt, durch gemeinsames Handeln Kontakt aufzunehmen und in Beziehung zu treten. Anlaß hierfür sind oft die Kinder. Ist beispielsweise eine Frau kurz davor, ihre Kinder zu schlagen, die am Frühstücksbüffet herumzappeln und ihr Streß bereiten, mischt sich eine der Caféstubefrauen ein, kümmert sich um die Kinder und hilft der Mutter, die Situation zu managen.

Solche alltäglichen Situationen greifen die Mütterzentrumsfrauen ebenso auf wie die vielen Hinweise in den Kaffeetischgesprächen, mit welchen Problemen sich eine Frau herumschlägt und welche Schritte sie gehen könnte. Sie nehmen sie zum Anlaß, nachzufragen und konkrete Hilfen aufzuzeigen. Sie haken ein, bieten Einzelgespräche am Nachbartisch an, um eine persönliche Fragestellung zu vertiefen, weisen auf Möglichkeiten hin, sich mit einer für dieses oder jenes Problem besonders kompetenten Frau zu besprechen oder eine spezielle Dienstleistung des Mütterzentrums in Anspruch zu nehmen. Ein kurzer Austausch direkt in der Caféstube ist ebenso möglich wie ein längeres Vieraugengespräch in einem geschützten Raum.

Die Beraterinnen im Mütterzentrum haben fundierte soziale Fähigkeiten entwickelt, auf Menschen zuzugehen, sie einzubeziehen, ihnen genau zuzuhören, ihre Verhaltensweisen und Gefühlsäußerungen, ihre verbalen und nonverbalen Signale wahrzunehmen, einzuschätzen und das eigene Handeln darauf zu beziehen. Sie sehen ihre Aufgabe auch darin, fließende Übergänge zwischen ihren verschiedenen Beratungs- und Hilfeangeboten herzustellen. Zwar kann es mitunter sehr lange dauern, bis die Besucherinnen Vertrauen fassen, aber ohne sie zu drängen, behalten die Mütterzentrumsfrauen sie im Blick, bemühen sich um sie und überlegen, welche Angebote sie ihnen zu gegebener Zeit machen könnten.

Unter Beratung verstehen sie im Mütterzentrum mehr, als verständnisvolle Gespräche zu führen oder wohlgemeinte Ratschläge zu geben. Sie bieten auf der Grundlage umfassend reflektierter Praxiserfahrungen alltagsnahe Beratung an. Diese schließt unmittelbare Entlastung und Unterstützung ebenso ein wie das Gespräch nach einer gemeinsam bewältigten Situation oder die Möglichkeit, die gewonnenen Erkenntnisse bei nächster Gelegenheit umzusetzen.

Auch in außergewöhnlichen Situationen sind die Frauen des Mütterzentrums in der Lage, kompetent zu reagieren und Soforthilfe zu leisten. Sie bewältigen Kriseninterventionen, wenn andere Institutionen geschlossen haben. So konnten sie es am Wochenende bewerkstelligen, Kinder, die in Sicherungsverwahrung genommen werden mußten, kurzfristig unterzubringen. Beratung im Mütterzentrum verfügt durch das komplexe Setting über ein großes Spektrum an internen Zugangs- und Unterstützungsmöglichkeiten, ist aber darüber hinaus durch die Möglichkeit der Vermittlung auch an das Versorgungsspektrum externer Dienste angeschlossen. Sollten in ihrem System Kompetenzen fehlen, so sorgen sie dafür, sich entsprechendes Fachwissen entweder selbst zu erwerben oder kundige Experten hinzuzuziehen.

Wie in der Wohnküche einer Großfamilie finden auch hier Gespräche unterschiedlicher Intensität in aller Öffentlichkeit statt. Weil sich Beratung häufig im öffentlichen Raum abspielt, kann sie von allen wahrgenommen, eingeschätzt und bewertet werden. Die Frauen tauschen sich aus über das, was sie hier sehen oder erzählt bekommen. Jede weiß: »Hier sind noch viele andere, die auch ihre Sorgen und Unzulänglichkeiten haben, deswegen können nun ruhig alle von meinen Problemen wissen.« Hinzu kommt ein kollektives Wissen darüber, daß die Verantwortlichen Tratsch entgegentreten und mit persönlichen Informationen sehr sorgsam umgehen. So entsteht eine Atmosphäre von Vertrauen, in der die Veröffentlichung persönlicher Schwierigkeiten nicht als Versagen oder Verrat empfunden wird, ihre überhöhte Bedeutung verliert und als etwas ganz Alltägliches erfahren werden kann.

Auch die Beraterinnen können hier erlebt und beobachtet werden, nicht nur in ihrer Rolle, sondern auch ganz persönlich – wie sie arbeiten und wie sie sich im Kontakt mit den Menschen geben. Sie legen daher sehr großen Wert darauf, sich oft in der Caféstube aufzuhalten und dort ansprechbar zu sein. Ihre Geschichte ist im Hause bekannt mitsamt den Situationen, in denen sie selber Unterstützung benötigten und erhalten haben. All dies trägt dazu bei, das potentielle Hierarchiegefälle zwischen ratsuchenden und beratenden Frauen zu nivellieren und Zugangsbarrieren zu senken.

Handeln im System und mit den Möglichkeiten desselben erfordert kontinuierliche Reflexion und ein Informations- und Wissensmanagement, welches dafür sorgt, daß das Wissen unterschiedlicher Personen und Arbeitsbereiche zusammenfließt und dem System erhalten bleibt. In einem fein aufeinander abgestimmten Netz von internen Besprechungen und turnusmäßig stattfindenden Fortbildungsseminaren qualifizieren sich die Mütterzentrumsfrauen für ihre Beratungs- und Unterstützungsaufgaben (siehe auch Kapitel 4). Ebenso wichtig sind ihnen die vielen informellen Zwischendurchgespräche: Immer wieder stehen die Mütterzentrumsfrauen zusammen, überdenken die Rollen, die sie innehaben, und überlegen, wer welchen Part übernimmt.

Was sich in der institutionellen Beratung durch die Fokussierung auf Defizite und den Grundkontrakt zur Veränderung als »institutionelles Machtgefälle« (Hundsalz 1995, S. 18) zwischen Beratern und Beratenen abbildet, wird in der Wertekultur des Mütterzentrums aufgehoben. Die Menschen können hier sein, wie sie sind, mit allen ihren Schwächen und Stärken. Die Person als Ganzes und nicht die durch den institutionellen Beratungsauftrag vorgegebene Problemsicht ist hier der Ausgangspunkt für Beratung. Im Gegensatz zur Grundausrichtung institutioneller Beratung, die auf Distanz und Abschirmung ausgelegt ist und der Ergänzung durch informelle soziale Unterstützung natürlicher Netzwerke bedarf, bieten die Optionen des Mütterzentrums beides gleichermaßen und gewährleisten damit einen nahtlosen Übergang zwischen verschiedenen sozialen Räumen.

Beratung im Mütterzentrum knüpft an konzeptionellen Linien an, die Thiersch als wesentliche Grundlagen Sozialer Beratung beschrieben hat: »Als Konzept zielt sie auf Hilfe zur Selbsthilfe im Lebensfeld. In ihrer methodischen Struktur zielt sie auf den prozeßhaften Zusammenhang der Erkenntnis (Wahrnehmung/Diagnose) der Schwierigkeiten, der Klärung und dem Entwurf der Hilfsmöglichkeiten und der Unterstützung und Hilfe in der Erschließung der Ressourcen« (Thiersch 1991, S. 24). Gegenüber »spezielleren, eingegrenzteren und überschaubareren Beratungsformen« legt sie ein »offenes Arbeitskonzept« vor (Thiersch a. a. O.). Mit ihrem konsequenten Bezug auf den Alltag und die Lebenswelt der Menschen und mit ihrer strikten Fähigkeitenorientierung geht Beratung im Mütterzentrum einen eigenen Weg zwischen Sozialer Beratung und Selbsthilfe. Eingebettet in die Kultur des Mütterzentrums mit seiner Philosophie der Selbstverantwortung, der Betonung der individuellen Fähigkeiten und Stärken, der kleinen Schritte und des Zusammenwirkens unterschiedlicher Kompetenzen, verschränken sich hier in vielen Alltagssituationen Beratung und soziale Unterstützung. Beratung im Mütterzentrum Salzgitter ist Beratung im System und durch das System. Und mit der ihnen eigenen Nachhaltigkeit erfolgt Beratung bei ihnen auch ausgesprochen systematisch.

Was heißt schon »Beratung«?

»Beratung« ist ein offener Begriff. Es gibt so viele Definitionen wie Autoren, die das Thema behandeln, und es gibt bis heute keine eigenständige »integrierende Beratungstheorie, die einen theoretischen Rahmen vorlegt oder handlungsleitend für die Praxis ist.« (Sickendiek u. a. 1999, S. 54) Trotz langer Praxistraditionen in unterschiedlichen Feldern, wie Eheberatung, Erziehungsberatung, Sexualberatung oder Schulberatung, hat Beratung in Deutschland bislang keine »eigenständige konzeptionelle Identität entwickelt.« (Nestmann 1997, S. 7) Die mittlerweile sehr ausdifferenzierten Anwendungsgebiete von Beratung setzen alle bei einem Allgemeinverständnis von Beratung an, wie es auch in den gängigen Konversationslexika nachzulesen ist. Und viele Versuche, Beratung zu definieren, greifen vornehmlich auf Strukturkriterien zurück, weniger auf eine theoretische Explikation. Die Funktion von Beratung wird hier eher aus äußeren Bestimmungsgrößen, wie Zielgruppe, Anwendungsfeld, Formalqualifikation oder Finanzierungspraxis, abgeleitet.

Entgegen ihrer wachsenden gesellschaftlichen Bedeutung blieb Beratung bisher ein »unterentwickelter konzeptioneller Diskussions-, Entwicklungs- und auch Forschungsbereich«. (Nestmann 1997, S. 8) »Im dunkeln bleibt« gemeinhin, »was Beratung [...] feldspezifisch und vor allem feldübergreifend ausmacht.« (Nestmann 1997 a. a. O.) Soll Beratung nun lebensfeldorientiert auf die Bedürfnisse der Menschen reagieren, alltagsnahe Unterstützung anbieten, notwendige Informationen vermitteln und Kompetenzen zur Bewältigung des Alltags unterstützen, oder soll sie sich als eine Spielart der Psychotherapie verstehen? Bislang jedenfalls plagt sich Beratung, ganz gleich welcher Schattierung, immer noch mit der Frage, ob sie nun eine reduzierte Version der hohen Schule der Therapie sei, oder ob sie sich als eigenständiger Ansatz zu verstehen habe. Heute arbeitet letztlich »jede Form psychosozialer Beratung mit dem kommunikativen Repertoire, das in den verschiedenen psychotherapeutischen Schulen entwickelt worden ist.« (Großmaß 1997, S. 122) Und wer sich nach oben orientiert, hat oft keinen Blick für die Seite. So fällt bei näherem Hinsehen auch sehr schnell auf, daß keine der professionalisierten Beratungsdisziplinen in ihrem Ansatz die Anschlußtangenten an die Beratungs- und Unterstützungsbereiche der Selbsthilfegruppen, der Laieninitiativen und der Paraprofessionellen vorsieht.

Die professionelle Sicht schließt die Kategorie »Alltagsberatung« also nicht mit ein, obwohl die Geschichte der Beratung hier ihren Anfang genommen hat. Ausgehend vom ehrenamtlichen Engagement Ende des neunzehnten und Anfang des zwanzigsten Jahrhunderts und von den zumeist politisch motivierten Selbsthilfeinitiativen der sechziger Jahre, hat sich über zwei Professionalisierungswellen das breite Feld der institutionalisierten Beratung entwickelt. (Großmaß 1997, S. 119ff; Zygowski 1987, 1989) Aus der alltagsnahen und lebensweltorientierten Beratung der Anfangszeiten wurde eine »psychologisch-psychotherapeutisch geschulte Kommunikation« mit »eigenständigen und artifiziellen Kommunikationsformen« (Großmaß 1997, S. 124). Diese Entwicklung führte sowohl zu sprachlichen Verständigungsschwierigkeiten zwischen den Professionellen und den Beratenen als auch – durch den Aufbau einer »geheimen Moral« (Thiersch 1989, 1990) mit eigenen Werthaltungen – zu einander widersprechenden Deutungsmustern erlebter und erzählter Wirklichkeit. Differenzen dieser Art lassen sich im Herrschaftsdiskurs der Professionen auch heute noch in verschleierter Form erkennen. Zugleich verschob sich der Fokus von Beratung immer mehr auf die psychologische Ebene, die sozialen und gesellschaftspolitischen Anliegen traten hinter psychologische Begründungsmuster zurück und überließen ihnen zuweilen ganz das Feld.

Im Verlaufe der Professionalisierung von Beratung und ihrer zunehmenden Spezialisierung sind Einrichtungen entstanden, die sich mit ihrer spezifischen Institutionskultur und ihren Spielregeln von den Bedürfnissen der Menschen immer mehr entfernt haben. Statt Beratung zu erhalten, die an der Sprache, der Beurteilung und der Problemsicht der Ratsuchenden anknüpft, müssen diese in die Rolle eines »homo consultabilis« (Thiersch 1989, S. 189) schlüpfen und mit den elaborierten Sprachcodes und den Zuschreibungen der Experten zurechtkommen, Stigmatisierung in Kauf nehmen und Zugangsschwellen überwinden. Um diese Art institutioneller Beratung in Anspruch nehmen und nutzen zu können, sind ausgeprägte soziale Fertigkeiten erforderlich, die vielen der heute gerne als souveräne

Kunden von Beratung bezeichneten Menschen nicht oder nur in geringem Maße zur Verfügung stehen. Mit dem Ziel, solchen Effekten der Professionalisierung entgegenzuwirken und die wachsenden Barrieren einer sich manifestierenden Institutionenkultur zu senken, hatten etwa Mitte der siebziger Jahre einzelne Beratungsstellen damit begonnen, unter der Perspektive der Lebensweltorientierung neue Formen von Beratung zu entwickeln (vergleiche Arbeitsgruppe »Familienzentrum Neuperlach« 1980). Alternativ zu einseitigen Anforderungs- und »Komm«strukturen setzten sie auf zugehende Beratungsformen und Settings, die sich auf Schwierigkeiten, aber auch auf die Möglichkeiten der Menschen bei der Organisation ihres Alltags einstellten. Sie boten Beratung außerhalb ihrer Institution im Alltagskontext der Menschen an und verschränkten persönlichkeitsorientierte Beratung mit alltagsbezogenen Beratungs- und Unterstützungsformen. Auf der Versorgungsebene bauten sie Kooperationen zu anderen, traditionellerweise separiert arbeitenden Versorgungssystemen auf und vernetzten sich mit Schulen, Ärzten, Kindergärten, Kinderhorten oder heilpädagogischen Tagesstätten. Auf Stadtteilebene engagierten sie sich in gemeinwesenorientierten institutionen- und initiativenübergreifenden Projekten und politischen Gremien.

Je sichtbarer, erlebbarer und überprüfbarer sie im Verlauf der Jahre in der Stadtteilöffentlichkeit wurden, je mehr sie ihre Angebote in das vielfältige Geflecht von Unterstützung in natürlichen sozialen Bezügen und Netzwerken einbetten konnten, desto mehr erleichterten sie es den Menschen, auf ihre Institutionen zuzugehen und Beratung in Anspruch zu nehmen. Damit verbunden war eine konzeptionelle Neuorientierung, die an den Fähigkeiten und Ressourcen der Menschen anknüpfte und Empowerment- und Social-Support-Strategien in professionelles Handeln einbezog. So richtig diese Ansätze aus Sicht einer umfassenden psychosozialen Versorgungsstrategie sein mögen, die fachspezifischen Entwicklungen lassen jedoch erhebliche Zweifel zu, ob Beratungsinstitutionen letztendlich willens sind, ihre durchaus legitimen Qualifizierungsbestrebungen konzeptionell in einen sozialökologischen Grundansatz einzubinden und ihr professionelles Selbstverständnis konsequent darauf auszurichten.

Nach Sickendiek, Engel und Nestmann (1999, S. 15 ff.) lassen sich die breitgefächerten Beratungsdisziplinen vier Segmenten zuordnen: psychologischer, pädagogischer, psychosozialer und sozialer Beratung. Dem Alltag und den Lebensverhältnissen von Menschen am nächsten kommt Beratung, die sich als »Hilfe zur Selbsthilfe in Lebensschwierigkeiten« (Thiersch 1991, S. 28) versteht und als Versuch, »die Normalität des Lebens und seiner Bewältigungsmuster im Alltag zu unterstützen« (Thiersch 1992, S. 141) mit dem Ziel, einen »gelingenderen Alltag« (Thiersch 1986, S. 36) zu ermöglichen. Bereits 1976 formulieren Frommann u. a. auf der Basis einer alltagstheoretischen und therapiekritischen Perspektive als Leitgedanken für Beratungshandeln »erstens Akzeptanz der Ratsuchenden und ihrer alltagsweltlichen Bezüge, zweitens die Sachorientierung als Vermeidung der Umdefinition von Lebenslagenproblemen in Personen- oder Beziehungsprobleme, und drittens Partizipation als eine Form solidarischen Handelns.« (1976, zit. nach Sickendick u. a. 1999, S. 42) Eine solche Programmatik liegt quer zu den verschiedenen Ausprägungen von Beratung und erfordert nahtlose Übergänge zwischen ihnen, egal ob es sich um Beratung in Erziehungsfragen handelt, um Soziale Beratung oder um Alltagsberatung. Sie macht zugleich deutlich, daß die Hierarchie und die Grenzen zwischen den Beratungsdisziplinen in erster Linie durch die Gesetze ihrer jeweiligen Professionalisierung bestimmt werden.

Beratungshandeln setzt individuelle Spezifik mit verdichtetem Wissen in Beziehung. Aus dieser Beziehung erwachsen Verstehen, Entlastung, Deutung und Orientierung. Professionelle Beratungsrichtungen greifen hierbei vornehmlich auf Theorien und Wissensbestände zurück, die auf der Basis einer positivistischen Wissenschaftssicht als legitimiertes Wissen gelten. Dieses Wissen wird in den Beratungsalltag übersetzt und auf diesen angewendet. Der institutionelle Status der Beraterinnen und Berater macht dieses Wissen zu einem Expertenwissen mit exklusivem Zugriff. Aus Wissen und Status leitet professionelle Beratung eine »institutionalisierte Kompetenz zur Konstruktion von Wirklichkeit« (Hitzler u. a. 1994) für sich ab.

Theroriebildung und Wissenserwerb bilden auch in alternativen Beratungseinrichtungen wie dem Mütterzentrum Salzgitter die Basis für Beratungshandeln, erfolgen aber auf anderem Wege als dem eben sehr pointiert skizzierten. In der Tradition hermeneutisch-phänomenologischer Wissenschaftssicht entsteht Wissen hier vielmehr durch Reflexion, Auswertung und Verdichtung »empathischer Geschichten«, in denen sich eine Fülle von Praxiserfahrungen widerspiegelt. Von außen betrachtet lassen sich viele der hierbei gewonnenen Erkenntnisse unmittelbar verknüpfen mit Entwicklungslinien aus anderen Kontexten, zum Beispiel mit dem Leadership-Support-Ansatz, dem Empowermentkonzept, dem Ressourcen- und Netzwerkansatz, dem Bewußtsein über politische Verkehrsformen oder mit sozialökologischem Denken. Obgleich nicht explizit benannt, verweben sich Leitideen aus diesen Ansätzen in den Praxisreflexionen der Mütterzentrumsfrauen zu einer theoretischen Folie, aus der sie handlungsleitende Orientierung beziehen. Die systematische Anwendung und Überprüfung von Praxiswissen und den daraus destillierten Handlungsmaximen für ihre Praxis macht sie zu Expertinnen in eigener Sache.

Ebensowenig wie sich die Grundkategorien des Beratungshandelns bislang aus einer übergreifenden Theorie herleiten lassen, sondern ihren Ausgang letztlich vom Allgemeinverständnis nehmen, ebenso rar ist es um entsprechende Ausbildungscurricula an Fachhochschulen oder Universitäten bestellt. Beratungskompetenz kann vielfach erst im Anschluß an den gefürchteten Praxisschock im Beratungsalltag erworben werden. So schließt Beratungshandeln auch hier zunächst an Formen der Alltagskommunikation an: »Zuhören, persönliche Anteilnahme, Ausdrücken von Verständnis, Hinweise auf Lösungsmöglichkeiten, Entlasten von Schuldgefühlen«. (Großmaß 1997, S. 125) In professionell betriebener Beratung und in den Beratungsgesprächen der Selbsthilfeinitiativen finden sich viele ähnliche Elemente und Handlungsroutinen. Insofern kann das Fazit aus einer Betrachtung unterschiedlicher Beratungskontexte nicht verwundern: »Professionelle Beratung ist einer funktionierenden Alltagskommunikation [...] nicht unbedingt überlegen.« (Großmaß 1997, S. 126) Einer genaueren Analyse dieser These steht leider entgegen, daß »im Vergleich zur differenzierten Struktur von Beratungseinrichtungen [...] das gegenwärtige Wissen über die Akzeptanz und die Wirkungen von Beratung noch immer recht gering« ist. (Sickendiek u. a. 1999, S. 53)

Der Profi-Laien-Konflikt – Manifestation oder Emanzipation von Machtverhältnissen?

Im Kontakt zwischen interessierten Fachkräften und Frauen des Mütterzentrums kann es unversehens zu unerwarteten Kippeffekten kommen: Eben noch sehr selbstbewußt und kompetent wirkend, sprechen die Frauen, während sie über ein neues anspruchsvolles Projekt berichten, im selben Atemzug von ihren Gefühlen der Inkompetenz und Wertlosigkeit. Ist das Koketterie gegenüber einem Vertreter des Profitums oder tiefsitzender Zweifel an sich selbst?

Mütterzentren sind Beratungseinrichtungen in der Hand von Laienfrauen. Als alternative Einrichtung blicken sie auf eine lange Geschichte der Ablehnung, Geringschätzung und Entwertung durch die arrivierten Vertreter der Beratungsszene zurück. Als Frauen, die freiwillig und unentgeltlich kompetente Reproduktionsarbeit im privaten wie im öffentlichen Raum leisten, fühlen sie sich mit Recht mehrfach diskriminiert: Ihre Leistungen werden hier wie dort gerne in Anspruch genommen, mitnichten jedoch entsprechend gewürdigt – weder was die persönliche, die gesellschaftliche, die fachliche und erst recht nicht, was die finanzielle Anerkennung anbelangt.

Die Stellung der Mütterzentrumsfrauen im Geflecht psychosozialer Versorgung hat viel mit ihrem Laientum und mit ihrem Frausein zu tun. Es sind Frauen, die in einem von Männern dominierten Feld immer wieder Neuland betreten haben, dabei obendrein äußerst erfolgreich waren und entgegen den Spielregeln des professionellen Establishments Erstaunliches zu Wege gebracht haben. Über einen Zeitraum von zwanzig Jahren hinweg haben sie ein soziales Gefüge mit einer spezifischen Kultur aufgebaut, das nicht nach der herrschenden Institutionenlogik strukturiert ist und in dem das verwirklicht wird, wovon viele andere nur reden. Dies konnten sie nur durch ihre Willenskraft und ihre Unbeirrbarkeit erreichen, durch ihren Eigensinn und ihren Widerstand, mit dem sie viele Hürden überwunden haben.

Mit ihren Verflechtungen im Dominanzverhältnis zwischen Profis und Laien machen die Mütterzentrumsfrauen ausgesprochen prototypische Erfahrungen: Sind sie nun Teil der psychosozialen Versorgung oder nicht? Werden sie als Partnerinnen ernst genommen oder gerade eben noch akzeptiert? Gemeinhin werden Selbsthilfeinitiativen, Laiengruppen oder Paraprofessionelle als Brückeninstanzen gesehen, die im Vorfeld der Betreuung in den Institutionen wirken und anschließend an sie Übergänge zur Alltagswelt schaffen. Sie sollen also die nicht finanzierten Lücken in der psychosozialen Versorgung füllen. Da die Finanzierung von Leistungen an Strukturkategorien, wie Formalqualifikation oder die Forderung nach einem interdisziplinären Team, gebunden ist, werden ihnen viele ihrer Leistungen nicht bezahlt. Damit wird für sie der Aspekt der Finanzierung zum Prüfstein und zum Synonym für die Wertigkeit ihrer Arbeit. Zugespitzt drückt sich das so aus: Die Geldmittel fließen an eine Tagesklinik, zur kostenlosen Nachbetreuung und Stabilisierung aber werden die Patientinnen und Patienten in das Mütterzentrum vermittelt. Oder eine psychiatrische Klinik läßt sich in das Know-how der Mütterzentrumsfrauen einführen, gründet mit diesem Wissen eine Teestube und bekommt die Maßnahme selbstverständlich finanziert. Das Mütterzentrum selbst jedoch hat keinen Zugang zur Refinanzierung entsprechender Leistungen.

Die Erfahrungen der Mütterzentrumsfrauen mit den objektiv gegebenen Machtverhältnissen bringt ein weiteres Beispiel deutlich zum Ausdruck: Obwohl sie als Einrichtung gut mit dem Jugendamt, dem Sozialamt, mit Ärzten und anderen Vertretern verschiedener Institutionen zusammenarbeiten, haben diese es erkennbar lieber mit der Sozialpädagogin des Mütterzentrums zu tun als mit einer der sogenannten Laienfrauen, selbst wenn diese die Kontakte mit den sozialen Diensten konstant wahrnehmen und dort gut bekannt sind. Ohne Diplom und Zertifikat gelten ihre langjährigen Erfahrungen und ihr Know-how eben doch nicht so viel, daß man sie als gleichberechtigte Ansprechpartnerinnen akzeptierte.

Das allgemeine Mißtrauen der Mütterzentrumsfrauen gegenüber der Profiwelt und ihre Abwehr gegenüber der institutionalisierten Beratungskultur lassen sich unter den geschilderten Umständen gut nachvollziehen, auch wenn sie zuweilen in ihrer pauschalen Abwehr kräftig über das Ziel hinausschießen. Aus berechtigter Kritik an herkömmlichen konzeptionellen Beratungsansätzen wehren sich die Mütterzentrumsfrauen gegen das Hierarchiedenken der Profis, um sich so den Raum freizukämpfen für den Aufbau einer Gegenwelt nach eigenen Vorstellungen und Idealen. Die emotionale Kraft dieser Abwehr speist sich aus einer Quelle, die auf eine lange Geschichte erfahrener Abwertungen und Verletzungen zurückgeht, sie ist gründlich internalisiert und in eine tiefsitzende Entwertungshaltung übergegangen: »Ich bin in einem Seminar gewesen, und als ich bei der Vorstellungsrunde an der Reihe war, habe ich gesagt: ›Ich bin nichts.‹ Da haben sie mich angeguckt: ›Wie – du bist doch hochprofessionell!‹ Und ich habe erwidert: ›Ich bin nichts. Ich habe nicht studiert, ich habe nichts vorzuweisen.‹« Indem sie die professionellen Kategorien ablehnen, reagieren sie aber nicht nur auf der Ebene ihrer Empfindungen oder von ihrem konzeptionellen Ansatz her. Sie wehren sich zugleich gegen die Dominanz der Experten und gegen die Entmündigung durch diejenigen, die mittels ihrer Definitionsmacht die Maßstäbe setzen – und damit die Laienfrauen und den Wert ihrer Arbeit herabsetzen und als nachrangig einstufen.

Mit ihrer konsequenten Weigerung, ihre Tätigkeit in der Sprache der Professionellen zu beschreiben, sorgen die Mütterzentrumsfrauen dafür, daß sich die Qualität dessen, was sie tun, aus sich selbst heraus und direkt erschließt, und daß diese Qualität nicht von Sprachbildern aus dem professionellen Kontext überlagert wird. Ihre Philosophie wollen sie nicht auf den Denk- und Begriffshorizont der Professionellen reduzieren lassen. Anstatt den Begriff »Laienberatung« anzuwenden und ihn aus ihrer Sicht zu definieren, lehnen sie ihn rundweg ab – und damit auch die Hierarchiebeziehung, die dem Begriff innewohnt. Lediglich die Frauen des Leitungsteams sprechen manchmal in externen Diskussionen von Laienberatung. Offenbar verbindet sich für die Frauen mit dieser Bezeichnung eine zu große Nähe zu institutionalisierter Beratung: »Wenn ich eine Frau frage, ob sie bei uns als Caféstubefrau arbeiten möchte, und würde diese Tätigkeit mit Laienberatung bezeichnen, dann würde sie sagen: ›Ich unterhalte mich ja nur‹, und sie würde vermutlich nicht hier arbeiten wollen.« Selbst erfahrene Beraterinnen wehren den Vergleich mit den Kategorien und Standards der Professionellen ab: »Ich fühle mich von dem Begriff ›Laienberatung‹ unter Druck gesetzt und denke, das ist ja etwas, was eigentlich ein Sozialpädagoge oder ein Psychologe macht.« »Wenn man die Arbeit, die ich mache, mit den professionellen Begriffen belegt, dann bekomme ich Angst und fühle mich überfordert.« Wenn sie über ihre Arbeit sprechen, verwenden sie keine Fachbegriffe, sondern entfalten durch das Erzählen beispielhafter Situationen einen Erklärungsraum, der es einem im Kategoriengerüst institutionalisierter Beratung denkenden Menschen erst einmal erschwert, das Spezifische ihres Beratungsansatzes zu erfassen.

Das Profi-Laien-Thema macht nicht vor den Türen des Mütterzentrums halt. Die damit verbundene Machtthematik spiegelt sich notwendigerweise auch in den Binnenbeziehungen wider, zumal die Frauen die Abwehr des Expertentums auch intern strikt betreiben. Sehr deutlich trat der innere Machtkampf im Verhältnis zu der Sozialpädagogin zutage, die die Mütterzentrumsfrauen vor einigen Jahren eingestellt hatten, um ihr Angebotsspektrum zu erweitern. Mit dieser Entscheidung hatten sie sich die Profiwelt bewußt in die Kultur des Mütterzentrums hereingeholt. Fünf Jahre lang dauerte dann aber der schwierige Annäherungsprozeß, der mit vielen Auseinandersetzungen verbunden war. Obwohl allgemein bekannt war, was eine Sozialpädagogin macht, und obwohl sie ihren fachlichen Beitrag gewollt hatten, brachten sie ihr viel Unverständnis und Ablehnung entgegen: »Jetzt gibt sie wieder die Professionelle«. Die Profifrau mußte sich regelrecht hochdienen und um einen eigenwertigen Platz ringen. Dies machte sich insbesondere an ihrem Kampf um einen eigenen Raum fest, dessen Schutz und Abgeschiedenheit sie sich für intensive Beratungssitzungen wünschte und der für die anderen Mütterzentrumsfrauen zum Symbol professionellen Handelns wurde, gegen das sie sich heftig wehrten.

Strukturell gesehen wird im Mütterzentrum das Machtverhältnis zwischen Profis und Laien auf den Kopf gestellt. Hier haben die Laienfrauen die Bestimmungsmacht, sie haben die Führungspositionen inne, verfügen über die Schlüsselgewalt und entscheiden über die finanzielle Ausstattung von Projekten oder die Durchführung von Aktivitäten. Die Professionellen, die Sozialpädagogin, die Erzieherinnen in den Kindergruppen oder die Mitarbeiterinnen im Altenbereich sind bei ihnen angestellt. Berufliche Autorität soll bei ihnen nicht qua Zertifizierung dominieren, sondern sich durch ihr Wirken legitimieren. Allerdings bilden sich durch Unterschiede im Bildungsniveau, in der Reflektiertheit und Reflexionsfähigkeit, der persönlichen Autorität und der Autorität durch Erfahrungen interne Hierarchien und Autoritätsstufen heraus, die es ebenfalls immer wieder zu reflektieren und gegebenenfalls auch zu verändern gilt.

Mit ihrer eigenartigen Sprachlosigkeit, wenn es darum geht, die eigenen Kompetenzen zu benennen, ihr Beratungshandeln zu kennzeichnen und dessen Qualität zu beschreiben, bringen sich die professionellen Laienfrauen des Mütterzentrums in ein Dilemma. Durch die Weigerung, ihre Tätigkeiten begrifflich schärfer zu fassen, reduzieren sie ihre Kompetenz und ihr Können auf eine ethische Haltung und verallgemeinern ihr Tun als humanistisches Handeln. Ihr gezieltes und komplexes Vorgehen mit »sich kümmern« zu bezeichnen, pauschalisiert und entzieht es der systematischen Beschreibung.

Da die Frauen keinen Anschluß an die Begriffe der Fachsprache suchen, werden sie einmal mehr nicht ernst genommen und abgewertet. »Sich kümmern« gilt nicht als fachlicher Begriff und somit als unprofessionell. Außenstehende Fachleute, die sich der Mütterzentrumskultur anzunähern versuchen, müssen viel Einsatz zeigen und werden auf die Ebene persönlichen Erlebens und auf das entsprechende Charisma der Institution verwiesen. Sie erhalten keine Hilfestellung durch eine dem System gemäße Sprache. Würden die Frauen andererseits die Fachbegriffe der Profiwelt verwenden, würden sie in deren gängige Kategorien eingeordnet werden und müßten befürchten, das Eigentliche ihres Ansatzes und ihrer Philosophie zu verlieren.

Eine dualistische Verhandlung des Profi-Laien-Verhältnisses birgt die Gefahr, in der Logik der Abwehr zu verharren. Abwehr überwindet nicht, sie akzeptiert vielmehr die Verhältnisse und trägt zu ihrer Manifestation bei. Mit der bloßen Zurückweisung professioneller Kategorien und Standards als Handlungsrahmen anerkennen die Nichtprofis deren Dominanz. Die Frauen des Mütterzentrums wollen anders sein und als Beratungseinrichtung ihrer Prägung ihren eigenen Weg gehen. Sie vergleichen sich aber ständig mit professioneller Beratung und wollen doch am Vergleich nicht gemessen werden. So oszillieren sie zwischen Annäherung und Abwehr. Solange sie sich über Abgrenzung definieren, werden sie sich jedoch in einem Abhängigkeitsverhältnis bewegen und sich zugleich von ihren eigenen Werten entfremden, wollen sie doch nicht Abgrenzung und Abwertung kultivieren, sondern Integration als eine ihrer zentralen Stärken.

Erst wenn die Frauen ihre eigenen Standards formulieren, in die Debatte einführen und damit eine echte Auseinandersetzung mit den Professionellen beginnen, werden sie sich aus dieser Zwickmühle befreien. Es wächst die Bereitschaft, in die Vorhand zu gehen und Definitionsmacht zu gewinnen: »Die Verweigerung ist noch da, aber sie darf jetzt offen thematisiert werden. Früher hätten wir das nicht zugelassen, da waren wir noch nicht soweit.«

Soziale Unterstützung und Beratung in der Lebenswelt

In Einrichtungen wie dem Mütterzentrum Salzgitter ist verwirklicht, was anderenorts in der Sozialen Arbeit gefordert wird. Sie orientieren sich radikal und konsequent an den Anliegen und Bedürfnissen der Menschen, setzen an deren Fähigkeiten an und verknüpfen Alltagsnähe mit einem umfassenden Unterstützungsansatz. Aktivierung von Selbsthilfekräften ist verbunden mit gezielter fachlicher Beratung und die psychosoziale Unterstützung ist nicht reduziert auf eine beratend-therapeutische Dimension.

Beratungsarbeit ist nahe an den Adressaten, die Beraterinnen pflegen keinen professionellen Habitus, die Effekte der Institutionalisierung sind minimiert. Die Übergänge von ganz alltäglichen Situationen zu intensiven Beratungsgesprächen gestalten sich nahtlos und organisch. Persönliche Schwierigkeiten werden in Zusammenhang mit den Lebenslagen der Menschen gesehen und können in einer Art und Weise angesprochen und aufgegriffen werden, die diesen entspricht. Beratung kann in Anspruch genommen werden, ohne den Umweg über eine Defizitzuschreibung und deren anschließender Akzeptanz durch die Betroffenen zu gehen. Die Problemdefinitionen passen zu den Alltagsdefinitionen der Menschen.

Es ist an der Zeit, solche Formen basis- und lebensweltorientierter Beratung aus ihrer strukturellen und ideologischen Zurücksetzung herauszuführen und sie als eigenständige und mit ihren Möglichkeiten ebenbürtige Spielarten anzusehen. Wer einen ebenso wertvollen Beitrag wie institutionelle Beratung leistet, hat Anspruch auf einen angemessenen Platz in der Praxis der psychosozialen Versorgung. Es gilt Benachteiligung zu überwinden: Zum einen, in dem die erbrachten Leistungen nicht nach Scheinqualifikationen sondern nach inhaltlichen Gütekriterien bewertet und in der Folge auch entsprechend finanziell honoriert werden. Zum anderen, indem das Verhältnis zwischen den Praxisexpertinnen und den Professionellen nicht länger durch eine abwehrende und abwertende Haltung bestimmt ist: »Der ›Aufstieg der Experten‹, der fachlich geschulten Spezialisten, stempelt lebenspraktisches Wissen zu Laienwissen und wertet alltägliche Hilfeleistungen tendenziell als […] stümperhafte Formen der Unterstützung ab.« (Olk 1989, S. 203)

Für das Geflecht der psychosozialen Versorgung geht es darum, Versäulung aufzuheben, die Schnitt- und Überschneidungsbereiche auszubauen, nahtlose Übergänge zwischen verschiedenen Unterstützungsformen herzustellen und Zusammenarbeit und Vernetzung zu fördern. Kriterien wie das der fachlichen Kompetenz eignen sich nur bedingt dafür, »beruflich-entgeltlich erbrachte medizinische oder soziale Dienste von ehrenamtlichen zu unterscheiden.« (Kammerer; Deutsch 1984, S. 22) Daß beispielsweise der Arbeitskreis der Gesellschaft für Sozialen Fortschritt es schon 1984 für unzulässig ansah, die fachliche Kompetenz ehrenamtlicher Tätigkeit gegenüber einer hauptberuflichen als geringer zu bewerten, erhält im Lichte der Entwicklungen bürgerschaftlichen Engagements neue Aktualität.

Gesellschaftliche Tätigkeiten und ihre Sinngebung sind stark im Wandel. Es werden im öffentlichen Raum zunehmend Orte und Strukturen gebraucht, die den Menschen Möglichkeiten und Gelegenheiten bieten, sich entfalten und Sinn finden zu können. Beratung muß sich hier einknüpfen und Unterstützung dort bieten, wo sich Lebensprobleme zeigen.

Mütterzentren sind solche Orte. Sie bieten sinngebende Tätigkeiten und weisen mit ihrer Verschränkung von Selbsthilfe und institutionellen Angeboten einen Weg, wie durch die Integration professioneller Beratung in eine gemeinwesenorientierte Einrichtung die Spaltung zwischen Laien und Professionellen überbrückt und die Vielfalt an Möglichkeiten von Beratungsarbeit erweitert werden können.

Anmerkung
(1) Der Beitrag beruht auf Interviews, die im Dezember 1998 im SOS-Mütterzentrum Salzgitter geführt worden sind. Zitate ohne Quellenangaben entstammen diesen Gesprächen.

Literatur
Arbeitsgruppe »Familienzentrum Neuperlach«: Eine Beratungsstelle für sozioökonomisch benachteiligte Familien in München. In: Gerlicher, Hans (Hg.): Prävention. Vorbeugende Tätigkeiten in Erziehungs- und Familienberatungsstellen. Göttingen, 1980
Frommann, Anne; Schramm, Dieter; Thiersch, Hans: Sozialpädagogische Beratung. In: Zeitschrift für Pädagogik, 5/1976, S. 715–742
Gesellschaft für Sozialen Fortschritt: Ehrenamtliche soziale Dienstleistungen. Schriftenreihe des Bundesministers für Jugend, Familie, Frauen und Gesundheit. Stuttgart, 1989
Großmaß, Ruth: Paradoxien und Möglichkeiten Psychosozialer Beratung. In: Nestmann, Frank (Hg.): Beratung. Tübingen, 1997
Hitzler, Ronald; Honer, Anne; Maeder, Christoph (Hg.): Expertenwissen. Die institutionalisierte Kompetenz zur Konstruktion der Wirklichkeit. Opladen, 1994
Hundsalz, Andreas: Die Erziehungsberatung. Grundlagen, Organisation, Konzepte und Methoden. Weinheim, München, 1995
Kammerer, Guido; Deutsch, Karl-Heinz: Bestimmung des Umfangs ehrenamtlicher Tätigkeiten in sozialen Bereichen und der Weiterbildungsangebote für ehrenamtlich Tätige in der Bundesrepublik. Forschungsbericht. München, 1984.
Nestmann, Frank (Hg): Beratung. Bausteine für eine interdisziplinäre Wissenschaft und Praxis. Tübingen, 1997
Olk, Thomas: Zwischen Ehre und Amt – Zur Entwicklung professioneller und nicht-professioneller Formen sozialer Arbeit. In: Böllert, Karin; Otto, Hans-Uwe (Hg.): Soziale Arbeit auf der Suche nach Zukunft. Bielefeld, 1989
Opitz, Andrea: Laienhilfe. Professionelle Hilfstruppe oder Gegengift gegen professionelle Allzuständigkeit? In: Keupp, Heiner; Rerrich Dodó (Hg.): Psychosoziale Praxis. Ein Handbuch in Schlüsselbegriffen. München, 1982
Sickendiek, Ursel; Engel, Frank; Nestmann, Frank: Beratung. Eine Einführung in sozialpädagogische und psychosoziale Beratungsansätze. Weinheim, München, 1999
Thiersch, Hans: Lebensweltorientierte Beratung. Weinheim, München, 1992
Thiersch, Hans: Soziale Beratung. In: Beck, Manfred; Brückner, Gerhard; Thiel,

Heinz-Ulrich (Hg.): Psychosoziale Beratung. Klient/inn/en – Helfer/inn/en – Institutionen. Tübingen, 1991

Thiersch, Hans: Zur geheimen Moral der Beratung. In: Brunner, Ewald Johannes; Schönig, Wolfgang (Hg.): Theorie und Praxis von Beratung. Freiburg i.B., 1990

Thiersch, Hans: Homo Consultabilis: Zur Moral institutionalisierter Beratung. In: Böllert, Karin; Otto, Hans-Uwe (Hg.): Soziale Arbeit auf der Suche nach der Zukunft. Bielefeld, 1989

Thiersch, Hans: Die Erfahrung der Wirklichkeit. Perspektiven einer alltagsorientierten Sozialpädagogik. Weinheim, München, 1986

Zygowski, Hans: Grundlagen psychosozialer Beratung. Opladen, 1989

Zygowski, Hans: Psychotherapie und Gesellschaft. Therapeutische Schulen in der Kritik. Hamburg, 1987

Einschub
Beratung und Information im Mütterzentrum

Laienberatung
Viele Mütter sind für zahlreiche Probleme des Alltagslebens erfahrene Praxisexpertinnen, und sie geben ihr Wissen gern an andere weiter. Gute Gespräche am Kaffeetisch mit Gleichgesinnten wirken oft besser als alles andere.

Die Kontaktaufnahme ist einfach: Frau oder Mann kommt vorbei und sucht sich die Beraterin des Vertrauens. Man redet miteinander oder schaut sich von anderen Müttern ab, was man wissen will.

Information
Das Mütterzentrum übernimmt die Funktion eines Marktplatzes, auf dem sich in früheren Zeiten die Menschen gegenseitig informiert und oft unbürokratisch weitergeholfen haben. Heute ist das Mütterzentrum eine Informationsdrehscheibe: Alltägliche, persönliche, politische Informationen werden eingebracht und können abgerufen werden. Und natürlich gehören – wie auf einem Markt – auch immer ein wenig Klatsch und Tratsch dazu.

Professionelle Beratung
Zusätzlich zur Laienberatung hat sich das Mütterzentrum seit einigen Jahren auch der professionellen Beratung geöffnet. Unser Anliegen ist es, professionelle Beratung transparent und nachvollziehbar zu gestalten und ihr damit das Geheimnisvolle zu nehmen, aber gleichzeitig Vertraulichkeit und den Schutz der Ratsuchenden zu gewährleisten.

Das professionelle Beratungsangebot wird von vielen Nutzern und Nutzerinnen gerade deswegen angenommen, weil sie in einer vertrauten Atmosphäre selbst entscheiden können, wann, wem und wieweit sie sich öffnen wollen.

Kurzfristige Beratungstermine sind möglich, aber auch Gesprächsfolgen mit mehreren Terminen. Darüber hinaus werden regelmäßig Selbsterfahrungskurse angeboten, die helfen können, Eigenkräfte zu entwickeln und zu stärken.

Beratung von Müttern für Mütter nach dem Laien-mit-Laien-Prinzip:
- Lebensberatung (Trennung, Lebenskrisen),
- Sozialberatung (Wohngeld, Arbeitsamt, Umschulung, Sozialhilfe),
- Alltagssorgen (billige Kinderkleidung, Auto- und Waschmaschinenreparatur),

- Behördenberatung (Umgang mit Behörden, Formularen und offiziellen Briefen),
- Erziehungsberatung (Beziehungs- und Entwicklungsfragen).

Infobörse
Im Mütterzentrum gibt es jede Menge Tips für alles Mögliche – Verbraucherfragen, Handwerkliches und Technisches, zu Politik, Schule und Kultur, für Küche und Schönheit, Beziehung und Festgestaltung.

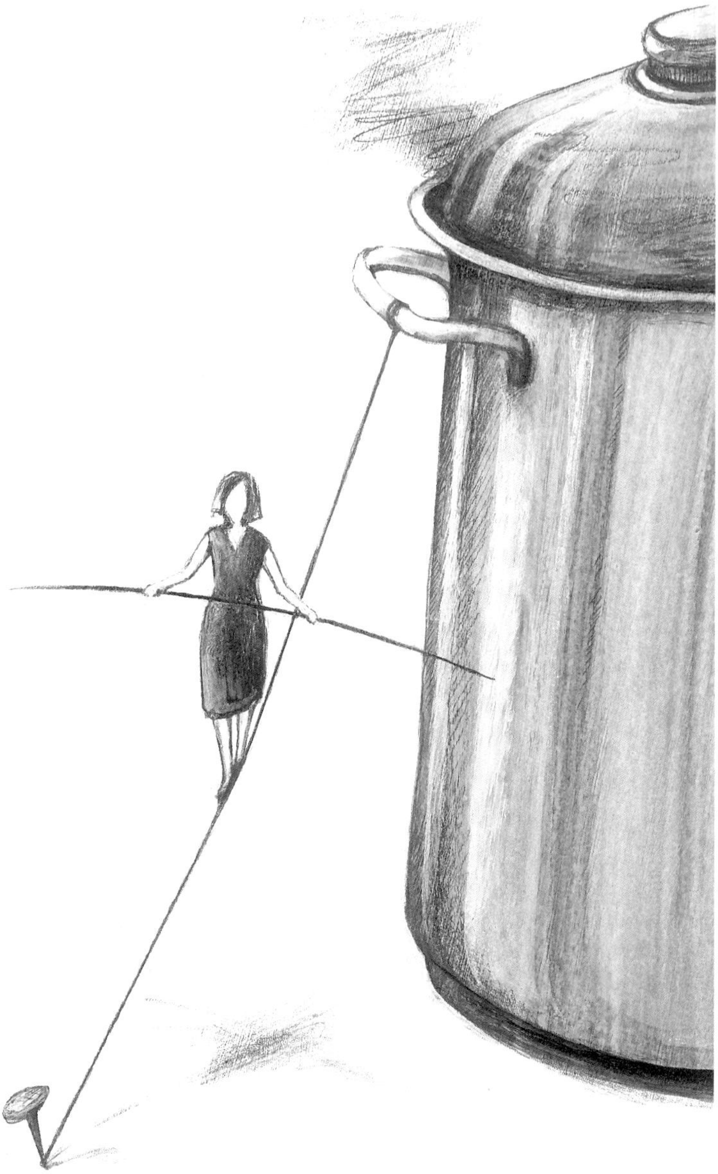

Kapitel 7
Mütterzentren – der andere Teil der Frauenbewegung

Einen ganzen Tag und einen ganzen Abend im Mütterzentrum

Welch ein Gewusel: Die Schwingtür geht auf, und schon wird man empfangen von buntem Leben, das im Kontrast zum heutigen Mittagsgericht, Leberkäse mit Sauerkraut und Stampfkartoffeln, wunderbar leicht und flirrend, ja geradezu südländisch anmutet. Die zahlreichen Tische, dekoriert mit allerhand Buntem, passend zur herbstlichen Jahreszeit, werden von den unterschiedlichsten Menschen besetzt: Junge wie Alte, Männer wie Frauen, mit oder ohne Kinder. Überall Gespräche: lachend und rufend, flüsternd, plaudernd oder auch kurzatmig, gehetzt.

Ich muß an Marions Beschreibung der Caféstube als »Herz« des Mütterzentrums denken, heute ist er deutlich hörbar, dieser Pulsschlag: Nicht ruhig und gleichmäßig, sondern der Dynamik in den »Arterien« angepaßt. Zwischen den Sitzenden ist ständig jemand in Bewegung. Nicht zuletzt die Gerichte, die auf Rädern zu ihren Essern gelangen, in Plastikkästen durch die Caféstube in die Autos manövriert werden.

Nachdem ich mir unser Essen in der Küche abgeholt habe, suche ich mir mit Charlotte einen freien Platz. Ich schaue mich im Raum um. An einem runden Tisch in der Ecke sitzen sechs Alte. Einige führen ein lebhaftes Gespräch. Die anderen versuchen, mit zittrigen Händen ihr Eßwerkzeug zu balancieren. Daß etwas von der Gabel abrutscht und neben dem Teller landet, fällt nicht weiter auf. Wir gerieten an einen großen Tisch, der drei Generationen beherbergt. Zwei Kleinkinder in ihren Hochstühlen wirken an den schmalen Seiten der Tische wie die Oberhäupter eines Clans. Wir werden begrüßt, als würden wir schon selbstverständlich dazugehören. »Wann ist heute MÜZEN-Sitzung? Haben wir schon wieder auf neunzehn Uhr gewechselt?« Auf meine Nachfrage hin erklärt mir meine Nachbarin das monatliche Plenum, das mit Geburtstagsritual, Infos und einem schönen gemeinsamen Abendessen einen festen monatlichen Platz einnimmt. »Heute gestalten die Caféstubefrauen den Abend. Hast du vielleicht Lust mitzuhelfen? Es sind zwei Frauen krank geworden, und so könnten wir gut noch Hilfe gebrauchen.«

Während meines Gesprächs hat sich der ältere Herr, der neben Charlotte sitzt, um die kindgerechte Ausstattung ihres Eßplatzes gekümmert. Er scheint schon gegessen zu haben, und ich bin ganz gerührt, wieviel Zeit er sich für sie nimmt. Staunend hat sie sich ein Lätzchen umbinden und sich – ganz anders als zu Hause – mit Kartoffelbrei füttern lassen. Sie, die oft nach den weit entfernt lebenden Großeltern fragt, scheint die Aufmerksamkeit des älteren Herren zu genießen. Gemeinsam speisen sie und streiten sich danach spielerisch um die Position des Bettlers oder Edelmannes. Schön, Charlotte ist also beschäftigt, Lars ist bei seinem Freund eingeladen, und ich kann in Ruhe essen.

Wieder zu Hause angekommen diskutiere ich kurz mit Michael die Babysitterfrage. Sein Genörgel angesichts eines Abends allein mit den Kindern lasse ich gar nicht so richtig bei mir ankommen. Ich glaube, ich habe schon jetzt einen Weihnachtswunsch: Daß er einmal abends ohne ein Murren auf die Kinder aufpaßt...

Die Fenster des Mütterzentrums sind hell erleuchtet. Ich schiebe mich durch die vollbesetzte Raucherecke in die Caféstube. Die Tische sind neu eingedeckt, Kerzen brennen, und es sieht richtig festlich aus. Ich verstaue Jacke und Tasche und freue mich auf diesen Abend. Marion begrüßt mich und stellt mich den anderen Frauen vor. Nach und nach füllt sich der Raum. Einige Frauen kommen direkt von der Arbeit und lassen sich etwas müde an den vorbereiteten Tischen nieder. Eine Atmosphäre wie ein Feierabend in großer Runde: entspannt, gemütlich, familiär. Ich muß an den Elternabend unseres Spielkreises vor einigen Monaten denken. Die Leiterin hatte damals Bastelvorlagen für uns vorgefertigt, und wir schnibbelten und klebten um die Wette. Es war ein Programm wie an den Vormittagen mit den Kindern – Basteln, Häppchen, Plaudern –, nur ohne Kinder. Danach gingen wir dann mehr oder minder stolz mit unseren Fensterbildern nach Hause. Ein vorgefertigter »Fensterbildabend« also, wie er für meine kinderlosen Freundinnen undenkbar wäre. Um so gespannter bin ich jetzt auf den gemeinsamen selbstgestalteten Abend mit den vielen Frauen hier.

Biographie
Frauennetzwerke im Alltag

1989, kurz vor der Wende, bin ich von Brandenburg nach Salzgitter übergesiedelt. Da ich in der Folge einer schweren Operation invalidisiert war, durfte ich ganz legal ausreisen. Meine einjährige Tochter mußte ich bei meiner Mutter zurücklassen. Ich durfte sie nicht mitnehmen, weil sie nicht in meinem Paß eingetragen war. Aber ich war ganz sicher, sie über den juristischen

Weg später herauszubekommen. Dann kam der Mauerfall, und meine Mutter hat mir die Saskia gebracht.

Da saß ich nun, siebenundzwanzig Jahre alt, mutterseelenallein mit meiner Tochter in Salzgitter. Dieser ganze Behördenkram hat mich fertiggemacht. Ich wußte nicht, wie irgendwas läuft, und war außerdem noch sehr schüchtern – auch wenn man mir das nicht ansieht. Ein Jahr habe ich in einer düsteren und spärlich möblierten Wohnung vor mich hingelebt, bin fast depressiv geworden, obwohl ich ja eher ein lustiger Typ bin, der sich über vieles hinwegtrösten kann.

Eine junge türkische Frau, die mich mal besucht hat, war entsetzt über den Zustand meiner Wohnung. Sie hat mir den Tip gegeben, ins Mütterzentrum zu gehen, weil es dort hin und wieder gebrauchte Möbel gibt. Ich habe mich nicht getraut hinzugehen. So weit war es schon mit mir gekommen. Ich bin im Osten ganz emanzipiert aufgewachsen und in meiner Familie sowieso. Meine Oma und meine Mutter waren beide alleinstehend und sind ihren Weg gegangen.

Unter einem Mütterzentrum konnte ich mir gar nichts vorstellen. Am ehesten hatte ich Bilder von Zigarre rauchenden Frauen in Anzügen im Kopf. Na ja, irgendwann habe ich es dann doch geschafft und bin gleich an die Richtige geraten. Die Frau hat sofort gemerkt, daß ich voller Hemmungen war. Sie hat sich nett mit mir unterhalten und mir einen Schrank verkauft, den ich scheußlich fand und der so riesig war, daß er nicht mal durch mein Treppenhaus paßte. Ich konnte einfach nicht nein sagen, weil die Frau so viel und so freundlich geredet hat. Ein Gutes hatte dieser Besuch: In dem Gespräch ist rausgekommen, daß ich Friseurin bin. Ein paar Tage später habe ich mit schweißnassen Händen mein Können unter Beweis gestellt. Ich war so aufgeregt, und das erstaunlichste war – es hat niemand bemerkt. Für mich war das eine wichtige Erfahrung, ich bin nervös und kann es wunderbar überspielen. Das war mein Einstieg ins Mütterzentrum.

Nach zweieinhalb Jahren habe ich meine Mutter auch hierhergeholt. Sie war im Vorruhestand und wollte eigentlich nicht aus Brandenburg weg. Ich habe sie ein bißchen damit gelockt, daß ich sie im Alter besser unterstützen kann, wenn sie in meiner Nähe ist. Erst mal profitiere ich davon. Nach harten Auseinandersetzungen sind wir inzwischen ein gut eingespieltes Team. Sie ist »hauptberuflich Oma« und kümmert sich ganz viel um meine Kinder. Dafür bin ich fast täglich bei ihr und nehme an ihrem Leben teil.

Acht Jahre bin ich nun schon im Mütterzentrum. Zwischendurch wollte ich immer mal aufhören, habe aber letztlich nie einen triftigen Grund gefunden, zu gehen. In den Jahren habe ich viele verschiedene Sachen gemacht und vor allen Dingen viel gelernt – ohne daß ich zur Schule gegangen bin oder so. Ich bin reifer geworden.

Früher hatte ich ja schon mal den einen oder anderen Hänger und häufig wechselnde Lebenssituationen. Ich hatte zum Beispiel einen zwanzig Jahre älteren Mann kennengelernt und war gleich schwanger. Es ging mir schlecht. Ich hatte große Angst, daß die Medikamente, die ich als Epileptikerin schluckte, dem Baby schaden könnten, und ich hatte Angst, daß es mit dem Mann, der ja eher ein Vaterersatz für mich war, nicht klappen würde. Mariella kam gesund zur Welt, aber mit dem Mann lief es schief. Zunächst bin ich nach der Geburt zu ihm gezogen und habe es erst mal genossen, daß ich mir keine finanziellen Sorgen mehr machen mußte. Das Glück hielt jedoch nicht lange. Nach drei, vier Monaten mußte ich über Nacht abhauen. Die Situation war hochdramatisch. Es kam zu Rangeleien, denn er wollte mich und »sein« Kind nicht weglassen. Mit vier Plastiktüten und dem kleinen Baby bin ich zu meiner Mutter gegangen. Nach ein paar Tagen bin ich mit den beiden Kindern zu einer Mütterzentrumsfrau und Freundin gezogen, obwohl sie auch nur eine kleine Wohnung hatte. Später habe ich mir bei der Wohnungsgesellschaft eine eigene Wohnung erkämpft.

Seit der Schwangerschaft hatte ich nicht mehr im Mütterzentrum gearbeitet. Nun war ich wieder auf mich allein gestellt, ohne Energie, ohne Geld und magersüchtig. In dieser Situation bin ich wieder ins Mütterzentrum zurückgegangen. Ich bin ganz selbstverständlich aufgenommen worden und habe viel Unterstützung gekriegt. Das lief nicht über die Mitleidsschiene, ich bin sozusagen wieder ins Leben geschubst worden. Das hat mir geholfen.

Heute sitze ich fest im Sattel und bin selbstbewußt. Ich bin zwar kein völlig anderer Mensch geworden, aber dem Menschen ein bißchen nähergekommen, der ich gerne sein möchte. Das war zum Teil ein mühsamer, steiniger Weg, weil ich oft auch knallhart danebengehauen habe, ehe ich mich gefunden habe.

Ich bin ein Lebemensch und gehe gerne aus. Ich sag mir immer, das Leben ist schon ernst genug, da muß man sich ein extra Stück Torte abschneiden. Früher habe ich das sehr extrem gelebt. Es war wie ein Anfall: Ich mußte jeden Abend raus, ich glaubte sonst zu ersticken. Die Kinder habe ich zwar versorgt, aber letztlich hat sich meine Mutter sehr viel gekümmert. Ihr hat meine Lebensart nicht unbedingt gefallen, aber sie hat mich machen lassen. Jeden Abend unterwegs zu sein, lachen, tanzen, Alkohol, das macht Spaß, aber es ist auch anstrengend. Ich habe mich dabei so verausgabt, daß auch meine Arbeit darunter gelitten hat. Die Frauen im Mütterzentrum haben darauf mit einer Mischung aus Großzügigkeit (»Ach ja, unsere Claudia...«) und Strenge reagiert, ich bin oft ermahnt worden, regelmäßig zu arbeiten. Ich habe immer versucht, mich irgendwie rauszuwinden. Wirklich, ich bin eine Meisterin im Entschuldigungenfinden geworden.

Es ist wie ein Teufelskreis. Ich will raus, will was erleben, arbeite deshalb weniger, habe dann weniger Geld. Das brauche ich aber, um auszugehen. Aber so ist es eben.

Zwischendurch habe ich schon ein schlechtes Gewissen, weil ich wirklich vieles vernachlässigt habe. Mir ist nach und nach klargeworden, auch durch viele Gespräche im Mütterzentrum, daß ich eigentlich mein Leben genießen will, daß das, was ich mache, aber oft wirklich kein Genuß ist.

Ich habe viel Spielraum gehabt im Mütterzentrum, die anderen Frauen waren sehr geduldig mit mir. Wahrscheinlich liegt es an der Einstellung zur Individualität im Mütterzentrum. Hier wird jede erst mal so angenommen, wie sie ist. Woanders wäre ich gegen Wände gelaufen und dabei wohl untergegangen. Ich akzeptiere auch, daß zum Beispiel über meine wechselnden Partnerschaften geredet wird. Ich habe es nun mal nicht gelernt, mich an einen Partner zu binden, also muß ich auch mit Fragen rechnen, die sich um meine verschiedenen Freunde drehen. Und ich kann dann ab und an auch mit den anderen darüber lachen.

Als hier die erste Frauenparty angekündigt wurde, dachte ich, wie soll denn das gehen. Ich konnte mir das gar nicht vorstellen. Hingegangen bin ich trotzdem, denn feiern tue ich ja immer noch gerne. Ich war total überrascht, wie gut man sich auch mit Frauen amüsieren kann. Die Party war witzig, die Frauen waren so natürlich und ausgelassen. Ich bin ja Fachmann in puncto Ausgehen. Wenn Männer dabei sind, verhalten sich die Frauen anders, sie sind nicht so locker.

Das mit der Frauenparty war eigentlich so ein i-Tüpfelchen zu meinen sonstigen Erfahrungen mit Frauen. Mir ist bewußt geworden, daß ich die meiste Zeit mit Frauen verbringe, mal ganz abgesehen von meiner Mutter und meinen Töchtern. Ich arbeite mit Frauen und Frauen unterstützen mich in Wort und Tat, wenn es mir schlechtgeht, und genauso bin ich für andere Frauen da. Mit manchen Freundinnen hocke ich Tag und Nacht zusammen, teile und berede alles, was anliegt: Freude, Ausgelassenheit, Ärger, Wut und Trauer. Und tanzen kann ich, wie ich nun gemerkt habe, auch gut mit Frauen. Es ist schon merkwürdig, wie einem das so wegrutscht, daß man denkt, die Männer spielen die wichtigste Rolle. Stimmt ja gar nicht. Die Männer sind meistens erstaunt, wenn ich erzähle, daß ich im Mütterzentrum bin. Ich habe nicht nur einmal gehört: »Du siehst gar nicht so aus.« Ich sag' dann nur: »Wie stellst du dir denn eine Mütterzentrumsfrau vor, Zigarren rauchend und mit Bart oder wie?«

Biographie
Meine Sorte Frauenbewegung

Als fünfzehnjährige Gymnasiastin hatte ich meine ersten Kontakte mit der Frauenbewegung. Ich lebte in einem kleinen Dorf in Salzgitter, in dem es seit einiger Zeit eine Wohngemeinschaft gab. Das war für Salzgitter und unser dörfliches Umfeld ziemlich exotisch. Ich fühlte mich von den Bewohnerinnen und Bewohnern sehr angezogen und verbrachte mit ihnen einen Teil meiner Freizeit. In dieser Zeit wurde im Nachbarort die erste selbstverwaltete Kneipe gegründet. Neben anderen Angeboten gab es dort eine Frauengruppe, zu der ich natürlich auch ging. Die Frauen, die die Gruppe anboten, waren wesentlich älter als ich, und ich kannte sie schon aus der Wohngemeinschaft. Ich war etwas verwundert, weil sie mir nicht als besonders starke oder selbstbewußte Frauen aufgefallen waren.

In der Selbsterfahrungsgruppe erklärten sie uns, wie wir Männer zu sehen hatten, und der Satz »Jeder Mann ist ein potentieller Vergewaltiger!« brannte sich mir ins Gehirn ein. Wir redeten dort viel über weibliche Sexualität. Ich war ziemlich verwirrt: Einerseits wollte ich gerne einen Freund haben, aber mit einem potentiellen Vergewaltiger wollte ich auch nicht zusammensein.

Irgendwann bin ich nicht mehr hingegangen, weil ich das Gefühl hatte, ich werde gar nicht als Person wahrgenommen, ich habe nicht wirklich die Chance, über meine Gefühle und Probleme zu reden, sondern werde mit Platitüden und Vorhaltungen in eine vorgegebene Richtung geschoben. Auch von den entsprechenden Frauenzeitungen, die ich eifrig studierte, bekam ich keine Unterstützung bei meinen persönlichen Problemen. Vielmehr verstärkte sich das Gefühl, daß ich alles falsch mache. Meine Sexualität war von da an von der Sorge bestimmt, nicht vergewaltigt zu werden.

Ich habe in diversen politischen Gruppen mitgearbeitet, z. B. in einer Anti-AKW-Gruppe bei uns am Ort. In diesen Gruppen hatten die Männer das Sagen. Als gleichberechtigte Partnerin, die sachlich argumentieren konnte, war ich anerkannt – um den Preis, daß meine Weiblichkeit nicht gefragt war. Inzwischen hatten sich Frauen zusammengetan, die in Salzgitter eine Frauenkneipe gründen wollten. Weil ich ja eigentlich lieber in Frauenzusammenhängen tätig sein wollte, schloß ich mich dieser Gruppe an. Bald darauf gründeten wir das »Frauenzimmer«. In unserer Provinzstadt war es schwierig, geeignete Räume zu finden und Geld aufzutreiben. Wir waren aber voller Tatendrang und haben es geschafft. Die Dienste, also die Arbeitseinsätze, wurden unter den aktiven Frauen aufgeteilt. Ich arbeitete nach der Schule ehrenamtlich im Frauenzimmer, wie alle anderen auch.

Wir hatten uns noch gar nicht richtig etabliert, als eine Antirassismusgruppe bei uns um Räume nachfragte. Damit hatten wir ein Problem, denn die Gruppe bestand vorwiegend aus Männern – und die hatten zum Frauenzimmer keinen Zutritt, aber ausländerfeindlich wollten wir uns auch nicht nennen lassen. In etlichen Plenumssitzungen wurde dieses Thema heiß, aber immer ohne Ergebnis diskutiert. Die Meinungen gingen so weit auseinander, daß eine Einigung nicht möglich war. Für mich war klar, daß diese Gruppe nichts bei uns zu suchen hatte, es gab andere Räume in der Stadt, die sie hätte nutzen können. Ich verstand auch nicht so richtig, warum ich ausländerfeindlich sein sollte, weil ich daran festhielt, daß dieser Ort den Frauen vorbehalten sein sollte.

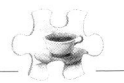

Unterm Strich ist dabei herausgekommen, daß die Männer bei uns tagten. Dies und die selbstzerstörerischen Diskussionen haben dann auch schnell dazu geführt, daß das Frauenzimmer kein Frauenzimmer mehr war. Es hieß sehr bald, daß die Frauen die Räume gar nicht genügend nutzen würden, der Bedarf zu gering sei und ein allgemeines Kommunikationszentrum angemessener wäre.

Ich fühlte mich wieder außen vor, denn meine Bedürfnisse als Frau gingen in eine andere Richtung. Ich wollte auch nicht warten, bis der »Hauptwiderspruch« durch die Revolution gelöst sei und endlich Zeit für den Nebenwiderspruch – die Frauenfrage – sein würde.

Immerhin gab es außer mir noch andere Frauen, die auch nicht so lange warten wollten, z. B. die Frauenhausinitiative. An einigen Nachmittagen in der Woche habe ich im Frauenhaus gearbeitet und Kinder betreut. Die Arbeit mit den Kindern hat mir sehr viel Spaß gemacht, aber ich fühlte mich von den Frauen abgeschnitten: Ich hatte weder zu den Bewohnerinnen noch zu den Mitarbeiterinnen einen wirklichen Kontakt.

Nach meinem Abitur studierte ich in Braunschweig Betriebswirtschaft. Das war praktisch gedacht, weil ich dann anschließend den Betrieb meiner Eltern übernehmen könnte. Nach kurzer Zeit merkte ich, daß die praktischen Erwägungen im Gegensatz zu meiner Lust standen. Allerdings hatte ich keine Idee, welches Studium mich wirklich interessieren würde. Praktischerweise wurde ich schwanger. Mir war schnell klar, daß ich das Kind bekommen, aber nicht in einer Kleinfamilienkonstellation leben wollte. Ich zog zu meinem Freund in die Wohngemeinschaft, in der zwei andere Paare mit ihren Kindern lebten. Das Experiment klappte nicht, unsere Vorstellungen waren zu unterschiedlich. Der zweite Versuch mit weniger Personen war dann erfolgreich. Wir wohnen zum Teil immer noch zusammen.

Ich war weiterhin im Frauenhaus engagiert. Als Vorstandsfrau war ich für einen Teil der allgemeinen Organisation zuständig. Kurzfristig habe ich mein Studium wieder aufgenommen und das Vordiplom gemacht.

Da ich mich immer engagiert habe, suchte ich nach einem Aktivitätsort, wo auch mein Kind willkommen war. Das war weder im Frauenhaus noch an der Hochschule möglich. Mein Weg führte mich ins Frauenzentrum Braunschweig. Dorthin konnte ich zwar mein Kind mitnehmen, nur wirklich willkommen war es nicht. Ich erinnere mich noch gut an die strafenden Blicke, wenn meine Tochter bei einer Veranstaltung mal etwas lauter war.

Der Spielkreis in der Familienbildungsstätte, der nächste Ort auf meinem Weg, war auch nicht die Alternative. Die Kinder hatten ihren Platz, aber mein Wunsch nach Gesprächen, Aktivitäten und Auseinandersetzung wurde nicht befriedigt. Außerdem trafen wir uns nur einmal in der Woche, so daß auch mein Wunsch nach häufigeren und längerfristigen Kontakten unerfüllt blieb.

In der Familienbildungsstätte entdeckte ich einen Handzettel vom Mütterzentrum. Dort wurde auch ein Mutter-Kind-Spielkreis angeboten, aber zusätzlich stand auf dem Zettel, daß es noch weitere Angebote gibt und das Mütterzentrum den ganzen Tag geöffnet hat. Mit einer Freundin, allein traute ich mich nicht, machte ich mich wieder auf den Weg. Und um es vorwegzunehmen: Ich bin angekommen. Wir wurden freundlich aufgenommen und gleich in die Frühstücksrunde integriert. Es war eine völlig andere Atmosphäre als in dem Spielkreis. Mir fiel auf, daß hier ganz viele Dinge parallel laufen, daß ganz viele Gespräche stattfinden, daß es auch ältere und ganz unterschiedliche Frauen gibt. Im Spielkreis standen zwar die Kinder im Vordergrund, aber vorher und nachher gab es genügend Zeit, sich über andere Dinge auszutauschen und sich aktiv an der Arbeit oder an anderen Angeboten zu beteiligen.

Ich wurde ziemlich schnell angesprochen, ob ich nicht den Spielkreis übernehmen wollte. Ich sagte begeistert ja, da ich nicht den Eindruck hatte, daß es hier darum ging, sich die wunderbarsten Bastelangebote für Kinder auszudenken. Damit hätte ich mich auch überfordert gefühlt, und es hätte mir vor allen Dingen keinen Spaß gemacht. Im Mittelpunkt stand, mit den Kindern und den Müttern gemeinsam einen schönen Vormittag zu verbringen, die Kinder miteinander spielen zu lassen und selber ins Gespräch zu kommen.

Im Mütterzentrum hatte ich zum ersten Mal das Gefühl, daß ich als Person, als Frau im Mittelpunkt stand, daß es Frauen gab, die sich für mich interessierten, die aus wirklichem Interesse wissen wollten, wie ich lebe und was mir wichtig ist. Es gab immer wieder kleinere Gruppen, die sich unterhielten, und immer wenn ich wiederkam, wurde ich gleich freundlich begrüßt und einbezogen. Ich hatte den Eindruck, daß die meisten Entscheidungen gemeinsam gefällt wurden, und freute mich darüber, daß ich mich ziemlich schnell daran beteiligen konnte. Der Unterschied zu den Frauengruppen, die ich vorher erlebt hatte, war gravierend. Die hier getroffenen Entscheidungen wurden sehr schnell umgesetzt und im weiteren auf ihre Alltagsbrauchbarkeit überprüft. Wenn etwas nicht funktionierte, gab es ein neues Gespräch, eine neue Idee – und es wurde gehandelt. Früher mußte ich immer stundenlang, ja wochenlang diskutieren, und es kam selten zu einem Ergebnis. Immer wieder wurde versucht, jedes Argument erst noch mal einzubeziehen und abzuwägen, um ja niemanden zu übergehen. Im Mütterzentrum hatte ich den Eindruck, daß die Meinung der Minderheit akzeptiert und respektiert wurde, aber daß trotzdem erst einmal ein Versuch gemacht wurde, etwas zu tun und nicht nur zu reden.

Am Anfang überforderte es mich, daß meine Worte ernst genommen wurden und daß ich gleich auch Dinge tun sollte, die ich großspurig versprochen hatte. Das war ich vorher nicht gewohnt gewesen. Im Mütterzentrum wurde ich beim Wort genommen und mußte die Dinge verändern oder umsetzen. Dabei habe ich ganz schön viel gelernt und bin viel selbstbewußter geworden. Wichtig waren die Erfahrung und die Sicherheit, daß es auch okay war, wenn ich dabei einen Fehler gemacht hatte. Die anderen Frauen haben mich mitgetragen und mich ermutigt, es noch einmal zu probieren. Ich fühlte mich gleichzeitig unterstützt und gefordert.

Irritiert hat mich zum Anfang die Sache mit den Männern im Mütterzentrum. Ich kannte bislang entweder reine Frauengruppen oder von Männern dominierte. Hier traf ich auf eine Gruppe, in der Männer zugelassen waren. Sie liefen selbstverständlich durchs Haus und wurden auch mit einbezogen. Allerdings hatten sie nicht das Sagen. Ich hatte auch nicht den Eindruck, daß hier von Männern ferngesteuerte Frauen saßen, so wie ich es in linken Frauengruppen erlebt hatte, die manches nachplapperten, was sie woanders gehört hatten. Hier saßen selbstbewußte Frauen, die ihren Alltag gemeinsam organisierten und die genau wie zu Hause auch die Männer einbezogen. Sie waren aber sehr klar in der Abgrenzung: Das hier ist unser Zentrum, wir sind den ganzen Tag hier, wir leben hier den Alltag, und damit bestimmen wir auch den Ablauf des Alltags. Im Laufe der Zeit habe ich das Prinzip verstanden, nicht zuletzt, weil ich mich einfach wohl fühlte.

Heute, sechzehn Jahre später, bin ich immer noch dabei. Ich habe meinen Platz, meine Freundinnen und meine Arbeit gefunden. Ich bin angekommen.

Monika Jaeckel
Mütterzentren als dritter Weg

Mütterzentren sind nicht im luftleeren Raum entstanden. Sie stehen in der Tradition der sozialen Bewegungen der Nachkriegszeit. Die achtundsechziger Studentenbewegung stellte eine Aneignung der Demokratie von unten dar, rund ein Vierteljahrhundert und eine Generation nach dem Zusammenbruch des Faschismus und der »Verordnung« der Demokratie in

Deutschland durch die Siegermächte des Zweiten Weltkrieges. Das Konzept von Betroffenenbewegungen (und Selbsthilfe), von Bürgerinitiativen und einer »civil society« jenseits von staatlichen Parteien und Institutionen wurde im Nachkriegsdeutschland von der Studentenbewegung eingefordert – als Teil eines basisdemokratischen Verständnisses von Demokratie und als Anspruch auf Selbstbestimmung.

Die Mütterzentren, ein Jahrzehnt nach der Studentenbewegung und in der Folge der »autonomen Frauenbewegung« der siebziger Jahre entstanden, wurden nicht von einem Jugendhilfegesetz oder Jugendhilfeplan ins Leben gerufen, sie entstanden als soziale Innovation, als Selbsthilfebewegung von Hausfrauen und Müttern in Reaktion auf ihre gesellschaftliche Ausgrenzung und Marginalisierung. Sie stellen eine der am schnellsten wachsenden Frauenbewegungen der achtziger und neunziger Jahre dar.

Die Mütterzentrumsbewegung griff zum Teil Anliegen und Themen ihrer Vorläufer auf, wie z. B. den Anspruch der Kinderladenbewegung auf Öffnung der Familie und auf eine Vergesellschaftung und Kollektivierung der privaten Erziehungs- und Versorgungsarbeit unter Beibehaltung des Anspruchs auf eigene Mitgestaltung oder den Anspruch der Frauenbewegung auf öffentliche Räume für Frauen und auf stärkere Beteiligung von Frauen an öffentlichen Entscheidungsprozessen, entwickelte diese aber weiter entsprechend den Lebensverhältnissen und Interessen der sozialen Gruppe, die sie vertrat: den Familienfrauen.

Grenzen der autonomen Frauenbewegung

Die Tatsache, daß eine Mütterbewegung entstanden ist, obwohl doch eine Frauenbewegung schon existierte, gibt Hinweise darauf, wo die autonome Frauenbewegung zu kurz gegriffen hat.

Die Lebenssituation von Müttern kam in der feministischen Bewegung der siebziger Jahre kaum in den Blick, Reflektionen zur Situation von Müttern tauchten im feministischen Diskurs eher wie »Sternschnuppen« auf (Potthast 1989), tragfähig für ein ganzheitliches Verständnis von Frauenbewegung, in dem die umfassenden Lebensentwürfe von Frauen mit und ohne Kinder Platz gehabt hätten, waren sie nicht.

Themen, mit denen die feministische Bewegung in der Öffentlichkeit präsent ist, beziehen sich auf Abtreibung, Gewalt gegen Frauen, sexuelle Belästigung und vor allem auf die Forderung nach gleichen Rechten und nach gleichberechtigter Teilhabe von Frauen an allen Bereichen des politischen Lebens, des Berufs- und des Bildungswesens. Der Zugang zu mehr Gleichheit, Partizipation und Macht in der Gesellschaft wird insbesondere im Zugang zur Erwerbstätigkeit gesehen.

Die weitgehende Ausklammerung der Frage der unbezahlten Versorgungsarbeit als konstituierendes Moment der gesellschaftlichen Benachteiligung von Frauen hat zu verkürzten Strategien geführt, auch in der Berufswelt.

Gleichberechtigungskonzepte, die sich um gleiche Qualifikations- und Zugangsmöglichkeiten für Frauen zum Arbeitsmarkt und gleiche Karrierechancen in der Berufswelt bemühen unter Abstrahierung dessen, wer für die Kinder und die Familie sorgt, zwingen Frauen in eine Berufskonkurrenz, die sie nicht gewinnen können, wenn sie gleichzeitig Familieninteressen und -aufgaben wahrnehmen wollen. Und selbst wenn nicht, ist der Wettbewerb unlauter, denn im Gegensatz zu den meisten Männern haben Frauen selten eine »Ehefrau«, die ihnen den Rücken für die Berufslaufbahn freihält.

In einem System, das Gleichberechtigungsansprüche für Frauen immer stärker postuliert, ohne die ungleichen Ausgangsbedingungen zwischen den Geschlechtern anzugehen, entstehen ein Gleichheitsmythos und eine Emanzipationslücke, die von Frauen mit individuellen Balanceakten, widersprüchlichen Lebensentwürfen überbrückt werden müssen – oft verbunden mit hohen Kosten und Brüchen im Selbstwertgefühl.

Das »Recht auf Arbeit« in der Erwerbswelt hält oft nicht, was es als Emanzipationskonzept verspricht: ökonomische Unabhängigkeit. Weder die durchschnittlichen Frauenlöhne noch die durchschnittlichen Frauenrenten vermögen eine unabhängige ökonomische Existenz zu garantieren.

Ohne eine Einbeziehung des Kerns der gesellschaftlichen Benachteiligung von Frauen, der unbezahlten Familienarbeit, bleiben feministische Strategien auf halbem Weg stecken.

Zwar gab es in der autonomen Frauenbewegung Ansätze einer feministischen Analyse der unbezahlten Hausarbeit (z.B. in der »Lohn-für-Hausarbeit«-Kampagne), sie konnten sich jedoch nicht durchsetzen. Auffällig war zudem eine emotionale Trennung zwischen gesellschaftlicher Analyse und der Haltung zu den konkreten Personen, den Hausfrauen, zu denen seitens der feministischen Bewegung häufig eine große Berührungsangst bestand.

Die gesellschaftliche Abwertung, die Randständigkeit und die ökonomische Abhängigkeit, die mit der traditionellen Frauenrolle in Ehe, Haushalt und Familie unter den Bedingungen des herrschenden Geschlechtervertrags verknüpft sind, schaffen für viele Frauen einen unbändigen Fluchtimpuls, eine Flucht nicht nur vor der gesellschaftlichen Abwertung der Versorgungsarbeit, sondern vor der Versorgungsarbeit selber, eine Flucht nicht nur vor der gesellschaftlichen Abwertung des Weiblichen, sondern vor der Weiblichkeit selber.

So verstehen sich viele Teile der autonomen Frauenbewegung vor allem in der Abgrenzung zu den Attributen der traditionellen Frauenrolle: Versorgungsehe, Mutterschaft, Hausfrau, Heterosexualität, weiblich-runde Körperformen. Als »hidden curriculum« gilt das Gegenteil als Frauenideal: ökonomisch unabhängig, kinderlos, berufstätig, lesbisch, im Erscheinungsbild androgyn.

In der Abgrenzung zu den Müttern wird ein individualistisches Emanzipationskonzept vertreten als Befreiung aus traditionellen Bindungen. Feminismus reiht sich damit in den Individualisierungsprozeß der Industrialisierung ein, die der Logik von Fortschritt, Expansion, Mobilität, Trennung und individuellen Rechten verhaftet ist.

»Ich gehörte mir selber, und außer mir gab es nur Abmachungen, Verträge, Sozialisation und Natur. Ich war das stolze ›autonome Individuum‹, ungebunden, selbstbestimmt. Im Gleichschritt marschierte ich in der jahrhundertelang sich verändernden Kolonne der Befreiungsbewegungen gegen jede Art von Herrschaft ... Damit verwirklichte ich, ohne es zu bemerken, maskuline Ideale, die historisch aus der Zerstörung der Sippengesellschaft mütterlicher Dominanz vor etwa viertausend Jahren entstanden waren, und zwar mit all der Leibfeindlichkeit, die dazu notwendig ist, um vergessen zu machen, daß wir muttergeborene Lebewesen sind.« (Stopczyk 1989, S. 101)

Die Mütterbewegung brachte die Analyse der Abwertung des Mütterlichen und des Reproduktionsbereichs als konstituierende Momente des Patriarchats industrialisierten Zuschnitts mit einem handelnden Subjekt zusammen: den Müttern.

Mütterzentren – Erweiterungen des Konzepts von Frauenpolitik

»Es ist an der Zeit, daß die Frauenbewegung, die Grünen, die Linke und die konservativen Kräfte sich damit auseinandersetzen, daß Mütter ganz und gar grundsätzliche Veränderungswünsche an die Strukturen von Familie, Nachbarschaft, Beruf, Öffentlichkeit und Politik haben.« (Müttermanifest 1989, S. 13)

In der jüngeren Generation von Müttern und Hausfrauen hat sich – sicher auch unter dem Einfluß der Frauenbewegung – eine dramatische Bewußtseinsänderung vollzogen. Sie gehen nicht mehr von einer Vierundzwanzig-Stunden-Zuständigkeit für ihre Kinder aus, sie haben den Anspruch entwickelt, sich auch mit ihren Kindern am öffentlichen Leben zu beteiligen, sie wollen sich nicht länger an den Rand der Gesellschaft drücken lassen, sondern beanspruchen öffentlichen Raum für sich und ihre Kinder und Sichtbarkeit und gesellschaftliche Anerkennung für die Versorgungsarbeit, die sie leisten. Sie sind heute zu großen Teilen der Auffassung, für Erziehungs- und Versorgungsarbeit stehe ihnen ein eigener Rentenanspruch und auch ein eigenes Einkommen zu unabhängig vom Ehemann.

Sie hinterfragen die Parameter des herrschenden Geschlechtervertrags und der herrschenden gesellschaftlichen Alternative zwischen privatem und isoliertem Hausfrauendasein auf der einen Seite oder Zugang zur Erwerbstätigkeit unter Bedingungen der Doppelbelastung auf der anderen Seite. Sie suchen einen dritten Weg jenseits dieser Alternativen.

Mütterzentren sind ein solcher dritter Weg. Sie sind ein Ort, an dem Hausfrauen und Mütter Kommunikation, Reflexion, Unterstützung und Entlastung finden, an dem ihr Erziehungsalltag und die Kompetenzen, die Leistungen und die Lebensqualität, die dort stattfinden, ernst genommen und gewürdigt werden, ein Ort, an dem Mutterschaft selbstbestimmt und nach eigenen Vorstellungen gemeinsam mit anderen Frauen gestaltet werden kann, an dem Selbstbewußtsein und Selbstvertrauen als Mutter entwickelt werden.

Mütterzentren bieten das, was Frauen meist in der Erwerbstätigkeit suchen, den Zugang zur Öffentlichkeit, zu sozialen Kontakten, zu Selbstbestätigung und eigenem Einkommen, ohne die familienfeindlichen Strukturen und Bedingungen der Arbeitswelt und ohne sich von ihren familialen und nachbarschaftlichen Lebenswelten lösen zu müssen.

Trotz des wachsenden Zustroms von Frauen auf den Arbeitsmarkt, haben sie sich nicht in demselben Maße wie Männer in die Logik der Berufswelt integrieren lassen. In unseren empirischen Studien stellen wir immer wieder eine gewisse Berufsdistanz und Karriereabstinenz von Frauen fest. Die Gründe liegen in der schlechten Vereinbarkeit von Berufstätigkeit und Familie, in der Unflexibilität der Arbeitsstrukturen, dem zeitlichen Einsatz und der Mobilität, die in der Berufswelt erwartet, in den dort herrschenden hierarchischen Strukturen und den oft unbefriedigenden und entfremdeten Arbeitsinhalten.

In den Mütterzentren findet das Engagement in der Nachbarschaft statt, es müssen keine weiten Wege in Kauf genommen werden, die Kinder können mitgebracht und familienfreundliche Dienstleistungen in Anspruch genommen werden.

Der Zugang zur Öffentlichkeit ist eingebettet in einem sozialen Netzwerk und einer hierarchiearmen Gemeinschaft, in denen Frauen sowohl Entfaltungsmöglichkeiten als auch Sicherung (Entlastung, Unterstützung in Krisenzeiten) erfahren können. Im Mütterzentrum ist keine Frau alleinerziehend.

Mütterzentren eröffnen einen anderen Zugang zu politischem Handeln, zur Stärkung der öffentlichen Partizipation und Einflußnahme von Frauen als über Profession und Institution. In den Mütterzentren entsteht eine familienpolitische Lobby jenseits von Parteien und Verbänden.

Frauen engagieren sich stärker für Politik, wenn es um ihre konkreten

Lebensverhältnisse vor Ort und um ihre Alltagsthemen geht und wenn ihr politisches Engagement von familienfreundlichen Bedingungen begleitet ist. In vielen Gemeinden sind inzwischen konkrete, von den Mütterzentren initiierte oder mitgetragene Initiativen gegen die Kinderfeindlichkeit der Strukturen des öffentlichen Lebens entstanden. Stadtteilbezogene Spielangebote, Spielstraßen und Spielflächen, Kinderampeln, familienfreundliche Öffnungszeiten der Kindergärten, eine mütterfreundliche Gestaltung des öffentlichen Nahverkehrs sind Beispiele.

Die Mütterzentren haben sich zu einer kommunalpolitischen Kraft vor Ort entwickelt, mit der gerechnet wird (was auch international, z. B. bei der UN-Habitat Agenda, Beachtung findet). Mütterzentrumsfrauen beteiligen sich an kommunalpolitischen Gremien und Ausschüssen, haben Sitze erkämpft im Jugendhilfeausschuß und im Gemeindeparlament und bringen ihre Praxiskompetenz und ihre Stimme ein bei Themen wie Städtebau und Städteplanung, Schulwesen, Verkehrsplanung und Umweltschutz.

Mütter erwerben viele Einsichten und Kompetenzen im tagtäglichen Umgang mit Kindern und anderen Pflegebedürftigen und qualifizieren sich durch diese Praxis für viele öffentliche Aufgabenbereiche.

Führungsaufgaben für Frauen liegen nicht nur in der Berufswelt, sondern auch in der Nachbarschaft und in der Gemeindepolitik.

Stärkung einer weiblichen Kultur

Mütterzentren werden häufig als öffentliche Wohnzimmer bezeichnet, die sich in der Atmosphäre und Gestaltung von der herrschenden institutionellen Kultur ausgesprochen unterscheiden. Sie stellen einen öffentlichen Raum her, der die gesellschaftliche Trennung zwischen privat und öffentlich aufhebt und der sich an weiblichen Werten und am weiblichen Alltag orientiert.

Elemente, die diese weibliche Kultur prägen, sind Personen- und Werteorientierung, die Pflege von Gemeinschaft und Beziehungen gleichwertig zur Sachorientierung, die Betonung von Kooperation und flachen Hierarchien, die Sorgfalt in der Gestaltung des Alltags, persönliche Ansprache, das Zulassen von individuellen Unterschieden im Tempo und in der Art, eine Aufgabe zu erfüllen, Flexibilität, die Integration von Versorgungsbedürfnissen und persönlichen Lebensinteressen, das Zulassen von Nähe und Emotionen und die Förderung von persönlichem Wachstum und Selbstentfaltung.

Frauen spielen füreinander seit je bei der Bewältigung des Alltags eine zentrale Rolle, sei es als Schwester, Freundin, Großmutter oder Nachbarin. Ein offenes Ohr, die gleiche Wellenlänge, Verständnis, Unterstützung, Spaß und praktische Entlastung finden Frauen oft bei anderen Frauen. Ihren Alltag, ihre Sorgen, ihre Krisen lösen Frauen oft mit Hilfe von Freundinnen, Kolleginnen, Nachbarinnen. Diese Alltagskommunikation zwischen Frauen wird im Mütterzentrum selbstbewußt praktiziert, aufgewertet und gesellschaftlich sichtbar gemacht. Sie erhält dort einen öffentlichen Rahmen und wird zum Ausgangspunkt weiblicher Selbstreflexion und Handlungsstrategien. Frauen geben sich dort Anerkennung für das, was sie miteinander und füreinander leisten und was sie einander bedeuten. Sie beziehen eine gemeinsame Stärke daraus. Die Zugehörigkeit zum weiblichen Geschlecht kann so für Frauen zu einer Quelle von Kraft und Selbstbewußtsein werden.

Der Name »Mütterzentren« ist – ähnlich wie bei den Frauenzentren – bewußt gewählt, um weibliche Kultur aufzuwerten und sichtbar zu machen. Dies ist auch für Kinder im Familiensystem wichtig, wo Mütter häufig als »Nichtperson«, als »selbstverständliche Dienstleistungsapparate« (Erler 1988, S. 12) betrachtet werden, die zwar geliebt, aber zugleich wieder entwertet werden. Im Mütterzentrum erleben Kinder ihre Mütter in einem öffentlichen Zusammenhang als kompetent und aktiv, als Führungsfiguren. Es ist »ihr Laden«, sie sind es, die den Rahmen bestimmen, es sind ihre Leistungen, die dort sichtbar werden und gesellschaftliche Anerkennung und Ressourcen beanspruchen.

Die Abwertung des Weiblichen durchdringt alle Bereiche unserer Gesellschaft. Dem gilt es Gegenstrategien und positive weibliche Identifikationsmuster entgegenzusetzen, bewußt gestaltete, öffentliche weibliche Räume, in denen Frauen sich verständigen und Bilder finden können, die sie nicht als Verliererin spiegeln. Weibliche Räume sind psychisches Terrain, Orte der Ehrlichkeit und der Unterstützung unter Frauen, Orte, an denen Frauen entdecken, wer sie sind und wer sie sein können.

Sich als Frau in der Öffentlichkeit auf andere Frauen zu beziehen, ihnen in der Öffentlichkeit Wert und Autorität zuzubilligen heißt – im Sinne des »Affidamento-Gedankens« der Philosophinnen des Mailänder Frauenbuchladens –, dem weiblichen Geschlecht und damit sich selbst Wert zu verleihen.

Partnerschaften

Väter sind in den Mütterzentren nicht ausgeschlossen, sie nehmen in demselben Ausmaß und in ähnlichen Rollen daran teil wie im Familienalltag zu Hause: abends, an Wochenenden, bei Familienfesten und an praktischen Unterstützungsleistungen, wenn es z. B. etwas zu reparieren gibt.

Sie spielen jedoch keine dominierende Rolle, sondern passen sich ein in die Bedingungen, Verhaltens- und Wertmaßstäbe, wie sie im Zentrum gelten. Sie bleiben »in der zweiten Reihe« und übernehmen für ihre Frauen oft Entlastungs- und Unterstützungsaufgaben.

Dies beinhaltet enorme Lern- und Entwicklungschancen für Männer, für die Hintergrund- und Unterstützungsrollen eher ungewohnt sind, und es führt auch häufig zu einer Verschiebung der innerfamilialen Balance zu mehr Symmetrie und Gleichberechtigung. Durch die Mütterzentren werden Väter mit einer selbstbewußteren und stärker außenorientierten Ehefrau konfrontiert und oft auch verstärkt in den häuslichen Alltag eingebunden, um den Frauen diesen Aktivitätsradius zu ermöglichen.

Mütterzentren tragen zur Förderung von mehr Partnerschaftlichkeit bei durch die selbstbewußte Betonung und Ausbreitung einer weiblichen Kultur.

»Neue Partnerschaften« braucht es auch zwischen den verschiedenen Orientierungen der Frauenbewegung, zwischen Hausfrauen und Berufsfrauen und zwischen Müttern und Nichtmüttern, zwischen denen Spannungen und Grabenkriege ebenso heftig ausgetragen werden, wie sie gesellschaftlich erzeugt sind. Immer öfter gelingen jedoch auch hier Kooperationen und Partnerschaften, Bündnisse, die sehr notwendig sind, soll ein grundlegender Paradigmenwechsel gelingen.

Literatur
Erler, Gisela; Jaeckel, Monika; Sass, Jürgen: Kind? Beruf? oder beides? Brigitte-Studie 1988. Hamburg 1988
Erler, Gisela; Jaeckel, Monika: Die Grenzen der Partnerschaft. Von der Notwendigkeit einer Frauenkultur. In: Geißler, Heiner (Hg.): Abschied von der Männergesellschaft. Berlin, 1986
Jaeckel, Monika: Frauenpolitik braucht ganzheitliche Ansätze. In: Erler, Gisela; Jaeckel, Monika (Hg.): Weibliche Ökonomie. München, 1989
Jaeckel, Monika; Gerzer-Sass, Annemarie (1998a): Familienselbsthilfe – die Aufkündigung des traditionellen Geschlechtervertrags. In: Diskurs 2/1998
Libreria delle donne di Milano: Wie weibliche Freiheit entsteht. Eine neue politische Praxis. Berlin, 1988
Müttermanifest. In: Pass-Weingartz, Dorothee; Erler, Gisela (Hg.): Mütter an die Macht: Die neue Frauen-Bewegung. Reinbek, 1989
Potthast, Gabriele: Und wo bleiben die Väter? In: Pass-Weingartz, Dorothee; Erler, Gisela (Hg.): Mütter an die Macht. Reinbek, 1989
Sass, Jürgen; Jaeckel, Monika (Hg.): Leben mit Kindern in einer veränderten Welt. München, 1996
Stopczyk, Annegret: Von der autonomen, emanzipierten zur mutterbewegten Frau. Eine Geschichte vor und nach Tschernobyl. In: Pass-Weingartz, Dorothee; Erler, Gisela (Hg.): Mütter an die Macht: Die neue Frauen-Bewegung. Reinbek, 1989

Irene Stoehr
Bewegung zur Mütterlichkeit?
Die Frauenbewegung und die Mütterfrage seit hundert Jahren

In der neuen Frauenbewegung seit 1968 ist eine positive Mütterpolitik kaum zu realisieren gewesen und immer wieder schnell in Verruf geraten. Wer versuchte, die den Frauen aufgrund ihrer – potentiellen oder realen – Mutterschaft zugedachten Aufgaben und Eigenschaften nicht nur als ein Bündel von Defiziten zu behandeln, sondern auch als Quelle besonderer Kompetenzen, die gesellschaftlich aufgewertet gehören, wurde schnell von der herrschenden feministischen Meinung als »biologistisch« oder »reaktionär« denunziert. Besonders spektakulär war die öffentliche Verurteilung von »Lohn für Hausarbeit« am Ende der 4. Sommeruniversität für Frauen 1979, in deren Folge die unbezahlte Frauenarbeit in Familie und Nachbarschaft für längere Zeit der öffentlich-feministischen Diskussion entzogen wurde. (Diese »Sommeruniversitäten« waren zwischen 1976 und 1983 das Jahresereignis der neuen Frauenbewegung; sie führten zwischen fünftausend und zehntausend Frauen zusammen.) Es bedurfte der Tschernobylkatastrophe und der Etablierung einer ökologisch-politischen Partei, um von einem neuen institutionellen Boden aus die Mütterfrage kritisch gegen die alternde neue Frauenbewegung zu richten. Das »Müttermanifest« der Grünen Frauen von 1987 war ein Gegenkonzept zu einer mit alleinigem Geltungsanspruch vertretenen Emanzipationstheorie, die insbesondere die Emanzipation von der Mutterschaft und der »Mutterrolle« vorschrieb. Es ist von »autonom«-feministischer Seite mit einer solchen Vehemenz abgewehrt und dabei gar in die Nähe der nationalsozialistischen Mutterkreuzpolitik gerückt worden, daß eine produktive Auseinandersetzung mit irgendeiner Mütterpolitik gänzlich unmöglich wurde.

Dementsprechend haben Feministinnen des ausgehenden zwanzigsten Jahrhunderts in der Regel auch die »bürgerliche« Frauenbewegung vor 1933 rezipiert. Als sie diese gegen Ende der siebziger Jahre entdeckten, stellten sie sich sogleich in die Tradition ihres »radikalen Flügels«, schon weil sie natürlich selbst unbedingt »radikal« sein wollten und keinesfalls etwa »gemäßigt«, wie sich die Vertreterinnen des Mehrheitsflügels – übrigens nicht ohne Selbstironie – bezeichneten. Vor allem aber waren die Feministinnen, die nach den »Schwestern von gestern« suchten, von dem Leitmotiv der »Gemäßigten« peinlich berührt. Die ganze Frauenbewegung sei »eine Bewegung zur Mütterlichkeit«, hatte z. B. Agnes von Zahn-Harnack 1928 in ihrem Standardwerk über die Frauenbewegung erklärt. Dabei wurde »Mütterlichkeit« allerdings stets mit einem Zusatz versehen; sie trat vor allem als »geistige«, »seelische«, »organisierte«, »soziale« beziehungsweise »erweiterte Mütterlichkeit« in Erscheinung. Alle diese Wortverbindungen implizierten einen Anspruch der Frauen auf Mitgestaltung der Gesellschaft in einem »mütterlichen« Sinne, den aber vor allem die kinderlosen Wortführerinnen für sich erhoben. Demgegenüber haben die politischen Sprecherinnen des radikalen Flügels der alten Frauenbewegung sich weder für Mütterlichkeit noch für Mütter interessiert, mit Ausnahme einer Untergruppe, die sich für eine freie Sexualmoral einsetzte und in diesem Zusammenhang gegen die Diskriminierung »unehelicher« Mütter kämpfte.

Hat die »alte« Frauenbewegung also etwa die Mütter nur für andere politische Ziele funktionalisiert? Und gab es neben der Politik der Mütterlichkeit auch eine Bewegung leiblicher Mütter? Ich werde im folgenden versuchen, unter diesen Fragestellungen einen Ausschnitt der Frauenbewegungsgeschichte zu erzählen. Vor diesem historischen Hintergrund werde ich mich abschließend mit den Gründen für den angedeuteten blinden Fleck des modernen Feminismus auseinandersetzen.

Soziale Mütterlichkeit

Den Begriff »geistige Mütterlichkeit« erfand die Begründerin des Kindergärtnerinnenberufs, Henriette Schrader-Breymann, Ende der 1880er Jahre. Sie wollte damit ausdrücken, daß Mütterlichkeit keineswegs die biologische Mutterschaft voraussetze, daß also kinderlose Frauen ebensogut Kinder erziehen könnten, wenn nicht sogar besser als Mütter, insofern sie eine Ausbildung erhielten. Die »bürgerliche« Frauenbewegung, die sich 1894 im Bund Deutscher Frauenvereine (BDF) zusammenschloß, nahm das Argument der geistigen Mütterlichkeit auf und begründete damit allgemein die Bildungs- und Erwerbsforderungen gerade auch alleinstehender Frauen, die – als Nichtmütter – der gesellschaftlichen Diskriminierung ausgesetzt waren.

Dieser defensive Ansatz wurde bald offensiv gewendet. Nicht weil Frauen so wie Männer waren, sollten sie gleichberechtigt am Erwerbsleben und an der politischen Öffentlichkeit teilnehmen dürfen, sondern weil sie im Gegenteil etwas anderes als Männer zu bieten hatten: Mütterlichkeit als eine Fähigkeit, die nicht nur in der Familie, sondern auch dort gebraucht wurde, wo bislang Männer unter sich waren. Diese Argumentation enthielt eine grundlegende Kritik an der einseitig von Männern geprägten Gesellschaft.

»Wäre die Welt des Mannes die beste der Welten, so könnte man diesen Anspruch der Frauen bestreiten«, rief Helene Lange, eine der prominentesten Wortführerinnen dieser Frauenbewegung, auf einem großen internationalen Frauenkongreß in Berlin 1904 ihren Hörerinnen zu: »Aber wenn die gewaltige wissenschaftliche und technische Kultur unserer Zeit als spezifische Leistung des Mannes anerkannt werden muß, so tragen doch auch die großen sozialen Mißstände, die mit dieser Kultur emporgewachsen sind, ebenso sein Gepräge. Und vieles von dem, was diesen sozialen Mißständen zugrunde liegt, hat seinen natürlichen Gegner in der Frau.« (Lange 1904, S. 713)

Mit dem Programm der Mütterlichkeit wurde seit der Jahrhundertwende gegen einen einseitigen ökonomischen und politischen »Fortschritt« Stellung bezogen, der als geschlechtsneutral erschien, tatsächlich aber die ungleichen Lebenssituationen und Machtverteilungen zwischen Frauen und Männern verschleierte oder sogar verschärfte und überdies die Seite der Menschlichkeit vernachlässigte. Beim »mütterlichen Prinzip« ginge es um »Vermenschlichung der Arbeit, Vermenschlichung der Wissenschaft, Vermenschlichung des Verkehrs unter den Menschen«, erläuterte Agnes von Zahn-Harnack. Denn die Frau »fühlt sich als Hüterin alles Lebendigen, das aus ihrem Schoß entsprungen ist.« (von Zahn-Harnack 1928, S. 78)

Im Unterschied zu einigen radikalen »Frauenrechtlerinnen« wollte die gemäßigte Frauenbewegung die geschlechtsspezifische Arbeitsteilung nicht abschaffen, sondern neu organisieren und anders gewichten. Sie war sogar davon überzeugt, daß Frauen nur dann den ihnen zustehenden Einfluß auf Staat und Gesellschaft erlangen könnten, wenn sie zur »Kulturentwicklung« etwas beitrügen, was Männer nicht könnten. Im Programm des Allgemeinen Deutschen Frauenvereins (ADF) von 1905 wurde die Forderung nach vollständiger Gleichberechtigung mit der »Ungleichheit« der Geschlechter begründet und als »Kultureinfluß der Frau« bezeichnet, der »zur vollen inneren Entfaltung und freien sozialen Wirksamkeit« zu bringen sei.

Die typische Institutionalisierung des Mütterlichkeitsprogramms war die von dieser Frauenbewegung seit Ende des neunzehnten Jahrhunderts organisierte »Soziale Hilfsarbeit«, aus der später der Beruf der Sozialarbeiterin hervorging. Ihre besondere Bedeutung liegt darin, daß sie das wichtigste Ziel einer »mütterlichen« Politik – die Lösung der sozialen Frage – mit der Herstellung eines klassenübergreifenden Frauenunterstützungsnetzes unmittelbar verknüpfte. Alice Salomon hat die Institutionalisierung der Frauensozialarbeit in diesem Sinne bis 1933 maßgeblich vorangetrieben. In den 1890er Jahren hatte sie mehrere Wohnheime für ledige Arbeiterinnen gegründet, mit denen sie ihre Freizeit teilte und Freundschaft schloß. 1937 wurde die fünfundsechzigjährige als »Jüdin« aus Deutschland ausgewiesen, nachdem ihr Lebenswerk bereits von den Nationalsozialisten zerstört worden war, unter anderem die »Akademie für soziale und pädagogische Frauenarbeit« in Berlin. Dabei handelte es sich um eine Frauenhochschule, die in ausdrücklicher Kritik an den etablierten Universitäten von 1926 bis

1933 versucht hatte, Forschung und Praxis im Geist der Mütterlichkeit zu verbinden.

Mit leibhaftigen Müttern hatte diese Politik erst einmal nur soviel zu tun, daß ihre Vertreterinnen sich ihnen durch die Bestimmung zur Mutterschaft verbunden fühlten und daß sie die Abwesenheit eigener Kinder oft als Mangel empfanden, den sie mit ihrem Mütterlichkeitskonzept allerdings erfolgreich und weit über die eigenen Reihen hinaus überzeugend zu kompensieren verstanden. Tatsächlich fanden sie für die Mütter ihrer eigenen gesellschaftlichen Kreise nicht immer positive Worte. Sie erklärten sie z.B. für unselbständig und nur auf äußeren Tand bedacht, oder sie kritisierten ihren »Familienegoismus«, also ihr Desinteresse an allem, was über den Kreis ihrer Lieben hinausging. Solche »Mütterschelte« verweist nebenbei bemerkt auf einen Antibiologismus dieser oft auch als konservativ bezeichneten Frauenbewegung.

»Es ist nicht einfach das Loblied der physischen Mutterschaft, das die Frauenbewegung singt«, schrieb Agnes von Zahn-Harnack. »Erst wo sich die physische Mutterschaft zur seelischen Mutterschaft läutert und durchringt, kann von einer höchsten Lebenserfüllung gesprochen werden, die durchaus nicht dadurch gegeben ist, daß das neugeborene Kind in der Wiege liegt.« (von Zahn-Harnack 1928, S. 76f.)

Nicht zufällig war die Frauenbewegung, von der hier die Rede ist, zunächst vor allem eine Bildungsbewegung. Denn die Anlage zur Mütterlichkeit sollte durch Bildung überhaupt erst zur Entfaltung gebracht werden. Ganz konkret bedeutete das, die höhere Mädchenbildung, die fest in den Händen männlicher Oberlehrer lag, von ihrer ausschließlichen Orientierung auf den Mann schlechthin zu befreien. Mit einer Streitschrift gegen die höhere Töchterschule kämpfte Helene Lange 1887 vor allem für einen weiblichen Einfluß auf die Mädchenbildung.

Nicht nur wegen ihres frechen Zweifels an der Kompetenz männlicher Lehrer zur Erziehung des weiblichen Geschlechts erregte diese berühmt gewordene »Gelbe Broschüre« Aufsehen in der Öffentlichkeit. Kaum weniger anstößig war es, daß Helene Lange darin das heilige Ideal der Mütterlichkeit dem erklärten Bildungsziel der deutschen Mädchenschulpädagogen einfach entgegensetzte. Diese waren nämlich in einer damals als fortschrittlich geltenden Denkschrift feierlich dafür eingetreten, daß die höhere Mädchenbildung der Knabenbildung »ebenbürtig« sein solle – allerdings ausschließlich um der Männer willen, damit nämlich – so wörtlich – »der deutsche Mann nicht durch die geistige Kurzsichtigkeit und Engherzigkeit seiner Frau an dem häuslichen Herd gelangweilt und in seiner Hingabe an höhere Interessen gelähmt werde.« (Weimarer Denkschrift 1872, zit. nach Lange 1888, S. 7)

Die Prägung des gesamten höheren Mädchenschulwesens durch dieses geschlechtsegoistische Interesse arbeitete Helene Lange sorgfältig auch in seiner Lächerlichkeit heraus. Das Bildungsziel »Mütterlichkeit« fungierte dabei in einem doppelten Sinn als Kritik an einer Vorstellung von »weiblicher Bestimmung, die sich auf den Mann bezieht«. Einmal unterschied es für die zukünftige Mutter zwischen dem Wohl des Ehemanns und dem der Kinder und machte keinen Hehl daraus, daß dem letzteren eine höhere Priorität zukam. Zum anderen relativierte es die Familie als ausschließlichen Bezugspunkt der Mädchenbildung überhaupt. Die Gelbe Broschüre forderte vor allem die Entfaltung der weiblichen Persönlichkeit »um ihrer selbst willen, als Mensch und zum Menschen.« (Lange 1888, S. 19) Entsprechend mokierte sich Helene Lange 1889 in einem öffentlichen Vortrag über das »Frauenideal des Durchschnittsdeutschen«, das sich durch Passivität, Weichheit, Nachgiebigkeit und »Aufgehen in der Sorge um das körperliche Wohl des Mannes und der Kinder« auszeichne. Dem setzte sie ein an ihrem Mütterlichkeitskonzept orientiertes Frauenbild »von kräftiger Menschlichkeit« entgegen: »…die feste, in sich geschlossene Individualität, die mit Verständnis der Welt und den Ihren gegenübersteht, die weiß, was sie will und was sie tut.« (Lange 1889)

Recht auf Mutterschaft

Der Unterschied der radikalen gegenüber der gemäßigten Frauenbewegung bestand nicht etwa darin, daß die einen sich negativ und die anderen positiv auf Mütterlichkeit oder Mutterschaft bezogen. Für die radikale Frauenpolitik, die sich seit den 1890er Jahren auf den Kampf für das Frauenstimmrecht konzentrierte, war jedoch die »Mütterfrage« von randständiger Bedeutung. Gelegentlich wurde sie allerdings mit einer geradezu »biologistischen« Konkretion benutzt, die den Gemäßigten eher fremd war. Ein Beispiel dafür ist eine Petition des Verbandes Fortschrittlicher Frauenvereine für die Mitarbeit der Frauen in der öffentlichen Armenpflege in Hamburg (1904), die von der Vorsitzenden Minna Cauer mit der »Naturanlage« der Frau begründet wurde, durch die sie »besonders berufen und befähigt« sei, »eine fürsorgende und erzieherische Tätigkeit auszuüben.« (Zit. nach Riemann 1985, S. 83)

Noch stärker – und nicht als taktisches Kalkül – akzentuierte sechs Jahre später Marie Stritt das »Naturgemäße, im ureigensten mütterlichen Wesen und Empfinden der Frau Begründete«, das die Mitwirkung der Mutter an der Gestaltung des öffentlichen Lebens im Interesse einer »höheren Gesittung« notwendig mache. Ihre Forderung, »daß die Hand, die die Wiege bewegt, die Welt regiert« (Stritt 1912, S. 694), war den Gemäßigten nicht nur in ihrer utopischen Unverbindlichkeit, sondern auch in ihrer naiven Unmittelbarkeit zu »radikal«.

Marie Stritts politische Aufwertung der physischen Mutterschaft entsprach überdies einem Zeitgeist zu Beginn des zwanzigsten Jahrhunderts, das die prominente schwedische Schriftstellerin Ellen Key zum »Jahrhundert des Kindes« erklärt hatte (Key 1902). Unter dem Motto »Ein Kind und Arbeit« gab es sogar eine Bewegung für uneheliche Mutterschaft in verschiedenen europäischen Ländern. In Deutschland trat Ruth Bré vehement für das »Recht auf Mutterschaft« nicht verheirateter Frauen und für die Einführung des »Mutterrechts« ein. Als nicht organisierte Einzelkämpferin kritisierte sie die »Halbheiten« der Frauenbewegung gegenüber Müttern und Frauen, die gerne Mütter werden wollten. »Geistige Mütterlichkeit« – das Motto der gemäßigten Frauenbewegung – verspottete sie als »Allerweltsmutterschaft«.

1904 plante Ruth Bré, in Leipzig einen »Bund für Mutterschutz« zu gründen, der das Ziel haben sollte, allen unehelichen Müttern mit staatlicher Unterstützung eine dauernde Existenz auf dem Lande – »auf eigener Scholle« – zu verschaffen. (Stöcker 1915) Die Idee einer solchen Organisation wurde ihr allerdings sehr schnell aus den Händen genommen und für veränderte Ziele verwendet. Bereits im Januar 1905 gründete eine prominente Vertreterin der radikalen Frauenbewegung, Helene Stöcker, mit Maria Lischnewska und einigen Ärzten den »Bund für Mutterschutz und Sexualreform« in Berlin. Die neue Organisation wollte zwar weiterhin unverheiratete Mütter praktisch und moralisch unterstützen – insbesondere durch die Einrichtung von Mütterheimen, in denen sie nicht als »gefallene Mädchen« behandelt wurden. Vor allem aber wollte sie die Gesellschaft für eine freiere Geschlechtsmoral auf der Grundlage einer »neuen Sexualethik« agitieren.

Die Verbindung dieser beiden Zielsetzungen wurde zum Dauerproblem des »Bundes für Mutterschutz« bis in die 1920er Jahre hinein: In den Ortsgruppen der »Provinz« dominierten die »Praktikerinnen und Praktiker«, die von »Sexualreform« nicht viel hören wollten, denen es um die unmittelbare Hilfe durch Beratungsstellen und Heime für unverheiratete Schwangere und Mütter ging. Die Wortführerinnen und Wortführer in der Berliner Zentrale – allen voran Helene Stöcker – räumten dagegen einer Reform der sexuellen Ethik und der öffentlichen Auseinandersetzung mit ihren Gegnern verschiedener politischer Couleur die erste Priorität ein. So war auch der damals vielzitierte Ausspruch Lischnewskas auf der Gründungsversammlung, »die Mutterschaft (sei) unter allen Umständen etwas Heiliges, gleichviel wie sie erworben ist«, wohl vor allem als Provokation gemeint. (Mutterschutz. Zeitschrift zur Reform der sexuellen Ethik 1907, S. 182)

Bevor sich Helene Stöcker des Bundes für Mutterschutz annahm, dessen

Zentralfigur sie wurde, hatten sie und Lischnewska vergeblich versucht, im Verband Fortschrittlicher Frauenvereine eine »Kommission für Liebe und Ehe« einzurichten, die sich auch mit der Verbesserung der Situation lediger Mütter befassen sollte. Ihr Vorschlag scheiterte 1903 an dem Desinteresse der fortschrittlichen Verbandsprominenz: Minna Cauer, Anita Augspurg und Lida Gustava Heymann interessierten sich nämlich ausschließlich für »politische« Fragen; darunter verstanden sie vor allem die Durchsetzung des Frauenstimmrechts. Ehe- und Familienangelegenheiten behandelten sie nur auf der Ebene des Bürgerlichen Gesetzbuches.

Trennung und Hierarchisierung von Lebensbereichen waren – und sind – typisch für ein radikalpolitisches Selbstverständnis, und auch der Bund für Mutterschutz war in diesem Sinne radikal. So nahm sein Organ »Mutterschutz. Zeitschrift zur Reform der sexuellen Ethik« (seit 1908 »Die neue Generation«) z.B. nicht zur Kenntnis, daß Mütter gelegentlich mit Hausarbeit zu tun hatten, obwohl über deren Veränderung in anderen Zeitschriften viel diskutiert wurde. Die einzige öffentliche Debatte über Hausarbeit, die im Oktober 1905 im Verband Fortschrittlicher Frauenvereine ausgetragen wurde, hatte damit geendet, daß sich die Referentin – und Helene Stöckers politische Weggefährtin – Maria Lischnewska mit ihrer Position durchsetzte, nach der nur das als Hausarbeit galt, was entweder abgeschafft oder genossenschaftlich organisiert gehörte. Demgegenüber hatte die Koreferentin Käthe Schirmacher massiven Einspruch gegen das Verschweigen der »Frauenarbeit im Hause« erhoben und ihre Forderung nach Entlohnung dieser Arbeit mit deren steigender volkswirtschaftlicher Bedeutung begründet. Doch Schirmachers Thesen kamen den fortschrittlichen Damen rückständig vor; sie feierten lieber mit Lischnewska die »verheiratete Fabrikarbeiterin als den ›Typus der neuen Frau‹«. (Stoehr 1981)

Insgesamt läßt sich also sagen, daß die fortschrittlichen Frauen säuberlich Mutterschaft von Hausarbeit, Liebe von häuslichen Dienstleistungen und dieses alles von der Politik trennten.

Politisierung der Hausarbeit

Die »gemäßigten« Frauen rechneten demgegenüber mit einer neuen Art von Hausarbeit, die sich mit fortschreitender Industrialisierung ausbreitete: Von den Hausfrauen wurden zwar immer weniger Verbrauchsgüter produziert, dafür mußten sie in steigendem Maße die Arbeitskraft der Männer und vor allem die zukünftigen Arbeitskräfte der Kinder reproduzieren. Hausarbeit wurde also »Reproduktionsarbeit« – mit einem zunehmenden Gewicht der organisatorischen und psychischen Anteile, die dann allerdings auch neue materielle Arbeiten zur Folge hatten. Eine besondere Bedeutung kam dabei der Kindererziehung zu. Diese veränderte Gewichtung entsprach in einem unmittelbaren Sinne der von der gemäßigten Frauenbewegung gewünschten »Vergeistigung« der Mütterlichkeit insofern, als sie dieses Konzept nunmehr auf die leibhaftigen Mütter anwendete: Indem sie die Mütter der eigenen Klasse darauf hinwies, daß sie weniger kochen und putzen, sondern statt dessen sich mehr um die seelische Entwicklung ihrer Kinder kümmern sollten, versuchte sie, einen gesellschaftlichen Trend nach dem Interesse der Frauen auszurichten. Noch deutlicher zeigte sich diese Strategie gegenüber den Arbeiterfrauen: Seit dem Ende des neunzehnten Jahrhunderts hatte der Staat im Wettstreit mit paternalistisch-wohlmeinenden Industriellen Maßnahmen getroffen, um die Frauenarbeit im Arbeiterhaushalt zu fördern, zu vermehren und zu kontrollieren. Mit Hygienevorschriften, Stillprämien, Haushaltsunterricht, Wohnungsinspektion und anderem reagierte er auf die Folgeerscheinungen der Industrialisierung: Säuglingssterblichkeit, Geburtenrückgang, Prostitution und Alkoholismus.

Die gemäßigte Frauenbewegung sah in den zunehmenden Staatsinterventionen in die Sphäre der Frauen, den sogenannten Privatbereich, eine Gefahr und zugleich eine Chance. Sie befürchtete, daß die anstehende Verstaatlichung der Haus- und Mütterarbeit hinter dem Rücken der betroffenen Frauen durchgesetzt werde und diese in ihren eigenen Domänen zu Objekten gemacht würden. Die Lösung dieses Problems schien ihr wichtiger für die Demokratisierung der Gesellschaft unter Frauenperspektive als die Durchsetzung des politischen Frauenstimmrechts. Deshalb setzte sie dem Prozeß der Verstaatlichung der Hausarbeit immer nachdrücklicher ein Konzept der Politisierung der Hausarbeit entgegen. Dabei handelte es sich um eine umfassende Bildungsstrategie, die in vielen Projekten der Frauenbewegung konkretisiert wurde: Soziale Frauenschulen und Pläne für ein weibliches Dienstjahr sollten z. B. einerseits Fähigkeiten zur Bewältigung des familiären – und gesellschaftlichen – Haushalts vermitteln; dazu gehörten auch pädagogische und psychologische Kenntnisse. Vordringlich aber war eine damit verbundene staatsbürgerliche Schulung, die direkt auf den häuslichen Bereich bezogen war. Es ging darum, wie Helene Lange 1916 (S. 2) ausführte, »den Frauen den politischen Charakter und die politischen Beziehungen ihrer einfachsten alltäglichsten Angelegenheiten zu zeigen« – mit dem Ziel zu verhindern, daß Frauen sich die Kontrolle über ihre alltägliche Arbeit aus den Händen nehmen ließen. Nicht in einer besonderen politischen Rolle sollte die Frau sich in die politische Sphäre einmischen, sondern als Hausfrau und Mutter Staatsbürgerin sein.

Dieses Konzept trug allerdings deutlich die Handschrift des Ersten Weltkrieges, in der die nationale Bedeutung des Privathaushalts ebenso wie der massenhaften sozialen Hilfsarbeit der Frauen an der »Heimatfront« offensichtlich war. Nach dem Krieg wurden die Mütter auf die Bewältigung eines durch Inflation, Arbeitslosigkeit und Weltwirtschaftskrise ungeheuer belasteten Familienhaushaltes verwiesen, dessen Arbeitsanforderungen enorm gestiegen und dessen Verbindung mit dem »Ganzen« der Gesellschaft oder des Staates kaum mehr zu vermitteln war. In den Frauenzeitschriften wurden Leserinnenbriefe gedruckt, in denen junge Mütter sich beklagten, daß die neue Emanzipation der Frau für sie darin bestünde, in einem Wahlzettel ein Kreuz zu machen, weil sie vor lauter Hausarbeit, zu der in der Nachkriegszeit auch wieder Produktionsarbeiten – von Kleidung und Lebensmitteln – gehörten, weder berufstätig noch politisch aktiv sein könnten.

Die ideologische Reprivatisierung des so belasteten Familienlebens gehörte mit zu den Normalisierungsstrategien der Nachkriegsgesellschaft. Das bedeutete, die Frauen damit allein zu lassen. Insofern mußte die Forderung nach politischer Beteiligung von Müttern ausgerechnet in der ersten deutschen Republik und unmittelbar nach der Durchsetzung des Frauenstimmrechts (1918) als besonders absurd erscheinen. So fand etwa die Forderung nach »Mütter-Räten«, die 1919 von Adele Schreiber, einer Abtrünnigen der Mutterschutzbewegung, während der Auseinandersetzungen um eine deutsche Räterepublik aufgestellt wurde, überhaupt keine Resonanz. (Mütter-Räte 1919)

Andererseits kamen Probleme der Mutterschaft und Kindererziehung in den Medien der Weimarer Republik in vorher unbekanntem Ausmaß zur Sprache. Vielfach wurde dabei dem Belastungsargument eine Rationalisierungsforderung entgegengesetzt, und die Mütter wurden mit Ergebnissen der neuen Wissenschaften – z. B. Psychoanalyse und »Psychotechnik« – konfrontiert, die ihnen die Erfordernisse »rationalisierter Mutterschaft« nahebrachten oder die Bedürfnisse ihrer Kinder interpretierten.

Krise der Mütterlichkeitspolitik

Die gemäßigte Frauenbewegung hielt sich etwas abseits von diesen Modernisierungsbestrebungen in der Weimarer Republik, die nicht so recht zu ihrer Übertragung des Konzepts der geistigen Mütterlichkeit auf leibhaftige Mütter als »Politisierung der Hausarbeit« paßten. Sie mag sich eine Zeitlang damit beruhigt haben, daß die beiden im Ersten Weltkrieg gegründeten Hausfrauenverbände – der Reichsverband Deutscher Hausfrauenvereine (RDHV) und der Reichsverband Landwirtschaftlicher Hausfrauenvereine (RLHV) – schnell zu den mitgliederstärksten Organisationen im Bund Deutscher Frauenvereine (BDF) avancierten. Auch hatten ihre prominenten Vertreterinnen genug damit zu tun, nunmehr oft als Parlamentarierinnen und nicht selten in überparteilicher Zusammenarbeit »mütterliche« Politik auf höchster Ebene zu realisieren. Das Wochenhilfegesetz, das Reichsjugendwohlfahrtsgesetz, die Familienfürsorge und andere sozialpolitische Reformen in den zwanziger Jahren trugen die Handschrift der Frauen – eine Politik im Interesse von Müttern, gewiß.

Nichtsdestotrotz wurde die Kluft zwischen den frauenbewegten Mütterpolitikerinnen und den mit den Alltagssorgen beschäftigten Müttern immer größer. Ganz deutlich wurde dies spätestens, als 1932 die beiden reichsweiten Hausfrauenverbände aus dem BDF austraten, weil ihre Funktionärinnen eine internationale Frauenabrüstungskampagne nicht mittragen wollten, obwohl diese Aktion als Umsetzung einer mütterlichen Politik verstanden wurde. Die Spaltung zwischen Hausfrauenorganisationen und dem Bund Deutscher Frauenvereine ist ein Indiz dafür, daß es nicht gelungen war, eine innere Verbindung zwischen Hausarbeit und Frauenbewegung beziehungsweise zwischen Mütteralltag und Mütterpolitik herzustellen.

Allerdings waren es nicht die Hausfrauen und Mütter, die in den zwanziger Jahren den BDF dafür kritisierten, daß er immer mehr zu einem Dachverband von Berufsorganisationen degeneriere, der die Gleichberechtigung nur noch bürokratisch verwalte. Es war die weibliche Jugend in den »Neuen Kreisen der Frauenbewegung«, die auf eine Vermenschlichung der Organisationen drang. Diese jungen Frauen nahmen damit den von den Älteren übernommenen Auftrag, Mütterlichkeit zu erweitern, ernster, als es mancher gestandenen Frauenpolitikerin lieb gewesen sein mag. (Stoehr 1993)

Am Ende der Weimarer Republik häuften sich die Anzeichen der Resignation gegenüber den Chancen einer Erweiterung der Mütterlichkeit in die Politik und das Erwerbsleben hinein. 1931 wurde auf einer großen BDF-Konferenz die Meinung vertreten, daß die Frau in diesen Bereichen keine »neuen Formen nach ihrem inneren Gesetz« habe schaffen können, sondern »selbst in hohem Maße Opfer geworden« sei. Das politische und soziale Leben werde »ebenso hart, ebenso unmenschlich und unlebendig, ebenso rechenhaft und seelischer Beziehung bar sein«, wenn eine politische Erneuerung nicht von anderem Ort ausginge.

Dr. Marie Baum, erste deutsche Chemikerin und staatliche Fabrikinspektorin, Leiterin des Hamburger Sozialpädagogischen Instituts und Reichstagsabgeordnete, unverheiratet und kinderlos, war zu der Überzeugung gekommen, daß einzig die Familie die Stätte sei, »von der aus der seelischen Verarmung entgegengewirkt werden kann« – auch in den weiteren Umkreis des gesellschaftlichen und staatsbürgerlichen Lebens hinein. Sie glaubte, daß nur »von hier aus der unwiderstehliche Lebensquell der Erneuerung in die Gesellschaft einströmen könnte.« Es ginge nicht darum, die Frau ins Haus zurückzuschicken, sondern um einen neuen »Impuls vom Hause her«, der so wirksam sein könne,»daß es nicht ausgeschlossen erscheint, von hier aus die menschenfeindliche Härte der kapitalistischen Welt aus den Angeln zu heben.« (Bäumer 1931, S. 519f.)

Obwohl sich diese Position auf der Konferenz nicht durchsetzte – Marie Baums einflußreiche Freundin Gertrud Bäumer warnte einerseits vor einer vorzeitigen Resignation gegenüber Politik und Berufsleben wie andererseits auch vor übertriebenen Hoffnungen auf eine »Welt-Erneuerung« vom Familienleben her –, trug sie die Handschrift der gemäßigten Frauenbewegung. Nicht um die Probleme der Mütter ging es, sondern um eine gesellschaftliche Erneuerung, die von den Müttern ausgehen sollte. Dabei darf jedoch nicht vergessen werden, daß die gemäßigte Frauenbewegung sich in den zwanziger Jahren zunehmend in ihrer praktischen Politik um Mütter kümmerte. Die zitierte Marie Baum steht besonders dafür. Als Schöpferin der »Familienfürsorge«, die auf eine Entbürokratisierung und Vermenschlichung des gesamten Fürsorgesystems zielte, hat sie geistige Mütterlichkeit wohl am wenigsten von konkreter Mutterschaft getrennt.

Der radikale Flügel der deutschen Frauenbewegung hatte sich bereits unmittelbar nach der Durchsetzung des Frauenstimmrechts organisatorisch verabschiedet. Ihre bedeutendsten Vertreterinnen, Anita Augspurg und Lida Gustava Heymann, arbeiteten in der Frauenfriedensbewegung und gaben die Zeitschrift »Die Frau im Staat« heraus. Dort thematisierten sie Mütterlichkeit als Begründung ihres Friedensengagements und die Erziehungsfrage durch ihr Eintreten für »freie Schulen«. Der »Bund für Mutterschutz und Sexualreform« hatte seine praktische Arbeit vor allem auf die Unterhaltung von Sexualberatungsstellen konzentriert. Die »Mutterschutz«intention hatte sich über den Ersten Weltkrieg hinaus in Berlin und Frankfurt am Main mit einigen »Müttersiedlungen« oder »Gemeinschaftswohnungen« für fünf bis sieben erwerbstätige Mütter mit Kindern durchgesetzt. Diese Einrichtungen besaßen eine gemeinsame Wirtschaftsführung und unterhielten eine »Heimmutter« für »Kinderaufsicht« und »Wirtschaft«. Geplant war auch die Zusammenführung von Pflegekindern und alleinstehenden Frauen, die gerne Kinder aufziehen wollten, in gemeinsamen Wohnheimen. (Möller 1919/1920)

Als Zwischenbilanz möchte ich hier festhalten: Auf der einen Seite stellte das Programm der »geistigen Mütterlichkeit« und seine Umsetzung einen großangelegten Versuch der Verbindung von Frauenalltag und Frauenpolitik dar, der allerdings von den konkreten Müttern kaum mitgetragen wurde. Auf der anderen Seite gab es konkrete Lebenshilfen für nicht verheiratete Mütter, die nicht mit einer Frauenpolitik verbunden wurden und relativ randständig blieben.

Was Frauen im vergangenen Jahrhundert bewegt haben

1900 bis 1933
Bürgerliche Frauenbewegung (1893–1933)
Bund Deutscher Frauenvereine, gegründet 1893 als Dachverband der Frauenbewegung
Auseinandersetzung zwischen gemäßigtem und radikalem Flügel (u. a. um die Priorität des Frauenstimmrechts)
Frauenbildungsbewegung: Mädchenschulreform, Frauenstudium (1908)
Frauenberufsorganistionen, Hausfrauenverbände
Frauensozialarbeit, Soziale Frauenschulen
Frauenwahlrecht (1918)
»grundsätzliche« gesetzliche Gleichberechtigung in der Verfassung (1919)
überparteiliche parlamentarische Fraueninitiativen bei Gesetzesvorlagen
Durchsetzung von kommunalen »Frauenlisten« Kontroverse um »Frauenpartei«
Generationenkonflikt um Erneuerung der Frauenorganisationen
Frauenhochschule in Berlin: Deutsche Akademie für soziale und pädagogische Frauenarbeit
Selbstauflösung des Bundes Deutscher Frauenvereine (1933)

70er Jahre
Neue Frauenbewegung (ab 1968)
Kampf gegen Paragraph 218
Frauenzentren, Selbsterfahrungsruppen
Frauenprojekte, Frauenzeitschriften
Kontroverse um »Lohn für Hausarbeit«
Quotierung von Arbeitsplätzen und politischen Positionen
feministische Sozialarbeit
(Frauenhäuser, Notrufstellen, sexueller Mißbrauch)

80er und 90er Jahre
Institutionalisierung der Frauenbewegung (kommunale Gleichstellungsstellen, Frauenministerien, Frauenforschung, staatliche Frauenförderung)
Parteienfeminismus
Antidiskriminierungsgesetze
Ost-West-Frauenbewegung:
Unabhängiger Frauenverband UFV (1990–1998)
Berufs- und Hausarbeit

Mütterbewegung
Gründung der Mütterzentren (1980)
Müttermanifest der Grünen Frauen (1986)
Erziehungsgeld
Recht auf Kita-Platz

um 2000   Kontroverse Diskussion um Partnerschaft von Laien und Profis
Bürgerschaftliches Engagement
Neues Ehrenamt
Freiwilligenarbeit

Die »Mütterfallen« der neuen Frauenbewegung

Mit ihrer abwehrenden Haltung gegen alle Mutter-Wortverbindungen, wie Mutterschaft, Mutterrolle oder Mütterlichkeit, hat die neue Frauenbewegung die Chance ausgeschlagen, diese beiden Ansätze der alten Frauenbewegung aufzugreifen, miteinander zu verbinden und weiterzuführen. Der Hauptgrund dafür war wohl die Befürchtung, mit dem zwischenzeitlichen »Mutterkult« des Nationalsozialismus in Verbindung gebracht zu werden. Gerade Vertreterinnen einer Politik der geistigen Mütterlichkeit sind von modernen Feministinnen häufig als Vorläuferinnen, wenn nicht als Vorbilder der NS-Frauenpolitik angesehen worden. (Wittrock 1983; Koonz 1994)

Diese verbreitete Unterstellung beruht jedoch auf einem eklatanten Mißverständnis nicht zuletzt der NS-Frauenpolitik (Bock 1986). Die vielbeschworenen Mutterkreuze und sonstigen Gebärprämien zwischen 1933 und 1945 waren ausschließlich rassen- und bevölkerungspolitisch motiviert. Es handelte sich um eine Politik der »Aufartung«, der es nicht um Mütter und Kinder, sondern ausschließlich um die Produktion »erbgesunden« und rassisch einwandfreien Nachwuchses ging. Die spezifische Frauenfeindlichkeit des Nationalsozialismus zeigte sich nicht in solchen Prämien für eine Minderheit erwünschter Mütter und auch nicht in einer Heim- und Herdideologie. Brutal gegen Frauen erwies sich die NS-Diktatur vielmehr in ihrer Politik der zwanghaften und gewaltsamen Unterdrückung der Mutterschaft. Wer dem Bild der erbgesunden, arischen, normalen Frau nicht entsprach, sollte nicht Mutter werden dürfen. Das waren außer Jüdinnen, Polinnen und »Zigeunerinnen« auch »Schwachsinnige«, »Geisteskranke«, »Asoziale«, »Kriminelle«, »körperliche Schwächlinge« sowie Ehefrauen von Männern mit solchen »Defekten«. Darüber hinaus waren Werte wie »Mütterlichkeit« den Nationalsozialisten nicht nur fremd; sie wurden sogar als eine »ins Ungesunde ausartende Nächstenliebe« beziehungsweise als »Humanitätsduselei« bekämpft.

Ein weiterer Grund für die »Mütterfeindlichkeit« der neuen Frauenbewegung ist in ihrer Entstehungsgeschichte zu suchen. Mit ihrem Kampf gegen den Paragraphen 218 entzündete sie sich an der Gebärfähigkeit der Frau, auf die sie sich ausschließlich negativ bezog: Sie galt ihr als der Ursprung der geschlechtsspezifischen Arbeitsteilung und diese als der Inbegriff der Frauendiskriminierung. Dabei war der Paragraph 218 nicht einmal das erste Thema der neuen Frauenbewegung gewesen; vorher hatten jene Dissidentinnen der Studentenbewegung, die 1968 mit dem berühmten Tomatenwurf auf die ignoranten SDS-Genossen die Frauenbewegung ins Rollen brachten, zumindest die »Kinderfrage« gestellt und verlangt, daß hier der »Hebel der Revolution« anzusetzen habe.

Daß dieser erste Versuch der geschlechterpolitischen Thematisierung des »Reproduktionssektors« bald in Vergessenheit geriet, ist nicht nur der Bedeutung geschuldet, welche die Paragraph-218-Kampagne bekam: Erst mit ihr verbreitete sich nämlich die Frauenbewegung über die sozial- und geisteswissenschaftlichen Institute einiger großstädtischer Universitäten hinaus. Es kommt hinzu, daß die feministischen Studentinnen von 1968 einen aus ihrem psychoanalytischen Traditionsstrang erwachsenen Mutterhaß mit sich herumtrugen, der auch ihrer späteren feministischen Kritik der Psychoanalyse nicht zum Opfer fiel, die sich vor allem gegen den »Penisneid« richtete.

Zwar entsprang die Mütterzentrumsbewegung einer Verbindung von Vertreterinnen der neuen Frauenbewegung und jungen Nachwuchskräften des Deutschen Hausfrauenbundes, aber eine Zusammenführung der beiden Bewegungen blieb aus.

Die neue Frauenbewegung blieb bis heute in einem Widerspruch gefangen, denn es ging ihr niemals nur um Gleichberechtigung, sondern auch um eine Veränderung der Gesellschaft, die dem Rechnung tragen sollte, was dann etwas nebulös mit »weiblicher Lebenszusammenhang« oder »weibliches Arbeitsvermögen« umschrieben wurde, womit eine »neue Mütterlichkeit« vermieden werden sollte. Das schillernde feministische Motto »Das Persönliche ist politisch« mag von einigen sozialistischen Feministinnen als Abschaffung der Fesseln des »Privaten« verstanden worden sein; für die meisten stand es jedoch eher für positive Elemente einer »weiblichen Kultur«, die sich einer Angleichung an männliche Vorbilder widersetzen sollte. Dieser kaum reflektierte Widerspruch ist mitverantwortlich für die Heftigkeit der Abwehr gegen mütterorientierte Politikansätze und schließlich für den Zerfall einer politischen Kultur der Frauenbewegung. Seine Ungelöstheit könnte andererseits neue beziehungsweise vernachlässigte Aufgaben der Frauenbewegung einklagen und damit auch die überfällige Annäherung der »Mütter« und der »Feministinnen« motivieren.

Literatur

Bäumer, Gertrud: Frau – Familie – Wirtschaftsordnung. Konferenzbericht. In: Die Frau, Juni 1931, S. 518–521

Bock, Gisela: Zwangssterilisation im Nationalsozialismus. Studien zur Rassenpolitik und Frauenpolitik. Opladen, 1986

Key, Ellen: Das Jahrhundert des Kindes. Berlin, 1902

Koonz, Claudia: Mütter im Vaterland. Frauen im Dritten Reich. Reinbek, 1994

Lange, Helene (1928a): Die ethische Bedeutung der Frauenbewegung (1889). In: Dies., Kampfzeiten, Bd. I. Berlin, 1928

Lange, Helene (1928b): Das Endziel der Frauenbewegung (1904). In: Dies., Kampfzeiten, Bd. II. Berlin, 1928

Lange, Helene: »Neuorientierung« in der Frauenbewegung. In: Die Frau, Oktober 1916, S. 1–3

Lange, Helene: Die höhere Mädchenschule und ihre Bestimmung. Begleitschrift zu einer Petition an das preußische Unterrichtsministerium und das deutsche Abgeordnetenhaus. Berlin, 1888

Mütter-Räte, o. A. (Schreiber, Adele), o. J. (1919), Manuskript, Bundesarchiv Koblenz, NL 173 Schreiber/58

Mutterschutz. Zeitschrift zur Reform der sexuellen Ethik. April 1907, S. 182

Riemann, Ilka: Soziale Arbeit als Hausarbeit. Frankfurt/M., 1985

Schwester Lotte Möller: Gemeinschaftswohnungen für Mütter. In: Die Neue Generation. 12. Jg. 1919, S. 214 ff.; s. auch ebd., 13. Jg. 1920, S. 372

Stöcker, Helene: Zehn Jahre Mutterschutz. In: Die Neue Generation, 8. Jg., 2/1915, S. 1–66

Stoehr, Irene: Staatsfeminismus und Lebensform. Frauenpolitik im Generationenkonflikt der Weimarer Republik. In: Reese, Dagmar, u. a. (Hg.): Rationale Beziehungen? Geschlechterverhältnisse im Rationalisierungsprozeß. Frankfurt/M., 1993

Stoehr, Irene: Ein sozialpolitischer Treppenwitz. Lohn für Hausarbeit 1905. In: Courage, 5/1981, S. 34–39

Stritt, Marie: Die Mutter als Staatsbürgerin. In: Schreiber, Adele (Hg.): Mutterschaft. München, 1912

Wittrock, Christine: Weiblichkeitsmythen. Das Frauenbild im Faschismus und seine Vorläufer in der Frauenbewegung der 20er Jahre. Frankfurt/M., 1983

Zahn-Harnack, Agnes von: Die Frauenbewegung. Geschichte, Probleme, Ziele. Berlin, 1928

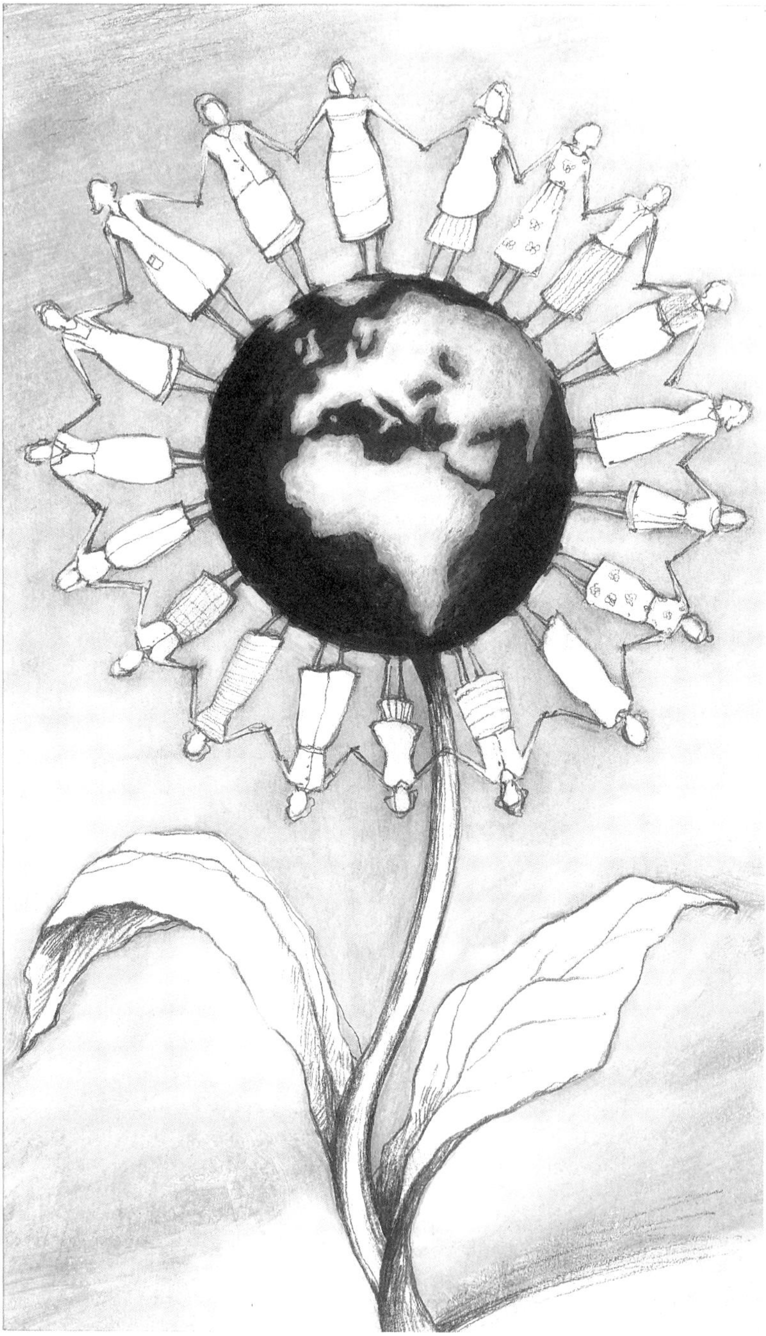

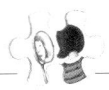

Kapitel 8
Orte zum Leben: Die Rückkehr von Kindern und alten Menschen in die Öffentlichkeit

Generationsübergreifende Begegnungen

Den gestrigen Abend habe ich sehr genossen. Es ist schon beeindruckend, was die Frauen da für sich auf die Beine stellen. Die Frauen des Küchenbereiches haben mit einer sehr witzigen Musikrevue ihre Arbeit selbstironisch dargestellt, und es gab ein wunderbares Abendessen. Es wurden neue Mitarbeiterinnen vorgestellt, und wir haben schön schräg einen Geburtstagskanon geschmettert. Das, was sonst den Höhepunkt im Jahreslauf ausmacht, bei einer Weihnachtsfeier oder so, läuft hier offenbar jeden Monat. Und die Frauen scheinen sich an diesem Abend selbst ganz wichtig zu sein. Sie können über sich lachen, sich verwöhnen oder einfach nur entspannen. Das hat mir am besten gefallen.

Ich habe neben einer netten älteren Dame gesessen, die mich sehr an meine Oma erinnert hat, der gleiche warme Zug um die Augen und der freundliche Tonfall, der gleich vertraut wirkt. »Ich habe leider keine Kinder bekommen können«, erzählt sie, »und jetzt bin ich auf meine alten Tage doch noch Oma geworden.« Als ich sie fragend anschaue, hat sie mir von ihren Besuchen im Kinderhaus des Mütterzentrums als »Gruppenoma« erzählt. Spontan haben wir uns für den übernächsten Tag in ihrer Kindergruppe verabredet – für mich auch eine Gelegenheit, diesen Bereich des Mütterzentrums, über den ich bisher nur in Broschüren gelesen habe, näher kennenzulernen.

Auch im Kinderhaus begrüßt mich wieder der Honig- und Harzgeruch der Hölzer, mit denen der Innenausbau des Kinderhauses gestaltet ist. Die Bereiche für die drei Gruppen erinnern mich an Wohnungseinrichtungen. Es gibt Eßecken, kleine gemütliche Sofas, ein Aquarium und eine schöne kleine Anrichte, die mit geheimnisvollen Dingen, wie Edelsteinen oder Kaleidoskopen, wie ein kleiner Zauberaltar geschmückt ist. Selbst ich bekomme Lust aufs Herumstöbern, zumal die Kleinräumigkeit auch Mut macht, etwas auf eigene Faust zu erkunden. Einige Kinder toben laut durch das Foyer und werden unwirsch ermahnt, was sie allerdings nicht stört, sondern nur die Räumlichkeiten wechseln läßt. Lars und Charlotte haben eine große Legotonne entdeckt, und so finde ich Zeit, mich in die Runde zur Gruppenoma,

Frau Hellwig, zu setzen. Es ist fast so wie in meinen Kindertagen: »Zeit haben« ist, glaube ich, das Entscheidende. Die Oma, die einfach Zeit hat, nicht gehetzt wirkt wie die berufstätigen Eltern. Die vorliest und Geschichten zu einem schönen Erlebnis werden läßt und nicht zum Pflichtprogramm vor dem Schlafengehen. Frau Hellwig hat genau diese Ausstrahlung. Mit Ruhe und Gelassenheit erzählt sie anhand eines großen Bilderbuches eine Geschichte. Daß sie dabei öfter mal innehalten muß, um wieder Atem zu schöpfen, stört hier niemanden. Auch Frau Hellwig scheint diesen engen Kontakt zu den Kindern zu mögen: Mit roten Wangen sitzt sie inmitten von Klein-, Schul- und Kindergartenkindern und erzählt...

Biographie
Bürgerschaftliches Engagement

Unserer kranken Putzhilfe haben wir es zu verdanken, daß wir mit dem Mütterzentrum in Kontakt gekommen sind. Wir hatten die Handwerker in der Wohnung und brauchten dringend Hilfe bei der Wohnungsreinigung, zumal meine Frau gehbehindert und auf Hilfe angewiesen war. Wir hatten schon mal vom Mütterzentrum gehört und hofften auf eine helfende Hand von einer der dort tätigen jungen Frauen. Ein Telefonanruf, und wir hatten eine Tageshilfe für die Wohnungsreinigung, mit der wir uns über das Mütterzentrum unterhalten haben und die uns speziell über den Mittagstisch informiert hat. Dabei blieb es erst mal. Und so waren wir überrascht, als wir eine nett geschriebene Einladung zur Seniorenweihnachtsfeier im Mütterzentrum erhielten. Da haben wir uns aufgemacht und hatten unsere erste direkte Berührung mit dem Mütterzentrum.

Wir wurden ganz persönlich an der Tür empfangen: »Guten Tag, ich bin die Erika.« Sie hat uns die Garderobe abgenommen und auf freie Plätze in den fast gefüllten Raum geleitet. Die gemütliche Einrichtung hat uns gleich gefallen. Da wir im allgemeinen für alle Menschen aufgeschlossen sind, ergaben sich schnell Gespräche, und wir fühlten uns in diesem Rahmen geborgen. Auch hier wurden wir wieder auf das Mittagessen angesprochen. Seitdem sind wir regelmäßige Teilnehmer am Mittagstisch. Erst mal schmeckt uns das von Hausfrauen zubereitete Essen, dann ist es abwechslungsreich, wie man es zu Hause auch kochen würde. Es gefällt uns in der Gesellschaft von älteren Menschen, jungen Hausfrauen, Schülern und herumwuselnden Kindern. Es ist wie in einer Großfamilie, und so mancher der Kleinen kommt zur »Oma« oder zum »Opa«, um ihnen wichtige Dinge zu zeigen oder zu erzählen. Da wir selbst keine Kinder haben, ist es für uns besonders schön, so angeredet zu werden, denn wer sollte das sonst tun. So sind wir ständige

Besucher des Mütterzentrums geworden. Wir kommen nicht nur zum Mittagessen, sondern nehmen auch an anderen Aktivitäten teil.

Als meine Frau erkrankte und im Bett liegen mußte, kam nach kurzer Rücksprache täglich eine Kraft zur frühmorgendlichen Hilfe und Körperpflege in unsere Wohnung. Es war für uns ein beruhigendes Gefühl, in dieser belastenden Situation eine vertraute Hilfe zu haben. Auch unser Essen war gesichert. Ich bin weiter ins Mütterzentrum gegangen und habe eine gut verpackte Portion für meine Frau zur Stärkung mitnehmen können.

Es ist gut zu erfahren, daß wir im Alter bei allen Dingen des Lebens Rat und Hilfe finden und in dem Gefühl leben: »Wir sind nicht allein, dank des Mütterzentrums.«

In den folgenden Jahren haben wir viele schöne Stunden im Mütterzentrum verbracht: Romméspiele an den Spielenachmittagen, gymnastische Übungen im Kreise der Älteren oder Behinderten, Geburtstagsfeiern in großer Gesellschaft an dekorierten Tischen mit viel Freude, Musik und Gesang, die Mütterzentrumsfeste, wie Karneval, Sommerfeste und Weihnachtsfeiern. All diese schönen Dinge haben uns unsere Sorgen und Nöte und krankheitsbedingten Probleme vergessen lassen. Dies sage ich in Dankbarkeit und besonders auch im Namen meiner inzwischen verstorbenen Ehefrau.

Sie hat in den fünf Jahren in den Räumen und in der Gesellschaft des Mütterzentrums ihr Leid und ihre Behinderung vergessen und innere Ruhe, Zufriedenheit und Kraft gefunden.

Nun sind es nahezu drei Jahre, daß ich als Alleinstehender ins Mütterzentrum gehe. Es war für mich selbstverständlich, daß ich die in den vergangenen Jahren gewonnenen Kontakte nicht aufgeben würde.

Verstärkt wurden diese Kontakte einmal durch meinen festen Platz am »Nachbarschaftstisch«. Der hat sich durch die ständige Teilnahme am gemeinsamen Mittagstisch ergeben. Hier hat sich eine Gemeinschaft gebildet, die zu einer festgefügten Runde von alleinstehenden Menschen geworden ist, die sich immer zur Mittagszeit im Mütterzentrum treffen. Am Anfang stand das Mittagessen im Mittelpunkt. Inzwischen ist diese Gemeinschaft zu einem wesentlichen sozialen Bezugspunkt in meinem Leben geworden. Es wird über Freud und Leid jedes einzelnen gesprochen. Allein der Austausch über die Fragen des Lebens ist oft schon eine Hilfe. Diese erstreckt sich auch auf den seit geraumer Zeit angebotenen »gedeckten Tisch« jeden Sonntagmittag im Mütterzentrum. Einmal im Monat schließt sich ein sonntäglicher Kaffeenachmittag mit Unterhaltung, Musik und einem Tänzchen an.

Aber ich bekomme nicht nur ganz viel im Mütterzentrum, sondern kann mich mit meinen Kenntnissen und Fähigkeiten und dem, was ich im Zentrum gelernt habe, auch einbringen. So bin ich zum Beispiel immer noch fester Bestandteil der Rommérunde. Indem ich mit den Frauen und Männern aus der Altentagesbetreuung Karten spiele, übernehme ich ein Stück der Betreuungsarbeit. Ich habe Spaß am Spiel und kann das damit verbinden, beispielsweise in Streitsituationen – und die gibt es auch zwischen den älteren Menschen – zu vermitteln beziehungsweise durch meine Anwesenheit einfach die Situation zu entkrampfen, so daß aus Zank wieder ein Lachen wird. Damit kann ich die Mitarbeiterinnen entlasten und etwas von dem zurückgeben, was ich bekomme. Außerdem lerne ich dabei auch immer etwas Neues. Beim Mittagessen bin ich mit den Frauen ins Gespräch gekommen, die sich im Mütterzentrum selbständig gemacht haben. Wir sind, weil es mein Fachgebiet ist, bald auf finanz- und abrechnungstechnische Fragen gekommen. Es hat dann nicht lange gedauert, bis ich den Frauen bei ihrer Buchführung geholfen habe. Ich kann mich nützlich machen und mich auch in meinem Alter noch engagieren.

All diese Dinge sind für mich aufbauend und geben mir ein Gefühl des Geborgenseins und des Gebrauchtwerdens in einer Gemeinschaft. Auch wenn ich jetzt allein bin, einsam fühle ich mich nicht – dank des Mütterzentrums.

Hildegard Schooß
Alles unter einem Dach

Mein Mann und ich waren durch den Park gegangen und saßen jetzt im Café des Seniorenstifts. Dieser Besuch war schon lange fällig. Heute hatten wir ihn vielleicht deshalb gewagt, weil wir unser Enkelkind im Kinderwagen dabeihatten. Das gab uns den Anschein und damit auch den Schutz, Großelternpflichten wahrzunehmen, und niemand mußte denken, wir hätten etwa Eigeninteressen gegenüber dem Seniorenstift. So alt waren wir ja schließlich auch noch nicht, trotz der bevorstehenden Pensionierung. Ein merkwürdig beklemmendes Gefühl hatte uns beide bereits voll ergriffen, als wir so dasaßen und die Eindrücke auf uns wirken ließen. Ein spezifischer Geruch stieg mir in die Nase, es roch nach alten Menschen – ein Geruch, den ich von Orten kenne, wo nur alte und kranke Menschen sind. Unser kleines Enkelkind schien das einzige Lebhafte in diesem Raum zu sein, und deshalb wirkte es etwas deplaziert. Die Tische waren mit waschfreundlichen Decken und einer haltbaren Blumendekoration bestückt, die Möbel sahen vornehm aus, aber sie hatten keinen persönlichen Bezug zu den Gästen und auch nicht zum Personal – sie wirkten daher unecht und unpassend.

Die Gäste selbst erregten meine besondere Aufmerksamkeit. An allen

Tischen saßen sehr alte Menschen, die offensichtlich zum Haus gehörten, aber nichts miteinander zu tun hatten, sie wirkten irgendwie fremd. An einem Tisch ging es etwas lebhafter zu. Dort saß eine ältere Frau im Rollstuhl mit zwei jüngeren Menschen und einem Jugendlichen, offenbar handelte es sich um eine Familie, die die Oma besuchte. Der Junge tat sich schwer in der Runde, aber die jüngere Frau erzählte lebhaft, wenn es auch etwas aufgesetzt wirkte.

Mein Mann entwich dieser Szene sehr schnell, kaum daß er seinen Kaffee getrunken hatte. Er spazierte durch die Gänge und brachte aus der Rezeption Infobroschüren mit. Unser Enkelsohn fand die Menschen langweilig und begann in den Flur zu krabbeln, vielleicht erhoffte er sich dort etwas Interessantes. Die alten Menschen nahmen kaum Notiz von ihm – nur eine alte Frau strahlte ihn an, sprach aber weder mit mir noch mit dem Kind, obwohl ich eine ermunternde Geste machte. Wir warfen noch einen Blick auf die Infowand und den Speisesaal, alles sehr fein, aber irgendwie ohne Lebendigkeit.

Unweigerlich tauchte die Frage für uns auf, die wir uns in der letzten Zeit immer öfter gestellt hatten: Können wir uns vorstellen, in diesem oder einem ähnlichen Haus unseren Lebensabend zu verbringen? Schon bevor wir ausgerechnet hatten, was das kosten würde, stand für uns beide die Antwort fest: »Niemals freiwillig!« Die Betrachtung der Kosten machte uns nur noch sicherer. Sie waren so hoch, daß sie unsere finanziellen Ressourcen aufbrauchen würden, obwohl wir auch als Rentner zur höheren Einkommensgruppe zählen werden.

Mit einem Schlag war mir die Bedeutung des Satzes klar, den ich schon so oft gehört hatte: »Ich gehe doch nicht dahin, wo nur alte Menschen sind!« Bislang hatte ich mich mit Freunden und Bekannten, die ähnliches von ihren Eltern berichteten, über solche Aussprüche immer amüsiert. Auch schäme ich mich jetzt dafür, daß ich meiner Mutter ernsthaft vorgeschlagen hatte, in ein solches Haus zu ziehen. Schrecklich, wenn ich mir vorstelle, ich hätte dann als besuchende Tochter mit meinen Kindern, die ich womöglich dazu noch genötigt hätte, an einem solchen Kaffeehaustisch gesessen und Konversation mit meiner alten Mutter gemacht. Wie persönlich und lebendig waren dagegen die gemeinsamen Tage in der gemütlichen Wohnung meiner Mutter – auch wenn alles drumherum damals nicht einfach war. Nach diesem Erlebnis verstehe ich erst wirklich das Unglück eines bekannten Ehepaares, das hochbetagt, aber unfreiwillig, nur weil das Leben im eigenen Haus allein nicht mehr zu bewältigen war, in dieses vornehme Seniorenstift gezogen war.

Dagegen kenne ich auch ältere Menschen – meistens Frauen –, die ihr Leben in einem solchen Umfeld eher positiv beschreiben. Aber wenn ich das genauer betrachte, sind es Menschen, die noch fit sind, die noch allein von ihrem Berg – Seniorenresidenzen scheinen immer in schöner Lage weitab von jedem pulsierenden oder alltäglichen Leben zu liegen – wegkommen, dafür nicht auf fremde Hilfe angewiesen sind. Die noch einen eigenen Freundeskreis außerhalb des Stiftes oder Heimes haben und oft auch noch fest eingebettet sind in ein aktives Familienleben. Die, die kein gemeinschaftliches, aktives Umfeld mehr haben, scheinen sich – obwohl sie selbst noch körperlich oder geistig fit sind – an der allgemeinen Apathie anzustecken, und die innere Einsamkeit steht ihnen schon bald im Gesicht geschrieben. Nicht selten sterben diese alten Menschen bald nach dem Einzug in ein solches Haus.

Oft habe ich meinen Mann ausgelacht, wenn er launig darüber redete, daß er nicht auf dem Waldfriedhof außerhalb der Stadt beerdigt werden möchte, obwohl die Anlage landschaftlich so schön gelegen ist. Er will unbedingt auf einem Friedhof mitten in der Stadt liegen. Er meinte spitzbübisch lächelnd, daß er dann noch am Leben teilhaben könnte und seine Besucher am Grab vielleicht fröhlicher gestimmt wären, weil sie den traurigen Gang mit einem anregenden Stadtbummel verbinden könnten.

Wir haben einen Traum

Inzwischen kommen uns alle diese Geschichten gar nicht mehr witzig vor, aber eines haben sie bewirkt: Wir wissen jetzt, worauf wir achten müssen, damit wir die Chance haben, auch im Alter ein zufriedenes und angeregtes Leben zu führen, auch wenn wir gebrechlich sein sollten.

Unsere Vorstellung dazu sieht so aus: Wir ziehen in ein Haus mit schönen, behindertengerechten Wohnungen, die wir nach unserem Geschmack einrichten werden, wo wir uns wohl fühlen können, wo wir zu Hause sein werden. In den anderen Wohnungen werden junge Familien mit Kindern und auch andere alte Menschen wohnen, bunt gemischt. Das Haus wird so gebaut sein, daß wir von unseren Fenstern aus Menschen jeden Alters sehen und hören. Deshalb muß das Haus mitten in der Stadt liegen und trotzdem viel Grün drumherum haben, vielleicht mit Wiesen, auf denen Kinder spielen, aber auch Menschen ihrer Arbeit nachgehen. Es soll Geschäfte in der Nähe haben, damit wir bummeln gehen können, und Kultur soll erreichbar sein, damit wir auch zu den Veranstaltungen kommen und nicht der Weg dorthin schon zu beschwerlich ist.

Ganz in der Nähe unseres Wohnhauses soll es ein Servicehaus geben, wo wir jede Art von Hilfe und Unterstützung »einkaufen« können. Wir wollen nur soviel Hilfe holen, wie wir auch brauchen. Vielleicht haben wir Glück und benötigen zunächst nur einfache Hilfen: Putz- und Wäscheservice, Mittagessen, vielleicht aber auch Pflege bis zur letzten Stunde. Helfen würde uns

aber auch, wenn wir etwas für unsere Seele und unseren Geist bekämen, Anregungen über Kontakte mit anderen Menschen, wenn wir etwas mitmachen könnten, vielleicht noch gebraucht würden und selbst helfen könnten. Ich denke, eingebunden zu sein in ein Gemeinschaftsleben in einem lebendigen Stadtteil würde uns geistig und körperlich fit halten.
Das aber gilt noch mehr, wenn einer allein übrigbleibt.
Außerdem haben wir, wenn wir alt sind, noch viel zu geben. Wenn schon aufgrund körperlicher Gebrechen nichts Praktisches mehr beizutragen ist – man weiß ja nie –, so kann jeder von uns doch viel Lebenserfahrung aus dem aktiven alltäglichen Leben in der Familie und im Beruf weitergeben. Ich sehe gar nicht ein, warum ich mein Wissen zurückhalten sollte, nur weil ich alt geworden bin, wo doch Kinder – und nicht nur die – so viel lernen können, wenn sie mit alten Menschen Kontakt haben. Ihr Erfahrungsschatz ist dann reicher und ihr Umgangsstil rücksichtsvoller. Nicht umsonst wird viel von Wirtschaftssenioren als Unterstützung für junge Existenzgründerinnen und -gründer geschrieben. Dabei bleibt aber immer offen, wie die Jungen und die Alten zusammenkommen können. Es gibt kaum Begegnungsmöglichkeiten, die nicht aufwendig organisiert werden müssen.

Wir müssen soziale Kommunikation außerhalb der zweckgebundenen und unverbindlichen Form in der Freizeit und zum Teil sogar in der Familie erst wieder lernen. Dazu müssen wir bereit sein, soziale Gemeinschaften jenseits von Familie und reiner Freizeitgestaltung zu suchen und unterschiedliche Lebensgewohnheiten zu akzeptieren. Wir müssen üben, mit Menschen umzugehen, auch wenn uns nicht alles an ihnen gefällt. »Hüte dich vor dem Umgang mit Nachbarn«, eine Empfehlung an junge Menschen, wenn sie selbständig werden, oder: »Was willst du dich mit fremden Blagen (westfälisch für Kinder) abgeben?« Solche Tips führen dazu, daß sich schon junge Menschen von anderen isolieren oder sich zurückziehen. Die Angst vor sozialer Kontrolle ist damit geschürt und weit verbreitet. Da helfen auch Vereine oder Bildungsveranstaltungen wenig, denn wie sollen Menschen, die nicht geübt haben, außerhalb von kontrollierten und strukturierten Formen (einmal in der Woche eine gemeinsame Stunde Sport schafft noch lange keine Freunde in der Not) Vertrauen zueinander entwickeln und wechselseitige Verantwortung lernen? Welche Möglichkeiten haben Kinder, ältere oder gar hochbetagte und gebrechliche Menschen mit ihren Bedürfnissen kennenzulernen, wenn viele nicht einmal die Großeltern am Ort haben? Und wie sollen ältere Menschen Gefallen an Kindern und Jugendlichen finden, wenn sie die schnellen Veränderungen in der Erziehung, den Freizeitinteressen, den Umgangsformen, den Garderobenvorstellungen nicht mehr miterleben können und nur Bilder von der Straße oder im Fernsehen ohne direkten Bezug wahrnehmen. Wenn Jung und Alt keine Gelegenheit mehr haben, in der Öffentlichkeit miteinander zu reden oder etwas Gemeinsames zu tun, wie sollen sie im Bedarfsfall füreinander da sein?

Die existierende Öffentlichkeit bietet kaum Begegnungsmöglichkeiten zwischen den Generationen. Alles ist säuberlich voneinander getrennt. Die meisten aktiven Erwachsenen verbringen in Beruf oder Freizeit kaum Zeit mit Kindern, Familien oder alten Menschen. Warum stören Kinder in allen öffentlichen Räumen? Die Einhaltung der gesetzlich verordneten Mittagsruhe wird jedenfalls öfter gefordert als die Begegnung zwischen den Generationen.

Was wir brauchen, sind öffentliche Lebensräume, wo familiäres Leben, neu gemischt, möglich ist. Auch wenn die eigene Familie nicht mehr unter einem Dach für alte Menschen sorgen kann, so kann es doch Wohn- und Betreuungsformen geben, die die innere und äußere Isolation nicht nötig machen. Allerdings setzt das auch die Bereitschaft voraus, sich einzulassen auf Menschen samt ihren Eigenarten: Junge auf Alte und Alte auf Junge.

Dazu braucht es auch neue Hilfeformen. Hilfe zur Selbsthilfe ist gefragt. Das wird nicht mit sozialpädagogischen und therapeutischen Methoden allein geregelt werden können. Es muß möglich werden, Selbsterfahrung und Konfliktbewältigung in einer Gemeinschaft lernen zu können. Enttäuschungen und Krisen zu verkraften, ohne mit Rückzug oder Abbruch der Beziehungen zu reagieren, ist die gefragte Kunst. Lernbereitschaft über die volle Lebenszeit und nicht nur verstanden als Wissensvermittlung mit Berufsorientierung wird gebraucht. Mir wäre schon sehr wohl, wenn ältere Menschen nicht nur Vorlesungen in Psychologie, Kunst oder ähnlich Schöngeistigem hören würden, sondern auch ihre soziale Kompetenz praktisch weiterentwickeln und lernen würden, sie in freiwilligen Gemeinschaften anzuwenden.

Menschen aller Generationen, Wahlverwandtschaften in unterschiedlichen Lebenslagen, mit vielen Interessen und Bedürfnissen unter ein Dach zu bringen, dürfte wohl ein großes Experiment sein. Aber im Interesse derjenigen Menschen, die in einer realen Welt mit echten Menschen leben wollen und Ganzheitlichkeit nicht nur als technischen Begriff verstehen, wird es sich lohnen, ein Quartier zu entwickeln, das von allem etwas bietet, auf kurzem Weg, zum Anfassen und zum Mitmachen. Vielleicht gelingt es uns dann, ein Umfeld zu haben, in dem wir gemeinsam mit anderen Menschen heranwachsen und ebenso zufrieden unseren Lebensabend beschließen können.

Georg Klaus
Der Neubau und die Expo – auf dem Weg zu einem lebendigen Stadtteil

In Diskussionen mit Kollegen wird häufig die Frage gestellt: »Was bauen wir morgen?«

Insbesondere vor dem Hintergrund der nahenden Weltausstellung Expo 2000 erhält diese Frage eine besondere Bedeutung. Was sind zukunftsweisende Projekte? Wenn sich denn Bauaufgaben im Kontext mit den gesellschaftlichen Entwicklungen ergeben, so ist diese Frage auch Ausdruck einer gewissen Ratlosigkeit bezüglich der weiteren gesellschaftlichen, sozialen Entwicklung. Während im neunzehnten Jahrhundert die Bauaufgaben durch die Industrialisierung geprägt wurden, z. B. Trennung von Wohnen und Arbeitsplatz, Bau von Zinshäusern als Folge der Verkleinerung der Großfamilie auf die Klein- oder Kernfamilie, spezielle Bauaufgaben, die das sich herausbildende Bürgertum formulierte, so sind es in den letzten Jahrzehnten vor allem der wachsende Wohlstand, bessere Sozialleistungen sowie die Verkürzung der Arbeitszeit, die die Bauaufgaben beeinflussen.

Unter anderem hat sich in dieser Zeit ein System sozialer Einrichtungen etabliert, dessen einzelne Elemente säulenartig speziellen Aufgabenbereichen und Personengruppen zugeordnet sind, das heißt Kindern, jüngeren und älteren Menschen. Erwähnenswert in diesem Zusammenhang ist auch die stetig zunehmende Individualisierung der Gesellschaft. Geprägt ist die derzeitige Situation vor allem durch die Automatisierung in der Produktion beziehungsweise die rasante Entwicklung in der Informationstechnik. Entwicklungsgeschwindigkeiten haben sich vervielfacht. Immer weniger Menschen sind am Arbeitsprozeß beteiligt, soziale Sicherungssysteme werden in Frage gestellt oder sind nicht mehr finanzierbar. Das säulenartige System sozialer Einrichtungen geht an den tatsächlichen Bedürfnissen vieler Menschen vorbei. Das Mütterzentrum ist ein Ansatz, der eine Abkehr von dieser Säulenstruktur der sozialen Versorgung darstellt und auch entschieden auf Selbsthilfe setzt. Damit ist ein neuer Gebäudetyp gefragt, ein Gehäuse, in dem bisher nebeneinander agierende Einrichtungen miteinander in Verbindung treten und somit Synergieeffekte bewirken. Daran knüpft sich die Erwartung, daß sich ein entsprechendes Entwicklungspotential freisetzt. Es folgt daraus logisch, daß das Mütterzentrum nichts Statisches ist und die Vorgänge in ihm eher prozeßhaft zu begreifen sind. Das neue Gehäuse muß auch hierzu taugen. Möglicherweise ist dies eine Antwort auf die eingangs gestellte Frage.

Nach den ersten Gesprächen mit den Frauen des Mütterzentrums wurde folgendes deutlich: Ein funktionalistisch angelegter Grundriß als Entwurfsinstrument für das neue Mütterzentrum ist wenig hilfreich, da er nicht solche räumlichen und sozialen Veränderungen erfaßt, die ihn grundsätzlich in Frage stellen. Es galt also, nach Perspektiven zu suchen, die über den funktionalistischen Grundriß hinausgehen im Sinne einer funktionstüchtigen Gebäudeorganisation. In diesem Zusammenhang wurden folgende Entwurfsgrundsätze formuliert:

- Maximale Kommunikation, zwanglos und selbstverständlich;
- Treffpunkt und Marktplatz einerseits, Wahrung von Individualität und Privatsphäre andererseits;
- maximale Nutzungsflexibilität, minimale Nutzungszuordnung ohne Einschränkung der Funktionstüchtigkeit;
- maximale Transparenz, das heißt »Durchsichtigkeit« und Nachvollziehbarkeit von Abläufen;
- ausgeprägte formale Eigenständigkeit, hoher Identifikationswert;
- einfache, nachvollziehbare Fügeprinzipien;
- Beachtung wirtschaftlicher Planungsgrundsätze.

Die Charakteristik des entstandenen Gebäudeentwurfs wurde im wesentlichen durch den ersten Planungsgrundsatz bestimmt: maximale Kommunikation durch »Wegung«. Das Wegesystem beziehungsweise die Erschließung ist meiner Meinung nach das selbstorganisierende Prinzip der Architektur. Anstatt Erschließung könnte man auch Kommunikationen sagen, so wie der Begriff im neunzehnten Jahrhundert benutzt wurde, als Gesamtheit aller metabolischen und symbolischen Austauschprozesse. Die Gebäude, obwohl statische Objekte, sind auch immer Wandler und Austauscher. (Krausse 1996, S. 47)

Wenn ein Gebäudeentwurf etwas beschreibt, dann ist es die Art der zwischenmenschlichen Beziehungen, denn die raumbildenden Elemente, die er determiniert, dienen zunächst dazu, Räume zu definieren, um sie dann punktuell zu verbinden. Bei der Planung des Mütterzentrums waren es daher die Raumbeziehungen, die Regeln, nach denen diese festgelegt wurden, auf die wir besonderes Augenmerk gelegt haben. Dieses Regelwerk entspricht den Erkenntnissen, die Robin Evans bei seiner Untersuchung von Wohnungsgrundrissen gewonnen hat. Evans untersucht z. B. Pläne der Villa Madama in Rom (1519), deren Konzept von Raffael stammt (s. Abb. S. 198). Betrachtet man den Grundriß dieser Villa als Abbilder sozialer Beziehungen, dann fallen zwei Charakteristika auf, die das damalige Sozialmilieu widerspiegeln:

Die Räume haben mindestens zwei oder auch mehr Türen, stehen also mit anderen Räumen in direkter Beziehung. Dieses Planungsprinzip wird spätestens seit Anfang des neunzehnten Jahrhunderts als fehlerhaft angesehen, weil »die Unannehmlichkeit von Durchgangszimmern die Häuslichkeit und Ungestörtheit von vornherein unterbinden würde.« Die italienischen Theoretiker waren genau entgegengesetzter Anschauung: Sie meinten, daß viele Türen in einem Raum besser sind als wenige.

Bei der Villa Madama gibt es keine qualitative Unterscheidung zwischen dem Weg, der durch das Haus führt, und der Erschließung der unterschiedlichen Räume. Evans (1987) schreibt dazu: »Befindet man sich im Inneren, dann muß man, um durch das Gebäude zu gelangen, einen Raum nach dem anderen passieren ... Daher war die Villa – trotz der fest umrissenen architektonischen Strukturierung, die sich aus der Addition der einzelnen Räume ergab – hinsichtlich ihres Bewohntwerdens ein offenes Gebilde, relativ durchlässig für die zahlreichen Mitglieder des Haushalts, die alle – Männer, Frauen, Kinder, Dienstboten und Besucher – eine Matrix miteinander verbundener Räume passieren mußten, in denen sich das tägliche Leben in all seinen Facetten vollzog. Zwangsläufig mußten sich die Wege im Verlauf eines Tages kreuzen, und jede Tätigkeit war ständig von Unterbrechen bedroht (es sei denn, man traf sehr entschiedene Maßnahmen, um derartiges zu verhindern).«

Evans erkennt bei seinen Untersuchungen, daß die Matrix miteinander verbundener Räume einem Gesellschaftstyp entspricht, der auf Sinnlichkeit basiert und in dem das tägliche Leben von Geselligkeit geprägt ist. Dies war bis hinein ins siebzehnten Jahrhundert die typische Struktur der Haushalte. Die Erschließung der einzelnen Zimmer durch einen Korridor, die sich danach entwickelte, entspricht auf der sozialen Ebene einer zunehmenden Individualisierung der Gesellschaft. Die Matrix der miteinander verbundenen Räume weicht also dem zweidimensionalen Verkehrsdiagramm zugewiesener Funktionen. Evans plädiert deshalb für eine Wiederbelebung dessen, was die ausschließlich funktionalistische Gebäudeorganisation zerstört hat, nämlich die Nähe und den Kontakt der Menschen untereinander.

Vor diesem Hintergrund wird die Grundrißdisposition des neuen Mütterzentrums begreifbar, der ein äußerst komplexes Organisationsschema mit vielschichtigen Wechselbeziehungen zugrunde liegt.

Das Gebäude entwickelt sich linear und gliedert sich in einen zentralen Eingangsbereich, der sich über mehrere Ebenen erstreckt, und zwei Seitenflügel, die sich direkt daran anschließen. Im Inneren dieser Seitenflügel befindet sich der sogenannte Funktions- und Technikkern, in dem die Sanitärbereiche, Küchen, Technik- oder Lagerräume sowie die internen Treppen aufgereiht sind. Haustechnische Ver- und Entsorgungsstränge durchziehen diesen Baukörper.

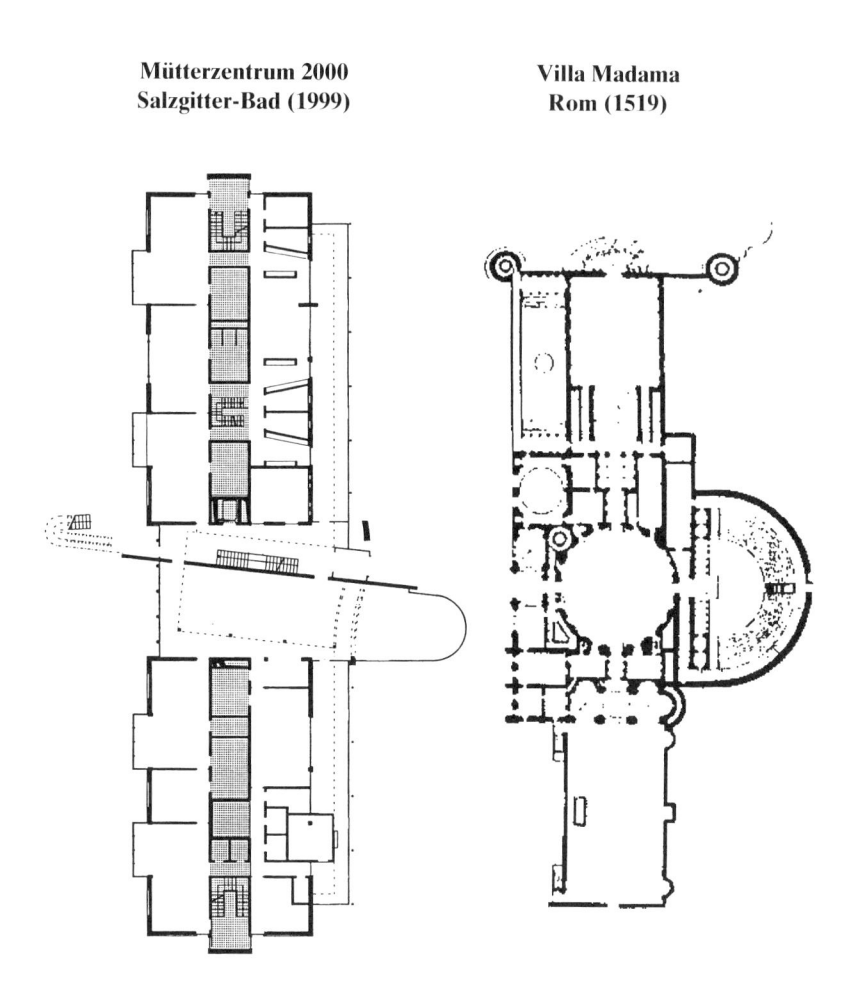

**Mütterzentrum 2000
Salzgitter-Bad (1999)**

**Villa Madama
Rom (1519)**

Alle weiteren Räume zirkulieren um diesen Kern herum, das heißt, sie lagern sich modulartig an den Kern an.

Es entsteht somit ein variables Baukastensystem, in dem der Raum als einzelner Baustein entfernt und an anderer beliebiger Stelle wieder in das Gesamtsystem eingefügt werden kann. Die Erschließung der Räume erfolgt parallel zum Gebäudekern, im wesentlichen von Raum zu Raum, abgesehen von einigen Kerndurchquerungen – dies bedingt, daß jeder Raum zwei bis drei Türen aufweist, abgesehen von den Zugängen zum Außenraum, das heißt zur Terrasse oder dem Balkon sowie dem Glashaus auf der Nordseite, der Eingangsfassade. Dieses Glashaus stellt das Übergangsstück zwischen Innen- und Außenraum dar, bietet Raum für sich ausweitende Aktivitäten und verleiht dem Erschließungssystem ein Maximum an Flexibilität.

Das Geflecht von Wechselbeziehungen zwischen den Innen- und Außenräumen mit dem zentralen Eingangsbereich, dem Marktplatz, als Ausgangspunkt für unterschiedliche Aktionen gibt dem Gebäude die Anmutung eines städtischen Gefüges – ist dies ein eigener Stadtteil?

Ein Stadtteil wird insbesondere durch die vorhandene Wohnsituation geprägt. Die auch die Entwicklung der Mütterzentren entscheidend beeinflußt hat: In einem Prozeß der Aus- und Eingrenzung von Personen und Funktionen hat sich nach dem Zweiten Weltkrieg ein Idealtyp des Wohnens herausgebildet, der die Vielfalt von Wohnformen auf wenige Standardtypen verringert hat (Trennung von Wohnen und Arbeiten, Idealtypus »Kleinfamilie«). Dieser Typus wird den heutigen Ansprüchen nicht mehr gerecht, weil sich die Arbeitsteilung innerhalb der Familie verändert hat und weil sich die Gestaltung individueller Lebensformen und Lebensläufe wesentlich facettenreicher entwickelt. Es entstehen neue Haushaltstypen (Alleinstehende, unverheiratete Paare, Wohngemeinschaften, Alleinerziehende) neben und anstelle der traditionellen Familienhaushalte. Die neuen Haushaltstypen sind nicht nur »rudimentäre« Familien, als welche sie die Statistik ausweist, sondern eigenständige Lebensformen. Darin liegt das Neue. Mit Ausnahme der Wohngemeinschaften gab es zu jeder Zeit Alleinlebende, Alleinerziehende und unverheiratet zusammenlebende Paare. Doch früher waren das selten selbstgewählte Wohn- und Lebensformen, sondern öfter das Ergebnis gesellschaftlicher Situationen oder eines individuellen Schicksals. Die zukünftige Entwicklung dürfte von der Gleichzeitigkeit einer stärkeren Individualisierung einerseits und der kollektiven Wohnorganisation andererseits geprägt sein, das heißt eine stärkere Privatheit in einer selbstgewählten Nachbarschaft. Die neuen Formen des Zusammenlebens und die Tendenzen in Richtung auf eine engere Verflechtung von Wohnen, beruflicher und informeller Arbeit bewirken differenzierte und teilweise sehr widersprüchliche Anforderungen an den Wohnungs- und auch den Städtebau. Zum einen müssen neue Bauformen und Infrastrukturangebote entwickelt werden, die auf ganz spezielle Anforderungen zugeschnitten sind, zum anderen verändern sich die Wohnformen häufiger und radikaler als früher. Diese widersprüchlichen Anforderungen sind zu erfüllen, das heißt z. B. neutralere Grundrisse, größere Wohnungen, Erleichterung von Wohnungsmobilität.

Wenn man so will, erfährt das Mütterzentrum in dem Mehrgenerationenwohnhaus, das in einer unmittelbareren Nähe errichtet wird und den vorgenannten Tendenzen Rechnung trägt, eine Erweiterung zu einem kleinen Stadtteil.

Der städtebauliche Kontext, der insbesondere durch das historische Umfeld bestimmt wird, bildet auch die Grundlage für das Erscheinungsbild des Mütterzentrums: Es entsteht ein Baukörper, der sich aus archetypischen Elementen bauklötzchenartig zusammensetzt. Alle tektonischen Elemente, Volumen, Scheibe, Stab, sind klar ablesbar, die Fügeprinzipien erkennbar.

Offenheit und Geschlossenheit, Zuwenden und Abwenden finden ihre Entsprechung in den Fassaden – der traditionellen Lochfassade auf der Südseite sowie dem vorgelagerten Glashaus auf der Eingangsseite, der Nordfassade.

Innerhalb dieser Ordnung entsteht ein facettenreiches Spiel mit den Elementen, die das Gebäude leicht und heiter erscheinen lassen und ihm einen unverwechselbaren Charakter geben.

Literatur
Evans, Robin: Figures, Doors and Passages. In: Architectural Design, 4/1987, S. 267–277
Krausse, Joachim: ArchPlus, 12/1996

Hildegard Schooß und Monika Jaeckel
Wie Mütterzentren Institutionen verändern könnten

Im Zuge der Krise des Sozialstaates und der Verknappung der Mittel des Sozialbudgets hat die Problematisierung einer sozialstaatlichen Tradition zugenommen, die vornehmlich auf Professionalität, Institutionen und versäultes Expertentum setzt. Die Frage der Aktivierung von gesellschaftlichen Selbsthilfekräften, »sozialen Netzwerken« und Alltagsressourcen für soziale Dienstleistungen, Betreuungs- und Pflegeaufgaben sowie für soziales Risiko- und Krisenmanagement wird immer offensiver gestellt. Qualität wird nicht mehr gleichgesetzt mit mehr Professionalität, die Ressourcen und Kompetenzen des Alltags, des mitmenschlichen Engagements, der sozialen Persönlichkeit kommen zunehmend in den Blick.

In diesem Zusammenhang erleben die Mütterzentren ein wachsendes Interesse von Professionellen und Institutionen an ihrer Arbeit. Viele sind neugierig und aufmerksam geworden, versuchen dem Geheimnis der Erfolge der Mütterzentrumsarbeit auf die Spur zu kommen. Ob sie die Impulse und Veränderungsperspektiven, die von dem Ansatz der Mütterzentren ausgehen, in ihrer Tragweite verstehen, aufnehmen und auf die eigenen Strukturen umsetzen können, bleibt jedoch vielfach offen. Es gibt viele Hürden und Barrieren zu überwinden, von denen im folgenden anhand von Beispielen und Erfahrungen die Rede sein soll.

Ein Schritt vor, zwei Schritte zurück?

Um Institutionen zu verändern, muß zuallererst ein Bewußtsein der Veränderbarkeit von institutionellen Gegebenheiten entwickelt werden. Dies ist so selbstverständlich nicht. Die Strukturen der Institutionen sind oft auch bei engagierten und an Innovation interessierten Vertretern tief verinnerlicht. Hierzu ein Beispiel aus dem Alltag.

Auf einer Fachtagung, auf der das Kinderhauskonzept des Mütterzentrums Salzgitter Teilnehmerinnen und Teilnehmern aus der Verwaltung und der Fachbasis im Betreuungsbereich vorgestellt wurde, gab es zunächst viel Zustimmung. In der Abschlußrunde meinte eine Kindertagesstättenleiterin jedoch einschränkend, daß eine solche Innovation von ihrem Träger nicht mitgetragen oder zugelassen werden würde. Erst das laute Gelächter in der Runde ließ ihr klarwerden, daß ihr Träger auch der Träger des Mütterzentrums ist; das war ihr natürlich bekannt. Sie schien es jedoch in diesem Moment vergessen zu haben. Das Bewußtsein, daß Strukturen, die sich Einrichtungen und Institutionen zurechtgelegt haben und die oft als ewig gültig und unumstößlich gelten, von Menschen gemachte Strukturen sind und daher von Menschen auch verändert werden können, ist in weiten Bereichen unterentwickelt.

Zentralen Stellenwert beim Prozeß der Neustrukturierung des Sozialstaates besitzt die Frage der Anerkennung von Erfahrungs- und Alltagswissen als gleichwertiger Kompetenz, die es auch in den Institutionen auszubilden und zu integrieren gilt.

In der Altenpflege zeigt sich, daß die genaue Kenntnis der Biographie der Betreuten sich auf die Qualität der Pflege positiv auswirkt. Pflege, Reaktivierung und Heilung erweisen sich als Vorgänge, die weniger mit anonymen und technisch perfektionierten Pflegeverrichtungen zu erreichen sind als mit Verständnis, Zuwendung, Kontinuität, Geduld und Ausdauer. In Kinderbetreuungseinrichtungen gelingt es Laienkräften oft schneller und problemloser, Pädagogik auf den Alltag zu beziehen. Die Ausbildung von Musikalität z.B. entsteht nicht nur durch das Vermitteln von Kulturtechniken, wie Flötespielen im Musikunterricht, sondern auch durch die Integration und das Wahrnehmen von Musik im Alltag, wenn etwa beim Geschirrspülen oder beim Teigkneten mit den Kindern gesungen oder getrommelt wird.

Eltern und Angehörige sind wesentliche Bezugspersonen im Betreuungs- und Pflegeprozeß. Sie steuern die Fähigkeiten und Sichtweisen bei, die sich von denen der Profis unterscheiden, aber für das Gesamtbild der Pflege und Betreuung Wesentliches und Gleichwertiges einbringen.

Das Interesse an bürgerschaftlichem Engagement ist häufig noch nicht verknüpft mit einer entsprechenden Bereitschaft zur Veränderung professioneller Strukturen, deren Tragweite meist weit darüber hinausgeht, was derzeit mit Begriffen, wie gemeinwesenorientierte Sozialarbeit, Empowerment, soziales Kapital oder neue Steuerungssysteme, in Fachkreisen diskutiert wird.

Es geht um die Herausforderung, in Betreuungs- und Pflegeaufgaben Eltern und Angehörige der Betreuten weder als mit zu betreuendes Klientel, als lästige und unwissende Störfaktoren noch als ehrenamtliche Hilfstruppen einzubeziehen, sondern gleichwertige professionelle Partnerschaften mit ihnen zu entwickeln. Es genügt nicht, daß Laienkräfte als billige Hilfskräfte am untersten Ende der Hierarchie mit einbezogen werden. Es braucht vielmehr Strukturen, die sie als wesentliche inhaltliche Ergänzung zu professionellen Fähigkeiten und Leistungen gleichwertig ansiedeln im Qualifikationssystem sowie in der Hierarchiestruktur. Dies beinhaltet gleichwertige Bezahlung sowie paritätische Besetzung von Gremien und Leitungspositionen.

Die oft künstlichen und pädagogisierten Öffnungen von Institutionen zum Stadtteil, zu den Bürgern oder zu »Lebenswelten« greifen zu kurz und sind in ihrer Wirkung auf die Veränderung professioneller Kultur in der Regel sehr begrenzt. Ansätze ganzheitlicher Lebens- und Arbeitsformen, wie sie in der Arbeit der Mütterzentren umgesetzt werden, stellen sehr viel grundsätzlichere Anforderungen an die Umgestaltung professioneller Betreuungs- und Sozialarbeit, will man ihren Erfolg auf diese übertragen. Hierzu einige Beispiele:

- In gemeinwesenorientierten Kindergartenprojekten, wie »Wir besuchen den Bäcker« oder »Einen Tag bei der Polizei«, werden zwar als einmaliges »Event« Bezüge zum Stadtteil hergestellt, aber es entsteht kein kontinuierlicher Kontakt, es gibt keine nicht »veranstalteten«, unspektakulären Begegnungen und Gespräche im Alltag. Die Kinder des Mütterzentrum-Kinderhauses erleben den Bäcker oder den Polizisten auf ihren alltäglichen Gängen durch den Stadtteil, wenn sie z. B. unterwegs sind, um für das gemeinsame Frühstück oder das Mittagessen einzukaufen. Da im Kinderhaus der Alltag zur »Pädagogik« erklärt ist, wird hierbei auch keine Eile an den Tag gelegt, sondern die Kinder können in Kommunikation treten, ihre Fragen stellen und ihre Beobachtungen anstellen und mitteilen.
- Auch beim Projekt »Kindergartenkinder besuchen Menschen im Altersheim« im Rahmen eines stadtteilorientierten »intergenerativen Ansatzes« bleibt der Kontakt zwischen den Generationen ein einmaliges Ereignis und wird nicht wirklich für die Kinder zur Erfahrung. Sie erhalten keine Gelegenheit, über Wiederholungserlebnisse und das Knüpfen von persönlichen Beziehungen tiefergehende Erfahrungen mit älteren Menschen zu machen.
- Bei Projekten der »bürgerschaftlichen Beteiligung«, wie z. B. der »Agenda 21«, werden einige meist wenige Vertreter von Selbsthilfegruppen bei Sitzungen professioneller Gremien einbezogen. Hierdurch wird die institutionelle Kultur der Gremien selten berührt, und es wird in der Regel kein wirklicher Beteiligungsprozeß der Bürger oder Lernprozeß der Institutionen in Gang gesetzt. Solche eher symbolischen Beteiligungsprozesse von Laien an von Professionellen und Behörden ausgearbeiteten und moderierten Programmen im Sozialbereich oder bei der Stadtplanung haben eine formal legitimatorische Alibifunktion und dienen der »Akzeptanzförderung der Verwaltung«.

Auch die Verordnung von Bewohner- oder Bürgertreffs vom grünen Tisch der sozial- und städtebaulichen Planung aus funktioniert ohne die Veränderung der hierarchischen, bürokratischen und kommunikationsfeindlichen Verwaltungs- und Stadtteilstrukturen meist nicht. Sie werden in der Regel von einzelnen Vereinen genutzt, entwickeln sich aber selten zu Orten des lebendigen Austausches in der Nachbarschaft.

Das Bemühen um eine neue Führungskultur und partnerschaftliche Führungssysteme mißlingt, wenn die Strukturen nicht geändert werden, die nötig sind, um wirklich die Erfahrung eines partnerschaftlichen Führungsstils machen zu können.

Wenn neue Prozesse beschlossen und neue Gremien eingerichtet werden, ohne die Menschen zu befähigen, neue Haltungen zu entwickeln und sich auf neue Verantwortlichkeiten praktisch einzulassen, bleiben Innovationen ein Gedankenspiel ohne praktische Wirkung.

Dazu folgendes Fallbeispiel, wie es deren viele gibt: In einer Behörde wurde ein neues Gremium eingerichtet, dessen Auftrag es war, inhaltlich querzudenken, um für das Unternehmen neue Impulse zu erarbeiten. In dieses Gremium wurden Praktiker hineinberufen zusammen mit Vertretern der höchsten Hierarchiestufe der Behörde und des Mittelbaus. Obwohl in diesem Gremium innovativ und frei gedacht werden sollte, blieben die traditionell hierarchischen Strukturen die alten. Es gab einen Vorsitzenden, eine starre Redeordnung und vorgegebene Themen. Frei und querzudenken verträgt sich nicht mit Hierarchie und Abhängigkeiten. Hier sind Persönlichkeitsmerkmale gefragt, wie innere Unabhängigkeit und Mut zu Fehlern, die sich nicht an einer hierarchischen Position festmachen lassen. Das Gremium konnte keine inspirierenden Vorschläge und Ideen entwickeln, und es wurde nach einem halben Jahr wieder aufgelöst.

Veränderungen mit Biß

Wenn eine Veränderung von Institutionen ernsthaft in Gang kommen soll, braucht es eine grundlegende Umorganisation der herrschenden hierarchischen Strukturen sowie eine Veränderung des herrschenden Qualifikationsbegriffs.

Der traditionelle Begriff von Qualifikation ist eng verknüpft mit hierarchischen Strukturen. Qualifikation und Aufstieg machen sich an dem Kriterium Entscheidungsbefugnis in einem hierarchisch gegliederten Stufensystem fest. So werden Entscheidungen immer weiter weg von der Praxis getroffen. Aus einer solchen Institutionenkultur erwachsen in der Regel keine Führungspersönlichkeiten, die einen partizipativen Führungsstil im Sinne einer vorgelebten Praxisanleitung leben können, denn je höher sie sich qualifizieren, desto weniger kommen sie mit Praxis und Erfahrungslernen in Berührung.

Um kreativ,»quer« und auch verantwortlich denken zu können, braucht es starke und unabhängige Persönlichkeiten. Mut, Verantwortungsfähigkeit, Toleranz, das Aushalten von Ambivalenzen, Durchleben von Konflikten, Umgehen mit Unterschieden und die Ausbildung eines Wissens, das an den eigenen Erfahrungen und am eigenen Handeln überprüft wird, sind Führungskompetenzen, die nicht durch den traditionellen Begriff von Fachlichkeit und nicht durch traditionelle Prozesse der Qualifizierung erworben werden. Die Fähigkeit, Reibungsflächen zu bieten und aushalten, Fehler von anderen mittragen, auch Unbeliebtsein ertragen zu können, entsteht nicht qua Dissertation oder Amtsposition, sondern durch die Bildung von Persönlichkeit anhand reflektierter Praxis, die Gelegenheit bietet, die eigene Identität zu erfahren, eigenen Interessen nachzuspüren und die eigenen Fähigkeiten, Stärken und Schwächen zu erkennen.

Dies läßt sich nur in kleinteiliger Organisation, dezentraler Hierarchie und Praxisorientierung lernen, in denen Ergebnisse eines Persönlichkeitszuwachses erfahrbar werden können für die Beteiligten selber sowie für die Menschen aus ihrem Umfeld. Ausbildungssysteme und Organisationsstrukturen sind gefragt, die kleinteilig auf die jeweiligen Fähigkeiten ausgerichtete Entscheidungskompetenzen verteilen, die Budgethoheiten auf kleinteilige Bereiche vergeben, um anhand von Praxis und (Selbst-)Erfahrung lernen und wachsen zu können. Bei einer so verstandenen Professionalität und Fachlichkeit kommt es nicht primär auf eine Vermehrung von (Fach-)Wissen an, sondern auf das Erfahrbarmachen von Wissen als Kompetenz in der Praxis, auf die Aufarbeitung und Reflexion von Erfahrung.

Ein solcher Qualifikationsbegriff läßt sich schwer ritualisieren, nachweisen und kontrollieren, läßt sich auch nicht verordnen. Hier können keine Techniken erlernt und präzise definierte Erwartungen erfüllt werden. Hier muß eine Offenheit geweckt werden für das Machen von Erfahrungen »am eigenen Leib«, für das Lernen an eigenen Erfahrungen. Dazu gehört Vertrauen, das sich in den traditionellen hierarchischen Strukturen schwer entwickeln läßt. Eine wirkliche Qualität der Arbeit läßt sich jedoch ohne Persönlichkeitsbildung nicht erreichen. Nur aus der Sicherheit der eigenen Persönlichkeit läßt sich persönliche Verantwortung übernehmen und ist man in der Lage, auch die Fähigkeiten von anderen zu akzeptieren und zu fördern.

Damit dies gelingen kann, müssen Institutionen und die Fachwelt sich einlassen auf neue Formen von Qualifizierung und Fortbildung, denn in der traditionellen Ausbildung werden Persönlichkeitskompetenzen selten vermittelt.

In eine praxisbegleitende Fortbildung in diesem Sinne lassen sich Laien und Professionelle gleichwertig integrieren. Die Erfahrung zeigt, daß eine so verstandene Qualifizierung bei Laienkräften oft leichter gelingt als bei Fachkräften, die sich naturgemäß schwerer tun, internalisierte traditionelle Konzepte von Qualifikation und Professionalität loszulassen.

Konnten früher solche Konzeptionen abgetan werden mit dem Argument »Das geht nicht!«, so hat inzwischen die Praxis der Mütterzentren den Beweis dafür angetreten: »Es geht doch!«. Eine alltagsorientierte Pädagogik, die Ganzheitlichkeit von Lebens- und Arbeitszusammenhängen, qualifizierte Laienarbeit, die Integration von sozialen Diensten in die Nachbarschaft, praxis- und persönlichkeitsorientierte Qualifizierungs- und Fortbildungskonzepte, partizipativer Führungsstil – auf allen diesen Ebenen haben die Mütterzentren Pionierarbeit geleistet und für Veränderungen von Institutionen Erfahrungen und wesentliches Know-how zu bieten.

Die Mütterzentren haben eine Kultur des Gemeinwesens entwickelt, in der soziale Bindungen im Rahmen des Umgangs auch mit sozialen und kulturellen Unterschieden ausgebildet und Kompetenzen und Engagement im Alltagszusammenhang aktiviert, weiterentwickelt und weitergegeben werden. Die Alltagssolidarität und das bürgerschaftliche Engagement, von denen heute so sehr die Rede ist, hier lassen sie sich finden. Allerdings nicht zum Billigtarif und auch nicht ohne weitreichende Rückwirkungen auf Professionalität und Institution.

Literatur
Stark, Wolfgang: Über die Schwierigkeit, sich einzumischen. BürgerInnenbeteiligung, soziale Utopien und die Grundlagen einer partizipativen Politik. In: Gemeindepsychologie Rundbrief, 1/1998, S. 38–53

Einschub
Altenservice, Altentagesbetreuung und -pflege im Mütterzentrum, ambulante Betreuung und Pflege zu Hause

Den Lebensabend in den eigenen vier Wänden zu verbringen, ohne liebgewordene Gewohnheiten aufgeben zu müssen – davon träumen viele Menschen. Unser ganzheitliches Betreuungskonzept sieht vor, soviel Lebensqualität wie möglich zu erhalten und so wenig Selbständigkeit wie möglich aufzugeben. Neben den notwendigen Pflegeeinsätzen achten wir darauf, immer noch genügend Zeit für menschliche Zuwendung für den alten Menschen zu haben. Die Dauer der Einsätze wird je nach persönlicher Situation individuell besprochen, die Kosten werden von der Pflegeversicherung und der Krankenkasse übernommen.

Unser ambulanter Pflegedienst bietet

- individuelle Pflegeberatung,
- Körper- und Behandlungspflege,
- Ausführung ärztlicher Verordnungen,
- Bewegungsübungen (zum Beispiel Parkison-Gymnastik, Übungen zur Konzentration und Reaktion),
- Mobilisation nach Krankenhausaufenthalten und zur Vorbeugung altersbedingter Veränderungen,
- Ernährungsberatung,
- individuelle Maßnahmen zur Steigerung des Wohlbefindens, zum Beispiel Spaziergänge, Vorlesen,
- Begleitung bei Arztterminen und Einkäufen,
- Hilfe bei behördlichen Angelegenheiten,
- Haushaltshilfen,
- Leistungen im Rahmen der Pflegeversicherung,
- häusliche Krankenpflege nach § 37 SGB V,
- Einrichtungs- und Wohnberatung.

Einschub
Kinderhaus und Schülerinnencafé

Das Angebot öffentlicher Betreuung für Säuglinge, Kinder und Jugendliche ist nach wie vor in Salzgitter eher lückenhaft. Deshalb haben einige Mütterzentrumsfrauen die Initiative für ein eigenes Kinderhaus ergriffen.

Aus dem Minikindergarten (acht Kinder im Alter von ein bis sechs Jahren) und dem Schülertreff (zwanzig Kinder im Alter von sechs bis zehn Jahren) hat sich das Kindertageszentrum (KITZ) entwickelt. Hier werden Kinder von ein bis zwölf Jahren in drei altersgemischten Gruppen mit je neunzehn Kindern Vollzeit oder Teilzeit betreut. Die Öffnungszeiten sind bedarfsgerecht und flexibel, sie passen sich den Bedürfnissen der Familien an. Das KITZ arbeitet auf der Grundlage des Niedersächsischen Kindertagesstättengesetzes und hat doch seine Mütterzentrums-Grundsätze bewahrt. Vorbild für das pädagogische Konzept ist die Großfamilie. Die Gruppen leben wie Familien miteinander, die Großen achten auf die Kleinen, die Kleinen lernen von den Großen.

Die einzelnen Gruppen leben ein nachbarschaftliches Leben miteinander. Zwar hat jedes Kind seine eigene Gruppe, in der es zu Hause ist, aber die »Nachbarfamilie« ist ihm auch sehr vertraut. Die Kinder besuchen sich gegenseitig, und viele Dinge werden gemeinsam gemacht. Es gibt soviel Offenheit wie möglich und soviel Rückzug wie nötig.

Etwas ganz Besonderes ist für die meisten Kinder der Kontakt mit alten Menschen. Das generationsübergreifende Leben zwischen Jung und Alt wird – wie im Mütterzentrum – auch im Kinderhaus besonders gepflegt. Hier wird soziales Verhalten in der Gruppe und mit verschiedenen Menschen ganz selbstverständlich geübt. Die Kinder gestalten mit ihren Betreuerinnen ihren Alltag gemeinsam. Dazu gehören das Einkaufen und Kochen, das Wäschewaschen und Bügeln und das Pflegen und Einrichten der Räume ebenso wie das Spielen und das gemeinsame Feiern.

Diese Form des gemeinsamen Alltagslebens schützt die Kinder vor Überpädagogisierung und einem zu frühen Leistungsstreß. Dafür lernen sie viele notwendige Dinge, die ihnen helfen, ihren Lebensweg eigenverantwortlich zu gestalten.

Mit dem Kinderhaus hat sich das Mütterzentrum für ein institutionelles Kinderbetreuungsangebot entschieden, nicht jedoch für die Kultur traditioneller Institutionen. Der Weg läuft eher umgekehrt. Das Kinderhaus des Mütterzentrums ist generell für Erwachsene geöffnet. Eltern, Väter und Mütter werden als Partner verstanden, die jederzeit teilhaben können, nicht nur zu festgelegten Zeiten (Elternsprechstunden). Sie können, wie andere Bewohnerinnen und Bewohner des Stadtteils auch, am gemeinsamen

Mittagessen und an anderen Aktivitäten mit den Kindern teilnehmen. Die Begegnung mit Erwachsenen, ob aus der Familie oder anderen Zusammenhängen, ist alltägliches Leben und muß nicht extra organisiert werden.

Inzwischen hat das Konzept der Kinderbetreuung im Mütterzentrum herkömmliche Einrichtungen beeinflußt und verändert, zum Beispiel im Modellprojekt »Orte für Kinder«. Klassische Kindereinrichtungen öffnen sich in den Stadtteil, beziehen die Eltern mit ein und nehmen Verbindungen zu Müttergruppen auf.

Das Schülerinnencafé oder der Schülerinnenclub

In den vergangenen Jahren haben wir bei unseren Angeboten für Jugendliche festgestellt, daß es darauf ankommt, einfühlsame Handlungsformen zu entwickeln, so daß wir in der Lage sind, uns schnell und flexibel auf die veränderten Bedürfnisse der Jugendlichen einzustellen. Das setzt bei den Mitarbeiterinnen ein umfassendes Wissen über Motivationen, Erwartungen und Gefühle von Jugendlichen voraus sowie genaue Kenntnisse über deren Umfeld.

Wie in den anderen Bereichen arbeiten wir auch in der Jugendarbeit mit bunten Teams. Daraus ergibt sich eine vielfältige Sachkompetenz verbunden mit einer umfassenden Lebenserfahrung. Hieraus hat sich eine aktive Zusammenarbeit zwischen Erwachsenen und Jugendlichen entwickelt. Den Jugendlichen werden Räume angeboten, die sie selbst gestalten und in denen sie ihre eigenen Veranstaltungen und Betätigungen organisieren können. Es gibt ein breites Angebotsspektrum, das sich entsprechend der aktuellen Bedürfnisse auch verändern kann, so zum Beispiel auch der Name des Angebotes, mal heißt es Café, mal Club. Die Jugendlichen fühlen sich nicht pädagogisiert, sondern greifen ganz gern auf die Erfahrungen der sie begleitenden Erwachsenen zurück.

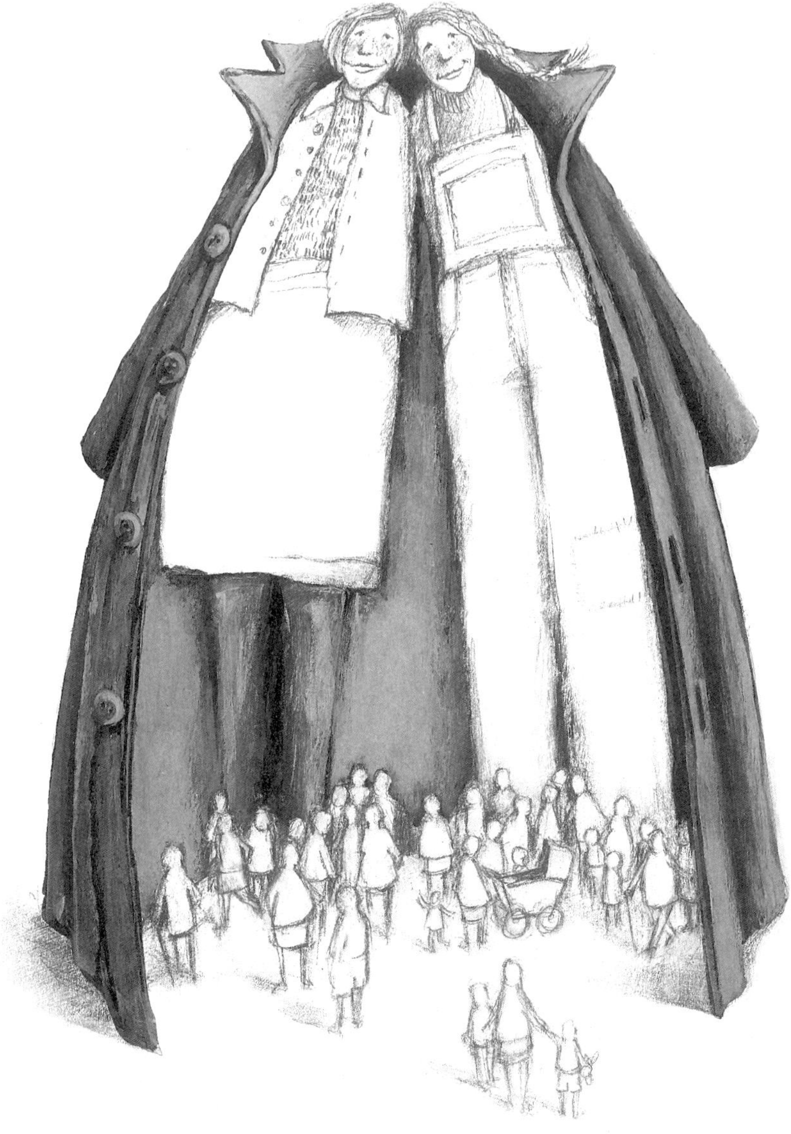

Kapitel 9
Mütterzentren im Kontext gesellschaftlicher Debatten und der Fachwelt

Der Sprung ins nächste Jahrtausend

In der nachmittäglichen Sonne in meinem Garten hänge ich meinen Gedanken nach. Der Alltag hat mich für eine Zeitlang verlassen, die Kinder sind bei einem Geburtstag im Kinderhaus, und ich genieße die Leichtigkeit, die mich umgibt. Unglaublich, die Zeitenwende ins nächste Jahrtausend zu erleben! Als Kind habe ich an einen Wandel nach der magischen 2000 geglaubt. Ich habe mir damals schon ausgerechnet, wie alt ich sein würde, wenn sich alles zum Guten wendet. Was sonst sollte dieses neue Jahrtausend bedeuten, von dem man immer wieder in der Welt der Erwachsenen hörte?

Dreißig Jahre später sind diese Kinderträume natürlich längst von der Realität eingeholt. Und dennoch umgibt dieses Datum doch ein gewisser Zauber, der selbst mich als Durchschnittsfrau ermutigt, Wünsche an das neue Jahrtausend zu stellen, eine Welt zu erträumen, in der ich mich und meine Familie ganzheitlich erlebe, in der ich gemeinsam mit anderen alt werden will und in der ich vielleicht den einen oder anderen Wunsch aus der heilen Kinderwelt verwirklicht sehe. Ein Haus für alle Generationen, in welchem dem Jungen und Blühenden ebensolche Strahlkraft zugestanden wird wie der Würde und dem Wissen der alten Wurzeln. Wo ich immer willkommen bin, egal in welchem Lebensalter, in welcher psychischen und physischen Verfassung ich mich auch befinde. Wo sich aber dennoch viele Lebenskräfte, Erfahrungen und Energien bündeln und der Tauschwert dieser Schätze nicht in Mark und Pfennig gerechnet wird. Wo ich nach dem, was ich kann und einbringen will, wertgeschätzt werde und nicht nach Noten und Zeugnissen.

Mit dem Mütterzentrum 2000 wird dieser Sprung ins neue Jahrtausend getan. Gelegen im historischen Herzen der Stadt Salzgitter, ist mit ihm eine Vision Wirklichkeit geworden: eingebettet in einen kleinen Stadtteil der kurzen Wege, der vielen Begegnungen, umrahmt von einem »Garten der Sinne«, der mich mitten in der Stadt mit seinen natürlichen Reizen verwöhnt. Und im Herzen des Geländes ein lichtdurchflutetes Gebäude, das Männer wie Frauen, Alte wie Junge, Gesunde wie Kranke mit seiner Architektur, seinen

Angeboten, vor allem aber mit einer »Menschlichkeit der jungen Wurzeln« willkommen heißt.[1]

Anmerkung

(1) »Menschlichkeit hat junge Wurzeln« ist das Motto des SOS-Mütterzentrums Salzgitter. Es ist bewußt vieldeutig. Eine Interpretation ist, daß »junge Wurzeln« etwas Sensibles und Empfindsames sind. Diese Sensibilität gibt uns Kraft für ein generationsübergreifendes miteinander Leben und Arbeiten im Mütterzentrum.

Biographie
Rückzüge und Quantensprünge

Das Mütterzentrum war in meiner Biographie die Antwort auf eine lange Reihe von Erfahrungen, die ich in anderen Zusammenhängen gemacht hatte und die mich davon überzeugt haben, stets nach eigenen Wegen zu suchen und meine Ziele nicht aufzugeben. Ich hatte mich bewußt dazu entschieden, Familie zu leben. Das schloß für mich eine gleichzeitige Erwerbstätigkeit aus. So wie ich es aus meiner Kindheit kannte mit einer Mutter, die als Geschäftsfrau voll im Erwerbsleben stand, eine eigene Metzgerei betrieb und nur wenig Zeit für uns Kinder hatte, wollte ich es für mich und meine Kinder auf keinen Fall haben. Ich wollte aber dennoch auch als Person und nicht nur als Mutter sichtbar werden, am öffentlichen Leben teilhaben und mitmischen. Dort machte ich jedoch immer wieder die Erfahrung, daß man keine Rücksicht auf Menschen nimmt, die Betreuungsaufgaben übernommen haben, egal in welchem Rahmen. Das hatte im öffentlichen Leben keinen Platz, Bedürfnisse von Menschen stehen da einfach hintenan. Ich war in der Elternvertretung der Schule sehr aktiv. Ich habe mich eine Zeitlang sehr für Kommunalpolitik interessiert und eine Reihe von Angeboten von Parteien erhalten, und ich war über Jahre in der Verbandsarbeit des Deutschen Hausfrauenbunds engagiert. Aber aus allen diesen Gremien habe ich mich wieder zurückgezogen, es war nicht das, was ich suchte.

Bei den Parteien fand ich die parteipolitische Reglementierung, die dort üblich ist, unerträglich. Ich hatte zum Beispiel bei einer Aktion im Rahmen der Stadtschulelternschaft einen hohen Politiker angegriffen. Da war ich ganz erschrocken, als man versuchte, mich von politischer Seite her in massivster Form einzuschüchtern und in parteipolitische Schranken zu weisen. Ich fühlte mich im Recht und habe weitergemacht, war aber seitdem in diesen Kreisen untendurch. Einer Freundin von mir passierte es sogar, daß sie wegen persönlicher Probleme von den Parteioberen beiseite genommen und ihr klargemacht wurde, daß sie als Kandidatin nicht mehr tragbar sei.

Die ganze Gremienarbeit hat mir auch überhaupt nicht eingeleuchtet. Da wird nicht geschaut, wer ist fähig, da wird geschaut, wer hat ein Parteibuch. Wer in diesem System zählte, war nicht, wer Fähigkeiten und Kompetenzen hatte, sondern wer viele Stimmen einbrachte. Wer zum Beispiel aus einer mitgliederstarken Organisation oder Parteiengruppe kam, hatte von vornherein mehr Gewicht. Ich wurde nie vorgeschlagen, wenn es um Delegation zu irgendwelchen Ausschüssen ging, denn ich war nicht einmal Parteimitglied. Es ging auch immer sehr hierarchisch zu. Was der Vorsitzende so eines Gremiums für ein Meinungsbild vorgab, direkt oder indirekt, daran haben sich die anderen gehalten. Das war einfach die herrschende »Kultur des Benehmens«. Persönliche Meinungen gab es kaum, es gab nur Meinungen, die von einem Gremium zum anderen übertragen wurden innerhalb der jeweiligen Parteilinie und der jeweiligen Parteiräson. Immer wenn ich mich an ein neues Thema ranmachte und mir dazu eine Meinung bilden wollte, gab es schon eine Position, die als Parteilinie galt. Wer sich wirklich eine persönliche Meinung bildete und auch einbrachte, wurde in diesem System zum Außenseiter. Außerdem war die Gremienkultur überhaupt nicht auf die Anforderungen des Familienlebens eingestellt. Ratssitzungen fingen um siebzehn Uhr an, wenn die ehrenamtlichen Ratsmitglieder aus dem Büro kamen, und gingen bis in die Abendstunden hinein. Das war die Zeit, in der ich meine Kinder zu Bett brachte.

Ich habe mich relativ bald von Politik und Gremien verabschiedet und statt dessen meinen eigenen Verein gegründet, den »Club junger Hausfrauen« des Deutschen Hausfrauenbundes in Salzgitter, den ich lange Jahre geleitet und groß gemacht habe. Ich wollte selbst gestalten, meine eigenen Ideen und Vorstellungen umsetzen, an den Themen arbeiten, die meinen Alltag bestimmten. Diese Arbeit vor Ort hat mir Spaß gemacht, da mußte ich nicht Mehrheiten in Gremien für meine Ideen und Interessen schaffen, da mußte ich nur Leute finden, die auch daran Interesse hatten und mitmachen wollten. In dieser Zeit habe ich gelernt zu reden, zu überzeugen, mit anderen zusammenzuarbeiten.

In den überregionalen Gremien des Deutschen Hausfrauenbundes begegneten mir aber wieder dieselben formalistischen und hierarchischen Strukturen, und da wurde ich auch schnell wieder zum Störelement. Als ich zum Beispiel Mitglieder der Gruppe »Frauen für den Frieden« zu einer Tagung eingeladen hatte, wurde ich schriftlich getadelt und belehrt, daß solches Gedankengut nicht in den Verein passe. Das war schlicht zu »links«, damit wollte man damals nichts zu tun haben, das könnte ja kommunistisch unterwandert sein. Es wurde stark mit Methoden persönlicher Verunsicherung gearbeitet, ich wurde persönlich abgewertet, man urteilte, ich sei zu unerfahren, zu unqualifiziert oder zu eitel, und mir begegneten bei allem, was ich tat, immer wieder Mißtrauen und Widerstand. Es ging auch hier sehr traditionell zu. Es gab eine starre Redeordnung, eine Veranstaltung galt als gut, wenn es gelungen war, einen prominenten Redner zu engagieren. Ob es gelungen war, bei der Veranstaltung miteinander ins Gespräch zu kommen und eine gute Diskussion zu führen, war irrelevant. Überhaupt galt das, was die Mitglieder untereinander an Meinungen und Erfahrungen austauschten, als unqualifiziert. Wichtig war, gegenüber prominenten Rednern mit klugen Fragen aufzufallen und von ihnen als kompetenter Verein anerkannt zu werden.

Also zog ich mich auch aus dieser Verbandsarbeit zurück. Was ich an Lebensqualität für Frauen und Kinder erreichen wollte, konnte ich in diesem Rahmen nicht umsetzen. Das bekam erst mit dem Mütterzentrum einen Namen und den richtigen Rahmen.

Eine Vision wird Realität

Die Vision von einem völlig anderen Umgang der Menschen untereinander und einer völlig anderen öffentlichen Kultur hatte ich schon als Kind und Jugendliche entwickelt. Wir waren ja dreizehn Kinder zu Hause, und meine älteren Geschwister hatten eigentlich schon alle Felder besetzt. Die eine war vorgesehen, den Betrieb zu führen, die andere galt als begabt, erhielt eine kaufmännische Ausbildung und durfte ins Ausland gehen, die andere sollte auf unsere kleinen Geschwister aufpassen. Einen vorgegebenen Weg gab es für mich eigentlich nicht mehr, ich mußte für mich einen eigenen Weg finden. Ich habe statt anderer wichtiger Aufgaben zum Beispiel mit Leidenschaft unsere Geschäftsschaufenster dekoriert. Das fanden meine Eltern völlig überflüssig, denn es kostete nur Geld. Wir waren zu Hause ein großer und auch enger Familienclan. Das Gefühl der Zugehörigkeit und auch der Geborgenheit im Clan war groß, das habe ich sehr genossen. Aber gleichzeitig fühlte ich immer auch die Notwendigkeit zur Individualität. Die ging allerdings oft im Clan unter. Als ich zum Beispiel dazu auserwählt wurde, die Abschlußrede bei der Schulfeier zu halten, war ich sehr stolz. Meinen Eltern wäre es allerdings nie in den Sinn gekommen, zu dieser Schulfeier zu erscheinen. Für so einen Firlefanz hatten sie keine Zeit. Die persönliche, individuelle Entwicklung hatte in meiner Familie keinen großen Stellenwert, es gab viele ritualisierte Gemeinsamkeiten, wie die gemeinsamen Mahlzeiten oder Familienfeiern, aber persönliche Aussprache und Begleitung fanden da nicht statt.

Zu meiner Vision wurde es, Geborgenheit zu verbinden mit individueller Entwicklung und Förderung, Gemeinschaft zu verbinden mit öffentlicher Wirksamkeit.

Den ersten Quantensprung erlebte ich in der Begegnung mit den Wissenschaftlerinnen des Deutschen Jugendinstituts (DJI) in München. Es waren die ersten Frauen, die aus einer anderen Kultur als meiner bürgerlichen Welt in der Provinz kamen, die mich akzeptierten und ernst nahmen. Dieses Sichverständigen über Unterschiede in der Lebensform und den jeweiligen Wirkungskreis hinweg enthielt eine enorme Sprengkraft. Ich bin für diese Zusammenarbeit und diese Freundschaft in meinem Umkreis sehr angegriffen worden. Daß ich Umgang pflegte mit Frauen mit hennaroten Haaren und Stoppelfrisur, daß ich mir herausnahm, mitten in der Woche und ohne meinen Mann für drei Tage zu Konzept- und Projektbesprechungen nach München zu fahren und meine Kinder dafür »wegorganisierte«, war unerhört. Fortan hieß es, ich vertrete »extreme« Ansichten. Auch meine Kinder waren sehr kritisch gegenüber den neuen Freiheiten, die ich mir herausnahm, und stimmten mit ein in den Chor der Verurteilungen. Diese Anfeindungen durchzustehen, den Dialog mit den Forscherinnen des DJI nicht abzubrechen, sondern mich auf ein Kooperationsprojekt einzulassen und dieses auch nach außen hin zu vertreten, dieser Prozeß hat mich Offenheit gelehrt, eine Offenheit, die ich dann im Mütterzentrum auch brauchte gegenüber den Menschen dort mit einem anderen Hintergrund und einer anderen Kultur, mit denen ich früher wahrscheinlich schlicht nichts hätte zu tun haben wollen.

Für mich wurde in dieser Zeit klar, hier war die Chance, meine Vision umzusetzen, obwohl ich damals niemals von einer Vision gesprochen hätte. Und so wurde ich 1980 im Rahmen eines Modellprojekts des Deutschen Jugendinstituts und des Bundesfamilienministeriums zur Gründerin des ersten Mütterzentrums in Deutschland. Ich hatte jetzt die Möglichkeit, das, was ich in der Gremienarbeit, in Finanzverhandlungen und in der Politik gelernt hatte, nach meinen Vorstellungen umsetzen zu können. Darüber hinaus konnte ich im Mütterzentrum jederzeit Gesprächspartnerinnen und Informationen für meine Alltagsfragen und -sorgen finden, was für mich einen ganz zentralen Stellenwert einnimmt. Das war ich von meiner Herkunftsfamilie eigentlich gewöhnt. Unser Clan war groß und vielfältig verzweigt, und wir waren natürlich in unserer Stadt auch sehr bekannt. Da war es selbstverständlich, viele Kontakte zu haben und über alles informiert zu sein. Als ich dann heiratete, wegzog und in der isolierten Kleinfamilie lebte, fühlte ich mich sehr abgeschnitten vom Leben, von Kommunikation und Informationen. Im Mütterzentrum kamen die Informationen von alleine an, und es gab wieder die Möglichkeit, jederzeit eine Ansprechpartnerin zu finden. Allein die Möglichkeit, den Alltagsstreß jemandem zu erzählen und loszuwerden, wirkte entlastend, und der Gedankenaustausch – ohne als Ratsuchende oder Versagende stigmatisiert zu werden – baute wieder auf. In meinen bürgerlichen Kreisen ging so etwas nur beim verabredeten Kaffeeklatsch, und da bekam man meist auch nur Belehrungen über die jeweils herrschenden Meinungen zu hören. Zum Beispiel, als mein Kind partout nicht in die Schule wollte: Da wurde ich ausführlich zum Thema Schulverweigerung informiert. Meine Wut und auch meine Frustration konnte ich da nicht loswerden. Und im täglichen Umgang damit wurde ich auch allein gelassen.

Richtschnur war für mich immer: Ich möchte mich selber im öffentlichen Raum wohl fühlen, und ich bin damit gut gefahren. Ich habe darauf geachtet, daß es den anderen ebenso erging. In diesem Prozeß lernt man Offenheit und Toleranz. Wenn man das Sich-wohl-Fühlen im öffentlichen Raum zum Maßstab erklärt, dann kommen die Bedürfnisse von allen auf den Tisch, und die können durchaus unterschiedlich sein. Wie geht man gruppenverträglich um mit unterschiedlichen Lebensrealitäten und Umgangsformen, unterschiedlichen Ansprüchen an Ästhetik, Pünktlichkeit oder an die Art der Kinderbetreuung – das ist ein bis heute lebendiger Lernprozeß im Mütterzentrum geblieben.

Ich werde die Situation nie vergessen als wir endlich durchgesetzt hatten, daß wir den kleinen Vorplatz vor dem Mütterzentrum für einen Minispielplatz nutzen durften und es darum ging, in Selbsthilfe einen Sandkasten zu bauen. Wer zur verabredeten Zeit vor der Tür standen, waren ich, mein Mann, ein MüZen-Vater mit handwerklichen Begabungen und ein Hilfsarbeiter, der als Alkoholiker bekannt war. Er war es, der die größte Ausdauer zeigte, von zu Hause sein Handwerkszeug mitgebracht hatte, und ohne ihn wäre die Aktion an diesem Tag nicht über die Bühne gegangen. Menschen anzunehmen, wie sie sind, und anzuerkennen, was sie können und was sie zur Gemeinschaft beitragen, habe ich im Mütterzentrum gelernt. Dabei habe ich gelernt, auch Schutz zu bieten für die jeweiligen Außenseiter und Randgruppen, auch für die Kinder, die als frech oder schwierig galten und abgelehnt wurden. Ich hatte es ja selber erfahren, wie es ist, nicht dazuzugehören.

Mir war es wichtig, eine Kultur der Gleichwertigkeit von unterschiedlichen Tätigkeiten und Kompetenzen umzusetzen – jede nach ihren Fähigkeiten und jede nach ihren Bedürfnissen. Deshalb haben wir von Anfang an gleiches Honorar für alle Tätigkeiten, sei es Kuchenbacken oder die Finanzbuchhaltung, durchgesetzt. Das ist bis heute ein Quantensprung geblieben, wie wir in unseren Verhandlungen mit Geldgebern immer wieder feststellen. Das ging natürlich nur, indem wir über einen Honorartopf verfügten. Wir hatten in der Anfangszeit Honorarmittel in Höhe einer Fachstelle zur Verfügung, die wir dann je nach den aktuellen Kompetenzen und Interessen auf Honorartätigkeiten im Zentrum verteilt haben. Unser Träger, der SOS-Kinderdorf e.V., war der einzige in der Fachwelt, der dieses Konzept akzeptierte und uns Schutz geboten hat, es auszuprobieren.

Ein weiterer Quantensprung war es, die eigenen Vorstellungen von Lernen und Qualifizierung umsetzen zu können. Ich habe biographisch traditionelle Lern- und Lehrzusammenhänge immer abgelehnt. Ich habe mein Abitur nicht gemacht, ich habe mich über ein Quereinsteigerprogramm zwar mal für ein Sozialpädagogikstudium eingeschrieben, habe es dann aber doch nicht gemacht. Ich habe immer als Autodidaktin gelernt, mich mühsam durch Bücher durchgearbeitet und durch Praxiszusammenhänge – als Mutter, als Hilfslehrerin im Schulunterricht, als Elternvertreterin, als Kommunalpolitikerin und als Initiatorin im Mütterzentrum. Ich wußte, daß ich viel konnte, auch wenn ich kein einziges Papier dafür vorzuweisen hatte.

Im Mütterzentrum ging es mir darum, die Fähigkeiten der anderen aus ihrem jeweiligen Erfahrungshintergrund quasi als vergrabene Schätze zu heben, unabhängig davon, ob sie ein formales Zertifikat dafür besaßen oder nicht. Ich bekam schnell den Ruf: »Du leierst auch jedem eine Fähigkeit aus den Rippen.«

Menschen begleiten

Der nächste Quantensprung passierte, als ich beschloß, daß wir neue Räume brauchen. Das erste Mütterzentrum war in einer früheren Wäscherei in einem Hinterhaus untergebracht, die Kinderräume im Keller hatten feuchte Wände, die Zimmer waren dunkel – einfach eine häßliche Umgebung. Inzwischen hatten wir unseren Träger, den SOS-Kinderdorf e.V., gefunden, der uns auch die Finanzierbarkeit neuer Räume in Aussicht stellte.

Da stellte ich fest, die Mütterzentrumsfrauen wollten gar nicht aus den Räumen raus. Alle meine Überredungskünste, was wir alles in den neuen Räumen machen könnten, um wieviel schöner wir es haben könnten, fruchteten nichts. Die Frauen wollten sich nicht von dem Liebgewonnenen trennen.

In dieser Situation machte ich meine erste Erfahrung in Sachen Führungsqualität und Führungsphilosophie in Abkehrung vom landläufig basisdemokratischen Modell. Ich hörte auf, die anderen überzeugen zu wollen, und gab bekannt: »Ich ziehe um, wer mitkommen mag, soll es tun, wer hierbleiben will, soll es tun, es schadet gar nicht, wenn wir am Ort zwei Mütterzentren haben.« Es zeigte sich dann, daß die meisten Frauen doch mitkommen wollten.

Aus dieser Erfahrung wurde ein Mütterzentrumsprinzip: Jede darf ihre Ideen umsetzen, sie muß dazu nicht das Plazet und die Genehmigung des Plenums haben, sie muß nur Mitstreiterinnen finden, die mit ihr zusammen ihre Idee verwirklichen. Das hat viel Kreativität freigesetzt, man mußte nicht mehr in den ewigen Schleifen der Mehrheitsdebatten hängenbleiben. Dinge konnten ausprobiert werden und aus der Praxis heraus überzeugen. Ich lernte, daß es oft einzelne sind, die ihrer Vision folgen müssen, auch wenn eine Mehrheit zunächst davon nichts hält. Ich lernte, daß zur Führungsqualität gehört, die Rolle des Visionärs anzunehmen, Verantwortung für Visionen zu übernehmen, auch wenn mich das manchmal einsam machte oder mein Auftreten in den Augen anderer »autoritär« zu sein schien. Gleichzeitig lernte ich aber auch, Ängste und Widerstände gegenüber Neuerungen und Veränderungen ernst zu nehmen, Raum für Zweifel und Verunsicherungen zu lassen, solche Empfindungen weder niederzubügeln noch auszugrenzen, sondern als Teil des Gesamtprozesses anzunehmen und liebevoll zu begleiten. Das ist eigentlich etwas, das Mütter auch gegenüber ihren Kindern tun müssen in den vielen Umbrüchen von einer zur nächsten Lebensphase.

Ich habe meinen Führungsstil als Begleitung begreifen gelernt. Begleitung beim Wachsen und bei Umbrüchen. Damals galt als Lehrmeinung, daß man über alles reden müsse. Ich machte aber die Erfahrung, daß die Wahrnehmungen der Beteiligten oft so unterschiedlich waren, daß sie sich nicht über Reden und Sprache überbrücken ließen. Es gab jedoch andere Möglichkeiten, beispielsweise das gemeinsame Tun, Annäherung durch Körperkontakt (Massage) oder auch das Entschärfen eines Konfliktstoffes durch das Gestalten der Räume. Ich lernte, daß eine gute Atmosphäre zu schaffen über Streßphasen hinweghelfen kann, daß man dann die Kraft übrigbehalten kann, um in einer Auseinandersetzung auch noch die positiven Aspekte wahrnehmen zu können. Ich lernte auch, daß häufig besser als alles Reden das eigene Vormachen wirkte. Wenn alle meinten, es wäre nicht zu schaffen, für dreißig Personen zu kochen, habe ich es einfach selber gemacht. Mit dem Erfolg, daß einige fanden: »Wenn die das hinkriegt, dann kann ich das auch.« Durch das Mittun, durch das Begleiten im Mithandeln konnte ich oft besser Schwächen ausgleichen und Kompetenzen stärken als durch alles Reden. Dieser Stil brachte viel Erfolg, und ich erhielt sehr viel zurück an Wärme, an Herzlichkeit, an Entlastung.

Für diese Arbeit und für alle diese Quantensprünge erhielt ich jedoch weder Unterstützung noch Anerkennung von professioneller Seite. Im Gegenteil, wir stießen über lange Jahre auf viel Ablehnung und Abwertung unserer Arbeit in der Fachwelt. Ich suchte sehr lange nach Profis, die bereit und in der Lage gewesen wären, ihr Fachwissen und ihr Know-how in den Zentrumsalltag zu integrieren. Ich fand niemand, der oder die in der Lage war, die Arbeit am Ort des Geschehens zu unterstützen, mir vor Ort Unterstützung und Schutz für die vielen neuen und pionierhaften Schritte und Entwicklungen zu geben. Die einzigen Kooperationsangebote bestanden darin, daß wir Frauen an professionelle Beratungsstellen und Therapieprogramme weiterverweisen konnten. Eine Fachlichkeit, die es gelernt hätte, im Alltag und über ein Mittun im Zentrum ihr Know-how darüber zu plazieren, was Menschen mit einer sozialen Schieflage oder mit psychischen Krankheitsbildern brauchen, um sich aus ihrer Situation herauszubewegen, gab es damals nicht. Also habe ich das selber entwickelt, mit viel Unsicherheit und in einem ungeschützten Raum. In diesem Leerraum sind dann unsere eigenen Methoden entstanden. Unterstützung darin habe ich bei den Frauen im Zentrum selber gefunden durch ihr Vertrauen, durch ihre Freundschaft, durch ihre Entlastung. Das hat den Nährboden dafür hergestellt, daß eine tragfähige Zentrumskultur entstanden ist jenseits von professionellen Konzepten zur Integration auch von Menschen in Notsituationen und in Krisen, die von sich selber glaubten, am Ende zu sein.

Der Sprung in die Öffentlichkeit

Unterstützung haben wir in der Zeit eigentlich nur von einigen wichtigen Personen bei unserem Träger und von den innovativen Wissenschaftlerinnen des DJI erfahren, die viel zur Systematisierung und Veröffentlichung unseres Ansatzes und unserer Erfahrungen beigetragen haben. In dieser Zeit fing ich auch an, mich wieder mehr nach außen zu orientieren, Fachkongresse zu besuchen, mich in öffentliche Debatten einzumischen. Highlights waren die Begegnungen mit der Frauenbewegung, die mir viele Impulse gegeben haben, bei denen mir aber auch viel Befremdliches widerfuhr. Da ging es eigentlich eher um Themen, die mich nicht betrafen: Gebärstreik, Erwerbstätigkeit, Abtreibung. Die meisten Frauen distanzierten sich von der Mutterschaft. Wer Kinder hatte, schien es nur als Leidensweg zu begreifen, von einer bewußten Schwangerschaft und einer bewußten Entscheidung für ein Leben mit Kindern hörte ich dort wenig. Das hat mir einerseits das erste Mal die Gelegenheit eröffnet, auch bei mir die Negativseiten von Muttersein in unserer Gesellschaft zu benennen und zu reflektieren – das hatte ich mich in meiner bürgerlichen Umgebung nie getraut –, andererseits war es natürlich ein zu hoher Preis, dafür die positiven Erfahrungen als Mutter zu verleugnen. Ich konnte auch nicht begreifen, was an der Doppelbelastung als berufstätige Mutter in der männerdominierten Kultur der Arbeitswelt so schön sein sollte. Ich fand weder bei den oft häßlich und lieblos gestalteten Frauenfesten der »Emanzen«, noch bei den fein gekleideten »bürgerlichen Damen« meine Heimat. Was ich aber bei den Feministinnen gelernt habe, ist, meine eigenen Ambivalenzen wahrzunehmen und als ernsthaft anzuerkennen. Das wäre mir in meinen Kreisen nicht erlaubt gewesen.

Daß ich es mir zugestand, Kinderbetreuung zu organisieren, einfach um Zeit für mich zu haben, das war eine Befreiung, die ich dem Feminismus verdanke. Und ich lernte, mir einzugestehen, daß Zugang zu eigenem Geld auch mir wichtig war, auch wenn ich meinen Zeitwohlstand, den ich in der freien Einteilung meiner Arbeitszeit als Hausfrau hatte, dafür nie aufgegeben hätte. Die Wege, Lösungen für meine Ambivalenzen herzustellen, fand ich jedoch weder in den autonomen noch in den bürgerlichen Frauenverbänden, sondern in unserem Weg, den wir häufig als dritten Weg bezeichnet haben. Daß ich Zugang dazu fand, über unsere Erfahrungen zu schreiben, die Arbeit der Mütterzentren in den intellektuellen Analysen und Debatten der Zeit einzuordnen, das verdanke ich der Freundschaft zu den DJI-Frauen, die mir diese Leistung schlicht abverlangten, mir aber auch den Diskussionsrahmen und den Reflexionsraum dazu herstellten, mich inhaltlich unterstützten, mich in Diskussionszusammenhänge einbezogen, Diskussionspartnerinnen waren und mich vor allem als gleichwertige Partnerin anerkannten.

Ansonsten waren wir in der Fachwelt von allen Seiten Angriffen ausgesetzt, beziehungsweise wir wurden einfach ignoriert und totgeschwiegen. Wir paßten nicht in die herrschenden Kategorien. Die einen fanden uns inakzeptabel, weil wir keine ökonomische Absicherung für einzelne Frauen anboten, den anderen waren wir zu emanzipiert. Diese Phase der politischen Unsichtbarkeit hat uns Raum gegeben, unsere Arbeit intern zu vertiefen und abzusichern. Aber irgendwann war die Diskrepanz unerträglich geworden zwischen dem, was wir an hochqualifizierter Beratungs- und Integrationsarbeit machten, an kommunalpolitischer Wirkung im Stadtteil erreichten – der Stadtteil begann sich nachhaltig zu verändern –, und unserer Unsichtbarkeit in der Fachwelt und in der politischen Öffentlichkeit.

Mir war klar, eine gleichwertige Anerkennung unserer Arbeit würde nur über eine gleichwertige Finanzierung gelingen. Also begann ich das, was wir später Töpfesurfen genannt haben. Wofür gibt es Zuschüsse und Finanzen, und wie können wir unsere Arbeit in diese Programme einbauen? Wir begannen, unsere Arbeit in die öffentlichen Kategorien einzuordnen und zu benennen. So entstanden der Stadtteilservice, die alltagspraktischen Entlastungsangebote, die Kinder- und Schülerbetreuungsangebote und die Altenpflege. Unser Träger hat uns dafür zwei halbe Stellen finanziert, auf deren Basis wir dann öffentliche Gelder, Arbeitsbeschaffungsmaßnahmen, Maßnahmen nach dem Bundessozialhilfegesetz und anderes akquirierten.

In dem Moment, wo wir auf das professionelle Terrain der sozialen Dienstleistungen gingen, bekamen wir Anerkennung und wurden sichtbar. Wir hatten mittlerweile auch eine Frau aus dem Mütterzentrum als Profifrau angestellt. Das machte uns ebenbürtig. Dieser Prozeß antwortete gleichzeitig auf Entwicklungen im Mütterzentrum. Er antwortete auf vielfältige

Nachfragen, die aus dem Stadtteil an das Mütterzentrum herangetragen worden waren, und er antwortete auf das Bedürfnis der Frauen, deren Kinder inzwischen größer geworden waren, nach bezahlten Stellen. Mit dem Stadtteilservice haben wir Stellen geschaffen, die auf die Bedürfnisse der Mütterzentrumsfrauen zugeschnitten waren.

Natürlich veränderte das alles die Arbeit des Zentrums. Aus der Beliebigkeit eines offenen Angebots wurden Verbindlichkeiten und Verpflichtungen. Es war eine große Herausforderung, hierbei weiterhin eine Organisationsform aufrechtzuerhalten, in der nach wie vor alle nach ihren Fähigkeiten und Interessen mitarbeiten konnten und dafür zu sorgen, daß keine Spaltung und Hierarchisierung zwischen den Bereichen der offenen Arbeit im Zentrum und den professionellen Dienstleistungen entstand. Hier haben wir viel mit begleitender Fortbildung, Anleitung und Supervision gearbeitet, und es gelang, die neue Berufstätigkeit in dieselbe offene Mütterzentrumskultur zu integrieren. Diejenigen, die eine Festanstellung hatten, sollten sich als Dienstleistende für die anderen verstehen, die nicht in diesen Genuß gekommen waren.

Wir waren wieder zu Pionieren geworden, Pionieren für hierarchiearme und gleichwertige Zusammenarbeit von Profis und Laien, für findige Finanzierungswege, für innovative Angebote, für mütterfreundliche Arbeitsplätze, für eine neue Arbeitskultur und für alternative Fortbildungs- und Qualifizierungskonzepte.

Die vorhandenen Töpfe so zu interpretieren, daß wir unsere Arbeit in ihren Rahmen stellen können, war ein Talent von mir. So haben wir es geschafft, mit traditionellen Kinderbetreuungsmitteln unser innovatives und flexibles Kinderbetreuungsmodell zu finanzieren. Ich muß manchmal darüber schmunzeln, daß die, die uns angegriffen hatten, weil wir nicht genügend für die Erwerbstätigkeit der Frauen taten und immer lautstark die Forderung nach Kinderbetreuung gestellt hatten, so gut wie nie einen einzigen Kinderbetreuungsplatz geschaffen haben, während wir sehr schnell zu einem mittelständischen Betrieb heranwuchsen, der die ganze Palette der Entlastungsangebote für berufstätige Frauen flankierend mitlieferte.

Wir entwickelten in diesem Prozeß neue Formen der Zusammenarbeit von Laien und Professionellen und neue Leistungs- und Leitungskonzepte, die mütterzentrumsgerecht waren, die der Flexibilität, der Bedürfnis- und Partizipationsorientierung und der Kultur der Gleichwertigkeit des Mütterzentrums entsprachen.

Mit den Professionellen mußten wir den Prozeß nachholen, den die Mütterzentrumsfrauen im Mütterzentrumsalltag gelernt hatten: alle Anteile von Führungsverantwortung zu übernehmen. In der traditionell hierarchisch strukturierten Arbeitswelt wird persönliche Autorität oft nicht ausgebildet und als Teil der Ausbildung vermittelt. Wenn jedoch Fachautorität nicht mit persönlicher Autorität verknüpft ist, kann sie zu einem Papiertiger werden. Ein Beispiel: Die Frauen im Kinderhaus arbeiteten jahrelang an ihrem Konzept. Übereinstimmend hatten sie es verabschiedet. In der Praxis jedoch setzten es manche der Erzieherinnen nicht um. Dies führte zu Konflikten und einer Spaltung in die »Guten«, die konzeptgerecht arbeiteten, und die »Bösen«, die dies nicht taten. Der Ruf wurde laut nach noch mehr Fortbildung, noch mehr Konzeptdebatten, in deren Verlauf klarwurde, daß das Problem nicht über mehr Wissen zu lösen war, sondern darin begründet lag, daß nicht alle gelernt hatten, persönliche Führung zu übernehmen. Dazu gehört, einzuschätzen und offenzulegen, was man kann und was nicht, wo man Anleitung braucht. Dazu gehört, Verantwortung für das Ganze zu übernehmen und Lösungswege zu suchen, statt in Kritik, Spaltung und Ausgrenzung zu verharren. Solche Leitungs-, Gruppen- und Teamfähigkeiten werden mit einer Fachausbildung häufig nicht mit vermittelt.

Im Mütterzentrum haben wir Kommunikations- und Entscheidungsstrukturen entwickelt, in denen diese Fähigkeiten erlernt werden. Schlichte Basisdemokratie führt im Alltag häufig dazu, daß überhaupt keine Entscheidungen getroffen werden. Wir haben kleinräumige Gremien gebildet, die für ihren Bereich jeweils Verantwortung übernehmen und entscheidungsbefugt sind. Hinzu kommen konzentrisch größer werdende Gremien, in denen jeweils Bereiche zusammengefaßt sind, bis hin zum Gesamtteam. In diesen Gremien kann alles angesprochen, hinterfragt und diskutiert werden. Im Gegensatz zur Amtshierarchie gelten bei uns die Entscheidungen, die diese Gremien treffen, so lange, bis sie verändert werden. Wenn an irgendeiner Stelle im Zentrum Unzufriedenheit über eine getroffene Entscheidung herrscht, müssen die Unzufriedenen die Führung übernehmen und veranlassen, daß diese Entscheidung revidiert wird. Keine hat das Recht zu meckern, wenn sie keine Initiative ergreift, das Kritisierte zu verändern. Jede wird gefragt: »Hast du dich um Veränderung bemüht? Hast du an Entscheidungsprozessen mitgewirkt?« Alle können mitwirken, aber in einem strukturierten System.

Um die von außen gekommenen Professionellen in die Mütterzentrumskultur zu integrieren, haben wir regelrechte Stolpersteine eingebaut, an denen sie lernen können, sich mit dem Konzept auf ganz persönlicher Ebene auseinanderzusetzen. Keine kann sich rein auf ihre »Fachkompetenz« zurückziehen, alle müssen – auch in ihrer Freizeit – an den gemeinsamen Zentrumsaktivitäten, wie Kuchen backen für die Caféstube, den regelmäßigen Putzaktionen, den Mütterzentrumsveranstaltungen, den übergreifenden Teams und Plenen und an den regelmäßigen Fortbildungen teilnehmen. So können sie in die Mütterzentrumskultur hineinwachsen und die persönlichen Haltungen und Fähigkeiten lernen, die für die Konzeptumsetzung erforderlich sind.

Der Kreis schließt sich

Als wir das »Mütterzentrum« auf breitere Füße stellten und immer mehr Angebote in den Stadtteil hinein entwickelten, wurde immer wieder von außen an uns herangetragen: Jetzt muß es aber nicht mehr Mütterzentrum heißen.

Der Name »Mütterzentrum« beschreibt nicht die, die es in Anspruch nehmen, sondern die, die das Konzept tragen und zum Leben bringen. Unser Projekt lebt eine Qualität, die Mütter entwickelt haben und die deswegen auch so benannt wird – auch als Abgrenzung zu traditionellen Institutionen. Die Kultur der Nähe, der Freundschaft, der individuellen und gleichwertigen Entfaltung und Entwicklung von Fähigkeiten, der Wahrnehmung und Förderung von Kompetenzen, die aus der Persönlichkeit kommen, parallel zu den Fachkompetenzen, kennzeichnen unseren Ansatz. Es ist ein Raum entstanden, in dem nicht nur Wissen vermittelt wird, sondern in dem Erfahrungen gemacht werden können. Daß Menschen sich ihrer selbst bewußt werden können als unverwechselbare und nicht austauschbare Wesen, daß sie ihre Persönlichkeit annehmen und entwickeln können, macht die Qualität des Mütterzentrums aus. Wenn man an die Kraft der Persönlichkeit glaubt, dann braucht man kein Curriculum, dann passiert Schöpfung. Dann geht es darum, kreativen Entwicklungsraum herzustellen und eine Unterstützungsvielfalt anzubieten für individuell unterschiedliche Wachstumsprozesse. Das ist das, was mütterliche Begleitung ausmacht. Hierzu gehört es auch, Reibungsflächen zu bieten, um individuelle Stärken und Schwächen erfahrbar werden zu lassen. Im Mütterzentrum wird ein Rahmen hergestellt, in dem sehr viel ausprobiert und gleichzeitig reflektiert werden kann.

Der Alltag mit allen seinen Konflikten, Freuden und Mühen wird zum Lernen und zum Wachsen genutzt. Im Mütterzentrum ist das Leben der Lehrmeister, für dessen Lehren Raum zum Nachdenken, Unterstützung und Begleitung angeboten wird.

Inzwischen haben wir den Sprung in die »Postmoderne« beziehungsweise die »Postfachlichkeit« getan. Viele, die uns früher Kompetenz abgesprochen haben, die uns diffamiert oder unsichtbar gemacht haben, wollen jetzt von uns lernen. Heute, da sich ein schärferes Bewußtsein ausgeprägt hat dafür, wo die traditionellen professionellen Ansätze zu kurz greifen, gelten wir als zukunftsträchtiges Konzept. Heute wird allerorts von Empowerment, von Alltagsorientierung und Lebensweltlichkeit, von Qualitätssicherung, Selbsthilfe und bürgerschaftlichem Engagement geredet. Von Mütterlichkeit reden

diese Menschen allerdings noch immer nicht. Die ist es aber, die unser Erfolgsgeheimnis ausmacht und die man bei uns lernen kann.
Unser Projekt hat sich entlang des Lebensrads entwickelt. Jetzt bin ich leibliche Großmutter und fahre meine Ernte ein. Ich kann jetzt als Großmutter unseren eigenen Service nutzen. Durch die verschiedenen Entlastungsangebote im Stadtteilservice gelingt es mir als berufstätiger Frau, in den vollen Genuß meiner Großmutterrolle zu gelangen. Und die eigene Tochter profitiert auch davon. Ich kann die eigenen Erfahrungen an die nächste Generation weitergeben und die Tauglichkeit des Konzepts an der eigenen Familie, an meiner Tochter und an den Enkelkindern, die in dieselbe Kultur hineinwachsen, noch einmal überprüfen. Als Alleinerziehende bekommt meine Tochter im Mütterzentrum die emotionale und praktische Unterstützung, die sie in ihrer Situation als berufstätige Mutter von zwei kleinen Kindern braucht. Und ich bekomme die Unterstützung, die ich brauche, um als Leiterin eines mittelständischen Betriebs dennoch die Möglichkeit zu haben, meine Enkelkinder intensiv zu erleben. Es ist schön, unser Konzept in seiner Nutzbarkeit selbst auskosten zu können und seine Wirkung im eigenen Familienverband zu erleben.

Irene Stoehr
Außenblicke und Innensichten.
Expertinnen reflektieren ihre Praxis

Dieser Beitrag basiert auf einem Fachgespräch im Mütterzentrum Salzgitter, das Irene Stoehr moderiert, kommentiert und aufgeschrieben hat.[1]

»Ich wußte gar nicht, daß dein Mann dich schlägt«, sagte Ute mitfühlend, als Helga ihr von ihren Aktivitäten im Mütterzentrum berichten wollte. Die Verwechslung von »Mütterzentren« mit »Frauenhäusern«, den Zufluchtstätten für geschlagene Frauen, ist eine typische Außenwahrnehmung, die den Mütterzentrumsfrauen zu schaffen macht: Da gehen nämlich angeblich nur solche Frauen hin, die es »nötig haben«. Mit dem Schlagwort »Scheidungsinstitut« erhält das Vorurteil eine leicht bedrohliche Note für Ehemänner, denen ihre Frauen weglaufen oder die derartiges befürchten. So ein Haus ohne Männer ist vielen Menschen immer noch suspekt. Dabei sind Mütterzentren gar nicht männerfrei. Männer werden nicht abgewiesen oder rausgeschmissen, aber sie haben keine Funktionen und akzeptieren die Dominanz der Frauen. Vielleicht ist das für die Außenwelt noch unheimlicher als ein Ort, an dem Frauen ganz unter sich sind.

Ein Haus, in dem Frauen das Sagen haben, kann nicht anständig und christlich sein. Die Assoziation »Bordell« stellt sich da offenbar auch gleich ein. Andererseits reichen dafür die Männer nicht, und es wird entschieden zu viel gekocht. So ließ man sich das Etikett »Frikadellenpuff« einfallen und klebte es eine Zeitlang immer wieder an die Hauswand des Mütterzentrums.

Frauen, die schon lange im Mütterzentrum sind, haben gelernt, mit solchen Abwertungen und Diskriminierungen umzugehen. Das Positive, das sie erlebt haben, wiegt schwerer, und die Gruppensolidarität tut ein übriges. Neue Frauen lassen sich dagegen leichter verunsichern; besonders diejenigen, die in der Nähe wohnen, tun sich in solchen Situationen schwer, zum Zentrum zu stehen. Dann bedarf es intensiver Gespräche am Kaffeetisch, um ihnen den Rücken zu stärken.

Auch die feministische Öffentlichkeit steht der Mütterzentrumsbewegung verständnislos bis feindselig gegenüber, und zwar aus verschiedenen, zum Teil auch widersprüchlichen Gründen (siehe die Beiträge von Monika Jaeckel und von Irene Stoehr in Kapitel 7). Zwar sind entsprechende Angriffe und Auseinandersetzungen inzwischen weitgehend ausgestanden – nicht zuletzt deshalb, weil der Feminismus eben nicht mehr so kämpferisch präsent ist wie zu der Zeit, als das erste Mütterzentrum in Salzgitter entstand, auf das sich diese Ausführungen beziehen. Aber ebenso wie andere Überzeugungen der Frauenbewegung haben sich auch deren Einwände gegen die Mütterzentrumsbewegung inzwischen in anderen Öffentlichkeiten etabliert – z. B. in Parteien und Gewerkschaften, so daß sie den Mütterzentrumsfrauen nach wie vor als negativer Außenblick entgegentreten.

Da ist zunächst die Variation eines klassisch feministischen Vorwurfs: Die Mütter werden nicht zur Erwerbsarbeit angehalten. Statt dessen werden sie mit ihren Kindern zum Kaffeeklatsch gelockt, um auch noch Deckchen zu häkeln und Fensterbilder zu schneiden. So werden sie in ihrer traditionellen Geschlechterrolle festgehalten, ihre Abhängigkeit von Männern wird zementiert und die traditionelle Kleinfamilie stabilisiert. Zugleich wird kritisiert, das Mütterzentrumsmodell mache es den Männern zu einfach. Anstatt diese für die Hausarbeit und Kinderbetreuung in die Pflicht zu nehmen, würden ihre Frauen in der fraglosen Wahrnehmung ihrer herkömmlichen Verantwortung für diese Arbeits- und Lebensbereiche bestärkt.

Solchen Einwänden begegnen versierte Mütterzentrumsfrauen mit beträchtlicher Gelassenheit. Sie glauben, daß ihr Konzept von gemeinwesenorientierter Frauenkultur langfristig erfolgreicher sein wird als der erwerbsarbeitsorientierte Gleichheitsfeminismus. Selbstbewußt verweisen sie darauf, daß es in der gesamten Frauenszene kein Frauenprojekt gibt, das sich so lange gehalten und sogar immer mehr Zulauf bekommen hat.

Allerdings erscheinen den »öffentlichen Händen«, wenn überhaupt, eher die feministischen Emanzipationsmodelle finanzierbar. Z.B. werden seit Jahren auf kommunaler Ebene immer wieder Kurse zur Integration von Mädchen in Männerberufe durchgeführt, obwohl manche Frauenbeauftragte hinter vorgehaltener Hand zugibt, daß das Geld dafür hinausgeschmissen sei, weil es einfach nicht funktioniere. Dennoch, der Mythos von der Frau im Männerberuf als entscheidender Schritt zur Aufhebung der geschlechtsspezifischen Arbeitsteilung hält sich hartnäckig, denn er ist leicht zu verstehen und erscheint sogar kühn, ohne unheimlich zu sein.

Die einen und die anderen Mütter

Die mütterzentrierte Kultur des Salzgitter-Modells ist demgegenüber so komplex wie das Leben selbst – und deshalb nicht allen unmittelbar einsichtig. Erstaunlicherweise wird sie von den Frauen, die über weniger Ressourcen – wie Bildung und Geld – verfügen, besser verstanden und mit Leben erfüllt als von solchen jungen Müttern, die eine qualifizierte Berufsausbildung oder sogar ein Studium abgeschlossen haben und nun eine »bewußte Mutterschaft« leben. Tatsächlich sind es die ersteren, die dieser Kultur ihren Stempel aufgedrückt haben.

Einige überzeugte Mütterzentrumsfrauen sind Vermittlerinnen zwischen diesen verschiedenen sozialen Mütterschichten. Über die Mitgliedschaft z.B. in Krabbelgruppen begegnen die Mütterzentrumsfrauen den »ambitionierten« Müttern, die ökologisch bewußt oft etwas außerhalb der Stadt leben, manchmal sogar im eigenen Haus im Grünen, und beharrlich den Reizen des Mütterzentrums widerstehen. Einige haben sich ein einziges Mal mitnehmen lassen und prompt negative Erfahrungen gemacht, die sie in ihrem Urteil bestätigt haben, daß dies kein geeigneter Ort für ihre Kinder sei, für die sie alles ganz besonders richtig und gut machen wollen. Auf keinen Fall wollen sie ihre Kinder anschreien oder »abschieben«, wie sie es im Mütterzentrum sehen beziehungsweise wie sie ihre Wahrnehmungen dort interpretieren.

Diese Mütter stört vieles. Im Kinderhaus kabbeln sich kurzzeitig unbeaufsichtigte Kinder, der Kurs fängt nicht pünktlich an, und Kinder laufen zwischen den Stühlen herum. Überhaupt erscheint ihnen alles zu unprofessionell. Sie vermissen auch ein differenziertes Kurssystem für ihre Kinder, das ihre musikalischen, kognitiven, sprachlichen und motorischen Fähigkeiten frühzeitig zur Entfaltung brächte. Und manche fühlen wohl auch ihre eigenen Qualifikationen nicht genügend gewürdigt. Niemand interessiert sich dafür, was sie für einen Beruf erlernt beziehungsweise ob und was sie studiert haben.

Was die einen als mangelnde Professionalität bemängeln, nehmen die anderen als Begleiterscheinung eines Konzepts in Kauf, das nur in der Zusammenschau seiner verschiedenen Aspekte gewürdigt und genutzt werden kann. Der Laienansatz ist z. B. eine entscheidende Säule des Mütterzentrums, damit alle Frauen ihre spezifischen Fähigkeiten entdecken und anbieten können.

Überhaupt dient das Mütterzentrum, wie schon der Name sagen soll, nicht ausschließlich dem Kindeswohl, sondern gleichermaßen den Kommunikations- und Entfaltungsbedürfnissen der Erwachsenen. Da wird die kleine Janine schon mal ins Kinderhaus »abgeschoben«, auch wenn sie da vielleicht »gepufft« wird, weil die Mama sich mit anderen Frauen einen Freiraum schaffen will. Andererseits müssen sich die Mütter nicht von ihren Sprößlingen trennen, wenn sie nicht wollen. Aber auch Kinder möchten sich vielleicht mal im Kinderhaus von ihren Müttern erholen, während diese im Haus einen Kurs besuchen oder sich frisieren lassen. Das scheint für die gespaltenen Öffentlichkeiten unserer Gesellschaft besonders schwer vermittelbar zu sein; die kennt nämlich nur Einrichtungen für Kinder oder »Frauenzentren« beziehungsweise Orte für Frauen, wo Kinder nicht vorkommen.

Pädagogik des Alltags

Ein Gründungsmitglied, das damals zu den »ambitionierten« Müttern gehörte, berichtet, daß sie vor fünfzehn Jahren ihre kleine Tochter nicht ins Mütterzentrum mitgebracht hätte, weil sie sie »pädagogisch wertvoller« unterbringen wollte, z. B. im Kindergarten oder beim Vater. Sie selbst hat sich zwar gerne dort mit anderen Müttern und deren Kindern getroffen und die Lebendigkeit des Hauses genossen – in ein feministisches Frauenzentrum hätte sie sich nicht getraut –, aber sie bedauert heute, ihrem Kind die andere Kultur des Mütterzentrums vorenthalten zu haben. Z. B. die »Pädagogik des Alltags«, die im Kinderhaus praktiziert wird.

Das klingt zunächst wie ein zeitgeistiges Schlagwort, meint aber etwas ebenso Schlichtes und Naheliegendes wie zugleich Geniales, nämlich das Lernen der unterschiedlichsten Fähigkeiten mittels der Organisation des Alltags in seiner Komplexität. Kinder schnibbeln ihren Obstsalat selber und können als Dreijährige schon hervorragend mit spitzen Messern umgehen. Sie sind vorher mit den Erzieherinnen einkaufen gegangen, steigen hinterher auf ihre Höckerchen, um die Teller abzuwaschen. Statt etwas pädagogisch Wertvolles zu basteln oder einmal dem Bäcker beim Backen zuzusehen, backen sie täglich selbst etwas für den eigenen Verzehr und wissen, was man dafür braucht.

An diesem Lernkonzept wird vielleicht deutlich, warum die Mütterzentrumskultur den ärmeren und weniger leistungsorientierten Müttern entspricht, oder vielmehr warum es diese Mütter sind, die die Kultur ihres Zentrums prägen. Lernen ist nicht Selbstzweck und nicht auf abstrakte Leistungserwartungen orientiert, daher auch weitgehend entspezialisiert. Die Kinder werden nicht vom Alltagskram entlastet. Es wird ihnen z.B. nicht hinterhergeräumt. Natürlich kommen bei dieser »Pädagogik des Alltags« nicht alle Fähigkeiten zum Tragen, so muß beispielsweise ein gewisser Mangel an Fremdsprachenangeboten gegebenenfalls zu Hause ausgeglichen werden. Andere Angebote werden wiederum überflüssig – wie der Töpferkurs: Fingermobilität wird im Alltag genügend erfahren und erprobt.

In den Alltag eingebettet ist auch die Ökologiefrage. Das führt allerdings nicht unmittelbar zu einer höheren ökologischen Moral. Das Gegenteil scheint vielmehr der Fall zu sein. Schon im Mai 1986, erinnert sich eine der Mitgründerinnen, interessierten sich die Mütterzentrumsfrauen weniger für die Folgen der Reaktorkatastrophe in Tschernobyl als für ihren nächsten Einkauf. Und bis heute rotten sie sich rauchend vor den Türen zusammen, standen bislang der Trennung verschiedener Müllsorten so skeptisch gegenüber wie heute noch dem Einkauf angeblich unbelasteter Nahrungsmittel, für die sie womöglich noch tiefer ins Portemonnaie greifen sollen. Andererseits finden Vollwertkochkurse Interessentinnen, während zu einem Kurs über ökologische Mülltrennung niemand hingehen würde.

Doch diese denkbar schlechten Voraussetzungen bilden gewissermaßen die ehrliche Basis für einen ökologischen Fortschritt, der es nicht eilig hat, dafür aber vollständig in das alltägliche Leben integriert wird. Es wird hier nämlich nur das übernommen und praktiziert, was wirklich verstanden worden ist. Ein derart handlungsmotivierendes Verständnis folgt ausschließlich aus den Diskussionen und gegenseitigen Überzeugungen am Kaffeetisch des Mütterzentrums. Die Bemühungen der Medien oder Bildungsmaßnahmen kommen bei diesen Frauen überhaupt nicht an.

Andererseits gibt es hier auch kein Auseinanderklaffen zwischen ökologischer Moral und Alltagspraxis, und so kann sich natürlich kein ökologischer Dogmatismus herausbilden. Was von diesen Frauen aus überzeugtem Verständnis in ihren Alltag eingebaut worden ist, wird auch so leicht nicht wieder abgeschafft, unabhängig davon, ob der Ökotrend vielleicht schon wieder rückläufig ist. So werden inzwischen die Kartoffelschalen mit wachsender Begeisterung vom Plastikabfall separiert, ohne sich von den Einwänden ökomüder Schlauberger beirren zu lassen, die Mülltrennung neuerdings für Quatsch halten, weil letztendlich doch alles wieder zusammengeworfen würde.

Bemerkenswert an dieser Darstellung der Ökologiefrage ist das Selbstbewußtsein, mit der ein scheinbar offensichtliches Defizit in einen Vorteil umgewertet wird. Hier geht der Rhythmus langsamer, wird gesagt, und zwar so, daß Außenstehenden sofort »Die Entdeckung der Langsamkeit« (Titel eines Bestsellers von Sten Nadolny) einfällt – sowie jene »Gesellschaft zur Förderung der Langsamkeit«, die seit einigen Jahren sympathischerweise den Anforderungen des schnellen Lebens im Computerzeitalter ein anderes Zeitverständnis entgegenzusetzen versucht. Und die Resistenz der Mütterzentrumsfrauen gegen alle ökopädagogischen Aufklärungen in Presse, TV und anderen Medien wird zum Anlaß genommen, den Gegensatz der beiden Kulturen zu akzentuieren: Es leuchtet natürlich ein, daß die »öffentliche Kultur«, die »öffentliche Sprache« einen großen Teil der Bevölkerung überhaupt nicht bedient.

Weibliche Kultur

»Der Kaffeetisch« ist fast zum Mythos geworden. Er steht für eine Art von Kommunikation, in die Bildung, politische Praxis, Konfliktlösung und emotionale Zuwendung integriert sind. Am runden Tisch in der gemütlichen Caféstube, in der natürlich noch andere Tische zum Mittagessen, Kaffeetrinken, Kartenspielen, Quatschen und Relaxen herumstehen, werden die wichtigen Entscheidungen getroffen. In der Kaffeehausatmosphäre kann sich die Pädagogik des Alltags auch unter den Erwachsenen entfalten, die sich nicht im Rahmen eines gerasterten Kurssystems belehren lassen wollen.

Die mütterzentrierte Kultur des Salzgitter-Modells lebt von ihrer Vielschichtigkeit, und sie bleibt darum denen verschlossen, die nur eine bestimmte Leistung anvisieren – z.B. die Kinderbetreuung, die Altenbegegnung, den Yogakurs, den Mittagstisch oder den Frauentreffpunkt am Kaffeetisch. Erst dieses und vieles andere zusammen läßt die Umrisse jener anderen Kultur aufscheinen, die sich gegen Einseitigkeiten und weitere Spezialisierungen sperrt und die nicht als Dienstleistungszentrum benutzt werden will, sondern den engagierten kreativen Einsatz aller »Benutzerinnen« braucht. Durch alle Einzelaktivitäten zieht sich ein Leitmotiv: Es geht darum, Beziehungen zu gestalten. Das ist es, was Frauen – nicht zuletzt als Mütter – gelernt haben und was sie in diesem Hause mit anderen zusammen weiterentwickeln und zum Programm machen dürfen. Anders als im Erwerbsleben und anderen männlich geprägten Öffentlichkeiten – aber auch anders als in vielen Familien – wird die Bedeutung der menschlichen Beziehungen keinem anderen Zweck untergeordnet.

Daß Frauen hier den Ton angeben, obwohl sich eine wachsende Minderheit von Männern im Mütterzentrum wohl fühlt, ist für alle selbstverständlich. Daß das wiederum so ist, hat auch damit zu tun, daß die Frauen ihre »weiblichen« Kompetenzen selbstbewußt annehmen können, anstatt sie als

Rollenzumutungen von sich zu weisen, wie es »ambitioniertere« Frauen eher zu tun geneigt sind. Sie weigern sich überdies, erwachsene Männer zu erziehen, etwas zu tun, was sie nicht wollen. Außerdem möchten sie in dem von ihnen gestalteten Alltag nicht auf Kinder verzichten – sie weder in Kurse »abschieben«, noch sie in männlich geprägten kulturellen Standards mit vorgegebenen zeitlichen Rastern aufwachsen sehen.

Ohne feministische Lehren und kämpferische Parolen ist es zum Bestandteil dieser Kultur geworden, daß männliches Dominanzverhalten keine Chance hat.

Die »weibliche Kultur« ist ein »enthierarchisierter Raum« – sofern von formalen Hierarchien ausgegangen wird. Es gibt keine Anerkennung aufgrund von Zertifikaten, Qualifikationen und äußeren Positionen. Allerdings führt persönliche Autorität durchaus zu hoher Anerkennung und Wertschätzung. Das ergibt aber keine abgestuften Hierarchien, sondern die Koexistenz verschiedener »Königinnen«, deren Macht durchaus schwer zu »kontrollieren« ist, wie fröhlich zugegeben wird. Andererseits sind diese Königinnenreiche so unterschiedlich wie die Fähigkeiten der Königinnen, und sie machen sich deshalb (angeblich) keine Konkurrenz.

Die mütterzentrische »weibliche Kultur« produziert also Beziehungen zwischen Frauen, die sich nicht nur in ihrer Unterschiedlichkeit wertschätzen, sondern die auch die Überlegenheit beziehungsweise den Erfahrungsvorlauf anderer Frauen anerkennen. Damit wird im Mütterzentrum absichtslos die Praxis des »Affidamento« (Sichanvertrauens) gelebt, und zwar schon bevor die Theorie dazu entwickelt wurde beziehungsweise nach Deutschland kam: 1989 wurde die westdeutsche Frauenbewegung durch ein Buch mit dem Titel »Wie weibliche Freiheit entsteht« aufgeschreckt. Die Autorinnen – das Mailänder Frauenbuchladenkollektiv – erhoben darin den Anspruch auf eine neue feministische Theorie und eine politische Praxis, die nicht von der Benachteiligung und der Unterdrückung der Frauen ausgeht, sondern von dem Wert, den sich Frauen als Frauen geben. Weibliche Freiheit kann danach niemals durch gleiche Rechte entstehen, sondern nur durch Wertschätzung der weiblichen Differenz sowohl gegenüber Männern, aber vor allem auch zwischen Frauen – und durch die Anerkennung eines »Mehr«, das die andere hat. Es ist ein Bekenntnis zur Asymmetrie der Beziehungen zwischen Frauen und zur weiblichen Autorität, der sich die Jüngere oder Unerfahrenere »anvertraut«. Denn der Weg zu einem selbstbewußten weiblichen Individuum in einer männlich dominierten Welt führt über die weibliche Vermittlung (Libreria delle donne di Milano 1989).

In Italien hat sich die Affidamento-Bewegung ausgeweitet, wenn auch mehr in die akademische Praxis hinein, aber sie hat mittlerweile ein großes Gewicht in der Frauenbewegung (vgl.: Unterschiede 1994). Von deutschen

Feministinnen ist der Ansatz nach anfänglichem aufgeregtem Interesse in der Regel verworfen worden. Einzelne deutsche Frauengruppen, die das Affidamento-Gedankengut pflegen, stehen, wenn überhaupt, eher in Kontakt mit den Italienerinnen. Aber irgendeine dazugehörige kollektive oder politische Praxis hat sich hierzulande nicht herausgebildet, bis auf eben solche Projekte wie die Mütterzentren, die »Affidamento« leben, ohne es so zu nennen.

Bewertung und Finanzierung

Welch hohen Wert sich auch immer die Frauen in der »weiblichen Kultur« des Mütterzentrums gegenseitig verleihen mögen – die gesellschaftliche Bewertung der darin geleisteten Arbeit und der sie tragenden Kompetenzen steht dazu in einem eklatanten Gegensatz. Beziehungsarbeit rangiert immer noch grundsätzlich hinter sogenannter produktiver Arbeit und vor allem hinter dem Management der kostbaren Reste dieser Arbeit. Und weil es nie gelungen ist, eine angemessene Bewertung der Haus- und Familienarbeit durchzusetzen – die letzte Kampagne »Lohn für Hausarbeit« scheiterte vor fünfundzwanzig Jahren unter anderem an der mangelnden Solidarität der Frauenbewegungen –, blieb auch die öffentlich organisierte Beziehungsarbeit nicht nur hoffnungslos unterbezahlt. Sie wurde darüber hinaus zunehmend völlig sachfremden bürokratischen Regeln unterworfen und entsprechend erschwert oder deformiert.

Unter dieser Entwicklung hat der Mütterzentrumsansatz besonders zu leiden, wenn es um die dringend benötigte öffentliche Förderung geht. Für eigenwillige Wege, Menschen zu betreuen, gibt es zur Zeit schlichtweg keine Geldtöpfe, vor allem wenn solche Betreuungsleistungen nicht säuberlich klassifiziert und von anderen Funktionen getrennt werden. Aber die Bedürfnisse von Menschen sind mehrdimensional, veränderlich und meist auf überschaubare Räume gerichtet. Deshalb bedarf es oft listiger Strategien, um zweckgebundenes Geld bedarfsgerecht einzusetzen.

Auf diese Weise kam es zu der großen Kindertagesstätte und zu einem Altenpflegeprogramm für etwa hundert alte Menschen. Solche unifunktional und »maßnahmeorientiert« ausgewiesenen Vorhaben müssen in das multifunktionale mütterzentrische Leben integriert werden, in dem so individuell wie möglich gearbeitet werden soll. Derartige Projekte sind aus Effektivitätsgesichtspunkten meist überdimensioniert und entsprechen nicht ohne weiteres dem mütterzentrischen Gesamtkonzept. Eine vernetzte, gemeinwesenorientierte, frauenbestimmte Gemeinschaft ist kleinräumiger angelegt, damit ein bestimmter qualitativer Standard reproduziert werden kann.

Verschiedenes nach Frauenart gleichzeitig zu tun, ist ebenso gefährlich, wenn es um die Bewertung der Arbeit geht, wie sich gegenseitig zu helfen. Noch dazu wenn leibhaftige Mütter ihre Hände dabei im Spiel haben. Diese Kombination reizt zu Verharmlosungen und Verniedlichungen nach dem Motto: »Schunkelst du mal mein Kind, schunkel ich mal dein Kind.« Was Frauen zu Hause umsonst tun, dafür wird öffentliches Geld immer noch verweigert, und diese Verweigerung ist sogar gesetzlich verankert. Und wenn angeblich am Kaffeetisch gearbeitet wird, muß natürlich geprüft werden, ob hier etwa den Frauen das Kaffeetrinken bezahlt werden soll.

Zur Zeit scheint sich das Blatt zu wenden; langsam verändern sich Wertigkeiten und Maßstäbe. Ein Indiz dafür ist, daß die Mütterzentrumsfrauen nicht mehr ausschließlich auch ihre eigenen Expertinnen auf theoretischem und politischem Parkett sein müssen. Das war lange Zeit notwendig, weil sie in keine Schublade des öffentlichen Wertesystems paßten. Inzwischen gibt es solche »Schubladen«, die einige hochkarätige Sozialwissenschaftler aufziehen. Sie ahnen, daß Projekte, die nicht auf Erwerbsarbeit setzen, Antworten geben auf »Themen der Zeit«: Man kann nicht noch höher qualifizieren oder den Bundesangestelltentarif (BAT) noch besser ausbauen. Man kann auch nicht noch mehr Pflegeversicherung auflegen, um der Nachbarin Geld zukommen zu lassen, wenn das Geld gar nicht mehr da ist.

Zwar ist die Zukunft der Erwerbsarbeitsgesellschaft unter anderem von kritischen Feministinnen auch theoretisch seit langem in Frage gestellt worden (von Werlhof u. a. 1983), aber diese Thematik wird erst neuerdings von der männlichen wissenschaftlichen Prominenz aufgegriffen, auf aktuelle praktische Probleme bezogen und hoffähig gemacht. Die Idee des bürgerschaftlichen Engagements, einer Konzeption von Arbeit jenseits des Erwerbsbereichs, findet zur Zeit einmal deshalb große Beachtung, weil sie als eine Antwort auf das Problem der Massenarbeitslosigkeit gesehen werden will, aber auch wegen der Bedeutung ihrer Befürworter.

Frauen sind an dieser neuen Debatte kaum beteiligt. Das mag einmal daran liegen, daß sie nicht vergleichbar positioniert sind. Frauen tun sich aber auch mit dieser Thematik schwerer, weil sie viel unmittelbarer und zugleich unterschiedlich davon betroffen sind. Die einen wollen sich nicht in diese »Frauenecke« abdrängen lassen, für die anderen sind die angedeuteten Lösungsvorschläge zu selbstverständlich, um sich darüber auszulassen, weil sie sie (immer schon) täglich praktizieren.

Die Mütterzentrumsfrauen gehören zu diesen letzteren, aber sie begrüßen die prominente Umwertungsdiskussion vor allem deshalb, weil sie sich in der Folge eine Veränderung der Finanzierungstechniken für bürgerschaftliches Engagement davon versprechen. Nur eine Pauschalfinanzierung für komplexe, gemeinwesenorientierte Selbsthilfeprojekte kann zunehmend gefragte Eigenverantwortlichkeiten stärken. Ein Mütterzentrum braucht ein Gesamtbudget; dafür wird jeweils soviel gepflegt, gekocht, gelernt, gegessen, beraten, gespielt und gebildet, wie es intern unter wechselnden Bedarfsgesichtspunkten für richtig gehalten wird. Für das legitime Bedürfnis der Gesellschaft nach Kontrolle kann auch in so einem System eine angemessene Form gefunden werden.

Offene Fragen

In welcher Weise Männer zukünftig in das Projekt einbezogen werden, ist zur Zeit unter den Frauen etwas umstritten. Als Begleiter, Besucher und Benutzer waren sie ohnehin von Anfang an willkommen. Nun geht es aber um Arbeitsplätze.

Leitungsfunktionen oder Festanstellungen (und damit Machtpositionen) sind damit keinesfalls gemeint – bis auf den Hausmeisterposten, sofern sich dafür keine Frau findet. Es geht vor allem um Orientierungsarbeitsplätze und betreute Arbeitsplätze. Dennoch zeigt sich an dieser vorsichtigen Neuorientierung bereits der Einfluß einer neuen, jungen Frauengeneration im Mütterzentrum, die sich – wie übrigens auch in anderen Frauenzusammenhängen – die Zusammenarbeit mit Männern wünscht.

Wie zur Zeit die »Männerfrage« waren in den vergangenen Jahren die »Profifrage« und die »Altenfrage« Schnittpunkte der konzeptionellen Entwicklung. Die jeweiligen Diskussionen führten auch damals nicht zur Zerstrittenheit, sondern schließlich zu Konsenslösungen: Profis wurden bei bestimmten Erwartungen an deren Verhalten akzeptiert; die Altenbetreuung wurde auf hundert Alte ausgeweitet, um die darauf bezogene Arbeit bezahlt zu bekommen.

Gibt es denn gar nichts Negatives aus Binnensichten gesprochen? Das angeregte Miteinander-, Durcheinander- und Zueinanderreden gerät bei solchem Ansinnen deutlich ins Stocken. Ein gewisses Insidertum, fällt schließlich einer ein.

Als Mangel wird auch empfunden, daß es bislang nicht gelungen ist, die jungen Mütter aus den beiden grob skizzierten Lebenskreisen zusammenzuführen. Diejenigen, die das Mütterzentrum meiden und sich zur Zeit ganz auf ihre Kinder konzentrieren, könnten die mütterzentrische Vernetzung und Solidarität besonders brauchen, wenn sie wieder in ihre Berufe zurückwollen, und dies vielleicht nicht möglich sein wird. Sie noch zu gewinnen, ist ein sozialer Traum der Gründerinnen, die nicht nur die »Großfamilie« der Frauen zusammenbringen wollen, sondern die sich vielleicht im Mütterzentrum manchmal selbst etwas fremd fühlen.

Einen Jugendtraum der alten und der nächsten Frauengeneration macht das Mütterzentrum schon heute wahr: Man muß sich nicht linear auf eine Sache oder ein Ziel konzentrieren, sondern kann alles miteinander verbinden – Beruf und Familie, das Interesse für Natur, für Mitmenschen, für Alte und für Kinder. Und dieser Traum nimmt Gestalt an in dem neuen Haus mit einem »Garten der Sinne«, einem generationenübergreifenden Wohnhaus, einem ganzen Quartier, wo alles nah und schnell erreichbar und ineinander verzahnt ist. Wo es sich vorstellen läßt: Hier könnte auch ich mit meinen Freundinnen, Freunden und mit meiner Familie alt und gebrechlich werden.

Anmerkung
(1) Das Fachgespräch fand Ende Januar 1999 im SOS-Mütterzentrum Salzgitter statt. Teilgenommen haben:
Heike Brümmer, »Dienstjüngste« der Runde. Nach abgeschlossenem Volkskundestudium kümmert sie sich zur Zeit vor allem um die Präsentation des Mütterzentrums auf der Expo 2000.
Sabine Genther, seit siebzehn Jahren eine Mütterzentrumsfrau. Sie ist für das Personal im Mütterzentrum und die Koordination im Kinderhaus (KITZ) zuständig und arbeitet aktiv an der kontinuierlichen Weiterentwicklung des Konzeptes mit;
Eva Gerbrandt, seit sechzehn Jahren dabei, kümmert sich um Haus und Hof und um die Seminare;
Dorothee Maria Schooß, Ethnologin und alleinerziehende Mutter von zwei Jungen, organisiert die Grassroots Women's International Academy, die während der Expo 2000 im Mütterzentrum durchgeführt wird;
Hildegard Schooß, Initiatorin und Leiterin, Managerin, Kontakterin, erschließt Finanzquellen und widmet Geldtöpfe um;
Hannelore Weskamp, Diplompädagogin, seit über zehn Jahren dem Hause eng verbunden, unter anderem durch Fortbildung und Beratung; seit eineinhalb Jahren Projektleiterin für Jugend und Ausbildung.

Literatur
Libreria delle donne di Milano, Wie weibliche Freiheit entsteht. Eine neue politische Praxis, Berlin, 1989.
Weibliche Autorität, Geschlechterdifferenz: Politische und pädagogische Praxis des »Affidamento«, In: Unterschiede, 12/1994.
Werlhof, Claudia v.; Mies, Maria; Bennholdt-Thomsen, Veronika: Frauen, die letzte Kolonie. Die Zukunft der Arbeit 4. Reinbek, 1983

Warnfried Dettling
Familie, Selbsthilfe und die Landschaft des Sozialen im einundzwanzigsten Jahrhundert

Das Thema »Familienselbsthilfe« hat eine junge Geschichte, eine, so darf man hoffen, gute Zukunft, und es gewinnt, das läßt sich voraussagen, in den kommenden Jahren eine besondere Brisanz und Aktualität.[1]

1. *Seit vor rund fünfundzwanzig Jahren die ersten praktischen Schritte getan (Mütterzentrum Salzgitter) und die ersten Ideen entwickelt wurden (Deutsches Jugendinstitut München), steht »Familienselbsthilfe« für eine sozialpolitische Innovation, die damals wie heute alles andere als selbstverständlich war und ist.*

Zunächst einmal und von allem Anfang an war Familienselbsthilfe eine Einladung an die Gesellschaft und ihre Akteure, die alten Schützengräben zu verlassen, und dies nicht einfach »nur«, um für die Belange von Familien, von Müttern, Vätern und Kindern sensibler und aufmerksamer zu werden – an sich ja schon wichtig und legitim genug –, sondern darüber hinaus auch Einladung und Angebot, eine sozial angenehmere Gesellschaft zu schaffen, die Zeit und Raum hat für Kinder und ihre Familien. Es war

- eine Einladung an die Selbsthilfebewegung der achtziger Jahre, die bekanntlich mit der Familie eher wenig im Sinn hatte und mit Familienwerten und -wirklichkeiten ein eher konservatives Milieu verband, mit dem sie lieber nichts zu tun haben wollte;
- eine Einladung an das eher konservative, bürgerliche Milieu, das zwar die Familienwerte hochhielt, Familie aber doch allzuoft als heile Welt, geschützten Raum, Rückzug und Abgrenzung gegen eine unwirtliche Gesellschaft und Arbeitswelt betrachtete und seine Schwierigkeiten hatte, neue Formen von Familien zu denken und zuzulassen;
- eine Einladung nicht zuletzt an das sozialdemokratische Milieu, das die Berufsorientierung der Frauen zwar ernst nahm, aber mit den konservativen Wünschen auch fortschrittlicher Menschen nach Beziehungen, Kindern und Familie nicht gut gelaunt und kreativ umgehen konnte und obendrein, als Ausweg aus dem Betreuungsdilemma etwa, eher auf staatliche und weniger auf gesellschaftliche Antworten setzte.

Familienselbsthilfe stand und steht quer zu den alten und auch neueren Denk- und Politikroutinen der Vergangenheit. Man kann es auch positiv wenden, und dann wird der politische Charme dieser Idee rasch deutlich:

Familienselbsthilfe kann gedacht und praktiziert werden als der common ground, als gemeinsamer Grund und Raum, auf dem sich recht unterschiedliche Personen, Positionen, Lebenslagen einfinden können, aber doch verbunden sind durch gemeinsame Erfahrung und ein gemeinsames Ziel, nämlich soziale Orte zu schaffen und Zeiten zu haben, die öffentlich sind, aber nicht staatlich; in denen Menschen gern und freiwillig, aber nicht als Private aktiv werden und etwas miteinander unternehmen, was gut ist für sie selbst, für andere und für das gesamte soziale Umfeld. Öffentlich, aber nicht staatlich, freiwillig, aber nicht privat, so könnte man vielleicht Motto und Maxime der Familienselbsthilfe bündeln, und sie öffnet und behauptet damit einen sozialen Korridor jenseits von Staat und Markt, den später erst, und dann vor allem in den USA (Benjamin Barber), die Anhänger einer Bürgergesellschaft und einer starken Demokratie ganz ähnlich beschrieben haben.

Familienselbsthilfe als Einladung und als Angebot fand ihren äußeren Anlaß wohl oft in Erscheinungen des Mangels, an Betreuungsmöglichkeiten für Kinder etwa oder auch einfach an sozialen Kontakten vor allem von Müttern, die über den Binnenraum der Familie hinausgingen. Aber die wirkliche, die innere Ursache für ihren Erfolg lag tiefer. Als Defizitveranstaltung oder als Ausfallbürge, weil eben Staat und die bürgerliche Familie auch nicht mehr sind, was sie einmal waren, hätte Familienselbsthilfe nicht diese Karriere gemacht, die dank sozialer Unternehmerinnen, wie den Initiatorinnen der Mütterzentren, von Salzgitter bis nach Nairobi und Little Rock in Arkansas, führt und inzwischen auch die Aufmerksamkeit und die Unterstützung der Vereinten Nationen gefunden hat.[2] Wachsen konnte Familienselbsthilfe nur als Idee und Wirklichkeit eines offenen sozialen Raumes, der die Nachbarschaft aufnimmt, braucht und bereichert, als ein »Angebot« von besonderer Qualität, die eben besser wird, wenn jenes nicht als staatliche Veranstaltung, sondern als eine Art Selbstorganisation der Gesellschaft betrieben wird. Familienselbsthilfe ist ein gelungenes Beispiel für den inneren Zusammenhang von Betreuung und Teilhabe, von politisch-sozialer Entwicklung und persönlichem Engagement, ein Beispiel auch dafür, wie man soziale Potentiale (Ressourcen) mobilisieren und eben dadurch, uno actu, soziale Nachfrage befriedigen kann. Familienselbsthilfe, Teil und Zeichen einer Ökologie des Sozialen, ist eine Antwort auf die Bedrohung der sozialen Umwelt, auf den Verlust sozialer Räume, die sich überall auf der Welt beobachten lassen.

2. *Familienselbsthilfe läßt sich somit begreifen als eine gesellschaftliche Antwort auf ein gesellschaftliches »Problem«, das dadurch »gelöst« wird, daß auf neue Weise soziales Kapital gebildet, soziale Infrastruktur geschaffen, der Gesellschaft soziales Leben eingehaucht wird, als eine neue Form auch*

Familie, Selbsthilfe und die Landschaft des Sozialen 237

des gesellschaftlichen Bewußtseins, um Arbeit und Leben, Familie und Beruf und auch das Verhältnis der Geschlechter in eine neue Balance zu bringen. Das alles freilich nicht in naiver Selbstüberschätzung, als ob Familienselbsthilfe nun plötzlich ersetzen könnte, was bisher Staat und Kommunen und auch Unternehmen in diesem Bereich getan haben oder versäumen, wohl aber als leise oder laute Aufforderung, über eine andere Wahrnehmung öffentlicher Aufgaben nachzudenken.

In den vergangenen Jahrzehnten hat sich ja der Fortschritt im Sozialstaat im allgemeinen und bei den sozialen Diensten im besonderen ereignet vor allem durch eine immer weitergehende Spezialisierung der sozialen Professionen und eine fortschreitende Differenzierung der sozialen Strukturen (Ämter), und niemand wird bestreiten, daß dies auf vielen sozialen Feldern tatsächlich Verbesserungen gebracht hat. Nun aber stellt sich die Frage, ob in einer veränderten Welt ein bloßes Fortschreiten auf diesem Wege zu weiteren Verbesserungen bei Gesundheit und Bildung, auf dem Arbeitsmarkt oder der Verbindung von Arbeits- und Lebenswelt führen wird, oder ob nicht wenigstens als Ergänzung und Korrektur stärker in überschaubaren kleinen Räumen gedacht werden sollte, in denen unter dem Auge des Hierarchen (der Kommune) öffentliche, gesellschaftliche und private Kräfte die sozialen Probleme gemeinsam definieren und jene Ressourcen, die finanziellen und die sozialen, gemeinsam zu mobilisieren trachten, die man für eine gedeihliche Entwicklung der lokalen Gesellschaft braucht.

Diese neue Methode ganzheitlicher lokaler Politik entläßt Staat und Kommunen nicht aus ihrer Verantwortung, versucht aber, die Hilfen des Staates (von der europäischen bis zur kommunalen Ebene) und von Unternehmen so zu organisieren, daß die Interessen und Fähigkeiten, die Ressourcen und Leidenschaften der Betroffenen und Beteiligten möglichst umfassend aktiviert und berücksichtigt werden, daß jede und jeder sich einbringen kann und niemand ausgegrenzt wird, daß nicht nur an den Status quo der herrschenden Verhältnisse noch dies oder jenes angebaut wird, sondern die Balancen zwischen Familie und Beruf, besser: zwischen Lebenswelt und Arbeitswelt und damit auch zwischen den Geschlechtern neu gemischt, neu austariert werden. So betrachtet war die Idee der Familienselbsthilfe auch ein Versprechen: daß, für beide Geschlechter, die bange Wahl zwischen einer eindimensionalen männlichen Berufsbiographie oder dem Rückzug in die Privatheit der Familie nicht das letzte Wort der gesellschaftlichen Entwicklung sein muß.

3. Das Leitbild, welches der Familienselbsthilfe zugrunde liegt, wird nicht nur wichtiger werden, wenn man die künftigen Entwicklungen bedenkt, es wird auch aktueller und umstrittener werden, wenn man an die künftigen politischen Debatten denkt. Ich fürchte: Alte Fronten werden wieder neu gebildet, alte Schützengräben wieder ausgehoben, die Debatte wird auf einen Stand zurückfallen, den man eigentlich schon überwunden glaubte. Es könnte sein, daß wir in dieser Legislaturperiode eine Art Refundamentalisierung der familienpolitischen Debatte erleben werden, wie man sie nicht mehr für möglich gehalten hätte. Anlaß wird der Streit bieten über einige Änderungen, die die derzeitige Bundesregierung vorhat: Ehegattensplitting, Elternurlaub, die Aufwertung nichtehelicher Lebensgemeinschaften. Dann werden wieder Fronten entstehen, wie man sie ja jüngst schon im Fernsehen besichtigen konnte: eine ehemalige Familienministerin der CDU und ein Erzbischof aus Fulda auf der einen Seite und auf der anderen Vertreterinnen und Vertreter sowie Anwälte von Lesben und Schwulen und nichtehelichen Lebensgemeinschaften – Kulissen, Dramaturgie und dramatis personae aus einem Stück, das eigentlich vom Spielplan längst abgesetzt war und das völlig vergessen macht, daß das eigentliche soziale Spiel und Drama in den Familienwirklichkeiten auf dem weiten Feld, zwischen den ideologisch aufgerüsteten Fronten, zur Aufführung kommt, dort gespielt, erkämpft und erlitten wird, von real existierenden Familien, Paaren, Alleinerziehenden, Müttern, Vätern, Kindern, die in diesen Zeiten die Lust und Last und allemal das Wagnis von Liebe und Familie wagen und sich dabei oft genug, wie im Fünften Familienbericht der Bundesregierung festgestellt worden ist, mit einer »strukturellen Rücksichtslosigkeit der Gesellschaft« konfrontiert sehen.

Ich fürchte also, die einen, jene in der Opposition, werden sich stärker rückwärtsgewandt outen, als man es hätte vermuten können. Wahlfreiheit, Gleichberechtigung, Partnerschaft waren seit der Mannheimer Erklärung von 1975 die Leitbegriffe der CDU, und nach der Wende von 1982 haben Heiner Geißler und Rita Süßmuth viel getan, durch Wort und Tat, um die CDU an die neuen Familien- und Frauenwirklichkeiten heranzuführen, nicht zuletzt auf dem Essener Parteitag 1985. Bald wird sich zeigen, ob diesem Versuch einer Neuorientierung der CDU ein nachhaltiger Erfolg beschieden gewesen sein wird – oder ob die heimliche Hoffnung, die Botschaft hinter der Botschaft, die viele in der CDU wohl hatten, als sie staunten über die neuen Themen und Thesen, sich letztendlich durchsetzen wird, eine Hoffnung, vergleichbar manchen westlichen Gedanken an eine künftige Wiedervereinigung, die viele sich ja so vorgestellt hatten: Die einen, jene im Westen, können bleiben, wie und was sie schon immer waren, und die anderen, jene im Osten, bringen die Anpassungsleistungen für die schöne neue Welt. Die Frauen als die Ossis der Gleichberechtigung? So wird es nicht kommen. Einen backlash in der Welt der Wirklichkeit wird es nicht geben. Aber in der Welt als Wille und Vorstellung ist nichts unmöglich, und von dort ausgehend kann er viel Unheil anrichten und die Leiden der Familien vermehren.

Und die anderen, die z. Z. in der Regierung sind, werden durch die Logik der Konfrontation und auch aus eigenem politischen Triebe in jener politischen Ecke sich wiederfinden, in der sich die Schutzheiligen für Randgruppen und Minderheiten sammeln, eine Ecke, aus der heraus es schwerfällt, das Familienleben als eine eigene und gleichwertige Domäne neben dem Arbeitsleben anzuerkennen. Familien und Kinder und Mütter und Väter sind mehr als »Leistungsträger der Gesellschaft«, wie es recht technokratisch im Koalitionsvertrag heißt. Wenn die Regierung die Transfers dorthin konzentriert, wo Kinder aufwachsen, wenn der Erziehungsurlaub neu gestaltet wird, so daß dabei nicht nur die ersten drei Jahre und de facto nur die Frauen in Frage kommen, dann ist das wohl ein Denken in die richtige Richtung. Ehegattensplitting und Erziehungsgeld und -urlaub an einem langen zeitlichen Stück sind aber durchaus ambivalent in ihren Wirkungen: Sie bringen Zeit und Geld in die Familien, zementieren aber auch ein Stück weit die traditionellen Geschlechterrollen. Eine intelligente Familienpolitik wird das beachten und darüber hinaus nach Wegen fahnden müssen, auch für Männer mehr Zeit für die Familie freizuschlagen, etwa dadurch, daß Teilzeit sozialrechtlich attraktiver wird oder dadurch, daß die Mittel, die in manchen Bundesländern für das dritte Erziehungsjahr vorgesehen sind, dafür umgeschichtet werden, das Erziehungsgeld im ersten Jahr so anzuheben, daß es auch für Männer attraktiv wird.

Damit die Idee, die in der Familienselbsthilfe steckt, gesellschaftlich breitere Resonanz findet, braucht es einen kulturellen Wandel, was die Selbstdefinition der Männer jenseits der Erwerbsarbeit betrifft, und dieser Wandel braucht wiederum seine Zeit. Aber es bedarf auch der richtigen familienpolitischen Akzente und Anreize. Man darf gespannt sein, ob die Regierung Schröder/Fischer auf diesem Feld eine »neue Mitte« finden wird, zwischen den ritualisierten Familienwerten einerseits, der Fixierung auf Erwerbsarbeit und Abbau der Zahl der Arbeitslosen andererseits. Das wird man bald ablesen können an der Politik im Großen und Ganzen (ob die Gedanken bei Tagesbetreuung immerzu an feste Einrichtungen, bei Tagesmüttern vor allem an deren Sozialversicherungspflicht gehen und einem bei Teilzeitarbeit vor allem einfällt, daß man davon nicht leben kann), und es wird sich zeigen im Kleinen und Besonderen, wie etwa mit Fragen und Fachreferaten und Projekten wie Selbsthilfe, Ehrenamt und bürgerschaftliches Engagement oder eben auch Familienselbsthilfe umgegangen wird, ob sie erst einmal begrifflich der political correctness und später dann auch der Förderung zum

Opfer fallen. Das kommunitaristische Defizit der Regierung Schröder/ Fischer (Dettling 1998) markiert nicht nur einen deutlichen Unterschied zur politischen Philosophie Tony Blairs und Bill Clintons, es kann, im schlimmsten Falle, auch ganz handfeste Konsequenzen haben für unzählige Initiativen des sozialen und bürgerschaftlichen Engagements.

4. *Es ist also gut möglich, daß es in der Rhetorik und Praxis der Familienpolitik einen gewissen backlash geben wird, der gerade aus der Perspektive der Familienselbsthilfe schwer verständlich und auch ärgerlich wäre. Um »Erbarmen mit den Politikern« hat vor Jahren einmal Hans Magnus Enzensberger gebeten, und er hat es nicht so bös gemeint, wie es klingt, analytisch eher als sentimental. Ein solches Erbarmen wäre künftig besonders angebracht für Themen wie Ehe, Familie und Selbsthilfe, und dieses Erbarmen dürfte dann nicht nur jene einschließen, die in Regierung oder Opposition handelnd tätig sind, sondern auch die Allermeisten, die in den Medien darüber schreiben, reden, moderieren. Wenn man künftig auch ansonsten intelligente Leute auf beiden Seiten über diese Themen hören wird in einer »Rhetorik der Reaktion« (Albert O. Hirschman), die überwunden zu sein schien, dann sollte man sich vergegenwärtigen, daß und warum man der Zeit ihre Zeit lassen sollte:*

- Seit 1968 ist fast in allen westlichen Demokratien eine kulturell gespaltene Gesellschaft entstanden, in der einerseits die alten Werte und Institutionen hochgehalten werden, etwa die traditionelle Familie, andererseits aber auch, selbst und gerade von den Kindern des »bürgerlichen Lagers«, nach neuen und anderen Werten und Leitbildern gelebt wird. Es hat sich ein neues Verständnis von Familie durchgesetzt, und damit haben – verständlicherweise – alle konservativen, bürgerlichen, rechten Parteien so ihre Probleme.
- Im letzten Viertel des zwanzigsten Jahrhunderts haben sich in allen entwickelten Industriegesellschaften des Westens Tendenzen einer sozial gespaltenen Gesellschaft gezeigt, sichtbar an der steigenden Zahl der Arbeitslosen. Erwerbsarbeit, bisher Anker für Lebensqualität und soziale Sicherheit, verändert ihren Charakter, ihren Umfang, aber auch ihre Qualität, und damit haben – verständlicherweise – alle linken, fortschrittlichen, sozialdemokratischen Parteien so ihre Schwierigkeiten.

Die beiden großen politischen Richtungen und geistigen Strömungen sehen, wie ihre sozialmoralischen Milieus und ihre sozialstrukturellen Grundlagen zerbröseln. In dieser Lage gibt es und lassen sich zwei Reaktionen beobachten: ein Festhalten an den traditionellen Errungenschaften bei gleichzeitigem Jammern über deren Ende, Niedergang, Verfall. Warum eigentlich und woher kommt, so möchte man einwerfen, die rückwärtsgewandte Laudatio auf eine Gesellschaft, die geprägt war durch die Spaltung zwischen Arbeit und Familie, durch das Auseinanderreißen der Lebenswelten, durch die Trennung der geschlechtsspezifischen sozialen Aktivitäten, durch starre Zeiten und große Anstalten? Was war und was ist eigentlich so attraktiv daran, sämtliche Bereiche den Imperativen der Ökonomie und der Arbeitswelt zu unterwerfen? Warum fällt es so schwer, das emanzipatorische Potential der »Befreiung des Menschen von falscher Arbeit«, also von all jener Arbeit, die auch Maschinen erledigen können, zu sehen, zu gestalten und – zu feiern?

Es gibt auch eine andere Art, den sozialen Wandel zu lesen und zu leben: Die Familienselbsthilfe bietet ein Exempel, wie man an den Graswurzeln der Demokratie kreativ auf Veränderungen in der Arbeits- sowie in der Familien- und Beziehungswelt reagieren kann. Sie ist an vielen kleinen Orten Teil und Akteur einer neuen sozialen Landschaft geworden, und sie konnte dies werden, weil sie selbst eine kreative Antwort darstellt auf die großflächige Veränderung der sozialen Landschaft in den letzten Dekaden des zwanzigsten Jahrhunderts.

5. *Die soziale Landschaft der Industriegesellschaft glich einem französischen Park: alles rechtwinklig angelegt, Bäume und Sträucher kunstvoll geschnitten, eine künstliche Ordnung allenthalben. Eine soziale Landschaft, die sich darstellte in Einrichtungen und Anstalten mit festen Zeiten, klaren Vorschriften und Strukturen. Die soziale Landschaft, die vor uns liegt, gleicht dagegen eher einem Englischen Garten, in dem es natürlicher zugeht, chaotischer vielleicht, aber auch lebendiger. Beziehungen werden wichtiger als Institutionen und soziale Netzwerke wichtiger als starre Gehäuse.*

Das einundzwanzigste Jahrhundert wird vermutlich keine ökonomischen Probleme aufwerfen. Globalisierung und Digitalisierung, die internationale Arbeitsteilung und die Computerrevolution werden den wirtschaftlichen Reichtum der Nationen mehren. Die Welt, Europa und auch Deutschland werden insgesamt und ökonomisch betrachtet reicher werden. Mit dem wachsenden Reichtum wachsen freilich auch die Ungleichheiten, und es drohen ganze Gruppen und Regionen, soziale Bereiche und Lebensphasen von der Entwicklung abgehängt und ausgegrenzt zu werden. Dieses Jahrhundert wird deshalb Fragen der Organisation des Arbeitslebens und der Arbeitswelt, Fragen des sozialen Zusammenhaltes und Fragen der Organisation der persönlichen Biographie wieder auf eine recht grundsätzliche Art und Weise auf die Tagesordnung der Politik setzen. Die Einheitlichkeit der Lebensführung in Raum und Zeit wird wohl eher abnehmen. Wenn der flexible und mobile Mensch, über den sich der Wirtschaftsstandort Deutschland freut, nicht zu einem beziehungslosen Wesen verkümmern soll, das allen sozialen Ballast abgeworfen hat; wenn der Lebensort Deutschland auch in sozialer und menschlicher Hinsicht lebendig und liebenswert bleiben oder wieder werden soll, dann bedarf es der Pflege der sozialen Landschaften als einer gemeinsamen Aufgabe von Staat, Wirtschaft und Bürgergesellschaft.[3]

Anmerkungen
(1) Überarbeitete und erweiterte Fassung des Abschlußvortrages auf der Fachtagung des Deutschen Jugendinstitutes zur »Evaluation der Familienselbsthilfe« am 8. Dezember 1998.
(2) Vgl. dazu Monika Jaeckel und Andrea Laux 1998.
(3) Ausführlicher dazu in: Warnfried Dettling 1998.

Literatur
Dettling, Warnfried: Ehrenamt in der Bürgergesellschaft. Ein Leitbild für freiwilliges soziales Engagement. Eine gesellschaftspolitische Standortbestimmung. Stuttgart (Robert-Bosch-Stiftung), 1999
Dettling, Warnfried: Wirtschaftskummerland? Nach dem Globalisierungsschock: Wege aus der Krise. München, 1998
Jaeckel, Monika; Laux, Andrea (1998b): Bringing the Habitat Agenda Home – The Mothers Platform. Case Study in Baden Wuerttemberg, Germany, prepared for the Sustainable Cities Sourcebook on Gender Sensitive Environmental Planning and Management. Nairobi, 1998

Heiner Keupp
Selbstsorge und solidarisches Handeln: Die Zukunftsfähigkeit kommunitärer Projekte

»*Eine Polis, in der sich jeder auf die richtige Art um sich selbst kümmern würde, wäre eine Polis, die gut funktionierte; sie fände darin das ethische Prinzip ihrer Beständigkeit.*«
Michel Foucault: Freiheit und Selbstsorge. Frankfurt/M. 1985, S. 15.

»*Nicht jede kann alles, aber gemeinsam können wir das, was wir brauchen.*«
SOS-Kinderdorf e.V. – Mütterzentrum Salzgitter: Was ist los im Mütterzentrum? München 1998, S. 2.

Mütterzentren verdanken ihre Entstehung einerseits einem gesellschaftlichen Umbruch, der mit Stichworten, wie »Individualisierung«, »Pluralisierung« oder »Globalisierung«, nur unzureichend benannt ist, und andererseits einer aktiv gestaltenden neuen Kraft. Der Umbruch hat familiäre Lebensformen, das Geschlechterverhältnis, die Erwerbsarbeit und die Subjekte in ihren Vorstellungen vom richtigen und guten Leben tiefgreifend verändert. Dieser Umbruch vollzieht sich nicht nach einem rationalen Plan. Er hat eine offene Prozeßdynamik, die einer gestalterischen Initiative bedarf. Die Frauenbewegung vereinigt in sich eine Vielzahl von aktiven Frauen, die sich in Projekten und Initiativen die Gestaltung dieses Umbruches zum Ziel gesetzt haben. Eines dieser Projekte hat die Mütterzentren hervorgebracht. Bei genauer Betrachtung haben sie einen Ideen- und Erfahrungspool geschaffen, der ans »Eingemachte« professioneller Selbstverständlichkeiten geht.

Der Grundriß des Sozialen verliert seine Façon

Phasen gesellschaftlicher Veränderung spüren wir vor allem dadurch, daß die bislang als selbstverständlich angesehene Ordnung ihre Selbstverständlichkeit zu verlieren droht. Der Grundriß unseres Denkens und Handelns, der uns die Illusion einer unverrückbaren natürlichen Ordnung ermöglicht hat, wird in Frage gestellt werden. In einer solchen Phase der Irritation befinden wir uns. Diese Verunsicherung stellt die Grundprämissen der hinter uns liegenden gesellschaftlichen Epoche grundlegend in Frage, in der wir uns – wie Burkart Lutz es schon 1984 aufgezeigt hat – den »kurzen Traum immerwährender Prosperität« geleistet hatten.

Zu diesen Grundprämissen gehörte die Vorstellung, daß gute psychosoziale Hilfe- und Dienstleistungen eine möglichst hochentwickelte Professionalität der Leistungen verlangen. Gegenüber einem Psychowildwuchs, der sich in den siebziger und achtziger Jahren entwickelte und der einen fragwürdigen Markt eröffnet hat, war die Formulierung hoher professioneller Standards sinnvoll und notwendig. Aber die Vorstellung, daß eine immer bessere Qualität als Resultat einer fortschreitenden und möglichst durchgängigen Professionalisierung von Hilfeleistungen zu erwarten ist, ist in den letzten Jahren vielfach in Frage gestellt worden:

- Eine wachsende Selbsthilfebewegung hat ihren kritischen Ausgangspunkt in dem nichteingelösten Versprechen der allumfassenden Wirksamkeit professioneller Lösungsangebote. Veranlassung für die Entstehung von Selbsthilfegruppen ist oft die Enttäuschung, die Nutzerinnen und Nutzer professioneller Dienstleistungen erleben, und sie zeigen häufig, daß sie für sich selbst die besseren Lösungen in Selbstorganisation entwickeln können.
- Professionelle Lösungen fördern häufig eine passive Konsumentenhaltung durch fertig geschnürte Hilfepakete. Die Folge ist eine »Enteignung« von Problemlösungskompetenzen auf der Seite der Abnehmer dieser Fertigpakete.
- Das professionelle System teilt mit allen komplexen institutionellen Geflechten ein hohes Maß an Eigenbezüglichkeit: Das Kompetenzgerangel der unterschiedlichen Anbieter, die Zuständigkeitskämpfe der Professionen und Träger verbrauchen sehr viel mehr Ressourcen als die Orientierung an den alltäglichen Problemlagen der potentiellen oder aktuellen Nutzerinnen und Nutzer.
- Das lebensweltliche Defizit vieler professioneller Angebote ist vor allem von der Gemeindepsychologie kritisiert worden. Durch eine ausschließliche Orientierung an wissenschaftlich-technischen Handlungsnormen würden die Zugangsschwellen zu psychosozialen Hilfen enorm erhöht, insbesondere für Menschen aus sozial benachteiligten und bildungsfernen Schichten. Das führt in der Tendenz zu dem Befund, daß Menschen mit besonders massiven Problemlagen besonders hohe Hürden zum professionellen Hilfesystem zu nehmen haben und deshalb in diesem unterrepräsentiert sind.
- Unter den Vorzeichen knapper werdender öffentlicher Ressourcen ist das in der Prosperitätsphase häufig praktizierte Prinzip der Qualitätsverbesserung durch Ausweitung des Hilfesystems an seine Grenzen gestoßen. Die Beantwortung der Qualitätsfrage bleibt nicht mehr in der Souveränität der professionellen Anbieter selbst und ihrer wissenschaftlichen Unterstützersysteme, sondern wird an externe Kriterien gebunden, die meist betriebswirtschaftlich ausgelegt sind.

Selbstsorge und solidarisches Handeln 245

Das psychosoziale System hat seine heutige Gestalt vor allem in den sechziger, siebziger und achtziger Jahren angenommen. Ein gewaltiger Professionalisierungsschub hat zu einer Vermehrfachung von professionellen Helferinnen und Helfern geführt. In ihren Selbstlegitimationen haben sie Reformziele formuliert, die gleichwohl in die Grundstruktur bewährter sozialstaatlicher Lösungsmuster eingefädelt wurden. Mehr als hundert Jahre Sozialstaat haben sich in unseren Erwartungen an und Haltungen zur Sozialpolitik als Muster festgesetzt. Die bestehende Sozialpolitik wird von spezifischen Leitbildern und Menschenbildannahmen geprägt, die wie konditionierte Reflexe funktionieren. Ihre kritische Überprüfung ist überfällig:

- »Kinder in Not«: Ohne eigenes Verschulden in Not geratenen Menschen gegenüber, die unfähig sind, ihr eigenes Leben zu bewältigen, ist sozialstaatliche Hilfe erforderlich. Die Konstruktion von Fürsorglichkeit ist die Basis der Produktion einer Haltung »fürsorglicher Belagerung«.
- »Entstörung«: Sozialpolitik hat die Funktion sozialer Kontrolle abweichenden Verhaltens zu erfüllen. Unangemessene Verhaltensweisen/Persönlichkeitsstrukturen sind zu korrigieren oder zu therapieren, beziehungsweise veränderungsresistentes Störpotential ist so zu verwalten, daß es gesellschaftlich möglichst wenig Schaden anrichtet.
- »Das Kind ist schon in den Brunnen gefallen«: Sozialpolitik wird wirksam, wenn sich Probleme manifestiert haben. Dieses »kurative Modell« konzentriert sich auf Kompensation/Reparatur von Krankheit, Behinderung, psychischen Störungen.
- »Symptomträger ist immer das Individuum«: Dienstleistungen staatlicher Sozialpolitik erfordern die Individualisierung der Probleme. Nur Notlagen, Symptome oder Leidenszustände, die eine einzelne Person geltend machen kann oder die ihr zugerechnet werden können, sind sozialstaatlich bearbeitbar.
- »In den Blick gerät nur, was eine Person nicht kann«: Sozialstaatliche Leistungen gehen immer von Defiziten und nicht von Ressourcen aus.

Die Maßnahmebündel und Dienstleistungen, die aus diesen Annahmen folgen, haben keinen unwesentlichen Anteil an der immer wieder kritisch konstatierten passiven und individualistischen Konsumhaltung der Bürgerinnen und Bürger der Bundesrepublik gegenüber den wohlfahrtsstaatlichen Leistungen. In manchen Kritiken werden sie wie verwöhnte Wohlstandskinder karikiert, die nur auf ihren eigenen Vorteil bedacht seien, aber nicht dazu bereit wären, etwas für die Gemeinschaft zu geben. Die individualistische Haltung gegenüber wohlfahrtsstaatlichen Leistungen ist aber letztlich in der Logik bestehender sozialpolitischer Leistungsstrukturen selbst begründet: Kodifiziert sind an individuelle Leistungen gekoppelte individuelle Rechtsansprüche auf staatliche Risikosicherung. Bestehende Sozialpolitik sozialisiert die Bürgerinnen und Bürger zu einer solchen Haltung. Diese Sozialisationsfunktion staatlicher Sozialpolitik steht offensichtlich in Zeiten neoliberaler Wirtschafts- und Sozialpolitik zur Disposition und wird demontiert. Allerdings in Form einer völlig unangemessenen Kritik an den Nutzerinnen und Nutzern der Leistungen staatlicher Sozialpolitik.

Eine alternative Herangehensweise an ein Zukunftsprojekt Sozialpolitik müßte statt dessen von jenen basalen Prozessen ausgehen, die mit der genaueren Analyse alltäglicher Lebens- und Krisenbewältigung ins Zentrum rückten. Eine zentrale Aufgabe von Sozialpolitik ist die Herstellung beziehungsweise die Ermöglichung gesellschaftlicher Solidarität. Wenn dies konsensfähig ist, dann zielt die nächste Frage auf die sozialpsychologischen Bedingungen von Solidarität im Alltag, nennen wir es Alltagssolidarität. Hiermit begeben wir uns auf die Ebene des alltäglichen Umgehens mit Krisen, Risiken, Krankheiten und Behinderungen und des individuellen oder mikrosozialen Umgangs mit diesen Problemlagen: Welche Ressourcen können aktiviert werden, um mit ihnen möglichst effektiv umgehen zu können? In der Erforschung dieser Prozesse ist die zentrale Bedeutung sozialer Netzwerke ins Zentrum der Aufmerksamkeit gerückt. Die Bewältigung von Problemlagen wird entscheidend von den sozialen Unterstützungsressourcen bestimmt, die aus dem jeweiligen Netzwerk mobilisiert werden können. Jede sinnvolle Gesundheitsförderung oder präventive Sozialpolitik muß deshalb auch Netzwerkförderung sein. Die heute relevanten Netzwerke sind in abnehmendem Maße die »traditionellen Ligaturen«, also Familie, Verwandtschaft oder Nachbarschaft. Sie verlieren in dem tiefgreifenden Prozeß an gesellschaftlicher Individualisierung an Gewicht. Bedeutsamer werden dagegen neue Formen des Knüpfens sozialer Netzwerke: »posttraditionale Ligaturen« oder »Gemeinschaften«. Darunter sind Selbsthilfegruppen, selbstorganisierte Initiativen, Freiwilligenagenturen, aber auch Mütterzentren zu verstehen.

Mütterzentren bilden eine Art Brückeninstanz zwischen jener Kultur der Frauen, in der traditionellerweise und meist abseits von öffentlicher Wahrnehmung Netzwerkarbeit geleistet wird, und der neuen Frauenbewegung, die mit gewachsenem politischem Selbstbewußtsein und dem Anspruch auf Selbstorganisation das Handeln von Frauen im öffentlichen Raum sichtbar zu machen versucht. Hildegard Schooß hat diese Brückenfunktion der Mütterzentren klar formuliert: »Mütterzentrumsfrauen wollen einen selbstbestimmten Raum schaffen, wo sie sich einen Alltag organisieren, in dem sie ihren eigenen Rhythmus entwickeln und Arbeit mit Leben so verbinden können, daß sie weder unter der Isolation in der Kleinfamilie leiden, noch sich mit der Vielfachbelastung von Berufs- und Familienarbeit überfordern müssen. Darüber hinaus wollen sie das Lebens- und Lernfeld Familie und Haushalt, Gemeinwesen und Alltagspolitik sichtbar werden lassen und eine öffentliche Anerkennung dafür erreichen.« (Schooß 1996, S. 232)

Die traditionellen Produzentinnen von Gemeinsinn

Der kommunitaristische Diskurs erfindet ein Problem, das Frauen schon deshalb gar nicht so besonders aufregend und beachtenswert finden, weil sie es schon über Generationen in spezifischer Weise bearbeiten mußten: Durch ihre alltägliche Beziehungsarbeit haben sie den sozialen Flickenteppich geschaffen, ohne den kein »Staat zu machen« wäre. Laura Balbo, eine italienische Politologin, spricht in diesem Zusammenhang von der »Dienstleistungsarbeit« der Frauen, sie verwendet zur Charakterisierung die auch mir sehr sympathische Metapher des »Patchworks«. Die Bilder und die Geschichte des Patchworks hält sie für besonders geeignet, um die alltäglichen Sozialleistungen von Frauen zu beschreiben: »Sie eignen sich zur Beschreibung der vorhandenen Mittel, der Methoden, sie zu ›bündeln‹, der Tricks und Strategien, die angewendet werden, um zu überleben, der sozialen Unterstützungsnetze, der Kultur der Bedürfnisse und Dienstleistungen« (Balbo 1983, S. 181). Es geht also um die aktive Verknüpfungs- und Vermittlungstätigkeit von Frauen, die im Zusammenfügen von Fragmenten immer wieder erst sozial verläßliche Kontexte, also Gemeinsinn herstellen. Reproduktionsarbeit können wir das auch nennen.

Diese Art von Arbeit ist vielen klugen Analytikern der modernen Industriegesellschaften entgangen. Bei ihnen werden entweder traditionelle Ligaturen, also Einbindungen, Zugehörigkeiten, Werte und Normen untersucht, die den gesellschaftlichen Zusammenhalt bis in die jüngste Vergangenheit garantiert hätten. Oder es wird die sozialpolitische Staatstätigkeit herausgestellt, die im Zuge immer neuer Modernisierungsschübe an die Stelle traditioneller sozialer Systeme treten. Aber in beiden Modellen wird der Herstellungsaspekt unterschlagen, ohne den letztlich die Entstehung von Vergemeinschaftung überhaupt nicht denkbar wäre.

Es ist die freiwillige und unbezahlte Dienstleistungsarbeit der Frauen, die den Kitt unserer Gesellschaft garantiert. »Insbesondere ›leisten‹ die Frauen in der Familie als Gattinnen, Mütter, Töchter, aber auch als Großmütter und Schwestern ›Dienste‹ für die übrigen Angehörigen« (ebd., S. 186). Dienstleistungsarbeit heißt in diesem Zusammenhang, »die Bedürfnisse jedes einzelnen zu interpretieren und zu definieren sowie Dinge herbeizuschaffen und zu produzieren, wobei stets Entscheidungen getroffen werden müssen, für die man Verantwortung trägt; Mittel zusammenzustellen, Prioritäten zu setzen, Wünsche zu erfüllen« (ebd., S. 187).

Frauen vermitteln zwischen den unterschiedlichen gesellschaftlichen Teilsystemen und ihren unterschiedlichen Logiken (der Logik des Privaten und Intimen, der Logik des Profits und der Logik des staatlichen Dienstleistungs- und Fürsorgesystems). Sie schaffen Verträglichkeiten, Anschlüsse, Vor- und Nachsorge, sie sind die unbezahlten Helferinnen in Kindergärten, Schulen, professionellen Gesundheits- und Pflegeleistungen. »Die Frauen sind es, die Kontakt zu den Lehrern halten, kranke Kinder oder Verwandte zum Arzt oder zu einer Untersuchung im Ambulatorium begleiten, ihnen beistehen, wenn sie im Krankenhaus sind. Die Frauen sind es, die enorm viel Zeit dafür aufwenden, für den täglichen Bedarf und fürs Wochenende einzukaufen und auf Ausverkäufe und Sonderangebote zu achten. Abgesehen von Zeit sind Kompetenz, Information und Anstrengung erforderlich, um zwischen den zahllosen Möglichkeiten auszuwählen und die Werbeanzeigen zu sondieren; auch viel körperliche Arbeit: heben, transportieren, einräumen. Pakete, Kisten, Dosen, Einkaufswagen im Supermarkt. Abfalltüten« (ebd., S. 188). Diese Art von Dienstleistungsarbeit bildet eine zentrale Voraussetzung für die Sicherung verläßlicher Strukturen des Alltagslebens, aber sie wird als selbstverständlich verbraucht und findet kaum gesellschaftliche Anerkennung.

Vielleicht müssen wir uns ja heute nur deshalb über Gemeinsinn und Alltagssolidarität Gedanken machen, weil Frauen das unsichtbare Patchwork von alltäglicher Gemeinschaftlichkeit, jenes Netz von Verknüpfungen in einer fragmentierten Welt, jene Basis jeder Sozialstaatlichkeit nicht mehr fraglos herstellen. Eine von der Emanzipationsbewegung in den siebziger und achtziger Jahren geprägte Generation von Frauen zeigt ihr Patchwork als wertvolles und zukunftsfähiges Produkt vor. Aus der Schattenarbeit soll öffentliche Tätigkeit werden, in der Frauen ihre Vorstellungen gelingender Familienarbeit und kommunitärer Lebensformen öffentlich durchsetzen und sichtbar machen wollen. Zugleich erzeugen sie damit eine neue Kultur sozialer Arbeit, die den Grundriß klassischer sozialpolitischer Dienstleistungsproduktion in Frage stellt.

Selbstsorge als Basis neuer Alltagssolidaritäten

Auf diese neue weibliche Kultur sozialer Arbeit bin ich durch die Münchner Initiative »Treff + Tee« aufmerksam geworden.[1] An dieser Initiative läßt sich aufzeigen, unter welchen Bedingungen Gemeinsinn produziert wird, Gemeinsinn, der dadurch entsteht, daß Menschen sich auf den Weg machen, etwas für sich zu verändern, Lebenssinn zu stiften und sich dabei in das Leben und die Interessengeflechte ihrer kommunalen Alltagswelt einzumischen.

Treff + Tee hat mir von der ersten Begegnung an Eindruck gemacht. Als Mitglied des ersten Selbsthilfebeirates der Stadt München habe ich die

Initiative an einem langen Sitzungsabend im Herbst 1986 kennengelernt, oberflächlich, als eine antragstellende Gruppe neben vielen anderen. Eine Mütterinitiative, bei der mir vor allem das Engagement und der Ernst in Erinnerung geblieben sind, mit der sie ihr Anliegen vortrug.

Ein Jahr später kam sie erneut mit einem Antrag, der einen bemerkenswerten Prozeß des Wachstums und der Differenzierung des eigenen Vorhabens zum Ausdruck brachte: Eine Initiative hatte sich offensichtlich stabilisiert, ihr Konzept weiterentwickelt und daraus Konsequenzen für ihren Finanzierungsantrag gezogen. Aus einem Mütterselbsthilfezentrum waren die Idee und der Anspruch eines Bürgerzentrums entstanden. Frauen vor allem, aber auch Männer hatten in einem infrastrukturell unterversorgten Gebiet ein beeindruckendes Angebot an sozialen, kulturellen und Selbsthilfeaktivitäten entwickelt; sie investierten viel Energie und Lebenszeit; sie schufen ein dringend erforderliches stadtteilbezogenes Dienstleistungsangebot, das im Stadtteil ankam; und nun beantragten sie für ihre Dienstleistungsarbeit auch ein – durchaus bescheidenes – Stundenhonorar.

Was den Bürger-Treff München-Süd kennzeichnet, kommt in Äußerungen einiger seiner interviewten Mitglieder am besten zum Ausdruck (Wolfgang Kraus und Waltraud Knaier [1989] haben für ihre Untersuchung im Auftrag der »ANstiftung« ein Interview durchgeführt, auf das ich freundlicherweise zurückgreifen durfte). Die Tragfähigkeit des selbstgespannten Netzes lebt davon, daß alle Beteiligten aus ihm etwas beziehen können, was für sie wichtig ist, ihren Interessen und Bedürfnissen entspricht. Das wird sehr schön im folgenden Interviewausschnitt deutlich: »Es macht mir unheimlich Spaß, in der Teestube mit den Frauen zu reden. Der Umgang mit den vielen verschiedenen Menschen; zu schauen, wo kann man was machen, was vermitteln, einfach zuhören, miteinander reden. Gestern war eine Frau da mit einem Baby, die ist hier neu zugezogen. Ich hatte das Gefühl, das tut ihr gut, und mir tat es auch gut. Und auch so, wenn so Gruppen zusammen sind, zu sehen, daß Ideen da sind, die andere haben und die ich auch habe. Also, daß es so ein Verband, ein Netz ist. (…) Es entstehen wahnsinnig viele Ideen auch von anderen. Man braucht das praktisch nur antippen.«

Kommunikative Angebote in einem solchen selbstorganisierten Treffpunkt zu machen sind Dienstleistung und Selbsthilfe zugleich. Die Dienstleistung in einem Neubaugebiet wird aus folgendem Interviewausschnitt gut ersichtlich: »Wir haben hier einen Treffpunkt errichtet, der Anlaufstelle ist für viele, die hier neu zugezogen sind, die eigentlich auf der Suche sind einmal nach Kommunikation, aber auch ein bißchen was tun dabei. Die sich ein bißchen verloren oder einsam vorkommen. Wenn ich so die jungen Mütter anschaue.« Und der Selbsthilfeaspekt kommt im nächsten Satz: »Ich habe so viel davon gehabt. Und der Kleine auch. Was gemeinsam zu machen.« Eine andere Frau spricht in eindrucksvoller Weise an, was sie durch ihre Mitarbeit im Zentrum gewonnen hat: »Eine Zeitlang habe ich das Gefühl gehabt, ich bin abgestorben. Jeden Tag sitzt man da vorm Fernseher. Ich hab' gedacht, ich bin tot irgendwie. Da war kein Leben, nichts. Jetzt ist das Leben da, ich kann das auch weitergeben an die Familie. Da spielt sich jetzt auch wieder mehr ab. Da bin ich schon wirklich froh drüber.« Geben und Nehmen finden zusammen. Die Bilanz muß stimmen. Und weil ich schon bei einem betriebswirtschaftlichen Begriff bin: Eine für die Gemeinschaft erbrachte Dienstleistung muß auch honoriert werden. Die »Ressource Liebe«, vor allem eine weibliche Ressource in der traditionellen Arbeitsteilung zwischen den Geschlechtern, darf nicht länger unentgeltlich von der Gemeinschaft in Anspruch genommen und kassiert werden.

Wir wollten nicht am grünen Tisch entscheiden, es ging schließlich auch um einen Präzedenzfall. Wir besuchten Treff + Tee an einem eiskalten Wintertag in ihren alten Räumen. Dabei wurde ich in meiner Überzeugung gefestigt, daß hier aus einer Selbsthilfegruppe zunehmend ein »Bürgerhaus von unten« entsteht. Alles, was ich aufnehmen konnte, schien mir dies zu bestätigen. Jede Stadt, in der solche Aktivitäten von Bürgerinnen und Bürgern ergriffen werden, kann stolz sein. Sie braucht keine künstlichen Implantate in die unbeackerte soziale und kulturelle Landschaft zu setzen. In meiner optimistischen Naivität habe ich damals überhaupt nicht verstanden, warum die öffentliche Förderung von Treff + Tee zunächst erhebliche Schwierigkeiten bereitete. War man mißtrauisch gegenüber Initiativen von unten? Stand hier eine Initiative quer zu einer politischen Bürgerhausidee, die damals propagandistisch durch die Stadt getragen wurde?

Bei mir jedenfalls hat sich Treff + Tee als Paradebeispiel für eine lebendige Initiativenszene in München ins Bewußtsein eingegraben. Diese fiel mir oft ein, wenn ich über Möglichkeiten und Grenzen von Initiativen nachdachte. Für mich ist sie vor allem auch ein Beispiel dafür, welche Innovationen die Initiativen- und Selbsthilfebewegung in die politische Landschaft der Bundesrepublik gebracht hat als eine bürgerschaftliche Antwort auf die spezifischen Anforderungen der »Risikogesellschaft«.

Zusammenfassung

1. Initiativen vom Typ »Treff + Tee« und »Mütterzentrum« sind Ergebnis und Antwort auf die »Risikogesellschaft«. Traditionelle Bindungen werden von einem sich beschleunigenden gesellschaftlichen Prozeß immer mehr aufgerieben. Initiativen stellen eine neuartige Form der sozialen Vernetzung im Alltag dar. Sie sind nicht das einfach sozial immer schon Vorgefundene. Sie sind eine spezifische soziale Leistung, in die Bedürfnis-

se und Wünsche der einzelnen eingehen. Hier ist nicht eine Gemeinschaft da, in die sich die einzelnen Subjekte integrieren müssen, sondern hier schaffen sich diese ihre Gemeinschaft nach ihren eigenen Vorstellungen, und sie leben von den Wünschen nach Selbstverwirklichung.
2. In diesen neuen sozialen Netzwerken entstehen wichtige Quellen alltäglicher sozialer Unterstützung, die beim Umgang mit Krisen und Krankheiten, bei der praktischen Alltagsbewältigung und bei dem kontinuierlichen Prozeß der Identitätsarbeit von zentraler Bedeutung sind. Gemeinsinn ist hier kein abstraktes kulturell-moralisch definiertes Projekt, sondern er realisiert sich in dem Gebrauchswert für einzelne. Wer in seiner Kommune etwas für die Gesundheitsförderung tun will, der investiere in solche Initiativen.
3. In solchen kommunitären Initiativen werden zugleich Dienstleistungen und Selbsthilfe erbracht. Beides hat Anspruch auf öffentliche Förderung. Gerade die alltägliche Beziehungsarbeit von Frauen ist eine fundamentale Dienstleistungsarbeit, die in unserer Gesellschaft nicht länger als kostenlose Ressource betrachtet werden darf. Initiativen zur Förderung von Gemeinsinn dürfen nicht als aktueller Versuch mißbraucht werden, erneut die Quelle anzuzapfen, aus der die Ressource Liebe sprudelt.
4. In diesen Projekten kommunitärer Selbstorganisation entsteht eine demokratische Alltagskultur, also das Zentrum der Zivilgesellschaft oder »die Seele der Demokratie« (Beck 1997). In ihnen entsteht die gesellschaftliche Förderung von Selbstorganisation und »aufrechtem Gang« (Keupp 1997). Sie sind »Bürgerhäuser von unten«.
5. Initiativen dürfen mit Funktionen und Erwartungen nicht überlastet werden. Sie sind vor allem völlig ungeeignet, ein billigeres soziales Netz zu bilden, das den Sozialstaat aus der Verantwortung freiließe. Sie sollen aber ein Ferment bilden, das kommunale Wirtschafts-, Sozial-, Gesundheits-, Wohnungs- und Kulturpolitik zunehmend mit der Idee der Selbstorganisation durchwirken soll.
6. Die Projekte der Selbstorganisation, wie Selbsthilfegruppen oder Projekte der Familienselbsthilfe, stellen die etablierten Zuständigkeitsschneidungen zwischen Laien und Professionellen grundlegend in Frage. Notwendig sind ein kritisches Hinterfragen und eine Modifikation starrer berufsrechtlicher Zuständigkeiten. Fonds sollten für kommunitäre Projekte unabhängig von ihrem professionell-institutionellen Zuschnitt zugänglich sein. Entscheidungskriterium für die Vergabe öffentlicher Mittel sollte allein die Qualität der Dienstleistung sein. Erforderlich sind dann allerdings Qualitätsstandards, die den Ansprüchen dieser kommunitären Projekte gerecht werden (z.B. die Förderung von Netzwerken, von generationsübergreifenden Hilfeformen oder von lokalen Öffentlichkeiten).

7. In den kommunitären Projekten wird nicht nur für die unmittelbar beteiligten Personen solidarische Selbstsorge möglich, sondern hier sind die Werkstätten eines »demokratischen Experimentalismus« (Brunkhorst 1998) entstanden, in denen zukunftsfähige Lösungen für eine sich dramatisch wandelnde Welt (vgl. Habermas 1998) erprobt werden und sich bewähren können. Hier wird im Sinne von Manuel Castells (1997) jene »Projekt-Identität« entwickelt, die die Gestaltung der gesellschaftlichen Zukunft nicht den Dynamiken eines nicht mehr faßbaren globalisierten Finanznetzwerkes überläßt, sondern ihr eine selbstbestimmte Gestaltungsform zumißt.

Anmerkung
(1) »Treff + Tee« gehört zum regionalen Netzwerk der Mütterzentren im Großraum München.

Literatur
Balbo, Laura: Crazy Quilts: Gesellschaftliche Reproduktion und Dienstleistungsarbeit. In: Kickbusch, Ilona; Riedmüller, Barbara (Hg.): Die armen Frauen. Frauen und Sozialpolitik. Frankfurt/M., 1984
Beck, Ulrich: Die Seele der Demokratie. Wie wir Bürgerarbeit statt Arbeitslosigkeit finanzieren können. In: Gewerkschaftliche Monatshefte, 6–7/1998, S. 330–335
Brunkhorst, Hauke (Hg.): Demokratischer Experimentalismus. Politik in der komplexen Gesellschaft. Frankfurt/M., 1998
Castells, Manuel: The Information Age: Economy, Society and Culture. Vol. II: The Power of Identity. Oxford, 1997
Giddens, Anthony: Jenseits von Links und Rechts. Die Zukunft radikaler Demokratie. Frankfurt/M., 1997
Habermas, Jürgen: Die postnationale Konstellation und die Zukunft der Demokratie. In: ders.: Die postnationale Konstellation. Frankfurt/M., 1998
Keupp, Heiner: Ermutigung zum aufrechten Gang. Tübingen, 1997
Kraus, Wolfgang; Knaier, Waltraud: Selbsthilfeinitiativen und kommunale Selbsthilfeförderung. Weinheim, 1989
Lutz, Burkart: Vom kurzen Traum immerwährender Prosperität. Frankfurt/M., 1984
Mütterzentrum Salzgitter: Was ist los im Mütterzentrum? SOS Kinderdorf e.V. München, 1998
Schooß, Hildegard: Mütterzentren als Antwort auf Überprofessionalisierung im sozialen Bereich. In: Teufel, Erwin (Hg.): Was hält die moderne Gesellschaft zusammen? Frankfurt/M., 1996

Reinhart Wolff

Im Spannungsfeld von Selbsthilfe und Gemeinwesenarbeit: Was Soziale Arbeit von Mütterzentren lernen kann

Auf den ersten Blick

Es ist ein ganz normaler Dienstagvormittag, Anfang September. Ich bin im Mütterzentrum Salzgitter mit der Initiatorin und Leiterin des Mütterzentrums und anderen Mütterzentrumsfrauen verabredet, um über unser Buchprojekt zu sprechen. Ich betrete einen hellen Raum, der wie eine größere Wohnstube aussieht. Überall sitzen ältere und jüngere Frauen, dort offenbar eine Gruppe von Frauen und Männern im Seniorenalter, einige Kinder krabbeln zwischen Tischen und Stühlen herum. Ich werde freundlich begrüßt und gebeten, mich doch erst einmal zu setzen. Ich könnte doch einen Kaffee trinken, die anderen kämen auch bald. Mir gegenüber sitzt eine, wie sich später herausstellt, über achtzigjährige Frau. Sie liest die örtliche Zeitung, hat eine Tasse Kaffee vor sich auf dem Tisch und guckt vergnügt in die Runde. Ich frage, ob sie oft hierherkommt. Ja, sie sei fast jeden Tag hier. »Hier kann man kostenlos die Zeitung lesen, und das Essen ist billig. Und freundlich sind sie hier auch!«

Ich schaue mich um und frage mich: Wie viele soziale Einrichtungen sind an einem normalen Dienstag gegen elf Uhr vormittags so gut besucht und strahlen so viel Behaglichkeit und Zufriedenheit aus wie diese zentrale Gaststube des Mütterzentrums? Wo geschieht so Verschiedenes (mit Bekannten schwätzen, sich ein Biofrühstück aussuchen, ein Beratungsgespräch zwischen einer Sozialarbeiterin und einer jungen Mutter führen, ein Buchprojekt planen, mit einer Gruppe Älterer zusammentreffen) selbstverständlich zur gleichen Zeit? Wie kommt es zu diesem ungezwungenen und freundlichen Umgang miteinander, in den auch Fremde unkompliziert einbezogen werden?

Dann kommt die Initiatorin mit ihrem Enkel (»Oma, ich will auf deinen Schoß!«), und wir gehen durchs Haus, sprechen mit den Frauen, die kleine Unternehmen ins Werk gesetzt haben: den Geschenke- und Secondhandladen im Keller, die Wäscherei im oberen Stock, das Berufsförderungsprogramm, schließlich die kleine, aber modern ausgestattete Verwaltung des gesamten Projekts.

Ich muß an unsere Diskussionen im Kronberger Kreis für Qualitätsentwicklung in Kindertageseinrichtungen denken, wie wichtig der erste Eindruck ist, den man beim Betreten einer sozialen Einrichtung hat. Im Erstein-

druck bündelt sich offenbar Qualität. Ich merke mir, und das könnte Sozialarbeit von den Mütterzentren lernen:
1. Die Mütterzentren bieten augenscheinlich etwas an, was die Nutzerinnen (und Nutzer!) brauchen. Sie sind bedarfsgerecht, ihre Angebote sind ersichtlich gut ausgelastet;
2. In den Mütterzentren kommen verschiedene Menschen – Laien und Fachleute, Ältere und Jüngere, vor allem Frauen und Kinder – mit unterschiedlichen Bedürfnissen und Fähigkeiten zusammen. So wird Leben auf Gegenseitigkeit, Hilfe als Kooperation im öffentlichen Nahraum möglich. Hier entsteht Nachbarschaft neu, wird das Gemeinwesen in selbstbestimmter Aktion entwickelt.

Der Neubau des Mütterzentrums, den wir später ansehen, spiegelt in seiner Architektur beide Gesichtspunkte.

Blick zurück

Wer die Geschichte der Sozialarbeit in den Blick nimmt, kann Verschiedenes wahrnehmen, dies oder jenes herausstellen, mehr oder weniger deutlich sehen (vgl. auch den kritischen Rückblick von Kunstreich 1997, 1998). Jedenfalls wird man gerade in multiperspektivischer Sicht Muster erkennen, wie sich Soziale Arbeit in ihren Hauptlinien entwickelte (so lautet der Untertitel eines Standardwerkes zur Geschichte der Sozialarbeit von Landwehr und Baron 1983; vgl. auch die weiter ausgreifende Darstellung von Wendt 1995).

Freilich spielen dabei sozialpolitische Perspektiven eine Rolle, kann man Soziale Arbeit als Aktion von unten oder oben sehen. Von »oben« hieße beispielsweise »Kolonialisierung« und »Ausgrenzung« der deprivilegierten Unterschichtangehörigen, der Hilflosen, Armen und Kranken im Interesse herrschender Machteliten beziehungsweise des ordnungspolitisch eingreifenden modernen Staates. Von »unten« oder »aus der Mitte« ginge es um »Rechte und Gerechtigkeit«, um »Sozialreform« und »genossenschaftliche Selbsthilfe« beziehungsweise um bürgerschaftliches Engagement, um »soziale Werke = social works«, um selbstverantwortete Initiativen zur sozialen Gestaltung des Gemeinwesens.

Solche Initiativen werden immer dann erfunden und gewinnen an Kraft und Einfluß, wenn sich gesellschaftliche Krisen zuspitzen, wenn es zu einem sprunghaften soziokulturellen und einem politischen oder ökonomischen Veränderungsprozeß kommt. Sie sind vor allem immer dann erfolgreich, wenn sie schichtübergreifend angelegt sind und wenn kreative Leitfiguren die eigenen sozialen Interessen und zugleich die emanzipativen Interessen des Ganzen vertreten und nach ganz konkreten Lösungen für die entstandenen Problem- und Notlagen suchen. Besonders markant fallen solche Bewegungen in der Geschichte Sozialer Arbeit ins Auge, die sich in der Mitte und am Ende des neunzehnten Jahrhunderts in Reaktion auf die rücksichtslose Dynamik des fortgeschrittenen Kapitalismus und zugleich auf eine massenhafte Migration (vor allem nach Nordamerika) entwickelten. Sie sind oft eng verbunden mit den Aktivitäten der sich entfaltenden Frauenbewegung. Wer sich ausführlicher informieren möchte, wird in den einschlägigen Veröffentlichungen die Einzelheiten nachlesen können (z.B. bei Sachße und Tennstedt 1980, Sachße 1986, Müller 1994, Staub-Bernasconi 1995). Nicht von ungefähr heißen ihre Einrichtungen »Settlements« – urbane Siedlungen –, »Community Centers« oder »Maisons sociales« (für die französische Entwicklung s. insbes. Durand 1996, Ancelin 1997) und »Charity Organization Society«. Sie sind öffentliche Orte der Solidarität. Die Namen der exemplarischen Gründergestalten sind unvergessen: Henrietta und Samuel Barnett mit Toyenbee Hall in London, Jane Addams mit Hull House in Chicago, aber auch Mary Richmond und später Bertha Reynolds; in Deutschland, wenn auch viel stärker wohlfahrtsstaatlich orientiert, beispielsweise: Jeannette Schwerin, Henrietta Schrader-Breymann und nicht zuletzt Alice Salomon.

Was kann Sozialarbeit von diesen frühen gemeinwesenorientierten Ansätzen engagierter Sozialarbeit lernen?
   Diese Initiativen und Bewegungen greifen die jeweils aktuelle »soziale Frage« auf. Es geht um Leben und Arbeiten, um Wohnen und Freizeit, um Gesundheit und Erholung, Erziehung und Lernen, Bildung und Kultur. Sie begreifen Hilfe in ihrer unmittelbaren politischen Bedeutung und Konsequenz. Sie richten sich auf die Umgestaltung der Lebensverhältnisse und helfen zugleich im Einzelfall. Hilfe und Gesellschaftsveränderung (»Helping people and making change«) finden im Alltag statt, im Miteinander der Bewohnerinnen und Bewohner, der Frauen und Männer, der Familien und ihrer Kinder, vor allem der Mütter im lokalen Umfeld. Die Gründerinnen beginnen in der Regel »ehrenamtlich«, sie fühlen sich zu ihrer Aufgabe »berufen«, ja getrieben, und sie werden dann nicht selten zu richtungsweisenden Professionellen. Jedenfalls werden die Professionellen zu Partnern der spontan Hilfesuchenden und Hilfeleistenden. Diese aber gewinnen selbst fachliche Kompetenzen. Koproduktion bestimmt die Praxis.
   Eine solche Gemeinwesenarbeit (zur aktuellen Diskussion und zu weiterer Literatur vgl. das Sonderheft »Gemeinwesenarbeit« der Blätter der Wohlfahrtspflege 1997) ist immer dann angesagt, wenn sich die Verhältnisse krisenhaft verändern, wenn sich die Gewichte zwischen der Privatsphäre und dem weiteren gesellschaftlichen Raum verschieben, wenn Generationen- und Geschlechterverhältnisse mit dem Arbeits- und Berufsleben nicht

mehr zusammenpassen, wenn die Arbeitslosigkeit und die Armut wachsen und soziale Gerechtigkeit bedroht, die soziale Integration des Gemeinwesens gefährdet ist. Die Mütterzentren haben hier angesetzt und seismographisch auf diese gesellschaftlichen Veränderungen reagiert. Ihre historische Wurzeln geben ihnen Halt, ihr strategischer Einfallsreichtum gibt ihnen Hoffnung und Zukunft, deren Verwirklichung sie aber zu ihrer eigenen Sache gemacht haben. Mütterzentren haben sich selbst in Bewegung gesetzt, sind selbstorganisierte, im Wortsinn autopoietische, d. h. sich selbst erzeugende Systeme. Die Leiterin redet nicht darum herum. Sie sagt:»Was man haben will, muß man tun.« Wenn so viele Sozialarbeiterinnen sprechen und handeln würden, es wäre gar nicht auszudenken, was sich dann an selbstbestimmter, selbsterzeugter Entwicklung täte!

Problemkonstruktion

Soziale Arbeit hilft, wenn Reproduktionsbedürfnisse nicht befriedigt und Lebensaufgaben alleine nicht bewältigt werden können.[1] Hilfe funktioniert aber nur dann, wenn klar ist, warum geholfen werden soll, wenn man weiß, welches Problem gelöst werden soll. Hilfe setzt also immer ein Doppeltes voraus: Problembesitz und Mitwirkung. Helfen kann man nicht im Alleingang. Soziale Hilfe ist auf Kooperation angewiesen wie im übrigen andere humane Dienstleistungen (beispielsweise Pflege, Therapie und Erziehung) auch. Mütterzentren haben es in dieser Hinsicht leicht: Alle hier Beteiligten sind »in erster Person« dabei, freiwillig und ohne Zwang. Hier wird niemand von Hilfs»maßnahmen« erfaßt. Überhaupt geht es nicht um Maßnahmen (um an Normen ausgerichtete Aktionen). Selbstbetroffene Mütter in Mütterzentren erfinden vielmehr günstige Alltagssituationen, die das Leben leichter und bunter, lebendiger und befriedigender gestalten helfen. Probleme werden den Beteiligten nicht von außen zugeschrieben und dann mühsam nahegebracht. Sie werden vielmehr als eigene Probleme erlebt, gewissermaßen selbst konstruiert, mehr oder weniger selbst klar wahrgenommen, vor allem aber selbst angepackt und zusammen mit anderen Müttern bewältigt. Wer als Subjekt zur Bewältigung der eigenen Probleme die Hilfe anderer in Anspruch nimmt, entdeckt die Kräfte im eigenen Ich und in der Gemeinschaft mit den anderen das Wir. Um das zu erringen, muß man aus der Enge und Isolation der privaten Lebensverhältnisse heraustreten, die Familie zum nachbarschaftlichen Umfeld hin öffnen, einen öffentlichen Raum schaffen, in den man hinaustritt, wo man sichtbar werden kann, wo man Unterstützung und Anerkennung erfährt.

Was kann Sozialarbeit in dieser Hinsicht von den Mütterzentren lernen? Wenn »soziale Probleme« im selbstbestimmten Zusammenwirken mit anderen zur gemeinsamen Aufgabe werden, entsteht ein gemeinsames Drittes, welches das gesamte Beziehungsfeld kommunikativ erweitert und damit neue Verstehens- und Handlungsmöglichkeiten erschließt (für das Paar, für die Eltern-Kind-, die Mutter-Kind-Beziehung, im Verhältnis zwischen familialem Mikrosystem und anderen Mikrosystemen, wie Kindergarten, Schulklasse oder Seniorenkreis). Wer auf die Rechte und die Selbstverantwortlichkeit der Betroffenen setzt, muß sich nicht erst trickreich an seine Klientinnen oder Klienten heranschleichen. Denjenigen, die Hilfe brauchen oder die einfach alleine sind, die Hand zu reichen, ihre Stärken und Fähigkeiten, ihre Verschiedenheiten und Eigenheiten wahrzunehmen und zu nutzen, bedeutet, sie im Hilfeprozeß nicht klein und abhängig zu machen oder in ihrer Lebensführung zu enteignen. Sozialarbeit könnte im Bündnis mit den Müttern lernen, wie Hilfe als gemeinsame Aktion Selbsthilfe freisetzt und fachliche Hilfe effektiviert. Wer die Problembesitzer und -besitzerinnen achtet und respektiert, daß sie vor allem selbst am besten wissen, worum es geht und was sie brauchen, der kann an ihre reichen Erfahrungen und Ressourcen anschließen, um Wege der Problemlösung zu finden, die hilfreich sind, die passen. Eine solche mütter-, bürger- oder nutzerinnenzentrierte Sozialarbeit ist nicht nur einfacher und geht nicht nur leichter von der Hand, sie ist auch erfolgreicher als das fremdzentrierte Problemlösungsgeschäft von oben, das Soziale Arbeit als instrumentelle Menschenbehandlung mißversteht (wer weiterlesen möchte, kann die folgenden Beiträge konsultieren: Allen und Peer 1998, Herriger 1997).

Programm und Prozeß

Wenn man mit Müttern, den Nutzerinnen und Nutzern, den Besucherinnen und Besuchern oder auch den Fachkräften in den Mütterzentren darüber spricht, was alles zu ihrem Programm gehört und wie sie es umsetzen, wird man mit Sicherheit nicht mit einem modernen »Produktkatalog« konfrontiert. So habe ich oft gehört, von der Gründerin zumal, das Programm sei eher wie eine »Blume«, etwas, das wächst, das aber auch vergehen könne. Diese Entwicklungsorientierung heißt allerdings nicht, daß nun ganz unklar wäre, worum es den Mütterzentren programmatisch geht. Von außen beobachtet fällt mir auf: Die Aufgaben, die sich die Mütterzentren vornehmen, sind vor allem bedarfsbezogen formuliert.

Was konkret gebraucht wird, wird gemacht. Das kann von Mütterzentrum zu Mütterzentrum variieren. Alltägliche Bedürfnisse stehen im Vordergrund des Programmangebotes, das aus einem bunten Programmix besteht:

1. einem Treffpunkt, wenn man nicht allein sein und anderen begegnen will, wenn man einmal aus der Familie rauskommen und doch nicht unter Fremden untergehen will, vielmehr im vertrauten erweiterten Feld mit anderen sich austauschen möchte (Kommunikation und Begegnung);
2. einem Ort, wo man gastlich aufgenommen wird, Unterhaltung findet, vor allem aber günstig und gut etwas essen kann (die Wirtschaft um die Ecke, die aber genossenschaftlich betrieben wird);
3. Hilfe bei der Erziehung der Kinder (Beratung, Kindertageserziehung);
4. Hilfen zur Selbsterfahrung und zur gegenseitigen Unterstützung (Gesprächsrunden, Einzelgespräche, Betreuung und Begleitung);
5. Bildung, Kunst und Ausbildung (künstlerisches Schaffen, Kurse und Berufsförderung);
6. gesundheitlichen Hilfen, Freizeit und Erholung;
7. Arbeitsmöglichkeiten/unternehmerischen Aktivitäten.

Diese integrative Vielfalt macht die Lebendigkeit der Mütterzentren aus, nicht das spezialistische Nebeneinander von Angeboten. Insofern geht es um eine bunte Mischung von Aufgaben und Aktivitäten, die die Vielfältigkeit weiblicher, vor allem mütterlicher Lebensentwürfe und ihrer alltäglichen Bedürfnisse und Notlagen widerspiegeln (und leider zu heutigen Finanzierungsregelungen nicht umstandslos passen). Mütterzentren bauen insofern Brücken oder – metaphorischer – bringen Lebensläufe in Fluß, sichern und erweitern mütterliches Territorium (die Expertinnen schwanken, ob es sich dabei um die Erde oder das Meer handelt).

Was kann Sozialarbeit davon lernen?
Programmatische Einseitigkeit und Überspezialisierung ist unfruchtbar, schadet. Ein Programm-Mix (auch in weltanschaulicher und politischer Hinsicht) ist demgegenüber offenbar attraktiv und trifft auf die vielfältigen Bedürfnisse und unterschiedlichen Interessen und Ansprüche der Betroffenen. Produktiv sind Programme heutzutage vor allem, wenn sie Brücken bauen, Übergänge ermöglichen zwischen den Systemen, zwischen Familie und Schule, Familie und Wirtschaft, Privatsphäre und Staat, zwischen den Generationen und Geschlechtern vermitteln – und natürlich, wenn sie zugänglich und leicht erreichbar sind. Am besten sind sie, wenn sie mit denjenigen, die sie nutzen, gemeinsam entwickelt werden und das Umfeld, die Nachbarschaft und Gemeinde, einbeziehen, in die sie sich einmischen. Dann wird Sozialarbeit zur ökologischen Praxis und zum bürgerschaftlichen Engagement. Ihre generelle Finanzierung als breitangelegte proaktive Gemeinwesenarbeit muß allerdings bei den staatlichen Kostenträgern erst durchgesetzt werden.

Träger

Mütterzentren sind Selbstorganisationen, im wesentlichen getragen von Müttern, die Hilfe suchen und selbst helfen, die gelernt haben zu helfen, die über Familienerfahrungen und Lebenserfahrungen verfügen, aber auch teilweise fachliche Ausbildungen abgeschlossen haben oder sich um fachliche Weiterbildungen bemühen. Organisatorisch sind Mütterzentren zumeist egalitäre, gemeinnützige Vereine, mit einer antihierarchischen plenaren Selbststeuerung und einem vorsichtigen kooperativen Leitungsmanagement. Mit dem SOS-Kinderdorf e.V. als Mantel haben die Mütterzentren freilich den Schutz eines Trägers gewonnen, nicht zuletzt finanzkräftige Unterstützung – und der SOS-Kinderdorf e.V. kann seinerseits eine enorme Zahl leibhaftiger Mütter mit einem Haufen Kinder verbuchen, eine reale Familienzentrierung und einen lokalen Kontextgewinn, den er als bundesweiter Träger der freien Jugendhilfe konzeptuell und programmatisch wird nutzen können.

Sozialarbeit ist strukturell von solchen Grass-roots-Initiativen, von Neuansätzen an der Basis, immer schon befruchtet worden. Sie kann sich aber am Beispiel der Mütterzentren erneut klarmachen: Reformen sind stets von unten in Gang gekommen, nie aus dem institutionalisierten System heraus entstanden. Das wohlfahrtsstaatliche und verbandliche Hilfesystem sollte sich daher für diese neuen Initiativen interessieren und an ihren Erfolgen anzuknüpfen versuchen. Daß sie auch international von Belang sein könnten, wird nicht allein anläßlich der Expo 2000 deutlich werden.

Anmerkung

(1) Es soll nicht verschwiegen werden, daß mit einer anderen sozial- und berufspolitischen Orientierung auch andere Konzepte Sozialer Arbeit propagiert werden können, in repressiver Perspektive beispielsweise: Soziale Arbeit verfolgt, kontrolliert Devianz und grenzt aus. Ich vertrete allerdings die Ansicht, daß diese Aufgaben im Zuge der Herausbildung differenzierter Berufssysteme in moderner Gesellschaft von den dafür spezialisierten und qualifizierten Professionsbereichen (nämlich Polizei und Justiz) wahrgenommen werden. Damit hat Sozialarbeit eine gute Chance, ihre strategische Referenz ganz auf »Hilfe« umzustellen.

Literatur

Allen, Reva I.; Peer, Christopher G.: Rethinking Family-Centered Practice. In: American Journal of Orthopsychiatry, 1/1998, S. 4–15

Ancelin, Jacqueline: L'Action sociale familiale et les caisses d'allocations familiales. Un siècle d'histoire. Paris, 1997

Blätter der Wohlfahrtspflege, Sonderheft: Gemeinwesenarbeit 3/1997
Durand, Robert: Histoire des Centres sociaux. Du voisinage à la citoyenneté. Paris, 1996
Herriger, Norbert: Empowerment in der Sozialen Arbeit. Eine Einführung. Stuttgart; Berlin, Köln, 1997
Kunstreich, Timm: Grundkurs Soziale Arbeit. Sieben Blicke auf Geschichte und Gegenwart Sozialer Arbeit. Hamburg, 1997 (Bd. I) und 1998 (Bd. II)
Landwehr, Rolf; Baron, Rüdiger (Hg.): Geschichte der Sozialarbeit. Hauptlinien ihrer Entwicklung im 19. u. 20. Jahrhundert. Weinheim, Basel, 1983
Müller, C. Wolfgang: Wie Helfen zum Beruf wurde. Weinheim, Basel, 1994 (Bd. 1); 1997 (Bd. 2)
Sachße, Christoph: Mütterlichkeit als Beruf. Sozialarbeit, Sozialreform und Frauenbewegung. 1871–1929. Frankfurt/M., 1986
Sachße, Christoph; Tennstedt, Florian: Geschichte der Armenfürsorge in Deutschland. Bd. 1: Vom Spätmittelalter bis zum 1. Weltkrieg. Stuttgart, 1980
Staub-Bernasconi, Sylvia: Systemtheorie, soziale Probleme und Soziale Arbeit: lokal, national, international oder: vom Ende der Bescheidenheit. Bern, Stuttgart, Wien, 1995, insbes. S. 25–65
Wendt, Wolf Rainer: Geschichte der Sozialen Arbeit. Stuttgart, 1995

Christian Schrapper
Wann arbeitet ein Mütterzentrum gut?
Überlegungen zur Qualität von Laienarbeit zwischen Selbsthilfe und Sozialleistung

Mütterzentren sind Orte, an denen Frauen vor allem etwas für sich, zum Teil auch mit und für ihre Kinder tun. Kontakt und Austausch, selbstorganisierte Dienstleistungen, Beratung und Unterstützung und vieles mehr kann von Frauen in Mütterzentren gesucht, gestaltet und organisiert werden. Hier schaffen sich Frauen Orte, ihre spezifischen Bedürfnisse selbst zu organisieren. Das ist die eine Seite.

Mütterzentren bieten Orte der Kontaktaufnahme, schaffen Angebote der Entlastung und Unterstützung, ermöglichen Beratung und Hilfe in schwierigen Lebensumständen und Krisen, die für zahlreiche Frauen die Lebenssituation Mutter und Hausfrau kennzeichnen. Mütterzentren treten damit an die Stelle, ergänzen oder ersetzen andere Hilfeleistungen, seien es staatliche Sozialleistungen der Sozial- und Jugendhilfe oder auch andere gemeinnützige Hilfsdienste mit öffentlicher Finanzierung, wie Beratungsstellen, Familienbildungsstätten etc. Das ist die andere Seite. (Ich beziehe mich mit dieser Kennzeichnung der SOS-Mütterzentren auf den Beitrag von Schooß und Weskamp 1997)

Die Suche nach der spezifischen Qualität der Arbeit von Mütterzentren und Laienarbeit muß die Spannung zwischen diesen beiden Seiten berücksichtigen. Dazu ist es im ersten Schritt erforderlich, die aktuelle Diskussion über die Qualität des Sozialen einzuordnen in die traditionsreichen sozial- und gesellschaftspolitischen Auseinandersetzungen um den Stellenwert und die Funktion sozialer Leistungen in unserem Gemeinwesen. In welchen Fällen, in welchem Umfang und um welchen Preis wird eine öffentliche Verantwortung für das private Lebensschicksal akzeptiert und sind öffentliche Sozialleistungen legitimiert? Diese Fragen bewegen spätestens seit den Bismarckschen Sozialgesetzen die sozialpolitischen Debatten. Wann müssen Menschen »sich selber helfen«, und wann soll ihnen »geholfen werden«? Was muß nachgewiesen werden, um die Hilfe beanspruchen zu dürfen, und auf welche Hilfeleistungen gibt es einen verbrieften Anspruch, der sich im Zweifelsfall auch vor einem Gericht erstreiten läßt? Altersversorgung und Krankenversicherung halten wir heute für selbstverständliche Sozialleistungen, bei der Arbeitslosenhilfe sind die Auffassungen schon gespalten, in welchem Umfang und wie lange hier öffentliche Leistungen eintreten sollen; Sozial- und Jugendhilfe sehen sich, seit es sie als öffentliche Aufgabenbereiche gibt, ständig kritischen Fragen nach ihrer Begründung ausgesetzt.

In dieser Gemengelage ist die Arbeit von Mütterzentren nicht eindeutig einzuordnen. Einerseits leben sie von dem Engagement betroffener Frauen, andererseits wollen sie für ihre Arbeit öffentliche Förderung in Anspruch nehmen; einerseits sind sie aktive Selbsthilfe, andererseits bieten sie Hilfe für andere. Wann ein Mütterzentrum gut arbeitet und mit welcher Qualität sich diese Arbeit für öffentliche Aufgaben und Mittel legitimieren kann, sind daher die zwei Seiten einer Medaille, die hier zu untersuchen sind.

Zwischen Geld, Güte und Gerechtigkeit – oder warum heute soviel über Qualität geredet wird

Ein, wenn nicht das zentrale Problem unserer sozialstaatlichen Systeme ist es, die Rationalität von Verteilungsentscheidungen zu sichern, also die Zuwendung auf der einen und die Ablehnung sozialstaatlicher Leistungen auf der anderen Seite sachlich, rechtlich und politisch zu legitimieren. Die zu beantwortenden Fragen lauten: Wann, warum, wofür und in welchem Umfang gibt es eine »öffentliche Verantwortung für private Lebensschicksale«?

In den ebenso traditionsreichen wie schwierigen Auseinandersetzungen (Sachße und Tennstedt 1992, S. 11 ff.; Schrapper 1993, S. 27 ff.) um die Beantwortung dieser Fragen ist mit der Forderung nach Qualität nicht eine grundsätzlich neue Idee oder Konzeption eingeführt, sondern nur »eine neue Runde« eingeläutet worden – so meine Behauptung, die ich im folgenden für die Arbeit in Mütterzentren näher untersuchen will und hoffentlich plausibel machen kann.

Was ist mit Qualität gemeint? Dazu zuerst ein Blick in ein gängiges Konversationslexikon:

»Qualität: (lat.: Beschaffenheit, Eigenschaft) ... die Beschaffenheit einer Ware oder Dienstleistung nach ihren Unterscheidungsmerkmalen gegenüber anderen Waren oder Dienstleistungen, nach ihren Vorzügen oder Fehlern. ... bringt die Abstufung des Eignungswertes gleichartiger Güter für die Befriedigung bestimmter Bedürfnisse zum Ausdruck und ist insoweit subjektiv bestimmt.« (Brockhaus Enzyklopädie, 19. Aufl, 1992, Bd. 17, S. 663)

Qualität ist also das, was die an Herstellung, Verteilung oder dem Gebrauch einer Ware oder Dienstleistung beteiligten Menschen dafür halten, worauf sie sich zum Nutzen aller Beteiligten verständigen können. Qualität ist jeweils das, was Anbieter und Käufer dafür halten, so läßt es sich vereinfachend formulieren.

Wer aber sind Käufer und Anbieter der Dienstleistungen Sozialer Arbeit? Wie kann zwischen ihnen die Qualität, z. B. der Kinder- und Jugendhilfe, vereinbart werden? Drei unterschiedliche Orientierungen erscheinen möglich. Die Qualität der Kinder- und Jugendhilfe besteht darin,

- den gesetzlichen Auftrag zu erfüllen, d. h. für die Jugendhilfe: Kinder und Familien zu fördern, zu beraten und zu schützen;
- fachlich-methodisch möglichst wenig Fehler zu machen;
- gesellschaftliche Normalität z. B. im Bereich der Versorgung und Erziehung von Kindern sicherzustellen.

Dieser erste Anlauf, die Qualität der Sozialen Arbeit mit und für Kinder und Familien zu definieren, zeigt schnell, wie schwierig ein solcher Versuch ist. An welchen Ergebniserwartungen oder Gütekriterien soll sich die Begriffsbestimmung von »Qualität« orientieren:
- an den Nutzerinnen, Klienten oder Leistungsempfängern und ihren Erwartungen, gute Unterstützung und brauchbare Hilfe zu bekommen (überzeugend dargestellt ist diese Qualitätsdimension bei Heiner 1996),
- an der Profession und ihren fachlichen Standards für gut gemachte Arbeit (vgl. Geißler und Hege 1997 – immer noch ein Standardwerk für Konzepte und Methoden professionellen sozialpädagogischen Handelns) oder
- an den Erwartungen der »Steuerbürger«, die zwischen der Sicherung der öffentlichen Ordnung auf der einen und den Standards einer zivilen Gesellschaft in einem demokratischen und rechtsstaatlichen Gemeinwesen auf der anderen Seite schwanken (siehe hierzu z. B. Tillmann 1988)?

Die Suche nach Kriterien und Verfahren für die Entwicklung und Sicherung von Qualität kann als ein zeitgemäßes »Vehikel« für die ständig neu zu führende Diskussion über die Verteilungsfragen im »modernen Sozialstaat« verstanden werden. Für welche Aufgaben und Leistungen sollen welche Mittel zur Verfügung stehen? Diese Verteilungsfrage kann, kennt man akzeptierte Qualitätskriterien, scheinbar einfach beantwortet werden: für die Leistungen mit der besten Qualität bei gegebenen Kosten oder mit den geringsten Kosten bei festgelegter Qualität.

Die Forderung nach belegbarer Qualität wird damit über die nachgehende Legitimation der Mittelverwendung hinaus zu einem Instrument der vorhergehenden Gestaltung und Lenkung – oder neudeutsch zur »Steuerung« – sozialstaatlicher Leistungen: Durch wen sollen mit welchen Konzepten die für notwendig gehaltenen Angebote und Leistungen erbracht werden, woran soll die richtige Verwendung so rechtzeitig überprüft werden, daß die gewünschten Effekte auch tatsächlich erreicht werden?

Der zeitgemäße Vorteil und zugleich die besondere »Verführung« der Begriffswahl »Qualität« liegt in der scheinbaren »Wertneutralität« des Begriffs. Im Unterschied zu früheren Bewertungsbegriffen, wie »sozialpolitische Errungenschaften«, »gesetzliche Aufgaben« oder »fachliche Standards«, ist »Qualität« ein offener Begriff, der um so besser mit der Bewertung »aufgeladen« werden kann, die für die Beteiligten situativ bedeutsam ist – Qualität ist eben das, was die jeweils Beteiligten dafür halten! Mit dem Rückgriff auf den Begriff »Qualität« ist für Herstellung von Rationalität in unausweichlichen Verteilungsentscheidungen etwas Entscheidendes gewonnen: Es kann sowohl die Zielgenauigkeit der eingesetzten Mittel, im aktuellen Sprachgebrauch Effektivität genannt, als auch deren ökonomische Verwendung, also die Kosten-Nutzen-Relation oder modern die »Effizienz«, thematisiert werden. (Zusammenfassend: Merchel 1998)

Diese bewußte Verbindung von Wirkung und Mittelverbrauch auf der Basis einer letztlich ökonomischen Bewertung von gewolltem Nutzen und entstehenden Kosten ist das eigentlich Neue und Gefährliche für die Felder der Sozialen Arbeit, auch für die Kinder- und Jugendhilfe, und hier konkret die Arbeit in und durch Mütterzentren. Die bewußte Verbindung von Aufwand und Nutzen läßt sich zuspitzen in der Frage: Lohnt der Aufwand, den wir treiben, angesichts der Erfolge, die wir erzielen können?

Diese für sozialpolitische Aufgaben immer bedrohliche Frage nach dem Nutzen ihrer Aufwendungen wird alltäglicher, vor allem scheint sie endlich »objektiv« beantwortet zu werden. So verlockend und entlastend es aber sein kann, endlich auch in der sozialen Arbeit offen über Erfolge und Nutzen sprechen zu können, so schwierig ist diese Debatte. Wir brauchten den Qualitätsdiskurs, um zeitgemäß die (ökonomische) Rationalität des Sozialen herauszuarbeiten und nachvollziehbar zu legitimieren. Aber der Qualitätsdiskurs löst nicht das fundamentale Wertproblem, die Sinnfrage des Sozialen in einer Gesellschaft: Welchen Sinn macht es, daß sich der eine für den anderen interessiert? Ohne daß dieses persönliche und öffentliche Engagement für den anderen über ein wechselseitiges Kosten-Nutzen-Kalkül hinausgeht, ist kein soziales Zusammenleben vorstellbar – so die fundamentale Erfahrung gesellschaftlicher Entwicklungsprozesse, gerade in der jüngsten deutschen Geschichte (dazu exemplarisch: Dörner 1989).

Diese grundsätzlichen Betrachtungen sollte die Basis erläutern, auf der ich im folgenden für die Arbeit in Mütterzentren nach akzeptablen und konkreten Gütekriterien ebenso wie nach möglichen Verfahren für die Entwicklung und Sicherung von »Qualität« suchen will. Dazu will ich zuerst mein Verständnis der Arbeit in Mütterzentren sowie der Institution Mütterzentrum erläutern.

Durch »Laienarbeit« getragene Mütterzentren als Exempel für »selbstproduzierte Sozialleistungen«

Das politische Eingeständnis einer öffentlichen Verantwortung für private Lebensschicksale ist eine der wichtigsten sozialpolitischen Errungenschaften des zwanzigsten Jahrhunderts und in mühevollen Kämpfen sowie um einem hohen Preis erfochten worden. Insbesondere die Herausforderungen der Kriegsgesellschaft in Deutschland während des Ersten Weltkrieges waren Antrieb und Katalysator für eine Entwicklung, die sich seitdem charakterisieren läßt als ein Prozeß
1. von der Nothilfe zum sozialen Leistungsanspruch,
2. von der obrigkeitsstaatlichen Fürsorge zum Bürgerrecht auf soziale Sicherung in Not und Krisen sowie
3. von der Notintervention zur Schaffung einer Infrastruktur erforderlicher Entlastung, Unterstützung und Hilfe.

Eine öffentliche Sozialverantwortung als verbrieftes Recht von Bürgerinnen und Bürgern und als eine Leistung sozialer Infrastruktur, die nicht auf Ordnungspolitik (mit der Funktion der Nothilfe als letztem Ausfallbürgen) reduziert wird, bleibt bis heute Ausdruck der sozialen Kultur einer Gesellschaft, die immer wieder neu erkämpft und verteidigt werden muß. Gerade die Jugendhilfe als eine kommunalpolitische Aufgabe, so wie sie das Kinder- und Jugendhilfegesetz (KJHG) seit 1991 definiert hat, steht in ständiger Auseinandersetzung um die knappen öffentlichen Ressourcen im kommunalen Raum und konkurriert hart mit anderen kommunalpolitischen Aufgaben, Wünschen und Vorstellungen.

Die Ungereimtheiten und Paradoxien dieser Ökonomie öffentlicher Sozialleistungen werden unter den Stichworten »Verwaltungsmodernisierung« und »Neue Steuerungsmodelle« zur Zeit vielfältig und heftig diskutiert. Hauptkritik ist, daß die Wahrnehmung der öffentlichen Aufgaben zu stark geprägt wird durch die Vorgaben verfügbarer Finanzmittel (Haushaltspläne) und zu wenig bezogen ist auf die tatsächlich gewünschte Qualität und den erforderlichen Umfang vereinbarter Leistungen (Zielbezogenheit). Vielmehr sind die öffentliche Aufgabenwahrnehmung und ihre finanzielle Abwicklung durch die Prinzipien der Jährlichkeit, der Ressortbezogenheit und der Beschränkung auf die Ebenen von Land und Gemeinden stark an den Vorstellungen der traditionellen Kameralistik orientiert.

Demgegenüber gibt es (noch) wenig konkrete Ideen, was Wirtschaftlichkeit und Ökonomie für öffentliche Haushalte und die damit finanzierten Aufgaben bedeuten können, wenn nicht zu simpel mit »sparsam und ökonomisch« handeln »wenig Geld ausgeben« gleichgesetzt wird. Es dominieren politische Wert- und Ordnungsvorstellungen, es wird viel über Kosten-Nutzen-Denken gesprochen, aber es gibt keinen erkennbaren rationalen Kern für eine an Kosten-Nutzen-Relationen orientierte Ökonomie kommunaler Aufgaben. Im Unterschied zum Bereich der sogenannten freien Wirtschaft fehlt ein Äquivalent für die klare Gewinn- oder Profitorientierung in diesem Bereich. Was tritt an deren Stelle? Ohne daß diese Frage für das Gemeinwesen beantwortet wird, ist eine schlichte Kürzung sozialer Leistungen, hier der Kinder- und Jugendhilfe, auf keinen Fall wirtschaftlich, bestenfalls billig. Als Ausweg aus dieser Ratlosigkeit wird vielerorts die Reduktion auf zwingend vorgeschriebene Aufgaben gesucht, aber auch dies ist dauerhaft keine Antwort auf die Frage nach dem Sinn sozialer Aufwendungen im Gemeinwesen, und auch diese Antwort ist in den seltensten Fällen wirtschaftlich.

Welche Rolle spielen nun soziale Initiativen jenseits verpflichtend vorgeschriebener Sozialleistungen – wie die Mütterzentren – in diesen Auseinandersetzungen um den Sinn sozialer Aufwendungen in einem Gemeinwesen? Die Geschichte Sozialer Arbeit vor allem im kommunalen Raum ist untrennbar verknüpft mit solchem freiwilligem Engagement, das mehr wollte und mehr leistete, als verpflichtend vorgeschrieben. Andererseits wurden sozialpolitisch Leistungsverpflichtungen erkämpft, die, rechtlich verbindlich abgesichert und bei öffentlichen Institutionen nachprüfbar verankert und zumeist durch eigens für diese Aufgaben qualifizierte Fachkräfte erbracht, den wesentlichen Fortschritt der Sozialpolitik seit der Weimarer Reichsverfassung in Deutschland darstellen.

Die Absicherung sozialer Initiativen, wie z.B. Mütterzentren, ist in diesem sozialpolitischen Prozeß der Institutionalisierung, Verrechtlichung und Professionalisierung häufig von einem Zielkonflikt gekennzeichnet:
- einerseits dem Wunsch, Flexibilität, Offenheit und Lebendigkeit einer Initiative zu erhalten,
- andererseits dem Streben nach der Sicherheit, Verbindlichkeit und Kontinuität einer Institution.

Von der Initiative zur Institution, so läßt sich daher auch die lange Geschichte von Gewinnen und Verlusten privater sozialer Initiativen im modernen Sozialstaat überschreiben; Beispiele hierfür sind die Kinderladenbewegung, die Frauenbewegung oder alternative Projekte im Bereich der Heimerziehung oder der Jugendarbeit. Dieser Prozeß ist häufig gekennzeichnet durch eine Bewegung von den partikularen Interessen einzelner über die Skandalisierung öffentlicher Verpflichtungen und Aufgaben hin zu einer verbindlichen Versorgungsleistung.

Was heißt dies alles nun für Mütterzentren und ihre Entwicklung von Qualitätskriterien für ihre soziale Arbeit im kommunalen Raum? Dazu drei Standortbestimmungen der Mütterzentren »zwischen den Stühlen«:

Mütterzentren zwischen Frauen-, Familien- und Sozialpolitik
Kommunale Jugendpolitik ist immer auch kommunale Familienpolitik, und kommunale Familienpolitik ist immer auch kommunale Frauenpolitik (sie müßte auch »Männerpolitik« sein, wenn es so etwas gäbe). Familien, hier verstanden als Lebensgemeinschaften von Kindern und Erwachsenen, sind gerade im kommunalen Raum auf eine Vielzahl von Infrastruktur- und Vorsorgemaßnahmen angewiesen: z. B. Wohnraum, Versorgungseinrichtungen, Verkehrsangebote, Bildung und Kultur oder Gesundheit und Soziales.

Insgesamt lassen sich öffentliche Leistungen danach ordnen, ob sie Unterstützung, Entlastung und Kompensation oder Ersatz für familiäre Leistungen der Versorgung und Erziehung von Kindern anbieten. Dieses sind vor allem die Funktionen moderner Jugendhilfe. Ersatz für eine grundsätzlich »familienfreundliche« Infrastruktur in einer Kommune aber kann auch diese Jugendhilfe nicht sein. Mütterzentren hingegen können zu einem Element politischer, kultureller und sozialer Infrastruktur für Familien (= Frauen und Kinder) werden, geraten dabei aber in die Spannung,
- einerseits eine traditionelle Rollenaufteilung festzuschreiben, indem weiter die Frauen für die Kinder zuständig sind;
- und andererseits öffentliche Orte für eine selbstbewußte Gestaltung – individuell wie gesellschaftlich – der Mütterrolle anzubieten.

Mütterzentren zwischen Initiative und Institution
Als Initiative von Institutionen (Deutsches Jugendinstitut, Bundesfamilienministerium, SOS-Kinderdorf e.V.) und Selbsthilfegruppen geboren, besteht vor allem in den SOS-Mütterzentren die Spannung zwischen den Vorgaben, Konzepten und Sicherheiten des institutionellen Rahmens auf der einen sowie der Individualität, Spontaneität und Unsicherheit der Akteurinnen vor Ort auf der anderen Seite.

Wie heftig diese Spannung er- und gelebt wird, das ist in jedem Mütterzentrum anders und eigenständig. Aber diese innere Dynamik birgt grundsätzlich erheblichen Sprengstoff:
- individuell als Lust auf Engagement und gleichzeitig Wunsch nach Versorgung;
- institutionell als selbstbestimmter Laieneinsatz, aber zum Teil mit Entlohnung für geleistete Arbeit;
- nach außen als eigenständige Initiative und gleichzeitig mit dem Anspruch, zuverlässig übernommene Versorgungsleistungen für Frauen und Kinder zu gewährleisten.

Diese Spannungsverhältnisse werden nicht selten dadurch verstärkt, daß immer neue Frauen in die Mütterzentren kommen, dort mitarbeiten und mitreden wollen; »Mutter sein« ist für immer mehr Frauen eine »vorübergehende« Lebensphase und bringt damit viel Kommen und Gehen in die Zentren, verlangt Offenheit für immer neue Frauen.

Mütterzentren zwischen Selbsthilfe und sozialer Versorgung
Damit komme ich zum Anfang meiner Überlegungen zurück: Jugendhilfe als Nothilfe oder Jugendhilfe als sozialstaatliche Leistung sind die Pole eines sozialpolitischen Spannungsfeldes, aber keine praktischen Alternativen.

In der Praxis geht es um das Dreieck von Prävention, Krisenintervention sowie laufender Versorgung und Betreuung. Alle drei Funktionen sind in der sozialen Infrastruktur eines Gemeinwesens unverzichtbar. Eine Funktion als Konzept oder gar als Institution zu isolieren führt institutionell wie individuell zu mehr schädlichen Nebenwirkungen als erwünschten positiven Wirkungen:
- Nur Krisennothilfe wird zur Feuerwehr;
- nur Versorgung wird zur unhinterfragten laufenden Betreuung;
- nur Prävention trennt sich ab von den tatsächlichen Erfordernissen und Problemen der Menschen.

Zu einem integrierenden Baustein »öffentlicher Verantwortung für private Lebensschicksale« werden soziale Institutionen erst dann, wenn sie alle drei Funktionen grundsätzlich gleichberechtigt miteinander verbinden können.
Sicherlich muß und kann es Schwerpunktsetzungen geben, aber einseitige »Nothilfe« oder alleinige »Vorbeugung« sind sowohl fachlich schlecht als auch ökonomisch ineffektiv; dies zeigen die kritischen Analysen und erfolgreichen Reformkonzepte für die Psychiatrie ebenso wie für die Heimerziehung deutlich – den intensivsten öffentlichen Eingriffen in private, familiäre Lebensverhältnisse.

Was bedeuten diese Standortbestimmungen »zwischen den Stühlen« für die Qualität der Arbeit in Mütterzentren? Wollen sich Mütterzentren als Bestandteil der sozialen Infrastruktur einer Gemeinde verstehen, so hat dies für ihre Qualitätsvorstellungen weitreichende Folgen: Es geht um die Balance zwischen attraktiver Selbsthilfe und zuverlässiger Krisenhilfe. Gelingt diese Balance, so kann genau darin die besondere Qualität der Arbeit eines Mütterzentrums liegen. Denn kommt eine Frau ins Mütterzentrum, wird sie nicht als »Problemfall« angesehen. Sie ist eine Besucherin, die im Café eine Tasse Kaffee trinken, andere Frauen treffen, Angebote von Gruppenarbeit wahrnehmen oder schlicht die Dienstleistungen des Zentrums nutzen will. Die Besucherinnen sind Frauen, die Gelegenheiten suchen, Gemeinschaft zu finden – und nicht wollen, daß ganz normale und natürliche Wünsche und Vorstellungen sofort als Problemfall charakterisiert werden.

Aber genau diese Chance, einen »normalen« Zugang zu finden, ist die Voraussetzung, sich möglicherweise mit eigenen Belastungen oder zumindest mit Zweifeln und Unsicherheiten mitzuteilen, auch dann, wenn diese noch nicht zu einem großen Problem herangewachsen sind.

Diese besonderen Leistungen, ein offener Zugang, ein unverdächtiges und nicht von vorneherein mit Problemen und Schwierigkeiten identifiziertes offenes Ohr, müssen dauerhaft und zuverlässig bestehen, wenn sie einen Stellenwert haben sollen. Dann darf es nicht zu sehr von Zufällen abhängen, ob gerade die richtige Frau Dienst macht, vom inneren Ablauf her Zeit und Gelegenheit ist oder andere Regelaufgaben der Versorgung oder der Bereitstellung von Dienstleistungen die Mitarbeiterinnen vollständig auslasten.

Wenn das Mütterzentrum in der sozialen Infrastruktur eines Gemeinwesens einen wichtigen und unverzichtbaren Beitrag zu den sozialen Dienstleistungen erbringen will, dann muß dieser Anspruch regelmäßig, zuverlässig und belastbar eingelöst werden, auch in der besonderen Qualität einer durch Laienarbeit getragenen und geprägten Einrichtung.

Mütterzentren können für Frauen in Not, die sonst zum »Klientel« der üblichen sozialen Dienste zählen, eine attraktive Alternative sein, eine »Adresse«, die mehr bietet als nur Problemlösung, sondern auch Zugehörigkeit, Normalität und Erfahrungen darüber ermöglicht, wer man ist, ohne nur durch Problem und Krise gekennzeichnet zu sein; wenn dieses Mehr auch Frauen in Not angeboten werden soll, bedarf es aber auch einer Öffnung, Zuverlässigkeit und Belastbarkeit in Krisensituationen.

Daß dieser Weg häufig eine Gratwanderung ist, kann das Beispiel einer Wohnung, die als Notunterkunft in manchen Zentren eingerichtet wurde, erläutern:

- Frauen spontan und unbürokratisch in Notsituationen einen sicheren Ort zu bieten ist die positive Seite;
- das Mütterzentrum und die dort engagierten Frauen nicht als »Ersatzfrauenhaus« zu überfrachten und zu überlasten ist die andere Seite.

Um bei dieser Gratwanderung nicht vom Weg abzukommen, braucht es einen »Kompaß« für die spezifische Güte dieser wesentlich durch Laien erbrachten Leistungen. Wie sich die erheblichen Belastungen einer Not- und Krisenhilfe mit den Prinzipien der Selbsthilfe und Laienarbeit vereinbaren lassen, wird über den Erfolg oder Mißerfolg und damit über die Qualität der Arbeit der Mütterzentren wesentlich mitentscheiden.

Selbsthilfe und Laienarbeit als sozialer und kultureller Gewinn oder als billige sozialpolitische Ersatzlösung?

Selbsthilfe und Laienarbeit sollen ein Gewinn sein für diejenigen, die sich konkret engagieren. Sind sie aber auch ein Gewinn für das Gemeinwesen, oder sind sie vielmehr Ersatz, möglicherweise sogar ein unzureichender Ersatz, für an anderer Stelle nicht wahrgenommene, weil entweder nicht bezahlbare oder nicht für wichtig gehaltene Angebote und Leistungen der Jugendarbeit, der Kinderbetreuung oder der Unterstützung für Frauen in der Phase der Erziehung kleiner Kinder?

Betrachtet man unter dieser Fragestellung die Mütterzentren, speziell die des SOS-Kinderdorf e.V., so fallen auf den ersten Blick durchaus widersprüchliche Charakterisierungen auf:

- Mütterzentren sind einerseits Orte der Selbsthilfe und der Selbstversorgung, andererseits bewegen sie sich im Schutz einer geregelten Institution. Der SOS-Kinderdorf e.V. ist keine Selbsthilfeinitiative, sondern ein gestandener Träger der Jugendhilfe mit all den Sicherheiten und Regelmäßigkeiten, die ein großer bundesweiter Träger braucht. Diese Mütterzentren sind damit Orte der Selbsthilfe im Schoße einer geregelten Institution. Was bedeutet das für die Entfaltung und Entwicklung des Mütterzentrums?
- Auch die SOS-Mütterzentren sind organisierte Selbstversorgung durch Laienarbeit. Treten sie an die Stelle und sind sie Ersatz beziehungsweise Ergänzung oder sind sie, aufgrund der besonderen ökonomischen Potenz des Trägers SOS-Kinderdorf e.V., sogar die bessere Alternative für staatlich organisierte Dienstleistungen von der Jugendarbeit und den verschiedensten Formen der Kindertagesbetreuung bis hin zu den Dienstleistungen für Kinder und Mütter in schwierigen, krisenhaften, problematischen Lebenssituationen?

Antworten auf diese Fragen will ich mich nähern, indem ich die zentralen Aspekte in einem Dreieck in Beziehung zueinander setze: Eigeninitiative und Selbsthilfe zwischen sozialstaatlichen Leistungsansprüchen und bürgerschaftlichem Engagement.

Eigeninitiative und Selbsthilfe

Eigeninitiative, Selbsthilfe und Laienarbeit sind ein Pol in meinem Kräftedreieck. Hier wird das in eigener Initiative und Verantwortung gestaltet, was Menschen – hier Mütter – für sich brauchen und was über den unmittelbaren Nahraum ihrer Familie hinausgeht: Treffpunkte, Unterstützung, Anregung, Förderung und Entlastung.

Sozialstaatliche Leistungsansprüche

Einen zweiten Pol bilden die oft mühsam genug errungenen sozialstaatlichen Leistungen. Hierzu gehören vor allem die Angebote für Mütter und Kinder, die in den letzten Jahren im Bereich der öffentlichen Jugendhilfe praktisch entwickelt und rechtlich im KJHG abgesichert worden sind – auch wenn solche Angebote in Zeiten knapper Kassen anscheinend schwierig zu finanzieren sind. Aber grundsätzlich muß das Feld der Angebote und Leistungen normierter Rechtsansprüche gesichert sein – sei es der Rechtsanspruch auf einen Kindergartenplatz oder auf verfügbare und hilfreiche Unterstützung insbesondere in Krisen- und Notsituationen, wie z.B. Trennung oder Arbeitslosigkeit.

In diesem Feld sind Eigeninitiative und Selbsthilfe zwar eine wichtige Ergänzung, sie können aber niemals ein Ersatz für unzureichende öffentliche Leistungen sein. Eine Einrichtung, wie z.B. die SOS-Mütterzentren, so schön und leistungsfähig, so offen und attraktiv sie vom Angebot her auch sind, dürfen nicht Ersatz sein für mangelnde finanzielle und fachliche Leistungen, z.B. der sozialen Dienste, Beratungsstellen und anderen professionellen Einrichtungen in einem Gemeinwesen.

Bürgerschaftliches Engagement

Der dritte Pol in meinem Kräftedreieck läßt sich beschreiben als bürgerschaftliches Engagement für andere. Selbsthilfe und Eigeninitiative knüpfen immer an der eigenen Betroffenheit an, an der eigenen Lebenssituation, unmittelbar oder im Umkreis der Familie, im Umkreis von Freunden und Bekannten. Bürgerschaftliches Engagement für andere erwächst aber nicht nur aus eigener Betroffenheit, sondern auch aus dem Bewußtsein, daß ein Gemeinwesen nur dann eine soziale Kultur entfalten kann, wenn nicht jeder nur an sich selber denkt und nur das zum Maßstab seiner Aktivitäten macht, was ihm unmittelbar selber nützt. Bürgerschaftliches Engagement ist damit eine wichtige Quelle und Triebfeder für die soziale Kultur in einem Gemeinwesen.

Wie kann nun im Spannungsfeld dieser drei Aspekte die Qualität der praktischen Arbeit in Mütterzentren verstanden werden? Dazu muß meines Erachtens nach näher bestimmt werden, was Laienarbeit und Selbsthilfeaktivitäten zur spezifischen Qualität der Arbeit der Mütterzentren beitragen können und wie ihre spezifische Qualität entwickelt und gesichert werden kann.

Anforderungen an gute Laienarbeit in Mütterzentren

Laienarbeit, so meine These, ist unverzichtbar und wertvoll, wenn drei ihrer Besonderheiten in sozialen Arbeitsfeldern berücksichtigt werden. Denn die Motivationen, Kräfte und Ressourcen der Menschen, die in einem Mütterzentrum arbeiten, sind besonders: Frauen sind im Mütterzentrum zuerst aus ihrer eigenen Betroffenheit tätig, später auch aus ihrem Engagement für andere heraus, nicht aber weil sie diese Arbeit beruflich tun wollen, dafür bezahlt werden, ihren Lebensunterhalt mit dieser Arbeit verdienen. Auch wenn die Arbeit in Mütterzentren zum Teil entlohnt wird oder dort hauptberufliche Mitarbeiterinnen arbeiten, ist diese Unterscheidung zu professioneller Arbeit bedeutsam für alles Folgende.

Laienarbeit basiert auf eigener Betroffenheit und eigenen Erfahrungen

Laienarbeit aktiviert eigene Betroffenheit und unmittelbare Erfahrung. Die Frauen, die in den verschiedenen Bereichen eines Mütterzentrums arbeiten, bringen ihre Erfahrungen als Mutter ein; sie wissen, wovon sie reden, und haben dadurch unmittelbaren Zugang zu anderen Menschen in ähnlichen Lebenssituationen.

Laienarbeit ist ein Gewinn für die Entwicklung der eigenen Person

Gerade für die Bearbeitung eigener Probleme und Krisen kann Laienarbeit ein Gewinn sein für die Entwicklung der eigenen Persönlichkeit. Sich einzubringen und zu engagieren, zum engeren Kreis der Aktiven zu gehören ist nicht nur eine Form von Beschäftigung, ist nicht nur eine Form der Sorge für sich und die eigenen Kinder, sondern ist auch eine Gelegenheit, die Mutterrolle anders zu gestalten, als es in der Reduktion auf das enge persönliche Umfeld möglich wäre. Die Mitarbeit in einem Mütterzentrum ist eine Gelegenheit, andere Lebensformen zu finden, Ideen und Vorstellungen von der eigenen Gegenwart und Zukunft zu entwickeln und umzusetzen und sich mit den Krisen und Belastungen, die diese Lebensphase prägen, offensiv auseinanderzusetzen. Die eigene Situation aktiv und produktiv gestalten zu können – auch in der Unterstützung für andere etwas für sich zu gewinnen – ist eine wichtige Motivation für Menschen, sich im Rahmen von Laienarbeit in Einrichtungen und Initiativen zu engagieren.

Klärung und Distanz durch Gespräch und Austausch

Fehlt noch die dritte und unverzichtbare Bedingung: Klärung und Distanz durch Gespräch und Austausch. Selbsthilfegruppen brauchen Offenheit und ständige Lernprozesse. Diese werden in Frage gestellt, wenn sich nur eine

Auffassung und Einschätzung z. B. davon durchsetzt, wie frau als Mutter mit Kindern umzugehen hat. Selbsthilfegruppen leben auch von der Offenheit ihrer Strukturen. Wenn Frauen, die hierzu (noch) keine festen Vorstellungen haben, mit festgefügten Meinungen und nicht zu hinterfragenden Gewohnheiten konfrontiert werden, dürften sie eher abgeschreckt als eingeladen werden.

Die Erfahrungen in Initiativen und Selbsthilfegruppen, die sich wesentlich auf Laienarbeit stützen, zeigen, daß für länger Aktive unbedingt Möglichkeiten geschaffen werden müssen, um die eigene Arbeit zu reflektieren. An dieser Stelle sind professionelle Mitarbeiterinnen gefordert.

Professionalität in der Sozialen Arbeit bedeutet unter anderem, von der unmittelbaren Betroffenheit und der eigenen Person absehen zu können, um den anderen in seinen Widersprüchen, in seiner Verstricktheit, in seinen Uneindeutigkeiten wahrnehmen und annehmen zu können. Professionelle Arbeit zeichnet sich auch dadurch aus, daß nicht vorschnell versucht wird, Probleme zu lösen, bevor diese richtig ausgesprochen werden konnten – etwa nach dem Motto »Ich mache es so, versuche du es doch auch so!«

Laienarbeit in einem Mütterzentrum, das den Anspruch hat, für das Gemeinwesen, für Frauen und Kinder Aufgaben zu übernehmen, die über das unmittelbare Sich-selber-Versorgen hinausgehen, braucht also Reflexionsräume, um professionelle Distanz von der eigenen Betroffenheit zu ermöglichen.

Zusammengefaßt: Ohne die erste Bedingung – eigene Betroffenheit und Erfahrung – gibt es keine Legitimation für diese Form einer nicht durch Ausbildung oder öffentlichen Auftrag qualifizierten Tätigkeit, ob sie nun versorgend, beratend oder unterstützend ist. Ohne diese erste Bedingung gibt es auch nicht den besonderen Zugang, der die Qualität dieser Arbeit ausmacht; auf die eigene Betroffenheit und die eigene Erfahrung ist also nicht zu verzichten!

Ohne Berücksichtigung der zweiten Bedingung – Gewinn für die Entwicklung der eigenen Persönlichkeit aus diesem Engagement ziehen zu können – wird Laienarbeit schnell zur Ausbeutung oder Selbstausbeutung. Die Frage ist, wie und in welchem Umfang dieser Eigengewinn in den Mütterzentren seinen Platz bekommt.

Und schließlich droht Laienarbeit ohne die dritte Bedingung – Klärung und Distanz durch Gespräch und Austausch – zu einem dogmatischen Weltverbesserertum zu werden, bei dem die »Dummen« belehrt werden müssen. Das ist ein in Initiativen und Laienverbänden nicht selten anzutreffendes Phänomen. Die Gefahr ist dabei groß, daß stellvertretend, durch andere

Menschen in Not, eigene Probleme und eigene Uneindeutigkeiten gelöst werden sollen.

Über die Notwendigkeit von Reflexionsräumen – wie Qualität entwickelt und gesichert werden kann

Die zweite und die dritte der obengenannten Bedingungen verlangen besondere Aufmerksamkeit. Auf den Träger, den SOS-Kinderdorf e.V., vor allem aber auf die hauptamtlich arbeitenden Frauen kommt in diesem Zusammenhang viel Verantwortung und Arbeit zu. Die Leistungsfähigkeit, die Vielfalt und auch die Belastbarkeit dessen, was in Mütterzentren angeboten wird, ist ja nur deswegen möglich, weil auf viel ehrenamtliches Engagement, auf viel persönliche Erfahrungen zurückgegriffen werden kann. Das ist der positive Aspekt. Dieses Engagement muß aber auch gepflegt werden, dafür müssen sowohl konzeptionell als auch innerhalb der Institution Bedingungen geschaffen werden.

Ich will dies am Beispiel der Telefonseelsorge, die ähnlich strukturiert ist, erläutern. Auch hier sind es Laien, die die Beratung vornehmen und dabei mit einer Vielzahl von Krisen und Problemen anderer Menschen konfrontiert werden. Gleichzeitig ist die Telefonseelsorge ein im Rahmen kirchlicher Institution durch Strukturen gesichertes und mit hauptamtlichem Personal ausgestattetes Arbeitsfeld. Die Aufgabe der Professionellen besteht hier vor allen Dingen darin, die Laienmitarbeiterinnen und -mitarbeiter, auf die unmittelbare Seelsorgearbeit vorzubereiten und mit ihnen danach immer wieder über die Erfahrungen, Eindrücke und die eigenen Bewertungen ihrer Arbeit zu sprechen. Die dritte Bedingung, die ich Klärung und Distanz durch Gespräche und Austausch genannt habe, wird hier in kontinuierlicher, zuverlässiger, auch qualifizierter Weise wahrgenommen.

Es muß, so meine Anregung, für die »Qualitätsentwicklung« auch in den SOS-Mütterzentren sichergestellt sein, daß über die unmittelbare Arbeit hinaus Orte zum Austausch und zum Gespräch, zur Klärung und Entwicklung, auch zur kritischen Auseinandersetzung mit dem eigenen Tun zur Verfügung stehen. Es muß insbesondere Gesprächsorte für die Frauen geben, die in der direkten Arbeit mit den Krisen und Problemen der Besucherinnen konfrontiert werden. Es muß klar sein, wo die Frauen die Probleme und Belastungen lassen können, die sie hören und miterleben. Erst mit einer solchen »Qualitätssicherung« werden Mütterzentren mehr als unverbindliche Treffpunkte, können sie ein fester und anerkannter Bestandteil der sozialen Infrastruktur eines Gemeinwesens werden.

Qualität managen und für Güte streiten – Aufgaben engagierter Laienarbeit im modernen Sozialstaat

Die Mütterzentren des SOS-Kinderdorf e.V. wollen deutlich mehr sein als ein schöner, aber unverbindlicher Treffpunkt für diejenigen, die nur eine Tasse Kaffee mit anderen Müttern trinken wollen. Ein solches Zentrum kann einerseits nicht ohne die Initiative leben, die im wesentlichen aus eigener Betroffenheit herrührt. Andererseits ist die so verstandene Arbeit der Mütterzentren aber dauerhaft kaum überlebensfähig, wenn sie nicht zum selbstverständlichen Bestandteil der Angebote und Leistungen gehört, die es durch gesetzliche Ansprüche für Frauen und Kinder in einer Kommune gibt.

Damit wird es notwendig, daß die Mütterzentren einen abgesicherten Platz in den sozialen Angeboten und Leistungen eines Gemeinwesens bekommen. Es werden wichtige Aufgaben und Verpflichtungen übernommen, die eine Stadt für Kinder und Familien zu leisten hat. Öffentliche Gelder aber sind gebunden an Kontinuität und Zuverlässigkeit. Wenn also öffentliches Geld zur Finanzierung der besonderen Leistungen eines Mütterzentrums verlangt werden soll, dann wird es unausweichlich, sich den eingangs skizzierten Erfordernissen und Eigenheiten der Legitimation öffentlicher Verteilungsentscheidungen zu stellen.

Qualität ist damit nicht ein interner Maßstab für die Güte der eigenen Arbeit – so wie oben erläutert –, sondern wird zum Vehikel der Rechtfertigung für beanspruchte öffentliche Gelder!

Auch hier geht es zuerst um eine Standortbestimmung: Welchen Beitrag zu den sozialen Aufgaben eines Gemeinwesens kann ein Mütterzentrum leisten, ohne die eigene Identität und die besondere Leistungsfähigkeit, gestützt auf Selbsthilfe und Eigeninitiative, aufzugeben? Wann droht auch ein Mütterzentrum erwürgt zu werden vom Klammergriff öffentlicher Finanzierung, die nur bestimmte Arbeiten und Projekte zuläßt?

Die soziale Arbeit von Mütterzentren wird dann attraktiv für die professionelle Sozialarbeit, wenn dieser ein Teil ihrer Arbeit abgenommen, wenn zuverlässige Entlastung geboten wird.

Das Beispiel der Notwohnung sollte zeigen, daß es einerseits wichtig ist, eine zuverlässige und belastbare Unterstützung für Frauen auch in schwierigen Lebenssituationen in die Arbeit der Mütterzentren zu integrieren. Die Betonung liegt dabei auf »Integration«, dies macht die besondere Stärke des Mütterzentrums aus. Wenn auch hier die »Nothilfe« dominiert, wenn die Zentren zum »Sammelbecken« für Problemfälle werden, geht die besondere Qualität verloren. Entscheidend für die Qualität der Arbeit in Mütterzentren ist letztlich, was ein Haus an Eigeninitiative, Selbsthilfe und

Engagement trägt. Auf dieser Gratwanderung die Balance zu finden und zu halten ist die Aufgabe der aktiven Frauen, insbesondere der hauptamtlich tätigen.

Die Gemeinde muß akzeptieren, daß ein Mütterzentrum kein Auftragnehmer wie andere Einrichtungsträger ist. Ein Mütterzentrum kann nicht bedingungslos »in die Pflicht« genommen werden. Bei aller Kontinuität und Zuverlässigkeit muß eine Eigensinnigkeit und Sperrigkeit engagierter Laienarbeit erhalten bleiben.

Auf dieser Basis wird die Entwicklung eines »Qualitätsmanagements« für Mütterzentren zu einem wichtigen und notwendigen strategischen Beitrag, um im Verteilungskampf um sozialstaatliche Ressourcen bestehen zu können. Aber die Reichweite solcher Bemühungen darf nicht überschätzt werden. »Qualität« hat nur einen Adressaten: den zu überzeugenden Kunden. In diesem Sinne »Kunden« sind aber gerade nicht die Frauen und Kinder, die ein Mütterzentrum nutzen, sondern die für die Verteilung öffentlicher Mittel zuständigen Institutionen der Jugend- und Sozialpolitik eines Gemeinwesens. Sind diese zufriedengestellt, ist die gewollte und bezahlbare Qualität erreicht.

»Qualität« ist damit kein objektiver Maßstab für »gute Arbeit«, und nur sehr bedingt ein Maßstab für einen guten Gebrauchsnutzen im Sinne der Frauen und Kinder, die ein Mütterzentrum besuchen und es gestalten. Der Diskurs über die »Güte« der Arbeit ist im Gegensatz zum heute gebräuchlichen Reden über die »Qualität« die bei weitem existentiellere Auseinandersetzung mit dem Sinn der Arbeit, den Ansprüchen, Zielen, Arbeitsformen und Ergebnissen. Die Bewertung aller Beteiligten in ihren unterschiedlichen Rollen (Produzenten, Nutzer, Mitarbeiter, Kunden) ist komplexer als die subjektive Zufriedenheit und das ökonomische Kosten-Nutzen-Kalkül der Qualitätsbeurteilung.

Literatur
Dörner, Klaus: Tödliches Mitleid. Zur Frage des Lebens oder die soziale Frage. Gütersloh, 1989
Geißler, Karlheinz A.; Hege, Marianne: Konzepte sozialpädagogischen Handelns. Weinheim, Basel, 1997
Heiner, Maja: Ziel- und kriterienbezogenes Qualitätsmanagement in der sozialen Arbeit. Vom Katalogisieren der Aktivitäten zur Reflexion von Qualitätskriterien. In: Merchel, Joachim; Schrapper, Christian (Hg.): Neue Steuerung. Tendenzen der Organisationsentwicklung in der Sozialverwaltung. Münster, 1996
Merchel, Joachim (Hg.): Qualität in der Jugendhilfe. Kriterien und Bewertungsmöglichkeiten. Münster, 1998

Sachße, Christoph; Tennstedt, Florian: Geschichte der Armenfürsorge in Deutschland. Bd. 3: Der Wohlfahrtsstaat im Nationalsozialismus. Stuttgart, 1992, insbes. S. 11 ff.

Schooß, Hildegard; Weskamp, Hannelore: Mütterzentren – soziale Dienstleistung zwischen Selbsthilfe und Institution. In: Institut für soziale Arbeit e.V. (Hg.): Familien in Krisen, Kinder in Not. Materialien und Beiträge zum ISA-Kongreß 28.–30.4.1997 in Düsseldorf. Münster, 1997

Schrapper, Christian: Hans Muthesius – Ein deutscher Fürsorgejurist und Sozialpolitiker zwischen Kaiserreich und Bundesrepublik. Münster, 1993, insbes. S. 27 ff.

Tillmann, Berthold: Politische und administrative Erwartungen der Kommunen an die Erfolge der Sozialarbeit. In: Gernert, Wolfgang: Sozialarbeit auf dem Prüfstand. Fachlicher Anspruch – Verwaltungskontrolle. Freiburg, 1988

Norman van Scherpenberg
Gesellschaftliche Finanzierungsmodelle

Mütterzentren: Hilfe für den ganzen Menschen

Die Idee der Mütterzentren ist, auch wenn sie nun schon auf viele Jahre der Praxis zurückblicken kann, immer noch ein neuer Denkansatz zur Lösung sozialer Probleme in unserer Zeit. Bisher ist es in unseren sozialpolitischen Denkansätzen und auch bei den Einrichtungen immer noch die Regel, daß wir Problem für Problem und Aufgabe für Aufgabe sorgfältig definieren und dann professionell lösen. Dies geht natürlich einher mit einer Spezialisierung auf Teilbereiche der sozialen Problematik, die nicht nur die Professionalisierung der Betreuung, sondern im Interesse der Kostenkontrolle auch das permanente Bemühen um Rationalisierung nach sich ziehen. Gerade dieser Trend zur hochprofessionellen und rationellen Spezialisierung führt dazu, daß bei der Zerlegung der sozialen Probleme in Spezialaufgaben – man ist fast geneigt, an die klassische Arbeitszerlegung nach den Ideen von Taylor zu denken – der Blick für Zusammenhänge und Wechselwirkungen verlorengeht. Merkwürdigerweise werden die Leistungen unseres sozialen Systems dabei keineswegs billiger, vielmehr stöhnen Staat und Gesellschaft immer mehr unter den finanziellen Belastungen, die das Sozialsystem verursacht. Das liegt nicht zuletzt daran, daß Einzelleistungen zwar immer rationeller erbracht werden, aber auf der anderen Seite die Professionalisierung und auch die Aufgabenzerlegung zur Lösung komplexer Probleme immer mehr Einzelleistungen erfordern.

Woran liegt das? Nicht nur im Bereich der sozialen Dienste, sondern insgesamt in unserer Wirtschaft neigen wir dazu, die definierte Aufgabe bestmöglich zu erledigen. Daran ist wenig zu kritisieren. Aber vielleicht müssen wir doch auch öfter überprüfen, ob die Definition der Aufgabe immer noch richtig ist oder ob sich vielleicht im Wandel der Zeit auch die Aufgabenstellung gewandelt hat. In den Bereichen unserer Wirtschaft, in denen das Angebot an Produkten und Dienstleistungen durch den Wettbewerb kontrolliert wird, erfolgt diese Kontrolle gewissermaßen automatisch. Innovation führt hier nicht nur dazu, daß das Angebot immer besser und immer perfekter wird, sondern auch dazu, daß völlig neue Angebote entwickelt werden, die ein konkretes Problem sehr viel preiswerter lösen als die traditionellen Wege.

Im Bereich der sozialen Leistungen ist dieser Wettbewerbsmechanismus so nicht wirksam. Und so liegt die Verantwortung dafür, immer wieder zu überprüfen, ob die geforderten Leistungen wirklich die bestmöglichen Problemlösungen sind, vor allem bei denen, die für die Finanzierung der Lei-

Gesellschaftliche Finanzierungsmodelle

stungen verantwortlich sind. Und dies sind nun einmal in erster Linie direkt oder indirekt die Stellen der öffentlichen Hand.

Was hier grundsätzlich dargelegt ist, kann an der Entwicklung von Pflegeleistungen nach Einführung der Pflegeversicherung besonders deutlich gemacht werden. Um die Leistung der Pflegeversicherung vernünftig abrechnen zu können und zu vermeiden, daß die Leistungserbringer ungerechtfertigt etwas abrechnen, was sie tatsächlich nicht geleistet haben, wird die Pflege eines pflegebedürftigen Menschen in konkrete Aufgaben zerlegt – Jobs müßte man das wohl in einer betriebswirtschaftlich-technischen Terminologie nennen –, und für diese Einzelleistungen, wie Waschen, Anziehen, Füttern, Einkaufen, werden exakte zeitliche Vorgaben kalkuliert, die notwendige Zeit bewertet und die Aufgabe entsprechend vergütet. Gewinn erzielt ein Pflegeunternehmen, gleich ob gemeinnützig oder kommerziell, wenn es ihm gelingt, die Aufgaben gut und zur Zufriedenheit des Gepflegten, aber auch rationell und damit schneller als in der Kalkulation berechnet zu erfüllen. Die Fähigkeit hierzu, verbunden mit einem freundlichen Auftreten, ist das Kriterium für die Auswahl der professionellen Pflegemitarbeiter. Dieses Beispiel läßt sich sicher auch auf viele andere traditionelle Berufe im sozialen Bereich übertragen.

Ich habe nicht die Absicht, diese Entwicklung zu kritisieren. Nur wenn wir Effizienz und hohe Arbeitsproduktivität zum Prinzip unserer Leistungsgesellschaft machen, können wir uns als Gesellschaft insgesamt hohe Einkommen und einen entsprechenden Wohlstand leisten. Das gilt eben nicht nur für die Produktion von Maschinen und Autos und sonstigen Gütern des täglichen Bedarfs, es gilt auch für die Vielzahl der Dienstleistungen einschließlich des sehr umfassenden Bereichs der sozialen Dienstleistungen. Aber wir haben dann ein Problem. Wir Menschen brauchen nicht nur effizient erstellte und erbrachte Produkte und Dienstleistungen. Wir brauchen mehr: Ohne menschliche Zuwendung und Freundlichkeit zu erfahren, ist kaum ein Mensch glücklich. Aber auch menschliche Zuwendung und Freundlichkeit anderen zuteil werden zu lassen ist etwas, was sehr viele Menschen zum Glücklichsein und zur Zufriedenheit benötigen. Für den Mitbürger in normalen Lebensumständen ist dies kein wirkliches Problem. Nicht nur im Kreis der Familie und der Freunde, sondern auch im Betrieb und im Arbeitsleben allgemein findet er die Gemeinschaft, in der diese wichtigen zwischenmenschlichen Beziehungen gepflegt und geübt werden. Unvermeidlich muß der einzelne dabei allerdings auch mit ihren Kehrseiten fertig werden, mit Aggressionen, Intrigen, Unfreundlichkeiten, Herzlosigkeit. Auch dies gehört zu den zwischenmenschlichen Beziehungen, und vermutlich sind wir Menschen so angelegt, daß wir auch ohne dies nicht leben können.

Aber es gibt in unserer Gesellschaft eben auch die anderen, die nicht in das normale Leben mit all seinen emotionalen Beziehungen eingebunden sind, die sich nicht in der Lage fühlen oder es auch tatsächlich nicht sind, am normalen Leistungsaustausch dieser Gesellschaft teilzuhaben und zugleich ein Gleichgewicht in emotionalem Geben und Nehmen dabei zu finden. Und hier stößt unsere traditionelle maßnahmenorientierte, professionelle und hocheffiziente soziale Leistungspolitik an ihre Grenzen, Grenzen, die nicht dadurch aufgehoben werden können, daß die Menschen, die hier tätig sind, noch professioneller und noch effizienter arbeiten. Ich möchte das Problem, vor das wir hier gestellt sind, in zweierlei Weise definieren, auch wenn es sich vermutlich um ein und dasselbe Problem handelt.

- Wir müssen zum einen anerkennen, daß Hilfsbedürftige von uns nicht nur gute und professionelle Hilfeleistung brauchen. Sie brauchen auch menschliche Zuwendung, sie brauchen Zeit zum Gespräch, sie brauchen auch Auseinandersetzung und Konflikt. Letztlich brauchen sie etwas, was den professionellen Helfern zu erbringen ganz besonders schwerfällt: Sie brauchen den unvollkommenen, fehlerhaften, nichtprofessionellen Umgang mit ihnen, der Ärger auslöst, Konflikte und Versöhnung. Es entspricht eben nicht der Würde des Menschen, auch nicht des schwachen und hilfsbedürftigen Menschen, wenn er in einer künstlichen, konfliktfreien Welt professionell umsorgt wird und seine Emotionen nicht mehr ausleben kann.

- Viele Menschen finden in unserer modernen Gesellschaft, die von hoher Leistung, hoher Professionalität und Effizienz geprägt ist, keine Chance mehr, sich durch eigene Leistungen Anerkennung zu verschaffen, Herausforderungen zu ihrer eigenen Zufriedenheit zu bewältigen und Aufgaben zu übernehmen und zu erfüllen. Wir sollten in aller Nüchternheit und ohne Anklage die Kehrseite einer erfolgreichen Leistungsgesellschaft sehen, daß nämlich im normalen Prozeß von Leistungsaustausch und Vergütung ein gewisser Teil der Mitbürger nicht mithalten kann, weil ihm die Fähigkeiten dazu fehlen. Dies können intellektuelle Mängel sein, dies können psychische Mängel sein und auch körperliche Einschränkungen der Leistungsfähigkeit.

Wir müssen erkennen, daß wir diese beiden Probleme unserer Gesellschaft wohl nicht wegdiskutieren können, indem wir uns darüber empören, daß unsere Gesellschaft so ist, wie sie ist, und auch nicht dadurch lösen können, daß wir Geld ohne Gegenleistung zahlen und die Einbindung in die menschliche Gesellschaft mit all ihren Emotionen durch die professionelle Fürsorge ersetzen. Dies ist zwar beides sehr viel besser, als gar nichts zu tun, aber nichtsdestoweniger ist es nicht genug, nicht das richtige.

Gesellschaftliche Finanzierungsmodelle

Raum für das Nichtprofessionelle

Ob Krankenhaus oder Kindergarten, ob Psychiatrie oder Jugendhilfe, der Bereich der Sozialen Arbeit wird immer in erster Linie von Professionalität der Leistung geprägt sein. Aber wir brauchen auch etwas darüber hinaus. Wir brauchen Institutionen, die zwar auch in ihrer Leitung und in ihrer Struktur Professionalität gewährleisten, die aber auch der nichtprofessionellen Leistung Raum geben. Dabei geht es nicht um die Einbindung von ehrenamtlichem Engagement in professionelle Institutionen. Es geht vielmehr darum, Einrichtungen zu schaffen, in denen Menschen, die, aus welchen Gründen auch immer, nicht oder auch nur vorübergehend nicht in die »normale« Leistungsgemeinschaft unserer Gesellschaft eingegliedert werden können, dennoch für andere Leistungen erbringen und auch hierfür Leistungen empfangen können.

Im Zusammenhang mit den Problemen, die wir hier erörtern, wird in der Diskussion immer wieder der Begriff des »zweiten Arbeitsmarktes« ins Gespräch gebracht. Schaut man die meisten unter diesem Stichwort empfohlenen Lösungen genauer an, zeigt sich sehr schnell, daß es sich letztlich nicht darum handelt, einen zweiten Arbeitsmarkt einzurichten, sondern im ersten Arbeitsmarkt den Arbeitseinsatz für bestimmte abgrenzbare Tätigkeit zu subventionieren. Der Streit ist dabei unvermeidlich, ob nicht solche Maßnahmen lediglich ein subventionierter Eingriff in den ersten Arbeitsmarkt sind.

Mit den Mütterzentren ist der Typus einer Einrichtung entwickelt worden, die einen wichtigen Lösungsansatz für das hier aufgezeigte Problem darstellt. Wie wohl für jede Institution, die sich in unserer Gesellschaft behaupten soll, ist natürlich auch hier eine professionelle Führung unverzichtbar, gleich ob es sich um bezahlte oder ehrenamtliche Leistungen handelt. Aber in diesem Rahmen ermöglicht das Mütterzentrum eben doch die Entstehung von Leistungsbeziehungen, bei denen an das Geben und Nehmen nicht die strengen Anforderungen der Leistungsgesellschaft »außerhalb« gestellt werden. Menschen, die aufgrund der Einschränkung ihrer Leistungsfähigkeit sonst voll zum Objekt der sozialen Fürsorge würden, aber auch Menschen, die z.B. lediglich aus Altersgründen aus dem Leistungsprozeß ausgeschieden sind, können hier auf vermindertem Anforderungsniveau Leistungen erbringen und Leistungen empfangen. Hier werden weder die sonst übliche Professionalität noch die sonst zur Gewährleistung einer angemessenen Vergütung nötige Effizienz gefordert. Und damit können Menschen in diesen Leistungskreislauf einbezogen werden, die in unserer Gesellschaft sonst draußen vor der Tür stünden. Natürlich sind Mütterzentren in ihrer Zielsetzung und ihrer Organisation nur eine der Möglichkeiten, solche Gemeinschaften zu gestalten, aber die Mütterzentren haben den großen Vorzug, daß wir auf viele Jahre praktischer Erfahrung und Fortentwicklung durch praktisches Lernen blicken können und daraus ein Gefühl dafür entwickeln, was tatsächlich möglich ist.[1] Und es zeigt sich: Möglich ist erstaunlich vieles. Möglich ist ein enges, unproblematisches Zusammenwirken von ehrenamtlicher, nebenberuflicher und professioneller Tätigkeit. Möglich ist die Einbindung von Menschen mit den verschiedensten Leistungseinschränkungen als Helfer und Mitarbeiter in die Arbeit eines solchen Mütterzentrums. Möglich ist das Mitmachen der älteren Generation, derjenigen, die schon aus dem Erwerbsleben ausgeschieden sind in einer Form, die das Leistungerbringen und Leistungempfangen weitgehend ineinander verschwimmen läßt, in einer Gemeinschaft, in der die Menschen einfach unproblematisch füreinander da sind und eben auch füreinander Zeit haben, was ja auch immer gleichzeitig ein Geben und Nehmen ist.

In diesem Zusammenwirken werden von der Gemeinschaft und in der Gemeinschaft viele Leistungen erbracht, von denen wir gewohnt sind, daß sie das Ergebnis gezielter professioneller Arbeit sind und in das Abrechnungsverfahren unserer sozialen Sicherungssysteme als dazu passende Aktivitäten gehören. Ob es sich um die Einarbeitung von schwervermittelbaren Arbeitslosen in neue Aufgaben handelt, um das Lernen, wie man selbständig einen Dienstleistungsbetrieb führt, z. B. Wäscherei, Boutique oder Friseurladen, um die Versorgung der Kinder von Müttern, die einer Tätigkeit nachgehen, und sei es einer Tätigkeit im Mütterzentrum, um die Betreuung von Rentnern und Pensionären und um vieles andere mehr.

Die wichtige Erkenntnis aus der Erfahrung mit den Mütterzentren ist, daß sehr viele der dort erledigten Aufgaben nicht um so besser wahrgenommen werden, je professioneller sie erfüllt werden. Daß das Ganze in einer Gemeinschaft geschieht, die als Gemeinschaft erlebt wird, die Kontakte ermöglicht, die das Gefühl vermittelt, man könne sich aufeinander und auf die Gemeinschaft verlassen, ist oft wichtiger als die Perfektion der einzelnen Leistung. Dies führt letztlich auch dazu, daß in Mütterzentren die erbrachten Leistungen nicht genau definiert und auch nicht genau zugerechnet werden können. Erkennbar ist letztlich nur das Gesamtergebnis. Es sollte darin bestehen, daß die in den Mütterzentren beteiligten Menschen sich dort wohl fühlen, daß ihr subjektiver Bedarf an Hilfe und Unterstützung erfüllt wird und organisatorisch sichergestellt ist, daß der äußere Rahmen geordnet bleibt und den Hilfsbedürftigen auch objektiv gesehen im erforderlichen Maße geholfen wird.

Die gesamtwirtschaftliche Sicht

Volkswirtschaftlich ist das Mütterzentrum sicher weniger mit einem Betrieb zu vergleichen, der definierte Leistungen erbringt und verkauft und damit in die Gesamtwirtschaft eingebunden ist, als vielmehr mit einer besonderen Form einer Gemeinde. Das Mütterzentrum ist zu definieren als der Ort, an dem viele Menschen Leistungen miteinander austauschen, ohne dabei die Außenwelt jeweils als Anbieter und Nachfrager direkt mit einzubeziehen, auch wenn sie nicht gezielt ausgeschlossen wird. Aber natürlich ist das Mütterzentrum keine isolierte Welt für sich. Und es ist auch in keiner Weise eine Einrichtung, in der die gegenseitige Leistung von in ihrer Leistungsfähigkeit geminderten Bürgern dazu führen könnte, daß sich diese Gemeinschaft wirtschaftlich selbst erhält. Denn die Ansprüche an eine angemessene Lebensführung sind natürlich die, die unserer Gesellschaft insgesamt entsprechen. Es gibt keinen Anlaß, sie gegenüber denen, die andere soziale Einrichtungen erfüllen, zu reduzieren. Anders ist nur die Art, wie diese Ansprüche erfüllt werden. Das heißt mit anderen Worten, wer in dieser Gesellschaft Sozialleistungen braucht, um seinen Lebensunterhalt zu gewährleisten, der wird diese Leistungen auch als Mitglied im Mütterzentrum brauchen. Und so wie andere Institutionen, die der sozialen Fürsorge dienen, Leitungs- und Verwaltungskosten haben, die getragen werden müssen, hat auch ein Mütterzentrum solche Kosten. Man kann nicht erwarten, daß sie von den Beteiligten selbst getragen werden, denn zumindest bei der Mehrheit von ihnen ist hier ihre geringere wirtschaftliche Leistungsfähigkeit ja der Grund dafür, daß sie sich dem Mütterzentrum angeschlossen haben. Und deshalb wird es auch nicht möglich sein, daß aus den eigenen Leistungen der Mitglieder und Mitarbeiter im Mütterzentrum die externen Gebäudekosten und Sachkosten erbracht werden.

Auch wenn also in einem Mütterzentrum durchaus die Chancen bestehen, daß die Beteiligten Leistungen erbringen, die in anderen Einrichtungen von professionellen Kräften mit der entsprechenden Vergütung für professionelle Kräfte erbracht werden, bleibt ein Mütterzentrum doch eine Einrichtung, die in ihrer Existenz auf die Finanzierung durch die Träger der Sozialleistungen angewiesen ist. Dies verlangt dem Mütterzentrum den Nachweis ab, daß es seine Leistungen entweder kostengünstiger oder qualitativ besser, zumindest aber ebenso gut erbringt wie andere vergleichbare Einrichtungen.

Überlegungen zur Finanzierungsstruktur von Mütterzentren

Die Skizzierung einer soliden Finanzierungsstruktur von Mütterzentren sollte davon ausgehen, daß es sich hierbei nicht nur um Nischeneinrichtungen im System der sozialen Fürsorge und sozialen Leistungen handelt. Sehr viel wahrscheinlicher ist, daß die Mütterzentren am Beginn einer Neuausrichtung sozialer Angebote stehen, die unter veränderten Verhältnissen in den kommenden Jahren und Jahrzehnten erforderlich wird. Und so geht es bei den folgenden Überlegungen nicht darum, hier und da eine Ausnahme von den althergebrachten Regeln der Finanzierung von sozialen Einrichtungen zu machen, um auch diesen neuen Typus von sozialer Einrichtung ins hergebrachte System einzupassen. Es geht vielmehr darum, die klassischen Finanzierungsstrukturen so zu öffnen, daß sich diese neue Art von Einrichtungen in ihnen dynamisch entwickeln kann. Dies beginnt bereits bei der Finanzierung der Investitionen.

Investitionen

Diese neue Form von sozialen Einrichtungen lebt davon, daß »förderungswürdige« zusammen mit kommerziellen Zwecken, unter einem Dach integriert beziehungsweise in einem baulichen Ensemble zusammengefaßt werden sollen – wie hier das Mütterzentrum mit einem normalen Wohnhaus z. B. für ältere Menschen. Und auch bei den sozialen Zwecken sollen hier unter einem Dach Aufgaben wahrgenommen werden, die in unserem System auf sehr unterschiedliche Kostenträger entfallen. Das klassische Modell des Investitionszuschusses aus zweckbestimmten Fördertöpfen mag zwar im konkreten Fall noch realisierbar sein, ist aber nicht zukunftsweisend. Denn es behindert auf jeden Fall die für eine solche Einrichtung notwendige Flexibilität in der künftigen Nutzung der Gebäude im Zuge der Verschiebung von Aufgaben innerhalb des breiten Spektrums, für das die Mütterzentren stehen. Es spricht manches dafür, von der Zuschußfinanzierung abzugehen und auf eine kommerzielle Finanzierung der Investitionen, insbesondere der baulichen Investitionen überzugehen. Dies erfordert aber, um nicht beim Kreditgeber zu hohe Risikokosten auszulösen, die Absicherung durch eine Bürgschaft der öffentlichen Hand, und es bedeutet, daß soziale Leistungszuwendungen für eine solche Einrichtung sich künftig nicht nur an den laufenden Kosten, sondern an den Gesamtkosten einschließlich des Kapitaldienstes orientieren müssen.

Ein großer Vorteil einer solchen Finanzierung wäre auch, daß sich der Bauherr nicht mehr an einer Vielzahl von Förderstandards orientieren muß, die für Gebäude mit einer sehr beschränkten Verwendung entwickelt worden sind, aber die Vielfachnutzung von Einrichtungen wie den Mütterzentren eher behindern.

Maßnahmen- und Einzelleistungsfinanzierung

Zu diesem neuen Typ von sozialer Einrichtung paßt auch nicht mehr die klassische Maßnahmenfinanzierung, insbesondere wenn sie sich an der Erstattung von Selbstkosten orientiert. Denn der Charme und die besondere soziale Zielsetzung bestehen ja gerade darin, daß die Maßnahmen nicht mehr genau definierbar sind und schon gar nicht die konkreten Selbstkosten der Institution getrennt nach den einzelnen Maßnahmen erfaßt werden.

Schließlich ist es gerade der Sinn der Einrichtung, daß die Aufgabenwahrnehmung vermischt wird und innerhalb der Einrichtung ein nicht kalkulierter und abgerechneter Leistungsaustausch stattfindet. Es ist eben Teil des Konzeptes, daß die Kinder aus dem Kinderhort die Animateurin in der Altentagesstätte ersetzen und die Alten zugleich die Aufsicht im Kinderhort entlasten. Kosten entstehen hier nicht direkt, sondern in Form der besonderen Leitungs- und Betriebskosten der Gesamteinrichtung, und die sind der einzelnen Maßnahme oder Leistung nicht zurechenbar.

Ein ähnliches Problem ergibt sich auch im Bereich der traditionell der Einzelabrechnung unterliegenden Aufgaben. Es ist durchaus denkbar, daß in den Mütterzentren z.B. pensionierte Ärztinnen oder Ärzte wohnen, die im Rahmen ihrer Mitwirkung an der Gesamtaufgabe unentgeltlich einen wesentlichen Teil der ambulanten ärztlichen Grundversorgung der Mitglieder des Mütterzentrums übernehmen und die Patienten nur in Fällen schwierigerer Behandlung und Diagnose an niedergelassene Ärzte oder Krankenhäuser weiterleiten. Denkbar ist auch, daß viele Pflegeleistungen, deren Abrechnung im Rahmen der Pflegeversicherung möglich wäre, in unentgeltlicher Nachbarschaftshilfe innerhalb des Mütterzentrums erbracht werden. Da diese Leistungen nicht vergütet werden, sind sie auch kaum abrechenbar. Aber darüber hinaus würde auch eine Einzelabrechnung dem Geist der Einrichtung widersprechen, der ja gerade von der gegenseitigen Hilfe und Leistungserbringung geprägt ist.

Der Abrechnungsvorschlag: Pauschalierung

Bei dieser Sachlage empfiehlt es sich, die traditionelle maßnahmen- und einzelleistungsabhängige Finanzierung zu ersetzen beziehungsweise zu ergänzen durch Pauschalzahlungen der verschiedenen Leistungsträger an das Mütterzentrum oder die entsprechende soziale Einrichtung dieses neuen Typs.

So könnte z.B. als pauschaler Ausgleich für die unentgeltliche ärztliche Betreuung ein nach dem Alter der davon erfaßten Mitglieder des Mütterzentrums gestaffelter Betrag von den Krankenkassen oder Krankenversicherungen als Abgeltung gezahlt werden. Der Betrag könnte für einen Zeitraum von ein oder mehreren Jahren unabhängig von der individuellen

Inanspruchnahme festgelegt werden. Entsprechende Regelungen wären auch für die Pflegeversicherung denkbar, wobei auch hier Empfänger der Pauschalzahlungen das Mütterzentrum wäre, das dem Leistungsträger gegenüber die Erbringung angemessener Leistungen garantiert.

Die Beispiele lassen sich fortsetzen. So ist es denkbar, daß die Arbeitslosenversicherung einen Dauerzuschuß zur Betreuung und Beschäftigung von vermindert leistungsfähigen Mitarbeitern gewährleistet. Die gesetzliche Rentenversicherung könnte für Mitglieder, die nach den strengen Kriterien des offiziellen Arbeitsmarktes erwerbsunfähig sind, einen Zuschuß an das Mütterzentrum leisten, wenn dieses die Betreuung und vergütete Beschäftigung der Betroffenen übernimmt. Denkbar sind auch Pauschalzahlungen von Wohngeld und Sozialhilfe in vermindertem Umfang an die Institution, wenn sie Beherbergung, Versorgung, die Zahlung von Taschengeld gegebenenfalls übernimmt und auch Beschäftigungen innerhalb der Einrichtung möglich macht.

Sinnvoll sind solche von der Regel abweichenden Finanzierungen nur, wenn sie auf der Seite der Kostenträger per Saldo zu niedrigeren Kosten führen und auf der Seite der empfangenden Institutionen Gewähr bieten, daß die Zahlungen nicht mißbraucht werden. Dabei darf die Mißbrauchskontrolle allerdings nicht dazu führen, daß die Gestaltungsfreiheit bei der Art der Betreuung einschließlich der Möglichkeit einer Beschäftigung innerhalb der Einrichtung in Frage gestellt wird. Und anders als bei einem in den Markt integrierten Arbeitgeber muß diese Beschäftigung möglich sein, ohne daß permanent eine betriebswirtschaftliche Grenznutzenbetrachtung dieser Tätigkeit für die Institution angestellt wird. Denn letztlich ist diese Beschäftigung selbst, auch und gerade wenn sie auf einer vereinbarten Pflicht zur Arbeitsleistung beruht, für die in der Einrichtung betreuten Menschen von Nutzen und Gewinn, weil sie das Selbstwertgefühl wieder hebt.

Auditing und Zertifizierung statt Einzelkontrolle

Eine solche Finanzierungsstruktur erfordert mehr Vertrauen in die Träger der Einrichtung als das übliche maßnahmengesteuerte System, denn Einzelleistungen und Einzelmaßnahmen sind hierbei weder im vorhinein noch hinterher ausreichend kontrollierbar. Ein solches Vertrauen braucht eine solide Grundlage. Es kann im Einzelfall auf das Vertrauen in die persönliche Integrität und Qualifikation des Leitungspersonals aufbauen – ein System der Finanzierung läßt sich darauf allein sicher nicht gründen, wenn sich die Leistungsträger nicht dem Vorwurf der Fahrlässigkeit aussetzen wollen. Aber auch bei diesem Problem kann man auf bewährte neuere Entwicklungen zurückgreifen.

Heute tritt in vielen Bereichen von Produktion und Dienstleistungen an Stelle der stichprobengesteuerten Ergebniskontrolle die Prüfung, ob die organisatorischen Abläufe geeignet sind, die gestellte Aufgabe in der vorgesehenen Qualität und Quantität zu erfüllen. Die entsprechenden ISO-Normen (etwa ISO 9000) gehören dazu, ebenso wie das Umweltauditing, das der Bundesgesetzgeber als (freiwillige) Organisationskontrolle der umweltrelevanten Aktivitäten von Unternehmen eingeführt hat. Die Auditierung der sozialen Einrichtungen neuen Typs gäbe den für die Finanzierungsbeiträge Verantwortlichen eine grundsätzliche Sicherheit, daß die vereinbarten Ziele in dieser Organisation in der Regel erreicht werden können, daß dies bei einem angemessenen Verhältnis von Aufwand und Ertrag erfolgt und daß keine Überfinanzierung der Einrichtung vorliegt.

Die Auditierung würde zugleich dazu dienen, daß Erfahrungen aus der Organisation sozialer Einrichtungen dieses neuen Typs zum allgemeinen Wissen in der Gesellschaft werden, weil sie von den Auditierungsinstituten in die allgemeinen Standards und Anforderungen aufgenommen werden können. Das würde gleichzeitig das Vertrauen in die Funktionsfähigkeit solcher Einrichtungen erhöhen und damit ihrer Verbreitung dienen.

Schlußbemerkung

Sehr wahrscheinlich stehen wir mit der Institution »Mütterzentrum« heute am Anfang einer Entwicklung, die irgendwann in den kommenden Jahren eine erhebliche Dynamik entfalten wird. Was heute für Mütterzentren entwickelt worden ist, kann dann sozialen Einrichtungen mit noch viel breiterer Zielsetzung als Maßstab, Organisationsprinzip und auch Finanzierungsgrundlage dienen. Es spricht alles dafür, daß diese Entwicklung nicht nur zu nennenswerten Kostensenkungen im Bereich der sozialen Fürsorge und Unterstützung führen wird, sie wird auch zu einer erheblich höheren Lebensqualität für die betroffenen Menschen beitragen. Und sie kann auch dazu führen, daß tatkräftige Menschen, die aus dem Erwerbsleben ausgeschieden sind, noch Aufgaben außerhalb der marktgesteuerten Wirtschaft übernehmen und damit das Leistungsvolumen in einem kritischen Bereich unserer Gesellschaft erhöhen.

Aber am Anfang dieser Entwicklung wissen wir natürlich noch nicht, welche Strukturen sich herausbilden, welche Alternativen sich als besonders erfolgreich und entwicklungsfähig erweisen werden. Deswegen ist es wichtig, daß wir von den Finanzierungsstrukturen her die Entwicklung nicht einengen, sondern die verschiedenen Möglichkeiten offenhalten, allerdings die erwiesenermaßen ungeeigneten und nicht zukunftsfähigen dann auch von der weiteren Finanzierung ausschließen.

Dieser Beitrag soll die Diskussion über solche neuen Ansätze in der Finanzierung verstärkt anregen, er erhebt nicht den Anspruch, im Detail exakte und funktionsfähige Regelungen vorzuschlagen, wohl aber Denkrichtungen aufzuzeigen, die voraussichtlich zu einer brauchbaren Lösung des Problems führen.

Anmerkung

(1) Der Verfasser hat sich in seinem Buch: Wie Deutschland die Zukunft gewann – Eine finanzpolitische Vision (Berlin 1996), mit solchen Alternativen unter dem Begriff »Ländliche Lebensgemeinschaften« ausführlich auseinandergesetzt.

Gerd Mutz
Mütterzentren und die neue Arbeitsgesellschaft

Was haben Mütterzentren mit der Zukunft der Arbeit zu tun – oder gar mit einer neuen Arbeitsgesellschaft? Zunächst gar nichts. Der Zusammenhang erschließt sich erst auf den zweiten Blick, denn bei genauerer Betrachtung wird deutlich, daß in der »Sozialform« Mütterzentrum das zusammengefügt ist, was die gesellschaftliche Entwicklung der vergangenen zweihundert Jahre getrennt hat: den öffentlichen Bereich von der privaten Sphäre, die Erwerbsarbeit von anderen Tätigkeitsformen und das Expertentum von den Laienkenntnissen. Mütterzentren sind zwar der »alten«, industriell geprägten Arbeitsgesellschaft entsprungen, ihre Strukturen deuten jedoch auf Konturen einer neuen Arbeitsgesellschaft hin.

Die alte, industriell geprägte Arbeitsgesellschaft war eine geordnete, segmentierte und geregelte Gesellschaft. Heute spricht vieles dafür, daß diese Organisationsform ihre überragende Funktionsfähigkeit eingebüßt hat. Technische, gesellschaftliche und politische Veränderungen haben Transformationspotentiale freigesetzt, die zu einer Tätigkeitsgesellschaft oder allgemeiner: in Richtung einer neuen Arbeitsgesellschaft führen können. Das Paradigma der alten Arbeitsgesellschaft lautete *Regulierung*, das der neuen Arbeitsgesellschaft *Gestaltung* – Selbstorganisation und Kooperation sind dabei die tragenden Gestaltungsprinzipien. Mütterzentren arbeiten nach diesen Prinzipien. Um den Innovationsgehalt und die gesellschaftliche Bedeutung der »Sozialform« Mütterzentrum im Wandel der Arbeitsgesellschaft zu verstehen, müssen wir uns kurz der historischen Debatte um die »Zukunft der Arbeit« widmen.

I.

In unseren modernen Arbeitsgesellschaften haben sich Arbeits- und Lebensgemeinschaften *sozial-räumlich* auseinanderentwickelt. Außerhalb der Familien und Haushalte hat sich seit dem späten Mittelalter – zunächst nur in wenigen kleinen Werkstätten – eine Form der Arbeit etabliert, die ausschließlich dem Gelderwerb dient: die Erwerbsarbeit. Sie ist schließlich durch das Aufkommen des industriellen Fabriksystems zur wichtigsten Art der Arbeit geworden. Seitdem hat der Anteil der *selbständigen* Erwerbsarbeit stetig abgenommen – zugunsten der *abhängigen* Erwerbsarbeit, die nun für die meisten Menschen die ausschließliche Grundlage der Existenzsicherung geworden ist.

Von der Öffentlichkeit getrennt durchgeführt werden – nach wie vor –

Arbeiten in der Privatsphäre der Haushalte und Familien, also Arbeiten, die zwar sinnvoll sind, aber nicht unmittelbar dem Gelderwerb dienen. Diese unbezahlten Arbeiten umfassen heute in Deutschland und in anderen westlichen Ländern immerhin mehr als fünfzig Prozent aller Tätigkeiten. Dieser »übriggebliebene« Privatbereich der Nichterwerbstätigkeit ist also zahlenmäßig nicht zu unterschätzen.

In den industriell geprägten Arbeitsgesellschaften wird offensichtlich an zwei unterschiedlichen Orten gearbeitet. Und bis vor wenigen Jahrzehnten galt es als sicher, daß mit der wachsenden Bedeutung bezahlter Erwerbsarbeit Tätigkeiten aus der Privatsphäre zunehmend in Erwerbsarbeit transformiert werden. Diese Entwicklung ermöglichte ein ständig steigendes Volumen der Erwerbsarbeit (geleistete Arbeitsstunden pro Zeiteinheit), und eine zunehmende Anzahl von Menschen hatte die Möglichkeit, einer bezahlten Beschäftigung nachzugehen. Erwerbsarbeit wirkte wie ein Sog, weil sie Arbeiten scheinbar produktiver und zugleich sinnvoller machte.

Arbeit ist gebunden an *Zeitkulturen*. Die Frage, wie in einer Gesellschaft gearbeitet wird, hängt damit zusammen, wie Menschen ihre Zeit verbringen; präziser: wie sie Zeit angesichts einer endlichen Lebensspanne organisieren und welche Bedeutung sie darin der Arbeit beimessen. Arbeit ist in diesem allgemeinen Sinne zunächst einmal ein bestimmter Teil »verbrachter Lebenszeit«.

Die moderne Arbeitsgesellschaft (westlicher Prägung) hat das biologische und naturgebundene Zeitverständnis in den Hintergrund gedrängt. Mit der Auseinanderentwicklung von »Arbeiten und Leben« sind neue Zeitrhythmen entstanden, die sich an den Erfordernissen der Erwerbsarbeit ausrichten. Sie strukturieren den Tag, die Wochen und die Lebensjahre, und sie sind nicht weniger starr als das biologische und naturgebundene Zeitregime. Kennzeichnend für das Zeitverständnis in modernen Arbeitsgesellschaften ist ein gegensätzliches Verhältnis zwischen Erwerbs- und Familienzeit. Dies entspricht der Raumaufteilung zwischen öffentlicher und privater Sphäre. Die relative Eigenständigkeit der Erwerbssphäre und -zeit konnte sich nur deshalb durchsetzen, weil sich (überwiegend) Frauen auf die Familienzeit beschränkten und in der privaten Sphäre das Haus »bestellten«. Alle anderen Zeitsegmente sind von der Erwerbsarbeit »abhängig«: Bildungszeiten gelten als Vorbereitung oder Ergänzung zur Erwerbsarbeit und damit als arbeitsfreie Lebenszeit; Freizeit bedeutet in erster Linie Abwesenheit von der Erwerbsarbeit.

II.

Mit der Absonderung der Erwerbssphäre und der Erwerbszeit von anderen Raum- und Zeitsegmenten haben sich zugleich unterschiedliche Bewertungen gesellschaftlichen Arbeitens durchgesetzt. Selbständige wie abhängige Erwerbsarbeit sind zur einzigen Einkommens- und Wertschöpfungsquelle geworden. Sie allein gelten als produktiv und nützlich – eben weil die Menschen glauben, daß *nur* Erwerbsarbeit individuellen und gesellschaftlichen Reichtum begründen darf und kann. Andere Tätigkeiten jenseits der Erwerbsarbeit, wie die Arbeit von Müttern in der privaten Sphäre des Hauses und in den Familien, gelten weiterhin nicht als einkommens- und wertschöpfungsrelevant. Sie werden zwar in einer *ideellen* Form sozial anerkannt, aber die bezahlte Erwerbsarbeit erscheint vielen Menschen als höherwertig.

Entsprechendes gilt für das Laien- und Expertentum. Seit es Berufe gibt, haben sich Qualifikationen und Kenntnisse professionalisiert: Erwerbsarbeitende gelten in der Regel als Experten für den Bereich ihres Tätigkeitsfeldes; insofern sie über einen Berufsabschluß verfügen, sind sie zugleich Professionelle. Tätigkeiten jenseits der Erwerbsarbeit werden als Laienarbeiten bezeichnet, auch wenn sie mit hoher Kompetenz durchgeführt werden. Dies hat zu einer paradoxen – aber zugleich rational nachvollziehbaren – Situation geführt: Wenn Erziehungsarbeit als Erwerbsarbeit beispielsweise von Erzieherinnen durchgeführt wird, dann wird dies als Expertinnenarbeit von Professionellen eingestuft; wenn dieselben Personen in der privaten Sphäre ihrer Familien und des Haushalts arbeiten, dann gilt dies als Laienarbeit. Und es wird nicht als professionelles Handeln eingestuft – dieser Sachverhalt wird weiter unten am Beispiel der Arbeit von Frauen im Mütterzentrum problematisiert werden.

III.

Den alten Arbeitsgesellschaften ist es bislang gelungen, nahezu alle Menschen mit Erwerbsarbeit zu versorgen und in das wohlfahrtsstaatliche Sozialsystem einzubinden. Die meisten Menschen fühlten sich als Teil dieser Gesellschaft, weil sie materiell versorgt waren, soziale Anerkennung fanden und über ihre Erwerbsarbeit einen Beitrag zur wirtschaftlichen Entwicklung leisten konnten. Heute spricht vieles dafür, daß die alte Arbeitsgesellschaft erodiert, weil ihre Basis, die Erwerbsarbeit, immer schmaler wird. Es gibt genug Arbeit, aber es gelingt immer weniger, diese in bezahlte Erwerbsarbeit zu transformieren. Arbeitslosigkeit verunsichert die Menschen oder drängt sie gar an den Rand der Gesellschaft. In den meisten sozialwissenschaftlichen Debatten wird ein weiterer Rückgang der Nachfrage nach

Arbeitskräften und ein gleichzeitiger Anstieg des Arbeitskräfteangebots vorausgesagt. Die Schere zwischen Arbeitskräftenachfrage und -angebot wird sich also weiter öffnen. Die Zeit der Vollbeschäftigung während der späten Nachkriegszeit war nur von kurzer Dauer und eine Ausnahmephase. Wenn diese Bedenken berechtigt sind, dann wurden die bisherigen Debatten um die »Krise der Arbeitsgesellschaft« entweder zu eng oder zu weit geführt. Diese »Krise« ist weder eine vorübergehende Erscheinung, noch markiert sie das Ende der Arbeitsgesellschaft oder einen Abschied von der Arbeit. Vielmehr handelt es sich um einen komplexen Entwicklungsprozeß, der die bislang dominierenden Formen der Organisation gesellschaftlicher Arbeit mit ihren starren Raum- und Zeitmustern in Frage stellt.

Die Trennung des Raums in eine individuelle und gesellschaftliche beziehungsweise private und öffentliche Sphäre, in denen jeweils unterschiedliche Wertvorstellungen von Arbeit gelten, scheint jedoch seit etwa zwanzig Jahren zunehmend aufzubrechen. Die stetige Transformation von privat organisierten Arbeiten in Erwerbsarbeit setzt sich nicht einfach fort. Einerseits ist dies den hohen Steuer- und Sozialversicherungsabgaben geschuldet, die Privatpersonen und Unternehmen nicht mehr tragen wollen oder können. Die (individuellen und gesellschaftlichen) Vorteile der steuerlichen und sozialrechtlichen Rahmung der Erwerbsarbeit scheinen diese Abgaben nicht mehr zu rechtfertigen. Es entstehen Arbeitsformen in der Grauzone zwischen Privat und Markt (sowie Staat): Privatarbeiten von Nichterwerbstätigen, die damit ein (Zusatz-)Einkommen erzielen, sich Qualifikationen aneignen und ein soziales Netzwerk aufbauen (oder aufrechterhalten). Wie wir aus Untersuchungen wissen, sind in dieser Grauzone nicht nur die typischen Schwarzarbeiter vertreten, sondern vorwiegend Frauen, oft alleinerziehende Mütter, für die Einkommen, Qualifikation und Kontakte außerhalb der eigenen vier Wände notwendig und sinnvoll sind.

Andererseits sind durch neue Informations- und Kommunikationstechnologien zunehmend Möglichkeiten entstanden, abhängige oder selbständige Erwerbsarbeiten außerhalb von Fabriken und Büros durchzuführen. Dies hat häufig den Vorteil, daß betriebliche Erfordernisse und individuelle Wünsche der Menschen besser aufeinander abgestimmt werden können. Zu nennen sind hier alle digital unterstützten Dienstleistungen, die im privaten Umfeld des Haushalts erbracht werden können, oder die »Einpersonen-Mikrounternehmen«, die sich aus den Abhängigkeitsstrukturen der Erwerbsarbeit herauslösen wollen oder durch »Outsourcing« herausgelöst werden.

Es gibt bereits eine relativ große und unübersichtliche Grauzone nicht eindeutiger Arbeitsformen, von der wir nicht genau wissen, welche quantitative und qualitative Bedeutung sie in Zukunft annehmen werden. Wenn

Arbeit aber ihren bislang »festen Ort« verliert, weil sich die Erwerbsarbeit räumlich entgrenzt, dann ist auch der umgekehrte Prozeß denkbar und *notwendig*: Arbeiten können aus der Unsichtbarkeit der privaten Sphäre der Familien und Haushalte herausgelöst werden und in einem öffentlichen Raum stattfinden. Mütterzentren sind solche öffentlichen, weil jeder Person zugänglichen Räume, in denen Arbeiten stattfinden können, die bislang verborgen waren und die (hauptsächlich) Frauen isoliert voneinander durchgeführt haben. Mütterzentren sind in einem weiteren Sinne *Bürgerhäuser* für Frauen, die nach je individuell verschiedenen persönlichen Vorstellungen – aber gemeinsam – genutzt werden können. Mit einem solchen öffentlichen Haus ist zugleich der Zugang zu einer Gemeinschaft geschaffen, in der nicht alle Frauen in der gleichen Situation sein müssen, in der sie aber eine gleiche Absicht verbindet: gemeinsam und für sich tätig sein, kommunizieren, schweigen, sich freuen, streiten, gesellig sein usw. Am Beispiel der Mütterzentren wird deutlich, daß Gestaltung in Form von Selbstorganisation *und* Kooperation in einem solchen öffentlichen Raum möglich *und* praktikabel ist.

IV.

Heute spricht vieles dafür, daß in den westlichen Erwerbsgesellschaften zumindest ein Teil der Menschen aus der engen Zeitordnung ausbrechen möchte: Die Menschen wollen neben ihrer zunehmend instabilen Beschäftigung aktiv sein und mehr Zeit für Familie, Freunde, Eigenarbeit und bürgerschaftliches Engagement haben – die Zeitverwendungsformen sind vielfältiger geworden. Aus dieser Perspektive ist nicht Arbeit die knappe Ressource in unserem Leben, sondern Zeit – weil wir nur über eine beschränkte Lebens-Zeit verfügen.

Die vertraute industrielle Werteordnung der Zeitverwendung verliert ihre Verbindlichkeit, weil die Lebenszeit immer weniger von der Erwerbsarbeit geprägt sein wird. Die unterschiedlichen Zeitsegmente – Erwerbs-Zeit, Bildungs-Zeit, Familien-Zeit, Bürger-Zeit, Eigen-Zeit – können sich häufiger überlagern. Die Erwerbszeit kann beispielsweise mehrfach von einer über den gesamten Lebensverlauf bedeutsamen Bildungszeit unterbrochen werden. Frauen und Männer können sich gleichberechtigt oder auch gemeinsam mehr Zeit für die Familienphase nehmen, und die Sozialzeit, beziehungsweise präziser ausgedrückt die Bürgerzeit kann zukünftig eine wichtigere Rolle spielen. Menschen haben heute mehr Möglichkeiten, sich wechselnd oder gleichzeitig in unterschiedlichen Zeitsegmenten zu bewegen, die sie gestalten können – und müssen. Soziologisch gesprochen haben wir es mit einem neuen »Individualisierungsschub« zu tun, der mit Chancen der Gestaltung und Risiken des Scheiterns verbunden ist. In dieser Hinsicht schiebt sich im derzeitigen Transformationsprozeß die Frage nach der *sinnvollen* Verwendung von Lebenszeit in den Vordergrund.

Gesellschaftliche Individualisierungsprozesse haben auch bewirkt, daß Menschen nach Tätigkeitsfeldern suchen, in denen sie in einem stärkeren Maße selbstbestimmt tätig sein können. Der Aufschwung der Arbeit der Freiwilligen und Engagierten beruht zu großen Teilen darauf, daß diese Personen den Abhängigkeiten der Erwerbsarbeit entfliehen wollen. In Deutschland gibt es eine hohe Bereitschaft zum Engagement – von den sozialen und ökologischen Tätigkeiten bis hin zu kulturellen Aktivitäten –, die aufgrund einer Reihe von institutionellen Barrieren nicht realisiert werden kann. Genannt seien hier nur die hierarchische Struktur vieler Großorganisationen, die mangelnde (ideelle und auch materielle) Anerkennung und Einflußmöglichkeit sowie die geringe Transparenz des gesamten Engagementbereichs. Während sich die Motivationen für bürgerschaftliches Engagement schon längst verändert haben, tun sich insbesondere die großen Organisationen schwer, die notwendigen Wandlungsprozesse einzuleiten. Das traditionelle Ehrenamt hat sich in den vergangenen Jahren modernisiert, und aus den Helfern sind engagierte Bürgerinnen und Bürger geworden, die andere Strukturen in der Freiwilligenarbeit erwarten und danach streben, beides – Erwerbsarbeit und Engagement – miteinander zu vereinbaren. Unterschiedliche Lebensbereiche werden nicht länger in einem Spannungsverhältnis, sondern als Ergänzung zueinander gesehen.

V.

Genau dies kann in Mütterzentren geschehen. Hier gelten keine strikten Zeitsegmente – im Gegenteil: Eine Überlappung und Durchmischung sind durchaus erwünscht. Unterschiedliche Zeitverwendungen finden gleichzeitig in einem sozialen Raum statt, was einen Austausch dieser Felder befördert. Mütterzentren sind »grassroots«, das heißt, sie sind »von unten« entstanden, und sie werden von denen gestaltet, die sich zu den Angehörigen dieses öffentlichen Raumes zählen. Was um einen herum abläuft, ist transparent, für jede Person einzusehen und übersichtlich; sie haben allenfalls eine »flache« Hierarchie.

Die (relative) Abwesenheit von Abhängigkeits- und Hierarchiestrukturen bedeutet aber nicht, daß alle Nutzerinnen gleichermaßen zur Gestaltung dieses öffentlichen Raumes in der Lage sind. Selbst einige der Frauen, die hier aktiv gestalten *wollen*, sind aufgrund ihrer sozialen Qualifikationen nicht automatisch befähigt, dies zu tun. Solche sozialen Befähigungen müssen in der gemeinschaftlichen Praxis gelernt werden, damit sich entsprechende

Kompetenzen und Kompetenzüberzeugungen entwickeln können. Die Mütterzentren können solch einen Raum gesellschaftlicher Praxis darstellen, indem sie vielfältige Gelegenheitsstrukturen zur Stärkung persönlicher Ressourcen und Aktivitätspotentiale anbieten.

Das Mütterzentrum als »*moderierte Gelegenheitsstruktur*« scheint präziser das zu beschreiben, was viele ihrer Protagonistinnen als Laienkonzept bezeichnen. Zurecht wird eine Differenz zum Selbsthilfekonzept gezogen, weil es den Frauen nicht darum geht, Probleme oder Defizite gemeinsam zu bearbeiten und zu bewältigen. Muttersein ist eben zunächst einmal kein Problem und erst recht kein Defizit. Würden sich in den Mütterzentren nur Frauen treffen, deren gemeinsamer Bezug ausschließlich Mutterschaft wäre, dann hätten wir es in der Tat mit einem Laienkonzept zu tun. Dies ist aber nicht der Fall, denn in den Mütterzentren gibt es wesentlich mehr Bezugspunkte, und es gibt eine Reihe von Personen, die nicht (nur) Laien sind. Viele Frauen sind längst Expertinnen, und einige unter ihnen sind Professionelle – darin liegt ein ungelöstes konzeptionelles Problem.

Mutterschaft an sich ist keine Qualifikation, die zu einer besonderen Handlungskompetenz befähigt. Auch die Annahme, sie begründe eine besondere soziale Gemeinschaftsfähigkeit, ist wissenschaftlich nicht haltbar. Die herausragende Qualifikation der Frauen in Mütterzentren (die einem Beobachter sofort ins Auge sticht) liegt auf einer ganz anderen Ebene: Sie können innerhalb ihres sozialen Umfelds gemeinschaftsbildend und gemeinschaftserhaltend netzwerken – und darin sind sie Expertinnen. In dem Begriff »Netzwerk« ist aufgehoben, daß gewerkt wird und daß ein Werk entsteht: die Gemeinschaft tätiger Frauen in einem öffentlichen Raum, in dem es um private Belange geht.

Wenn es in Mütterzentren aus diesem Blickwinkel eine Reihe von Laien und Expertinnen gibt, dann kann nicht mehr von einem Laienkonzept gesprochen werden, eher davon, daß einige besser, andere schlechter ihre Netzwerkfähigkeiten entfalten können. Es gibt folglich graduelle Unterschiede in den Kompetenzen. Nun stellt sich die Frage, wie es mit den Professionellen in den Mütterzentren steht, die qua Berufsausbildung professionell Handelnde sind beziehungsweise sein könnten. Worin besteht der Sinn, wenn davon gesprochen wird, Professionelle müßten erst »entlernen« und zu Laien werden, um im Mütterzentrum zurechtzukommen? Dies ist sicherlich zu kurz gedacht, und es gilt zu differenzieren: Es gibt eine Reihe professioneller Deformationen, die an verschiedenen Stellen in unserem Ausbildungssystem erzeugt werden und die für die Arbeit in den Mütterzentren eher hinderlich sind und dementsprechend entlernt werden könnten und sollten. Professionelle Kompetenz besteht demgegenüber im Kern in der Befähigung, vom konkreten »Einzelfall« zu abstrahieren und zu verallgemeinern. Dies ist wiederum ein Handlungsmuster, das in einem solchen öffentlichen Raum außerordentlich nützlich ist. Gemeinsam mit den Expertinnen würde es den Mütterzentrumsfrauen obliegen, die vielfältig vorhandenen Gelegenheitsstrukturen zu moderieren.

VI.

Mütterzentren ermöglichen bürgerschaftliches Engagement als eine sinnhafte und selbstbestimmte Tätigkeit, die auf den Bedarf und den Nutzen der Gemeinschaft in diesem öffentlichen Raum zielt. Dies ist mehr als eine Form des modernen Ehrenamtes, weil neue Partizipationsformen erprobt werden – sie haben zivilgesellschaftlichen Charakter. Die Frauen im Mütterzentrum sind aber nicht ausschließlich für andere da, es geht vielmehr auch um die ausgedehnte und freie Gestaltung von Eigenzeit. Eigenzeit kann dort im Wortsinne freie Zeit sein, weil sie frei von sowohl Erwerbs- als auch Familienpflichten ist, weil Frauen tun und lassen können, was ihnen in den Sinn kommt oder was ihnen sinnvoll erscheint – sie »dürfen« aber auch unproduktiv sein. Eigenzeit kann auch genutzt werden, um Eigenarbeiten durchzuführen, die bedarfsorientiert sind und auf den Gebrauchswert der Produkte zielen. Planung und Ausführung erfolgen selbstbestimmt und unabhängig in dem Sinne, daß nach den eigenen Vorstellungen und nicht im Nachvollzug einer fremden Logik gehandelt wird. Ein Mütterzentrum ist der Struktur nach nicht nur ein öffentliches Bürgerhaus, es hat in diesem Sinne teils auch den Charakter eines »Hauses der Eigenarbeit«. Es ist aber nicht nur ein Ort, in dem Tätigkeiten jenseits der Erwerbsarbeit stattfinden, sondern hier kann auch Erwerbszeit verbracht werden. Es gibt zusätzlich gewerbliche Räume, in denen *selbständige* Erwerbsarbeit durchgeführt werden kann. Häufig handelt es sich um Solo- oder Mikrounternehmen, die keinen hohen Umsatz machen und nicht viele Leute beschäftigen; sie ermöglichen aber Selbstorganisation und gleichzeitig Kooperation mit anderen.

Von großer Bedeutung ist die Tatsache, daß unterschiedliche Zeitverwendungen, wie Erwerbszeit, Eigenzeit, Bürgerzeit, Erziehungszeit, Familienzeit (und teilweise Bildungszeit) unter einem Dach stattfinden. Darüber hinaus sind aber auch die Grenzen zwischen diesen Arbeitsformen durchlässiger geworden – und dies ist in einem hohen Maße innovativ und zukunftsweisend. So verschränkt sich etwa die Erwerbs- mit der Eigen- und Erziehungszeit, wenn Eigenarbeiten unter Anleitung mit Kindern und Jugendlichen durchgeführt werden und dafür mehr als eine »Aufwandsentschädigung« *gezahlt* wird – diese Form der Monetarisierung von Tätigkeiten ist in anderen Einrichtungen verpönt. Und das freiwillige Engagement in den Mütterzentren hat nicht unweigerlich nach fünfundzwanzig Jahren eine

Anstecknadel zur Folge, sondern ein materielles Äquivalent. Das Äquivalent entspricht in den meisten Mütterzentren dem gängigen Preis für eine Arbeitsstunde in der Grauzone zwischen Privat und Markt und ist damit mit anderen Tätigkeiten außerhalb der Mütterzentren vergleichbar. So bringt dieses Äquivalent für Eigenarbeit und freiwilliges Engagement unmittelbar zum Ausdruck, daß diese Tätigkeiten hier und jetzt in diesem öffentlichen Haus *wertvoll* sind und seitens der Mitnutzerinnen *anerkannt* werden. Für viele Frauen ist es ein kleines Einkommen, das wiederum andere Nutzungsmöglichkeiten erlaubt – es handelt sich in kleinen Dimensionen um einen Äquivalententausch. Denkbar sind weiterreichende Ideen: das Konzept der Zeitgutscheine oder die Vorstellung von steuerlich absetzbaren Zeitspenden.

VII.

Konzepte des bürgerschaftlichen Engagements und der Eigenarbeit werden (neben Beratungs-, Betreuungs- und Selbstverwirklichungsansätzen) seit Jahren diskutiert. Es handelt sich um neue gesellschaftliche Optionen, die erst durch den Wandlungsdruck der vergangenen Jahrzehnte möglich geworden sind. Der gemeinsame Fokus ist, in der Praxis wieder zusammenzufügen, was sich in der alten Arbeitsgesellschaft auseinanderentwickelt hatte. Dies ist kein gesellschaftlicher Rückschritt, weil es nicht um die Wiederbelebung des Modells der Großfamilie des neunzehnten Jahrhunderts geht. Die neue Raum- und Zeitflexibilität findet nunmehr in der Gesellschaft des einundzwanzigsten Jahrhunderts statt, in der entsprechende Organisationsstrukturen gleichsam *erfunden* werden müssen. Mit der »Sozialform« Mütterzentrum ist eine Assoziationsstruktur entwickelt worden, die Gestaltung ermöglicht. Neue Gemeinschaftsformen entfalten aber ihre eigenen Zwänge und Beschränkungen, die in der gemeinsamen Arbeit reflektiert werden müssen. Jenseits der klassischen Arbeits- und Familienpolitik liegt nicht das »Reich der Freiheit«.

Das gesellschaftliche Potential der Mütterzentren besteht darin, daß hier praktikable Optionen jenseits der starren Differenz von Privatheit und Öffentlichkeit sowie Erwerbszeit und Nichterwerbszeit entwickelt worden sind, aus denen neue Formen des »Lebens und Arbeitens« erwachsen können. Es ist denkbar, daß in dieser Nische am Rande der alten Arbeitsgesellschaft einige Elemente der neuen Arbeitsgesellschaft verborgen sind.

Anhang

Literaturverzeichnis

Allen, Reva I.; Peer, Christopher G.: Rethinking Family – Centered Practice. In: American Journal of Orthopsychiatry, 1/1998, S. 4–15

Ancelin, Jacqueline: L'Action sociale familiale et les caisses d'allocations familiales. Un siècle d'histoire. Paris, 1997

Arbeitsgruppe »Familienzentrum Neuperlach«: Eine Beratungsstelle für sozioökonomisch benachteiligte Familien in München. In: Gerlicher, Hans (Hg.): Prävention. Vorbeugende Tätigkeiten in Erziehungs- und Familienberatungsstellen. Göttingen, 1980

Bäumer, Gertrud: Frau – Familie – Wirtschaftsordnung. Konferenzbericht. In: Die Frau, Juni 1931, S. 518–521

Balbo, Laura: Crazy Quilts: Gesellschaftliche Reproduktion und Dienstleistungsarbeit. In: Kickbusch, Ilona; Riedmüller, Barbara (Hg.): Die armen Frauen. Frauen und Sozialpolitik. Frankfurt/M., 1984

Beck, Ulrich: Die Seele der Demokratie. Wie wir Bürgerarbeit statt Arbeitslosigkeit finanzieren können. In: Gewerkschaftliche Monatshefte, 6–7/1998, S. 330–335

Blätter der Wohlfahrtspflege, Sonderheft: Gemeinwesenarbeit. 3/1997

Bock, Gisela: Zwangssterilisation im Nationalsozialismus. Studien zur Rassenpolitik und Frauenpolitik. Opladen, 1986

Brunkhorst, Hauke (Hg.): Demokratischer Experimentalismus. Politik in der komplexen Gesellschaft. Frankfurt/M., 1998

Castells, Manuel: The Information Age: Economy, Society and Culture. Vol. II: The Power of Identity. Oxford, 1997

Conradi, Elisabeth: Freundinnenschaft als Modell feministischer Moraltheorie? In: Kramer, Nicole; Menzel, Birgit, u. a. (Hg.): Sei wie das Veilchen im Moose. Aspekte feministischer Ethik. Frankfurt/M., 1994

Cramon-Daiber, Birgit u. a.: Was wollen Frauen lernen? Zur selbstbestimmten Entfaltung weiblicher Kompetenzen. Frankfurt/M., 1984

Cramon-Daiber, Birgit, u. a.: Schwesternstreit. Von den heimlichen und unheimlichen Auseinandersetzungen zwischen Frauen. Reinbek, 1983

Dettling, Warnfried: Ehrenamt in der Bürgergesellschaft. Ein Leitbild für freiwilliges soziales Engagement. Eine gesellschaftspolitische Standortbestimmung. Stuttgart (Robert-Bosch-Stiftung), 1999

Dettling, Warnfried: Wirtschaftskummerland? Nach dem Globalisierungsschock: Wege aus der Krise. München, 1998

Dieckmann, Dorothea: Unter Müttern. Eine Schmähschrift. Berlin, 1993
Dörner, Klaus: Tödliches Mitleid. Zur Frage des Lebens oder die soziale Frage. Gütersloh, 1989
Duden, Bd. 7. Mannheim, Wien, Zürich, 1963
Durand, Robert: Histoire des Centres sociaux. Du voisinage à la citoyenneté. Paris, 1996
Erler, Gisela; Jaeckel, Monika; Sass, Jürgen: Kind? Beruf? oder beides? Brigitte-Studie 1988. Hamburg, 1988
Erler, Gisela; Jaeckel, Monika: Die Grenzen der Partnerschaft. Von der Notwendigkeit einer Frauenkultur. In: Geißler, Heiner (Hg.): Abschied von der Männergesellschaft. Berlin, 1986
Evans, Robin: Figures, Doors and Passages. In: Architectural Design, 4/1987, S. 267–277
Fischer, Hans (Hg.): Ethnologie. Berlin, 1988
Frommann, Anne; Schramm, Dieter; Thiersch, Hans: Sozialpädagogische Beratung. In: Zeitschrift für Pädagogik, 5/1976, S. 715–742
Geißler, Karlheinz A.; Hege, Marianne: Konzepte sozialpädagogischen Handelns. Weinheim, Basel, 1997
Gerzer, Annemarie: Qualifizierung von Müttern. In: Hebenstreit-Müller, Sabine; Pettinger, Rudolf (Hg.): Miteinander lernen, leben, engagieren – Neue soziale Netze für Familien. Bielefeld, 1991
Gesellschaft für Sozialen Fortschritt: Ehrenamtliche soziale Dienstleistungen. Schriftenreihe des Bundesministers für Jugend, Familie, Frauen und Gesundheit. Stuttgart, 1989
Giarini, Orio; Liedtke, Patrick M.: Wie wir arbeiten werden. Hamburg, 1998
Giddens, Anthony: Jenseits von Links und Rechts. Die Zukunft radikaler Demokratie. Frankfurt/M., 1997
Giddens, Anthony: Die Konstitution der Gesellschaft. Frankfurt/M., New York, 1988
Großmaß, Ruth: Paradoxien und Möglichkeiten Psychosozialer Beratung. In: Nestmann, Frank (Hg.): Beratung. Tübingen, 1997
Habermas, Jürgen: Die postnationale Konstellation und die Zukunft der Demokratie. In: Ders.: Die postnationale Konstellation. Frankfurt/M., 1998
Haug, Frigga: Frauenformen 2. Sexualisierung der Körper. Argumente Sonderband 90. Berlin, 1983
Heiner, Maja: Ziel- und kriterienbezogenes Qualitätsmanagement in der sozialen Arbeit. Vom Katalogisieren der Aktivitäten zur Reflexion von Qualitätskriterien. In: Merchel, Joachim; Schrapper, Christian (Hg.): Neue Steuerung. Tendenzen der Organisationsentwicklung in der Sozialverwaltung. Münster, 1996
Herriger, Norbert: Empowerment in der Sozialen Arbeit. Eine Einführung. Stuttgart, Berlin, Köln, 1997
Hitzler, Ronald; Honer, Anne; Maeder, Christoph (Hg.): Expertenwissen. Die institutionalisierte Kompetenz zur Konstruktion der Wirklichkeit. Opladen, 1994
Hönigschmidt, Cornelia; Jaeckel, Monika; Lang, Verena: Zehn Jahre Mütterzentren – Erfahrungen im Längsschnitt. München, 1990

Hundsalz, Andreas: Die Erziehungsberatung. Grundlagen, Organisation, Konzepte und Methoden. Weinheim, München, 1995
International Labour Office (ILO): Yearbook of Labour Statistics. Genf, 1997
Jaeckel, Monika: Frauenpolitik braucht ganzheitliche Ansätze. In: Erler, Gisela; Jaeckel, Monika (Hg.): Weibliche Ökonomie. München, 1989
Jaeckel, Monika; Gerzer-Sass, Annemarie (1998a): Familienselbsthilfe – die Aufkündigung des traditionellen Geschlechtervertrags. In: Diskurs, 2/1998
Jaeckel, Monika; Laux, Andrea (1998b): Bringing the Habitat Agenda Home – The Mothers Platform. Case Study in Baden Wuerttemberg, Germany, prepared for the Sustainable Cities Sourcebook on Gender Sensitive Environmental Planning and Management. Nairobi, 1998
Jaeckel, Monika; Schooß Hildegard; Waskamp Hannelore (Hg.): Mütter im Zentrum – Mütterzentren. München, 1997
Jaeckel, Monika; Tüllmann, Greta, u.a.: Mütter im Zentrum – Mütterzentren. München, 1988
Janssen, Edda: Vergangene Chancen – gegenwärtige Misere – zukünftige Möglichkeiten. In: Cramon-Daiber, Birgit, u.a.: Was wollen Frauen lernen? Zur selbstbestimmten Entfaltung weiblicher Kompetenzen. Frankfurt/M., 1984
Kammerer, Guido; Deutsch, Karl-Heinz: Bestimmung des Umfangs ehrenamtlicher Tätigkeiten in sozialen Bereichen und der Weiterbildungsangebote für ehrenamtlich Tätige in der Bundesrepublik. Forschungsbericht. München, 1984.
Keupp, Heiner: Ermutigung zum aufrechten Gang. Tübingen, 1997
Key, Ellen: Das Jahrhundert des Kindes. Berlin, 1902
Kickbusch, Ilona: Von der Zerbrechlichkeit der Sonne. In: Kickbusch, Ilona; Trojan, Alf (Hg.): Gemeinsam sind wir stärker. Frankfurt/M., 1991
Koonz, Claudia: Mütter im Vaterland. Frauen im Dritten Reich. Reinbek, 1994
Kraus, Wolfgang; Knaier, Waltraud: Selbsthilfeinitiativen und kommunale Selbsthilfeförderung. Weinheim, 1989
Krausse, Joachim: ArchPlus. 12/1996
Kreft, Dieter; Mielenz, Ingrid (Hg.): Wörterbuch Soziale Arbeit. Weinheim, Basel, 1986
Kunstreich, Timm: Grundkurs Soziale Arbeit. Sieben Blicke auf Geschichte und Gegenwart Sozialer Arbeit. Hamburg, 1997 (Bd. I) und 1998 (Bd. II)
Kurz-Scherf, Ingrid: Arbeitsdemokratie – Geschlechterdemokratie. In: Vita Activa, 1. Teil. Wien, 1998
Laewen, Hajo: Zum Verhältnis von Fachlichkeit und Laienkompetenz in der Kinder- und Jugendhilfe. In: Ministerium für Bildung, Jugend und Sport des Landes Brandenburg (Hg.): Professionalität und Eigeninitiative – zwei Säulen der modernen Jugendhilfe. Dokumentation des Brandenburger Kinder- und Jugendhilfetags 1996. Potsdam, 1996
Landwehr, Rolf; Baron, Rüdiger (Hg.): Geschichte der Sozialarbeit. Hauptlinien ihrer Entwicklung im 19. u. 20. Jahrhundert. Weinheim, Basel, 1983
Lange, Helene (1928a): Die ethische Bedeutung der Frauenbewegung (1889). In: Dies., Kampfzeiten, Bd. I. Berlin, 1928

Lange, Helene (1928b): Das Endziel der Frauenbewegung (1904). In: Dies., Kampfzeiten, Bd. II. Berlin, 1928
Lange, Helene: »Neuorientierung« in der Frauenbewegung. In: Die Frau, Oktober 1916, S. 1–3
Lange, Helene: Die höhere Mädchenschule und ihre Bestimmung. Begleitschrift zu einer Petition an das preußische Unterrichtsministerium und das deutsche Abgeordnetenhaus. Berlin, 1888
Libreria delle donne di Milano: Wie weibliche Freiheit entsteht. Eine neue politische Praxis. Berlin, 1988; 1989
Liedtke, Patrick M.: Arbeit und Beschäftigung im Umbruch. Vortrag auf der Fachtagung vom 13.11.1997 des Hamburger Senatsamtes für die Gleichstellung. Hamburg, 1997
Lohmann, Maria: Bildung mit Familienfrauen, die an weibliche Denkstrukturen und an weiblichen Lebenszusammenhang anknüpft. Unveröffl. Diplomarbeit am Fb Erziehungswissenschaft der Universität Hamburg, 1991
Lutz, Burkart: Vom kurzen Traum immerwährender Prosperität. Frankfurt/M., 1984
Mahlke, Wolfgang; Pickel, Ingrid: Natur, Kultur, Kindergarten. Düsseldorf, 1999
Mahlke, Wolfgang; Schwarte, Norbert: Raum für Kinder. Weinheim, Basel, 1998
McBride, T.: Women's Work and Industrialisation. In: Berlanstein, L. (Hg.): The Industrial Revolution and Work in the Nineteenth Century. London, 1992
Merchel, Joachim (Hg.): Qualität in der Jugendhilfe. Kriterien und Bewertungsmöglichkeiten. Münster, 1998
Müller, C. Wolfgang: Wie Helfen zum Beruf wurde. Weinheim, Basel, 1994 (Bd. 1); 1997 (Bd. 2)
Müller-Kohlenberg, Hildegard: Laienhilfe – die bessere Alternative? In: Müller, Siegfried; Rauschenbach, Thomas (Hg.): Das soziale Ehrenamt. Nützliche Arbeit zum Nulltarif. Weinheim, München, 1988
Müttermanifest. In: Pass-Weingartz, Dorothee; Erler, Gisela (Hg.): Mütter an die Macht: Die neue Frauenbewegung. Reinbek, 1989
Mütter-Räte, o. A. (Schreiber, Adele), o. J. (1919), Manuskript, Bundesarchiv Koblenz, NL 173 Schreiber/58
Mütterzentrum Salzgitter: Was ist los im Mütterzentrum? SOS-Kinderdorf e.V. München, 1998
Mutterschutz. Zeitschrift zur Reform der sexuellen Ethik. April 1907, S. 182
Nestmann, Frank (Hg): Beratung. Bausteine für eine interdisziplinäre Wissenschaft und Praxis. Tübingen, 1997
Olk, Thomas: Zwischen Ehre und Amt – Zur Entwicklung professioneller und nicht-professioneller Formen sozialer Arbeit. In: Böllert, Karin; Otto, Hans-Uwe (Hg.): Soziale Arbeit auf der Suche nach Zukunft. Bielefeld, 1989
Opitz, Andrea: Laienhilfe. Professionelle Hilfstruppe oder Gegengift gegen professionelle Allzuständigkeit? In: Keupp, Heiner; Rerrich Dodó (Hg.): Psychosoziale Praxis. Ein Handbuch in Schlüsselbegriffen. München, 1982
Orbach, Susie; Eichenbaum, Luise: Bitter und süß. Frauenfeindschaft – Frauenfreundschaft. Düsseldorf, 1986

Organization for Economic Co-operation and Development (OECD): OECD Employment Outlook. Paris, 1998

Organization for Economic Co-operation and Development (OECD): Labour Force Statistics. Paris, m.a.

Ortmann, Hedwig: Bildung geht von Frauen aus. Überlegungen zu einem anderen Bildungsbegriff. Frankfurt/M., 1990

Ortmann, Hedwig: Fachlichkeit und Qualität. Zum Spannungsverhältnis zwischen weiblichen Kompetenzen und Professionalität. In: Erler, Gisela; Jaeckel, Monika (Hg.): Weibliche Ökonomie. München, 1989

Ortmann, Hedwig: Was und wie wollen Frauen lernen? Thesen zum Verhältnis von (Lebens-)Praxis und Theorie. In: Cramon-Daiber, Birgit, u. a.: Was wollen Frauen lernen? Zur selbstbestimmten Entfaltung weiblicher Kompetenzen. Frankfurt/M., 1984

Panoff, Michel; Perrin, Michel: Taschenwörterbuch der Ethnologie. Berlin, 1982

Perls, Frederick S.: Grundlagen der Gestalt-Therapie. München, 1989

Pinchbeck, I.: Women Workers and the Industrial Revolution 1750–1850. London, 1981

Potthast, Gabriele: Und wo bleiben die Väter? In: Pass-Weingartz, Dorothee; Erler, Gisela (Hg.): Mütter an die Macht: Die neue Frauen-Bewegung. Reinbek, 1989

Rabe-Kleberg, Ursula: Die zwei Gesichter der Qualifizierung – zwischen Weiterbildungsbedarf und Professionalisierungskritik. Hektographiertes Thesenpapier. 1992

Riemann, Ilka: Soziale Arbeit als Hausarbeit. Frankfurt/M., 1985

Rittelmeyer, Christian: Architektur als Spielraum. In: Spielraum, 1/1996, S. 4f.

Sachße, Christoph: Mütterlichkeit als Beruf. Sozialarbeit, Sozialreform und Frauenbewegung 1871–1929. Frankfurt/M., 1986

Sachße, Christoph; Tennstedt, Florian: Geschichte der Armenfürsorge in Deutschland. Der Wohlfahrtsstaat im Nationalsozialismus. Bd. 3: Stuttgart, 1992

Sachße, Christoph; Tennstedt, Florian: Geschichte der Armenfürsorge in Deutschland. Bd. 1: Vom Spätmittelalter bis zum 1. Weltkrieg. Stuttgart, 1980

Sass, Jürgen; Jaeckel, Monika (Hg.): Leben mit Kindern in einer veränderten Welt. München, 1996

Scherpenberg, Norman van: Wie Deutschland die Zukunft gewann – Eine finanzpolitische Vision. Berlin, 1996

Schooß, Hildegard: Mütterzentren als Antwort auf Überprofessionalisierung im sozialen Bereich. In: Teufel, Erwin (Hg.): Was hält die moderne Gesellschaft zusammen? Frankfurt/M., 1996

Schooß, Hildegard; Weskamp, Hannelore (1997a): Das Kinderhaus im Mütterzentrum. Neue Wege in der Elternarbeit mit »bunten Teams«. In: Fthenakis, Wassilios E. (Hg.): Handbuch der Elementarerziehung, 14. Lieferung. Seelze-Velber, 1997

Schooß, Hildegard; Weskamp, Hannelore (1997b): Mütterzentren – soziale Dienstleistung zwischen Selbsthilfe und Institution. In: Institut für soziale Arbeit e.V. (Hg.): Familien in Krisen, Kinder in Not. Materialien und Beiträge zum ISA-Kongreß 28.–30.4.1997 in Düsseldorf. Münster, 1997

Schrapper, Christian: Hans Muthesius – Ein deutscher Fürsorgejurist und Sozialpolitiker zwischen Kaiserreich und Bundesrepublik. Münster, 1993
Schwester Lotte Möller: Gemeinschaftswohnungen für Mütter. In: Die Neue Generation, 13. Jg., 1920, S. 372
Schwester Lotte Möller: Gemeinschaftswohnungen für Mütter. In: Die Neue Generation, 12. Jg., 1919, S. 214 ff.
Sickendiek, Ursel; Engel, Frank; Nestmann, Frank: Beratung. Eine Einführung in sozialpädagogische und psychosoziale Beratungsansätze. Weinheim, München, 1999
SOS-Mütterzentrum Salzgitter-Bad, Tätigkeitsbericht 1991
Sozialpädagogisches Institut im SOS-Kinderdorf e.V. (Hg.): Mütterzentren im Dialog. Zwischen Selbsthilfe und professioneller Unterstützung. Dokumentation zum Fachtag am 1.10.1996 anläßlich der Eröffnung des SOS-Mütterzentrums Zwickau. München, 1997
Stark, Wolfgang: Über die Schwierigkeit, sich einzumischen. BürgerInnenbeteiligung, soziale Utopien und die Grundlagen einer partizipativen Politik. In: Gemeindepsychologie Rundbrief, 1/1998, S. 38–53
Staub-Bernasconi, Sylvia: Systemtheorie, soziale Probleme und Soziale Arbeit: lokal, national, international oder: Vom Ende der Bescheidenheit. Bern, Stuttgart, Wien, 1995
Stöcker, Helene: Zehn Jahre Mutterschutz. In: Die Neue Generation, 2/1915, S. 1–66
Stoehr, Irene: Staatsfeminismus und Lebensform. Frauenpolitik im Generationenkonflikt der Weimarer Republik. In: Reese, Dagmar, u. a. (Hg.): Rationale Beziehungen? Geschlechterverhältnisse im Rationalisierungsprozeß. Frankfurt/M., 1993
Stoehr, Irene: Ein sozialpolitischer Treppenwitz. Lohn für Hausarbeit 1905. In: Courage, 5/1981, S. 34–39
Stopczyk, Annegret: Von der autonomen, emanzipierten zur mutterbewegten Frau. Eine Geschichte vor und nach Tschernobyl. In: Pass-Weingartz, Dorothee; Erler, Gisela (Hg.): Mütter an die Macht: Die neue Frauen-Bewegung. Reinbek, 1989
Stritt, Marie: Die Mutter als Staatsbürgerin. In: Schreiber, Adele (Hg.): Mutterschaft. München, 1912
The Economist: A Survey of Women and Work. In: The Economist, 18.6.1998
Thiersch, Hans: Lebensweltorientierte Beratung. Weinheim, München, 1992
Thiersch, Hans: Soziale Beratung. In: Beck, Manfred; Brückner, Gerhard; Thiel, Heinz-Ulrich (Hg.): Psychosoziale Beratung. Klient/inn/en – Helfer/inn/en – Institutionen. Tübingen, 1991
Thiersch, Hans: Zur geheimen Moral der Beratung. In: Brunner, Ewald Johannes; Schönig, Wolfgang (Hg.): Theorie und Praxis von Beratung. Freiburg i.B., 1990
Thiersch, Hans: Homo Consultabilis: Zur Moral institutionalisierter Beratung. In: Böllert, Karin; Otto, Hans-Uwe (Hg.): Soziale Arbeit auf der Suche nach der Zukunft. Bielefeld, 1989
Thiersch, Hans: Die Erfahrung der Wirklichkeit. Perspektiven einer alltagsorientierten Sozialpädagogik. Weinheim, München, 1986

Tillmann, Berthold: Politische und administrative Erwartungen der Kommunen an die Erfolge der Sozialarbeit. In: Gernert, Wolfgang: Sozialarbeit auf dem Prüfstand. Fachlicher Anspruch – Verwaltungskontrolle. Freiburg i.B., 1988

United Nations Development Programme (UNDP): Human Development Report. New York, 1995/1997

Weibliche Autorität, Geschlechterdifferenz: Politische und pädagogische Praxis des »Affidamento«. In: Unterschiede, 12/1994

Wendt, Wolf Rainer: Geschichte der Sozialen Arbeit. Stuttgart, 1995

Werlhof, Claudia von; Mies, Maria; Bennholdt-Thomsen, Veronika: Frauen, die letzte Kolonie. Die Zukunft der Arbeit 4. Reinbek, 1983

Wittrock, Christine: Weiblichkeitsmythen. Das Frauenbild im Faschismus und seine Vorläufer in der Frauenbewegung der 20er Jahre. Frankfurt/M., 1983

Zahn-Harnack, Agnes von: Die Frauenbewegung. Geschichte, Probleme, Ziele. Berlin, 1928

Zygowski, Hans: Grundlagen psychosozialer Beratung. Opladen, 1989

Zygowski, Hans: Psychotherapie und Gesellschaft. Therapeutische Schulen in der Kritik. Hamburg, 1987

Die Autorinnen und Autoren

Heike Brümmer, Jg. 1964; Studium der Volkskunde, Kunstgeschichte und Pädagogik in Kiel und Göttingen. Volontariat im Rheinischen Freilichtmuseum Kommern. Seit 1996 begeisterte Mutter eines Sohnes. Nach dem Umzug von Braunschweig in die Salzgitteraner Gegend seit 1997 im Mütterzentrum Salzgitter aktiv. Arbeitsschwerpunkt: Expo-Vorbereitung und -Begleitung des weltweiten Projektes SOS-Mütterzentrum 2000.

Dr. Warnfried Dettling, Jg. 1943; 1973 bis 1983 zunächst Leiter der Planungsgruppe, später auch der Hauptabteilung Politik in der CDU-Bundesgeschäftsstelle; danach (bis 1991) Ministerialdirektor im Bundesministerium für Jugend, Familie, Frauen und Gesundheit; lebt und arbeitet als freier Publizist in München und auf Schloß Primmersdorf (Niederösterreich). Neuere Veröffentlichungen: Perspektiven für Deutschland (Hg.), München (Knaur), 1994; Politik und Lebenswelt. Vom Wohlfahrtsstaat zur Wohlfahrtsgesellschaft, Gütersloh (Bertelsmann Stiftung), 1995; Die Zukunft denken. Neue Leitbilder für wirtschaftliches und gesellschaftliches Handeln (Hg.) Frankfurt am Main (Campus) 1996; Wirtschaftskummerland? Nach dem Globalisierungsschock: Wege aus der Krise, München (Kindler), 1998; Ehrenamt in der Bürgergesellschaft. Ein neues Leitbild für freiwilliges soziales Engagement. Eine gesellschaftspolitische Standortbestimmung, Stuttgart (Robert-Bosch-Stiftung) 1999.

Gisela Anna Erler, Jg. 1946; Familienforscherin und Unternehmerin. 15 Jahre Tätigkeit am Deutschen Jugendinstitut, Begleitung des »Modellprojekts Tagesmütter«, zahlreiche Projekte zum Thema »Vereinbarkeit von Familie und Beruf«. Autorin des »Müttermanifests« 1987. 1992 Gründerin, seither Geschäftsführerin der pme Familienservice GmbH. Diese Firma unterstützt bundesweit Mitarbeiterinnen und Mitarbeiter von Firmen bei der Suche nach Kinderbetreuungslösungen und wird ausschließlich von Firmen finanziert. Mitinhaberin der »Job & Training Company«, eines neuartigen Bildungsträgers, der vor allem Personal für den privaten Haushalt fortbildet und vermittelt. Beratungstätigkeit für Firmen und Verwaltungen in Fragen der Vereinbarkeit von Familie und Beruf. Zahlreiche internationale Kooperationen mit Firmen und Forschungseinrichtungen zum Thema »Familie und Beruf«.

Monika Jaeckel, Jg. 1949; Diplomsoziologin; arbeitet seit 1976 in der Abteilung Familienpolitik am Deutschen Jugendinstitut (DJI) zu frauen- und familienpolitischen Themenstellungen. Mitarbeit bei Forschungsprojekten zu Elternarbeit, Erziehungsurlaub, flexiblen Arbeitszeitmodellen, Computerheimarbeit, Close to Home Services. Internationale Vergleichsstudie zur Familienpolitik. Mitbegründerin des Modells Mütterzentren; Vertreterin für Deutschland (1986–1996) im Netzwerk der Europäischen Union zur Kinderbetreuung und andere Maßnahmen der Vereinbarkeit von Beruf und Familie. Koordinatorin der Huairou Commission Best Practices Task Force.

Prof. Dr. Heiner Keupp, Jg. 1943; Studium der Psychologie, Soziologie und Pädagogik an den Universitäten Frankfurt, Erlangen und München, seit 1978 Hochschullehrer für Sozial- und Gemeindepsychologie an der Universität München, psychosoziale Versorgung in Forschung und Praxis, soziale Netzwerke, postmoderne Identität, Gesundheitsförderung, bürgerschaftliches Engagement und Kommunitarismus. Letzte Publikationen: Psychosoziale Praxis im gesellschaftlichen Umbruch (1987), Soziale Netzwerke (1987), Riskante Chancen (1988), Verunsicherungen (1989), Handbuch Qualitative Sozialforschung (1991), Zugänge zum Subjekt (1993), Psychologisches Handeln in der Risikogesellschaft (1994), Der Mensch als soziales Wesen (1995), Identitätsarbeit heute (1997), Ermutigung zum aufrechten Gang (1997), Identitätskonstruktionen (1999).

Prof. Dr.-Ing. Georg Klaus, Jg. 1955; studierte 1977 bis 1983 an der Universität Hannover Architektur bei Prof. Peter Kaup, Prof. Peter Schweger sowie Borek Siepek. Rudolf-Lodders-Preisträger 1983. Seit 1983 selbständig. Von 1984 bis 1986 wissenschaftlicher Mitarbeiter am Institut für Bautechnik und Entwerfen der Universität Hannover, Prof. P. Kaup. 1987 Dissertation zum Themenkreis »Passive Sonnenenergienutzung«. Von 1986 bis 1990 Partnerschaft mit Moritz Lau-Engehausen im Büro Löwenstein-Architektur, Hannover. In dieser Zeit Projekte in England, in Spanien, in der Schweiz sowie in Deutschland (Wohnungsbau, Gewerbe, Läden). Seit 1990 eigenes Architekturbüro in Hannover; seit 1992 Professor an der Fachhochschule Hildesheim/Holzminden. Arbeitsschwerpunkt: Bauten des Sozialwesens und Gesundheitswesens.

Patrick M. Liedtke, Jg. 1966; Abitur 1985 in Madrid; Studium der Elektrotechnik in Darmstadt und der Wirtschaftswissenschaften in Darmstadt und London. Wirtschafts- und Kapitalmarktforschung in Deutschland und England. Heute Wirtschaftsberater für makroökonomische Fragestellungen; Mitglied des Club of Rome; Vizegeneralsekretär der Association Internationale pour l'Étude de l'Économie de l'Assurance (Genfer Vereinigung). Autor des Wirtschaftsbestsellers »Wie wir arbeiten werden«, ein Report an den Club of Rome.

Die Autorinnen und Autoren

Prof. Wolfgang Mahlke, Jg. 1923; Universitätsprofessor an der Universität Würzburg, Bereiche Kunst-, Werk- und Sonderpädagogik. Seit 1988 freiberuflich tätig, Beratung in sozialpädagogischen Einrichtungen; künstlerische Arbeit.

PD Dr. Gerd Mutz, Jg. 1952; studierte Volkswirtschaftslehre und Soziologie, lehrte an den Universitäten Bamberg, Dortmund und Konstanz; derzeit Privatdozent an der Universität Konstanz und Leiter der Münchner Projektgruppe für Sozialforschung (MPS). Forschungsschwerpunkte: Interkulturelle Wirtschafts- und Arbeitssoziologie unter Einbeziehung der USA und Asiens, Sozialpolitik.

Reinhard Rudeck, Jg. 1949; Diplompsychologe; von 1978 bis 1993 als Mitarbeiter im SOS-Familienzentrum in München-Neuperlach. Tätigkeitsschwerpunkte damals waren die Arbeit mit sozial benachteiligten Familien, Kindergruppenarbeit (v.a. im Bereich Trennung und Scheidung), Integration von offenen und gemeinwesenorientierten Angeboten mit Beratungshandeln, stadtteilbezogene Zusammenarbeit sowie interne Konzept- und Organisationsentwicklung. Von 1992 bis 1994 Aufbaubegleitung für das SOS-Familienzentrum in Berlin-Hellersdorf. Seit 1993 zunächst als wissenschaftlicher Mitarbeiter, ab 1995 als Leiter im Sozialpädagogischen Institut im SOS-Kinderdorf e.V. Vorstandstätigkeit in der Bayerischen Gesellschaft für Soziale Psychiatrie und in der Gesellschaft für Gemeindepsychologische Forschung und Praxis e.V.

Dr. Norman van Scherpenberg, Jg. 1938; Diplomvolkswirt, verheiratet, drei Töchter. Studium in Köln, Hamburg, Bonn. 17 Jahre in verschiedenen Aufgaben in Unternehmen des BASF-Konzerns. 1983 bis 1990 Staatssekretär im niedersächsischen Finanzministerium; 1990 bis 1994 Direktor, ab 1992 Generalbevollmächtigter bei der Treuhandanstalt in Berlin; 1995–1997 stellvertretender Generalkommissar für die Weltausstellung Expo 2000 Hannover; seit 1997 freier Autor, Dozent und Berater.

Dorothee Maria Schooß, Jg. 1965; hat nach dem Abitur einen Abstecher in die große weite Welt genossen. Ab 1986 Studium der Ethnologie und Kunstgeschichte an der Freien Universität Berlin und der Indiana University, USA. 1995 Geburt von Luca Felipe in Berlin. Seit der Geburt von Carl Benjamin 1997 Mütterzentrumsfrau im Expo-Team des SOS-Mütterzentrums 2000. (S. Beitrag S. 88)

Hildegard Schooß, Jg. 1944; aufgewachsen in einer Großfamilie mit zwölf Geschwistern. Mutter von drei Kindern und Großmutter von drei Enkelkindern. Neben der Arbeit als Familienmutter politische Gestaltung in der Frauenbewegung und Mitinitiatorin der Bewegung der Mütterzentren. Seit Ende der siebziger Jahre Entwicklung und Aufbau des ersten Mütterzentrums in Salzgitter-Bad und des SOS-Mütterzentrums 2000, weltweites Projekt der Weltausstellung Expo 2000.

Prof. Dr. Christian Schrapper, Jg. 1952; Sozialarbeiter (grad.), Diplompädagoge, nach Lehr- und Wanderjahren zwischen Praxis und Hochschule von 1992 bis 1997 Geschäftsführer des Institutes für soziale Arbeit e.V. (ISA), Münster; in dieser Zeit zahlreiche Forschungs-, Beratungs- und Entwicklungsprojekte in der Jugend- und Sozialverwaltung sowie mit Trägern und Einrichtungen der Heimerziehung. Seit 1997 Professor für Pädagogik an der Universität Koblenz-Landau in Koblenz.

Irene Stoehr, Jg. 1941; Sozialwissenschaftlerin und Publizistin in Berlin. Sie war beteiligt an der Initiierung von Frauenforschung in und außerhalb der Universität und war Redaktionsmitglied der feministischen Frauenzeitschriften »Courage« und »Unterschiede« (»für Lehrerinnen und Gelehrte, Mütter und Töchter, Gleich- und Weichenstellerinnen, Freundinnen, Tanten und Gouvernanten aller Art«). Zur Zeit forscht und publiziert sie über Frauenpolitik und Frauenbewegungen im Kalten Krieg der fünfziger Jahre.

Hannelore Weskamp, Jg. 1949; Diplompädagogin, Mitarbeiterin im SOS-Mütterzentrum Salzgitter-Bad, Projektleiterin der dortigen Jugendwerkstatt, langjährige Erfahrungen in der Bildungs- und Beratungsarbeit und Supervision.

Prof. Dr. Brigitte Wießmeier, Jg. 1949; Ethnosoziologin, Ehe- und Familienberaterin, Sozialarbeiterin, Hochschullehrerin an der Evangelischen Fachhochschule Berlin, Schwerpunkte: Interkulturelle Sozialarbeit und Familienberatung.

Prof. Dr. Reinhart Wolff, Jg. 1939; Erziehungswissenschaftler und Soziologe, Projekterfinder (Kinderläden, Kinderschutzzentren), Hochschullehrer an der Alice-Salomon-Fachhochschule Berlin, Supervisor, System- und Organisationsberater in freier Praxis. Arbeitsschwerpunkte: Jugendhilfe, Kinderschutz; Hilfesystemforschung; Qualitätsentwicklung.

Informationen im Überblick

Die Sonnenblume – Symbol unseres Wachstums

Die Sonnenblume symbolisiert die Entwicklung unserer Angebotspalette. Dieses Bild haben wir gewählt, um am Beispiel einer Pflanze zu zeigen, wie sich das Mütterzentrum entwickelt – wie aus kleinen Anfängen, dem offenen Treff mit einigen Frauen, um im Bild zu bleiben, eine große, blühende Pflanze mit unterschiedlichen Blüten werden kann. Pflanzen verändern sich, Blüten fallen ab, neue wachsen, oder sie können ganz vergehen. Und so wie eine Pflanze zum Gedeihen und Wachsen Wurzeln braucht, hat auch das Mütterzentrum seine Wurzeln.

Konkret zeigt unsere Sonnenblume in der größten Blüte die Caféstube, in deren Blütenblätter sich die vielfältigen Angebote widerspiegeln. Nach ein paar Jahren hat sich die zweite Blüte entwickelt, die hier mit dem Begriff »Stadtteil-Service« benannt ist und deren Blütenblätter verschiedene Dienste und Unterstützungsangebote darstellen. Diese Blüte hat sich heute bereits wieder geteilt, die Blüte »Stadtteil-Service« mit den alltagspraktischen Dienstleistungen und die Blüte »Altenservice« mit den verschiedenen speziellen Angeboten für alte Menschen. Die Blüte »Kinderhaus« hat sich im Laufe der Jahre aus einer Kinderspielgruppe entwickelt zu einer Kindertagesstätte, und aus den Honorardiensten sind Arbeitsplätze zur Orientierung und Wiedereingliederung für Frauen und Jugendliche geworden. Die Wurzeln unseres gesamten Systems sind das Mütterzentrumskonzept, die Praxisanleitung, die Fortbildungen und die Supervisionen.

Caféstube	Fahrdienst	*Gemeinsam selbständig*
-offener Treff-	Beratung Angehörige	*arbeiten*
Offenes Kinderzimmer		Kiosk/Lebensartikel
Mutter-Kind-Gruppen	*Kinderhaus*	Gesundheits/Wohl-
Beratung	Elterngespräche	fühlangebote
Seminare	Individuelle	Friseur
Offene Kinder- und	Fortbildung	Boutique
Jugendarbeit	Kindertageszentrum	Wäscherei
Offene Angebote	Kindertaxi	Kosmetik/Fußpflege
Gesprächskreise	Fortbildung	
		Beschäftigung,
Altenservice	*Stadtteil-Service*	Fortbildung,
Altentagesbetreuung	Beratung	Ausbildung
und -Pflege	Party-Service	
Fortbildung	Hausmeisterei	MüZe-Konzept
Ambulante Pflege und	Mittagstisch	Praxisanleitung
Betreuung	Alltagspraktische	Fortbildung
Häusliche	Dienstleistungen	Supervision
Krankenpflege	Fahrdienst	

Welche Angebote gibt es bei uns?

Beschäftigung; Ausbildung; Fortbildung
- Jugendwerkstatt;
- Haus-, Hotel- und Gastwirtschaft;
- Fortbildung für Mitarbeiterinnen und Besucherinnen

Laien und Fachberatung
- zu lebenspraktischen Fragen für Jung und Alt

Stadtteil-Service
- Mittagstisch im und außer Haus
- Haushaltshilfe

Gemeinsam selbständig sein
- Ladenzone
- Gesundheits-Wohlfühl-Angebote
- Wäscheservice

Altenservice
Ambulante Betreuung und Pflege zu Hause
- Individuelle Pflegeberatung
- Körper- und Behandlungspflege
- Begleitung bei Arztterminen und Einkäufen

Tagesbetreuung und Pflege im SOS-Mütterzentrum
- Therapeutische Angebote wie Grundpflege, Behandlungspflege, Psychosoziale Betreuung
- Kulturelle Angebote wie Unterhaltung mit Jung und Alt, Ausflüge, Spielenachmittage, jahreszeitliche Feste
- Dienstleistungsangebote wie drei Mahlzeiten täglich, Fahrdienst, Besuchsdienst, Beratung

Kinderhaus
- 4 Gruppen (1–12 Jahre; 19 Kinder je Gruppe)
- Bunte Teams mit Erzieherinnen, Sozialpädagoginnen und sozialkompetenten Laien
- Ein pädagogisches Konzept, das Bewältigung des Alltages und ein familienorientiertes Leben in den Mittelpunkt stellt.

Offene Caféstube mit vielfältigen Angeboten
- Treffpunkt für Jung und Alt
- Offene Kinder- und Schülerinnenbetreuung
- Kreativangebote
- Beratung und Information

Wer nutzt unsere Angebote?

Insgesamt sind 1999 2.000 Nutzerinnen und Nutzer namentlich erfaßt worden. 300 Besuche täglich ergeben bei 300 Öffnungstagen im Jahr 90.000 Besuche.

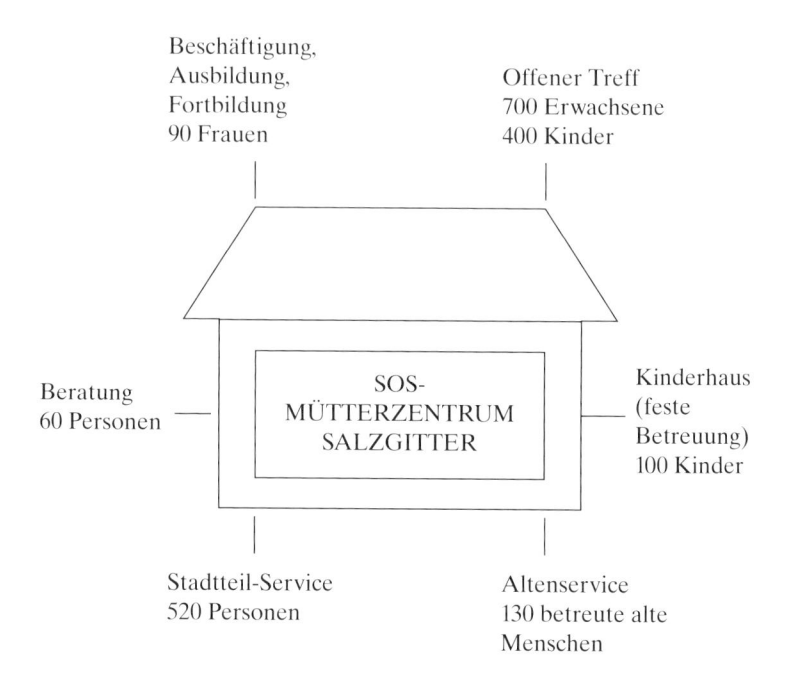

```
          Beschäftigung,
          Ausbildung,           Offener Treff
          Fortbildung           700 Erwachsene
          90 Frauen             400 Kinder
                   |                |
              ┌────────────────────────┐
             ╱                          ╲
            ╱                            ╲
           ╱                              ╲
          ┌────────────────────────────────┐
          │                                │
          │         SOS-                   │      Kinderhaus
Beratung  │     MÜTTERZENTRUM              │      (feste
60 Personen│      SALZGITTER               │      Betreuung)
          │                                │      100 Kinder
          └────────────────────────────────┘
                   |                |
          Stadtteil-Service      Altenservice
          520 Personen           130 betreute alte
                                 Menschen
```

Im SOS-Mütterzentrum Salzgitter sind 31 Mitarbeiterinnen fest angestellt, die sich 23 Vollzeitstellen teilen. Neben diesen Stammmitarbeiterinnen gibt es 33 Honorarstellen, die für die stundenweise Mitarbeit von Besucherinnen in verschiedenen Aufgabenfeldern zur Verfügung stehen. Darüber hinaus leisten zahlreiche Menschen freiwillige Arbeit, die nicht mit Geld, sondern ideell im Sinne des Gebens und Nehmens vergütet werden.

Informationen im Überblick 313

Wie finanzieren wir unsere Angebote?

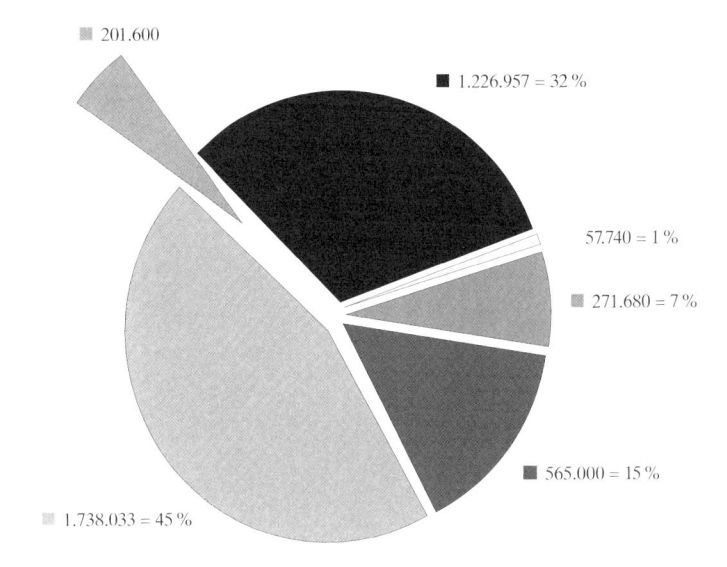

■ 201.600

■ 1.226.957 = 32 %

57.740 = 1 %

■ 271.680 = 7 %

■ 565.000 = 15 %

■ 1.738.033 = 45 %

Das SOS-Mütterzentrum Salzgitter hatte im Jahr 1999 Gesamtausgaben in Höhe von rund 3.860.000 DM zu verzeichnen.

Diese Ausgaben wurden getragen durch:
1. Öffentliche Förderung durch Bund, Land und Kommune: 1.226.957 (32 %) (Förderung von Mütterzentren durch das Land Niedersachsen, ABM-Mittel, Förderung freiwilliger Leistungen durch die Kommune, Finanzhilfe für Fachpersonal in Kindertagesstätten, Betriebskostenzuschuß der Stadt Salzgitter für Kindertagesstätten)
2. Einzelprojektförderungen 57.740 DM (1 %) (zum Beispiel Förderung von Maßnahmen des erzieherischen Kinder- und Jugendschutzes, Förderung von Arbeitslosen- und Sozialhilfeinitiativen, Förderung von Kultur-, Bildungs- und Ferienmaßnahmen).
3. Förderung aus dem Europäischen Sozialfond (ESF-Förderung): 271.680 DM (7 %) (Projekt »Arbeiten und Lernen« Jugendwerkstatt im Mütterzentrum)
4. Einnahmen des SOS-Mütterzentrums Salzgitter: 565.000 DM (15 %) (Elternbeiträge, Basare, Altenbetreuung)
5. Trägermittel SOS-Kinderdorf e.V.: 1.783.033 DM (45 %) (Kosten für Grundstück, Haus, Werbung, Öffentlichkeitsarbeit; nicht gefördertes Stammpersonal).

Nicht berücksichtigt ist in dieser Aufstellung der Anteil freiwilliger, unbezahlter Arbeit in Höhe von ca. 1.400 Stunden pro Monat. Berechnet man diese Arbeitsleistung mit einem Stundensatz von 12,00 DM pro Stunde, so ergibt dies einen zusätzlichen Nettowert in Höhe von 201.600 DM pro Jahr, der im Mütterzentrum unentgeltlich erbracht worden ist.

Die einzelnen Elemente im Schaubild addieren sich ohne diese freiwillige, unbezahlte Arbeit auf hundert Prozent.

Wie sieht unsere Leitungsstruktur aus?

Es gibt fünf Leitungsebenen mit jeweils klar definierten Kompetenzen und Pflichten.

Die Gesamtverantwortung liegt bei der Leiterin der Einrichtung, die nach außen und dem Träger gegenüber die gesamte Verantwortung trägt.

Nach innen delegiert sie die Verantwortung auf vier Koordinatorinnen, denen jeweils eine Leitungsaufgabe übertragen ist und die die Koordination für einen oder mehrere Fachbereiche verantworten. Die Koordinatorinnen haben die Aufgabe, mit dem jeweiligen Team des Fachbereiches die Ziele des Mütterzentrums zu verwirklichen.

Die Fachbereiche organisieren und verantworten selbst das operative Geschäft. Dazu stehen sie in direktem Austausch mit ihrer Koordinatorin und anderen Fachbereichen im Mütterzentrum. Die Fachbereiche delegieren eine oder mehrere Personen in den Hausrat. Er hat die Aufgabe, sich mit allen übergreifenden Themen, Fragen und Arbeiten des Mütterzentrums zu beschäftigen und gegebenenfalls zu entscheiden beziehungsweise Entscheidungen in den Fachbereichen und der MüZen-Sitzung vorzubereiten und/ oder Entscheidungen mit der Leiterin zu finden. Der Hausrat hat keine eigene Leitung, die Mitglieder sind untereinander gleichberechtigt. Jedes Mitglied des Hausrates stellt die Verbindung zu seinem Fachbereich und der Koordinatorin und damit der Leitung des Mütterzentrums her.

Die MüZen-Sitzung ist das Plenum des Mütterzentrums. Hier sind alle Besucherinnen und Mitarbeiterinnen nach eigenem Wunsch vertreten. Für die Mitarbeiterinnen besteht eine Pflicht, ihren jeweiligen Fachbereich in geeigneter Form zu vertreten. Die MüZen-Sitzung bearbeitet übergreifende Themen, Fragen und Aufgaben, das heißt, hier werden sowohl Informationen ausgetauscht, als auch brisante Themen diskutiert sowie Entscheidungen vorbereitet oder direkt getroffen. Die Vertiefung der bearbeiteten Themen geschieht im Hausrat und wird von dort aus in die Bereiche verteilt, beziehungsweise auch wieder an die MüZen-Sitzung zurückgegeben.

Die verschiedenen Teams sind durchlässig und können von Interessierten aus dem Haus, ob Besucherin oder Mitarbeiterin, besucht werden. Absprachen über eine Teilnahme sind selbstverständlich.

DELEGIERTE

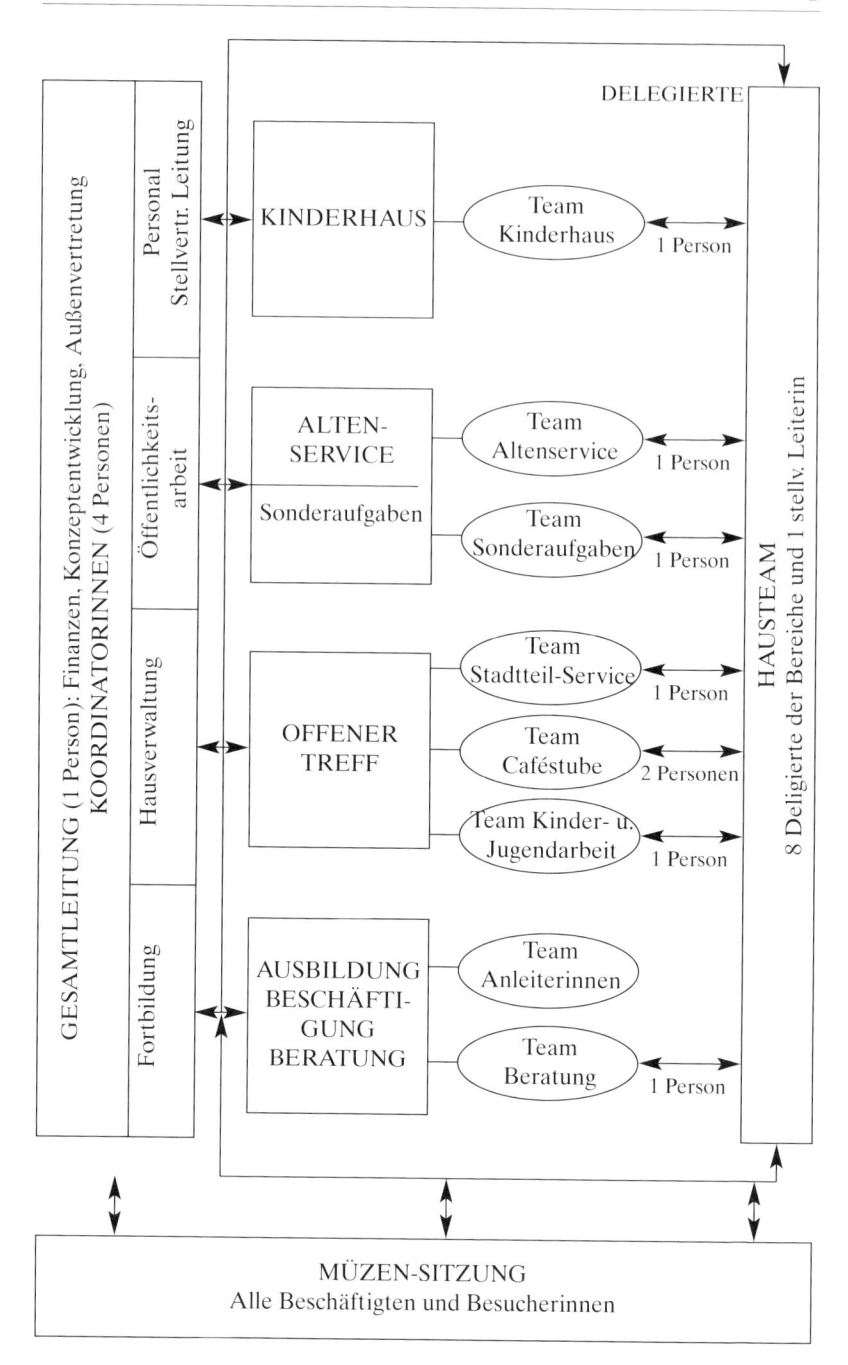

GESAMTLEITUNG (1 Person): Finanzen, Konzeptentwicklung, Außenvertretung **KOORDINATORINNEN (4 Personen)**	Personal Stellvertr. Leitung	KINDERHAUS — Team Kinderhaus — 1 Person
	Öffentlichkeitsarbeit	ALTEN-SERVICE — Team Altenservice — 1 Person Sonderaufgaben — Team Sonderaufgaben — 1 Person
	Hausverwaltung	OFFENER TREFF — Team Stadtteil-Service — 1 Person — Team Caféstube — 2 Personen — Team Kinder- u. Jugendarbeit — 1 Person
	Fortbildung	AUSBILDUNG BESCHÄFTIGUNG BERATUNG — Team Anleiterinnen — Team Beratung — 1 Person

HAUSTEAM — 8 Deligierte der Bereiche und 1 stellv. Leiterin

MÜZEN-SITZUNG
Alle Beschäftigten und Besucherinnen

Informationen im Überblick 317

Das Windrad – unsere Kraftquelle für Konzeptsynergie

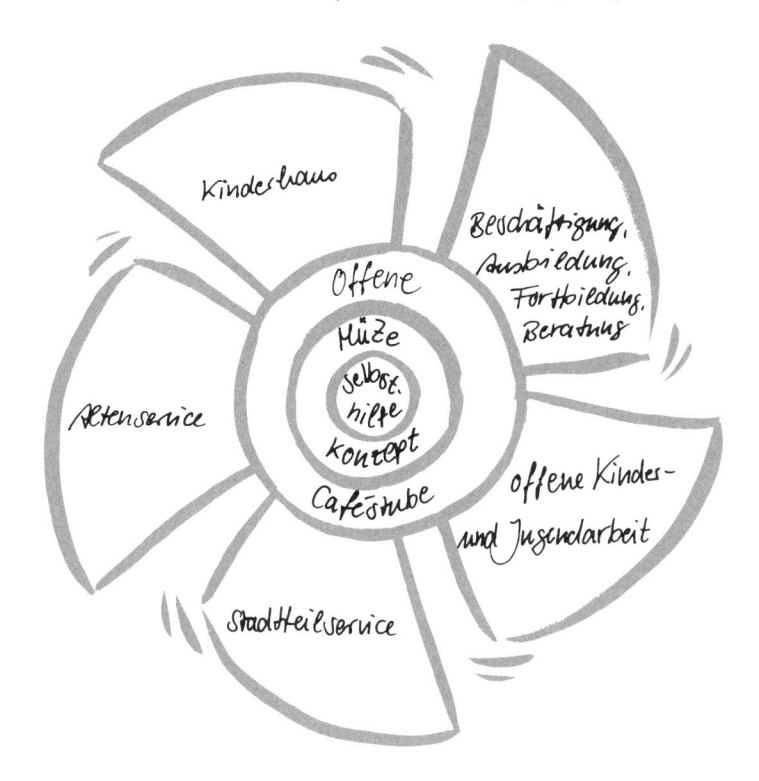

Diese Grafik beschreibt die Synergieeffekte: wie das Mütterzentrumskonzept auf Selbsthilfe und institutionelle Bereiche, beziehungsweise zwischen Laien und Professionellen wirkt. Wir nennen das die »bunten Teams«.

Die verschiedenen Angebote des Mütterzentrums orientieren sich immer an dem Grundkonzept »Mütterzentrum«, und damit ist dieses Konzept, das auf dem Prinzip der Selbsthilfe basiert, der Dreh- und Angelpunkt des gesamten Mütterzentrums. Jeder Bereich, unabhängig davon, ob er mehr von der Selbsthilfe geprägt ist oder mehr von professionellen Hintergründen (zum Beispiel die Caféstube als Selbsthilfetreffpunkt oder das Kinderhaus als Institution), bekommt seine Hauptkraft aus dem Grundkonzept des Mütterzentrums. Diese Kraft überträgt sich wechselseitig zwischen den einzelnen Bereichen und wird erst dadurch zu einem Ganzen. Diese Bewegung um dieselbe Achse verdeutlicht die Aufhebung der Abgrenzung zwischen den verschiedenen Fachbereichen und stellt die Verknüpfung miteinander dar.

Unser Neubau: Das Mütterzentrum 2000

Analog zu der Vision des »Mütterzentrum 2000« wurde in einem Prozeß des permanenten Austausches zwischen Architekt und Nutzerinnen ein völlig neues, prototypisches Gebäudekonzept entwickelt.

Der Neubau entstand auf einem historischen Gelände mitten in Salzgitter-Bad, auf dem sich auch kulturhistorische Gebäude befinden.

Die Leitidee formuliert sich aus dem sehr differenzierten und komplexen Anforderungsprofil, einen lebendigen Ort für alle Altersgruppe zu schaffen, der auch als ein zweites Zuhause Anerkennung findet. Es wurden Baukörper entwickelt, die sich aus der Addition archetypischer Elemente bauklötzchenartig zusammensetzen. Zum einen wurde das historische Umfeld des Grundstückes aufgegriffen und neu interpretiert, zum anderen wurde die Grundfunktion des Mütterzentrums als Arche Noah der sozialen Fähigkeiten baulich manifestiert.

Alle architektonischen Elemente sind klar ablesbar, die Typeprinzipien erkennbar. Es entwickelt sich ein Spiel zwischen Offenheit und Transparenz sowie monolithischer Geschlossenheit und Toleranz. Dadurch ist das Gebäude vielschichtig erlebbar. Hofseitig sind die internen Funktionen der Baukörper über die transparente Erschließungsspange ablesbar. Das »Innenleben« wird nach Außen getragen. Der angestrebte, eher ruhige, archetypische Gesamteindruck wird durch die in einem strengen Raster entwickelte Lochfassade erzeugt. Innerhalb dieses übergeordneten Systems entsteht ein facettenreiches Spiel mit den einzelnen Elementen, die das Gebäude leicht und heiter erscheinen lassen, ohne den völlig ruhigen Charakter zu verlieren.

Informationen im Überblick

Das nach ökologischen Gesichtspunkten geplante Gebäude ermöglicht unter einem Dach menschengerechtes, generationsübergreifendes und zukunftsfähiges Leben und Arbeiten. Mit diesem Modellprojekt ist nicht nur ein neues Haus für das SOS-Mütterzentrum verwirklicht worden, sondern es hat sich ein ganzer kleiner Stadtteil mit Wohnungen für Mütter mit Kindern, für Familien und alte Menschen, mit selbständigen kleinen Ladengeschäften, verschiedenen Dienstleistungs- und Pflegeangeboten und mit innovativen und familienfreundlichen Arbeitsplätzen entwickelt. Unser Konzept ist Modell für neue urbane Lebensformen und ein neuer Ansatz für bürgerschaftliches Engagement.

Nationale und internationale Vernetzung

Eine wesentliche Voraussetzung für eine gute Verhandlungsposition bei den verschiedensten Angelegenheiten und für eine starke Lobbyarbeit ist die nationale und internationale Vernetzung der Mütterzentren.

1. Nationale Vernetzung
Die Stimme der Mütterzentren in Deutschland ist der *Mütterzentren Bundesverband e.V.*, gegründet im Jahr 1986. Er versteht sich als Arbeitsforum für die Mütterzentrumsfrauen und als Ansprechpartner sowohl für die Mütterzentren als auch für überregionale und internationale Institutionen. Der Bundesverband koordiniert Informationen und Aktivitäten, gibt Broschüren und Startpakete heraus, bietet fachliche Begleitung und Unterstützung an, hilft bei der Beantragung öffentlicher Mittel und fördert die Neugründung von Mütterzentren. Darüber hinaus richtet er die großen Mütterzentrumskongresse aus, zu denen sich einschließlich der Kinder jeweils bis zu eintausend Teilnehmerinnen und Teilnehmer einfinden.

Zu den wichtigsten Aufgaben des Mütterzentren Bundesverbandes e.V. gehört es, bundesweit Modellprojekte zu initiieren, die Aktivitäten der Mütterzentren zu dokumentieren und zu archivieren, die Mütterzentren im Umgang mit Behörden zu beraten, sich um Mittelbeschaffung zu kümmern, bundesweite Öffentlichkeitsarbeit zu betreiben und bundes- und landesweite Mütterzentrumstreffen zu organisieren und durchzuführen. Aktuell bestehen überregionale Arbeitsgruppen zu den Themen
- Öffentlichkeitsarbeit
- internationale Vernetzung
- Armut von Familien
- multikulturelles Zusammenleben von Familien unterschiedlicher Herkunft

2. Internationale Vernetzung
Grassroot Organizations Operating Together in Sisterhood (GROOTS)
Die weltweite Vernetzung von Frauen und Frauengruppen steht für mehr politische und wirtschaftliche Einflußnahme. Auf den großen Weltkonferenzen der Vereinten Nationen in den letzten beiden Jahrzehnten wurde mit wachsender Deutlichkeit auf das internationale Innovations- und Lösungspotential von Frauengruppen bei der zukünftigen Gestaltung einer sicheren, gerechten, humanen und überlebensfähigen Welt hingewiesen. Grassrootsfrauengruppen haben daher begonnen, sich weltweit zu vernetzen, um die Kompetenzen und Strategien von Frauengruppen sichtbar zu machen und um ihren Einfluß auf politische Entscheidungen zu verstärken. So entstand

während der UN-Weltfrauenkonferenz 1985 in Nairobi GROOTS. GROOTS setzt sich heute aus Frauengruppen aus mehr als fünfzig Ländern zusammen und ist fester Bestandteil von Weltfrauenkonferenzen, Habitat[1] und anderen internationalen Veranstaltungen. Der Mütterzentren Bundesverband e.V. ist Gründungsmitglied von GROOTS und vertritt in diesem Zusammenschluß die deutschen Frauengruppen.

Huairou Commission:
Women, Homes & Community Regional Center Europe
Jeden Tag kümmern sich Frauen weltweit um den Alltag und um das Überleben ihrer Familien und ihrer Gemeinden. Sie entwickeln dabei einen sehr konkreten Blick dafür, was in ihren Gemeinden und Nachbarschaften los ist und was erforderlich ist, um in Würde, Frieden und Sicherheit zu leben. Mit ihrem Wissen und ihren Vorschlägen haben diese Frauen viel beizutragen zur Lösung der Probleme ihrer Siedlungen. Um den Stimmen dieser Basisfrauen Gehör zu verschaffen, braucht es tragfähige Kooperationen und Koalitionen mit Partnern aus dem öffentlichen Leben, mit Verbänden, mit der öffentlichen Verwaltung, der Politik, den Medien, der Wirtschaft und der Wissenschaft. Während der Weltfrauenkonferenz der Vereinten Nationen 1995 in Huairou, China, wurde daher die Huairou Commission gegründet. Sie umfaßt mehrere weltweit tätige Frauenorganisationen und einflußreiche Einzelpersönlichkeiten und hat zum Ziel, das Alltagswissen von Frauen in die Gestaltung menschlicher Siedlungen, Städte, Gemeinden und ihrer Umwelt einzubringen und die Rolle von Frauen in internationalen Entscheidungsprozessen zu stärken. Mitglieder der Huairou Commission sind unter anderem das Asia Women and Shelter Netzwerk (AWAS), GROOTS, die Habitat International Coalition Women and Shelter (HICWAS) und das International Council of Women (ICW).

In Europa ist die Huairou Commission vertreten durch das Women, Homes and Community Regional Center Europe in Stuttgart, das sich für die Vermittlung der Habitat Agenda an die Basis einsetzt, die Beteiligung von Basisfrauen an kommunalpolitischen Entscheidungsprozessen unterstützt und die Vernetzung von Grassrootsfrauengruppen auf europäischer Ebene vorantreibt.

Anmerkung
(1) Die UN-Habitat-Konferenzen befassen sich mit Fragen der Siedlungsentwicklung mit dem Ziel, weltweit die Lebensbedingungen von Menschen zu verbessern.

Adressen

SOS-Mütterzentrum Salzgitter
Braunschweiger Straße 137
38259 Salzgitter-Bad
Tel. (05341) 8167-0
Fax (05341) 8167-20
E-Mail: info@muetterzentrum.de
www.muetterzentrum.de
Ansprechpartnerin: Hildegard Schooß

Mütterzentren Bundesverband e.V.
Müggenkampstraße 30a
20257 Hamburg
Tel. (040) 40170606
Fax (040) 4903826
E-Mail: muetterzentren.bv@t-online.de
Ansprechpartnerin: Dagmar Engels

Mütterzentren Bundesverband e.V.
AG International
Müggenkampstraße 30a
20257 Hamburg
Tel. (040) 40170606
Fax (040) 4903826
E-Mail: muetterzentren.bv@t-online.de
Ansprechpartnerin: Monika Jaeckel

Grassroots Organizations Operating Together in Sisterhood (GROOTS)
GROOTS INTERNATIONAL
1 Sherman Square #27L
New York, NY 10023 USA
Tel. 212-799-6216
Fax 212-799-6216
E-Mail: SSNCNW2@ad.com
www.jtb-servers.com/groots.htm

SOS-Kinderdorf e.V.

Der SOS-Kinderdorf e.V. ist ein freier, gemeinnütziger Träger der Kinder- und Jugendhilfe, der sich auf der Basis lebensweltorientierter und partizipativer Ansätze Sozialer Arbeit, insbesondere für sozial benachteiligte Kinder, Jugendliche und ihre Familien, einsetzt.

In der Bundesrepublik Deutschland unterhält der SOS-Kinderdorfverein 63 Einrichtungen mit angeschlossenen Projekten: Kinderdörfer, Jugendeinrichtungen, Beratungsstellen, Berufsausbildungszentren, Behindertendorfgemeinschaften, Mütterzentren und Jung-hilft-Alt-Einrichtungen (Stand 3/1999).

Sozialpädagogisches Institut im SOS-Kinderdorf e.V.

Das Sozialpädagogische Institut (SPI) gehört zum Fachbereich Pädagogik des SOS-Kinderdorf e.V. und ist sozialwissenschaftlich und beratend tätig. Zu seinen Arbeitsschwerpunkten zählen Fachpublikationen, vereinsinterne und externe Fachveranstaltungen sowie praxisbegleitende Forschungsprojekte. Aufgabe des Instituts ist es, die Praxis der SOS-Einrichtungen im Kontext aktueller Jugendhilfe- und sozialpolitischer Entwicklungen in der Fachwelt zur Diskussion zu stellen. Zu unseren Publikationen gehören das Fachmagazin SOS-Dialog und die SPI-Schriftenreihe: SOS-Dialog erscheint jährlich, in unserer Schriftenreihe geben wir jährlich drei bis vier Bände heraus.

Fachmagazin SOS-Dialog

Elternarbeit, Heft 1993
Ausbilden statt Ausgrenzen, Heft 1995
Perspektiven von Beratung, Heft 1996
Jungenarbeit, Heft 1998
Kinderarmut in Deutschland, Heft 1999

SPI-Schriftenreihe

»Qualitätsmanagement in der Jugendhilfe. Erfahrungen und Positionen zur Qualitätsdebatte«
Mit Beiträgen von Norbert Struck; Klaus Münstermann; Elfriede Seus-Seberich
Autorenband 1, 1999, Eigenverlag

Ulrich Bürger
»Erziehungshilfen im Umbruch. Entwicklungserfordernisse und Entwicklungsbedingungen im Feld der Hilfen zur Erziehung«
Autorenband 2, 1999, Eigenverlag

Heiner Keupp
»Eine Gesellschaft der Ichlinge? Zum bürgerschaftlichen Engagement von Heranwachsenden«
Autorenband 3, 2000, Eigenverlag

»Heimerziehung aus Kindersicht«
Mit Beiträgen von Klaus Wolf; Wolfgang Graßl, Reiner Romer, Gabriele Vierzigmann; Norbert Wieland
Autorenband 4, 2000, Eigenverlag

Weitere Informationen erhalten Sie im

Sozialpädagogischen Institut
im SOS-Kinderdorf e.V.
Renatastraße 77
80639 München

Telefon (089) 12606-432
Fax (089) 12606-417

E-Mail: info@spi.sos-kinderdorf.de
Internet: http://spi.sos-kinderdorf.de